How Long, O Lord?
Reflections on Suffering and Evil

# 위로의 하나님

D. A. 카슨 지음 | 한 동 수 옮김

기독교문서선교회

기독교문서선교회(Christian Literature Center: 약칭 CLC)는 1941년 영국 콜체스터에서 켄 아담스에 의해 시작되었으며 국제 본부는 미국의 필라델피아에 있습니다.

국제 CLC는 59개 나라에서 180개의 본부를 두고, 약 650여 명의 선교사들이 이동도서차량 40대를 이용하여 문서 보급에 힘쓰고 있으며 이메일 주문을 통해 130여 국으로 책을 공급하고 있습니다.

한국 CLC는 청교도적 복음주의 신학과 신앙서적을 출판하는 문서선교기관으로서, 한 영혼이라도 구원되길 소망하면서 주님이 오시는 그날까지 최선을 다할 것입니다.

# How Long, O Lord?
## - Reflections on Suffering and Evil -

*Written by*
D. A. Carson

*Translated by*
Dong Soo Han

Copyright © 2006 by D. A. Carson
Originally published in English under the tiltle as
*How Long, O Lord?: Reflections on Suffering and Evil*
by Baker Academic,
Translated and used by the permission of Baker Publishing Group,
P.O. Box 6287, Grand Rapids, MI 49516-6287

All rights reserved.

Korean Edition
Copyright © 2017 by Christian Literature Center
Seoul, Korea

덴질 레이머와 콜린 헤머를 기억하며

나의 영혼도 매우 떨리나이다
여호와여 어느 때까지니이까(시 6:4).

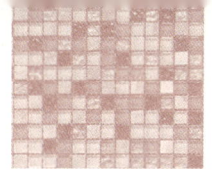

# 추천사 1
*Recommendation*

**이찬수 목사**
분당우리교회 담임

　많은 이들이 고난을 통해 하나님을 찾고, 믿게 된다. 그러나 또한 이 고통의 문제로 인해 신앙을 잃어버리기도 한다. 고난은 실제이며 개인적인 것이기에 어느 누구도 자신 있게 정의할 수 없고, 설명할 수 없는 영역이라 흔히 생각한다. 이럴 때일수록 고난의 문제를 성경적으로 바라보고 균형 잡힌 시각을 가져야한다. 그런 의미에서 최근까지 성경의 메시지를 대중적으로 명쾌하게 풀어내고 있는 D. A. 카슨의 책이 반갑다.

　그는 모든 인생 가운데 어떤 형태로든 고난이 있다고 말한다. 고통의 순간, 인간은 자기 중심적으로 생각하기 쉽고, 더 나아가 하나님을 오해하며 원망할 수 있다는 것이다. 그러나 성경은 자유의지를 받은 인간이 그것을 이기적으로 사용하면서 고통이 시작되었다고 이야기한다. 더 나아가 고통의 순간, 하나님도 그 자리에서 함께 고통을 당하고 계신다고 말한다. 고난 가운데 유일한 성도의 위로는 하나님의 함께 하심과 그 분을 신뢰하는 믿음에 있다는 저자의 표현이 참 좋다.

　본서를 읽는다고 당장 당면한 고통의 문제가 해결되지 않을지 모르겠다. 그러나 고난 속에서 그것의 의미를 찾고 하나님의 메시지를 찾게 될 것이다. 이 과정 속에서 하나님을 신뢰하는 믿음이 더 견고해질 줄 믿는다. 본서를 통해 고난은 망하는 것이 아니라 하나님을 더욱 붙잡는 것이며 신앙이 더욱 깊어지는 때라는 사실을 발견하시기 바란다. 성경적으로 고통을 이해하는 이 기회를 통해 고난을 넉넉히 이겨내는 위로와 은혜가 더 하시길 간절히 바란다.

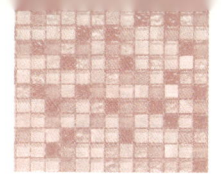

# 추천사 2

*Recommendation*

서문 강 목사
중심교회 담임

본서는 금방 독자들의 공감을 불러일으킬 만하다. 왜냐하면 세상에 태어나 자라고 사는 우리 모두에게 '고통의 쓴 잔'은 반드시 마셔야 하는 '필수 음료'이기 때문이다. 그 잔은 마시는 자마다 '슬픔의 눈물'을 자아내게 한다. 그리고 그 '잔의 쓴 맛'은 정말 참아내기가 쉽지 않다. 그 맛을 즐길 사람은 아무도 없다. 만일 그런 자가 있다면 '정신 나간' 사람이다.

저자가 말하듯이, 누구나 '고통과 슬픔의 현안' 앞에 대번에 '왜 하필 나입니까? 왜 나만 이 고통을 당해야 합니까? 언제까지 이 고통에 처해야 합니까?'라는 애소(哀訴)어린 질문을 하나님께 던지게 된다. 하나님께서는 만유와 우리 모두를 지으시고 다스리시는 섭리의 주님이시기 때문이다.

우리가 당하는 '현안의 고통'이 다 주님의 통치의 영역 속에 있고, 그래서 그 문제에 대한 해답도 주님께 있다. 그러니 그런 애소 자체가 옳지 않은 것이 아니다. 문제의 관건은 그 고통에 대해 성경에서 계시된 하나님의 의중을 바르게 이해하는 데 있다.

정말 그 '쓴 맛' 자체를 완화시키는 것은 불가능하다. 우리가 마시는 어떤 음료의 '쓴 맛'을 순화시키려고 '꿀'을 타지만 사실 따지고 보면 여전히 '쓴 맛'은 사실 그대로 거기 있다. 우리 인생길에서 만나는 '고통의 쓴 맛'에 다른 것을 첨가하려는 시도를 해도 '고통'은 여전히 거기 있다. 문제는 그 '그 잔'을 어떻게 마시느냐이다. 그러니 그 '쓴 잔의 맛' 자체를 바꾸기 보다는 그것을 마시는 '그 사람 자신'을 바꾸는 것이 관건이다.

아이러니하게도 오늘날 교회들이 흔히 '현재 당하는 현안의 압박과 고통을 해결하는 대안'을 제시하려고 덤벼든다. 그것이 복음인양 말이다. 그래서 '고통 자체를 날려 버리는 비법'을 알리려고 열심이다. '약 광고'를 보면 세상에 죽을병은 없어 보인다. 광고대로면 못 나을 병이 없다. 그러나 그것은 '허가 낸 기만'에 불과하다. 오늘날 교회가 복음의 이름으로 '약 광고' 같은 메시지를 남발하다니. 그것은 '하나님의 준엄한 심판을 받을 기만'이다.

성경이 말하는 구원은 '죄로 인해 주어진 고통의 쓴 맛'에서 우리를 해방하시는 하나님의 행사를 말하고 있음에 분명하다.

그럼에도 불구하고 성경의 하나님은 '현세에서 고통이 없는 안락하고 행복한 처지'를 약속한 적이 없으시다. 성경은 근본적으로 그 중심을 어디에 두는가?

'죄 가운데 있는 우리 자신을 그 아들 우리 주 그리스도 예수님 안에서 구원하시되, 죄의 책임과 오염과 영향에서 건져 내시어 하나님과 의롭고 화평한 관계의 사람인 그리스도의 형상을 본받는 자로 세우시고, 그들로 나라를 이루어 왕으로 통치하시려는 하나님의 목적과 실행'을 그 중심에 두고 있다. 복음은 바로 '그 하나님의 행사'를 가리킨다.

본서는 고통을 당하는 그리스도인들을 '대중적으로' 위로하는 책이 아니다. 성경에 계시된 대로, '복음, 곧 그 아들 그리스도 안에서 당신의 사랑하시는 백성들을 향하신 하나님의 거룩하신 목적'이라는 큰 그림 속에서 '고통의 현안을 접근'하고 있다. 성도를 위로하시는 그 하나님의 위로 방식은 항상 '그리스도 안에서'라는 범주를 벗어나지 않는다는 전제를 깔고 말이다. 저자는 시편 6편 기자가 당하는 '현안의 고통' 속에서 애소하며 하나님을 찾았을 때에 하나님께서 어떻게 그 기자를 다루셨는지에 착안한다. 그리고 그것에 비추어 현세의 그리스도인들이 '각종 고통의 현안의 어둔 골짜기'를 지날 때 필요한 '복음적 등불'을 제공하려 한다.

어느 책이나 그러하듯이, 본 추천인의 시각으로 어떤 세부 내용 중에는 신학적 논란이 일 수 있어 있어 보이기도 하나 대체로 성경에 충실한 책이다. 신학적 논리를 목양적 접근으로 용해시키느라 애쓴 흔적이 여기저기 보이는 좋은 책이다. 번역도 잘 하였다.

본서로 많은 하나님의 사람들이 '고통의 현안'을 극복하고 그것을 통하여 '모든 것을 합력하여 선을 이루시는 하나님의 위로'의 샘을 발견하게 되기를 바란다. 이런 양서를 내기에 지치지 않는 기독교문서선교회와 대표이신 박영호 목사님의 열심을 높이 사고 싶다. 함께 수고하는 모든 이들과 이런 양서들을 경외하는 믿음으로 읽는 모든 이들에게 주님의 은혜가 넘칠 것이라 확신한다.

How Long, O Lord?

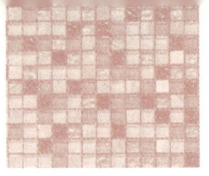

# 제2판 서문

Preface to the Second Edition

D. A. 카슨 박사
트리니티복음주의신학교 신약학 교수

    나의 여러 저서 중에서 본서만큼 독자로부터 많은 편지를 받은 책이 없다. 분명한 사실은, 우리가 사는 동안 반드시 고난을 받을 것이라는 점과, 따라서 성경적인 관점에서 고난과 악에 대해 생각해 보는 본서가 적어도 깊은 흑암 속에서 고통당하고 있는 성도들에게 도움을 줄 수 있을 것이라는 점이다. 그러므로 본서의 개정판이 출판된 것이 기쁘지 않을 수 없다.

    전체적인 논의의 구조는 변하지 않았다. 많은 사례들을 최신의 것들로 보강했고, 다른 부분에서도 많은 보완이 있었다. 예를 들어, 에이즈(AIDS)에 대한 논의에서 통계 자료를 최신의 것으로 바꾸었을 뿐 아니라, 여러 중요한 사항들에도 변화를 주었다. NIV는 TNIV로 대체했다(우리말 성경은 모두 개역개정판으로 통일했다-역주).

    하지만 성경의 균형을 잡으면서 초판의 논의 수준을 그대로 유지하려고 노력했다. 만일 독자들이 성경적이고 신학적인 논의로 곧장 뛰어들고 싶다면 제2장을 지나쳐도 된다. 사실 모든 독자들이 성경이 말씀하는 바를 생각하기에 앞서 "잘못된 행보"를 알고 싶어 하지는 않을 것이다.

어느 장에서 시작하든지 간에, 내가 바라고 기도하는 것은 본서가 새로운 세대의 그리스도인들에게 그리고 성경에 귀 기울이고자 하는 모든 사람들에게 이 아름답지만 상하고 뒤틀어진 세상을 직면하고 살아야 하는 우리 모두의 문제들에 대해 깊이 생각할 수 있는 도움을 주는 것이다.

# 초판 서문

*Preface to the Frist Edition*

우선 본서가 의도하는 바가 아닌 것이 무엇인지부터 말하는 게 좋겠다. 본서는 고난에 관한 어려운 질문들에 대한 즉문즉답이 아니다. 또한, 비록 간접적으로는 그럴 수도 있지만, 하나님의 존재에 대한 증명도 아니다. 뿐만 아니라, 견딜 수 없는 슬픔을 겪고 있는 수많은 사람들에게 주는 위로의 책도 아니다. 본서는 철학적인 질문들에 대한 학문적인 논의다.

그렇다면 본서의 의도는 무엇인가?

무엇보다, 본서는 다른 그리스도인들이 고난과 악에 대해 생각할 수 있도록 돕기 위해 쓴 어느 그리스도인의 글이다. 다시 말하면, 악과 고통의 문제에 너무 몰두한 나머지 하나님의 존재 자체를 의심하게 되는 불신자들을 위해 본서를 쓴 것이 아니라는 의미다.

이 주제를 그런 관점에서 다룬 훌륭한 책은 얼마든지 있다. 하지만, 본서는 그런 책과 다르다. 당신이 불신자라 해도 본서를 얼마든지 읽을 수 있다. 실제로, 당신은 머지않아 가게 될 "세상"을 발견함으로써, 그리스도인이 되고자 하는 소원을 갖지 않을 수 없게 될 수도 있다. 그러나 내가 이 글을 쓰면서 염두에 둔 독자는 당신과 같은 사람들이 아니다.

기본적으로, 본서는 예방약이다. 그리스도인들 사이에 존재하는 파괴적인 슬픔과 혼란의 주된 원인들 중의 하나는, 우리의 기대가 잘못되었다는 것이다. 우리는 우리 자신이 비극을 마주하기 전까지는 악과 고난의 문제에 대해 생각하지 않는다. 만일 비극을 맞이하였으나, 충분히 숙고하지 않은 채 깊이 뿌리박혀 있는 우리의 믿음이 성경에서 계시되고 예수 안에서 최고로 계시된 하나님에게서 멀리 벗어나 있다면, 개인적인 비극으로부터 온 고통은 수 십 배 더 커질 수도 있다. 그러면서, 우리 믿음의 뿌리에 대한 근본적인 질문을 던지기 시작할 것이다.

물론, 의심과 두려움이 죄다 의심스러운 신앙에 기초를 둔 잘못된 기대에서 나오는 것은 아니다. 지적인 차원에서 볼 때, 그리스도인은 사도 바울처럼 정통 교리를 따를 수 있지만, 그의 영적인 성숙도는 바울에게 터무니없이 미치지 못하기 때문에 위기가 닥치게 되면 모든 교리적인 "헌신"이 다시 한 번 뒤죽박죽되어 버릴 수도 있다. 그럼에도 불구하고, 적어도 하나님께서 누구시고 하나님께서 무엇을 하시며 이 세상에서 고통이 차지하는 위치는 무엇인가 등과 관련된 잘못된 기대들 때문에 자기의 고난이 더 악화되지만 않는다면 그리스도인은 기본적인 질문으로 괴로워하지는 않을 것이다.

예를 들어, 고통이 찾아오면 "왜 나입니까?"라는 질문을 던지게 된다. 그리고 나서 곧바로 "왜 나를 징벌하십니까?" 또는 "왜 나를 괴롭히십니까?"라는 질문으로 나아간다. 그리고 급기야 우리 생각의 저편으로부터 암울한 귓속말이 들려온다.

"당신은 사랑의 하나님이 아닌 것 같습니다. 당신은 변덕스러운 것 같습니다. 거룩하시기는커녕 공평하지도 않으신 것 같습니다. 당신은 계시지도 않은 것 같습니다."

C. S. 루이스(C. S. Lewis)는 『예기치 못한 기쁨』(Surprised by Joy [서울: 홍성사, 2003])이라는 제목으로 자기의 회심 이야기를 풀어냈다. 안타깝지만, 마찬가지로 우리 대부분의 그리스도인은 믿음이 예기치 않은 슬픔을 겪는 순간이 온다는 것을 인정할 수밖에 없다.

그러므로 본서는 도움을 주고자 한다. 본서는 고통의 문제에 대해 완전한 해답을 제시하지 않는다. 그저 나에게 도움이 되었거나 내가 목회를 했던 사람들에게 다소나마 도움을 주었던 경험들로부터 임의로 선택한 몇 가지 주제만을 다룰 뿐이다. 솔직히 본서는 내가 이미 앞에서 잠시 언급했듯이, 너무 큰 절망이 찾아와서 아무 것도 읽지 못하고 생각하지 못하고 기도하지도 못하는 사람들을 돕고자 하는 것이 아니다. 다만, 본서가 그리스도인들로 하여금 생각의 패턴과 습관을 강건하게 세움으로써 영혼에 가장 어려운 질문들이 찾아왔을 때 흔들리지 않고 믿음과 기쁨과 소망을 더 굳건하게 할 수 있게 도울 수만 있다면, 나는 그것으로 만족한다.

본서는 일반적인 독자들을 위한 것이므로, 대체로 참고문헌이나 학문적인 논의는 피하려고 했다. 내가 언급한 책과 논문은 대부분 실제로 인용한 것들이다. 최선의 노력을 다했음에도 불구하고, 제2장은 조금 어렵다. 만일 제2장이 너무 읽기 벅차다면 그냥 지나치기 바란다. 하지만 그 장의 내용을 이해할 수 있다면 노력을 기울여주기 바란다. 왜냐하면, 그 장에서 논의한 성경의 진리들이 하나님의 백성들의 신앙을 견고하게 하는 데에 엄청난 도움이 될 것이라고 믿기 때문이다.

본서에서 사용한 자료 대부분은 처음에 미국, 호주, 영국, 캐나 등에서 강연을 하기 위해 쓴 내용들이다. 나에게 질문을 해 준 많은 분들, 특히 내가 이전보다 더 깊이 생각할 수 있도록 질문을 던져줌으로써 단순히 정보를 제공하기보다는 치유와 격려를 줄 수 있는 책을 쓰게 해 준 분들에게 감사를 드린다.

내가 항상 성공적이지는 않았음은 너무나도 분명하다. 설령 조금이라도 성공을 거둔 적이 있었다면, 그것은 모두 다른 사람들을 면밀하게 관찰했기 때문이다. 특히 나를 비롯하여 그 누구의 삶보다도 훨씬 크고 엄청난 고난을 겪은 사람들은 주님의 영광과 그의 백성의 유익을 위해 좋은 본이 되어 주었다.

고통과 고난은 종종 심각한 외로움을 낳는다. 우리는 모든 사람들로부터 단절되었다고 느낀다. 아무도 이해하지 못할 것이라고 느낀다. 하지만 사실은, 다른 그리스도인들과 이 문제들을 함께 이야기해 보는 것이 종종 도움이 된다. 그런 이유에서 각 장을 마무리할 때마다 몇 개의 질문을 첨가했다. 가장 좋은 방법, 그 질문들을 소그룹에서 함께 나누는 것이다. 그 질문들을 혼자 떨어져서 생각해 보는 것은 별로 도움이 되지 않을 것이다.

오직 하나님께 영광을!(Soli Deo Gloria!)

How Long, O Lord?

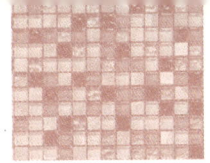

# 역자 서문

*Preface to the First Edition*

한동수 목사

D. A. 카슨만의 독특한 문체가 있다. 문어체와 구어체를 오고가고, 현대적인 말투와 고전적인 말투가 섞여 있다. 역자가 트리니티복음주의신학교에서 공부하는 동안 종종 마주치며 들었던 말투 그대로다. 그 독특한 말투 때문에 카슨의 책은 술술 읽어 내려가는 듯 하지만 언제나 번역하기가 매우 까다롭다. 그럼에도 불구하고 인내를 가지고 본서를 번역할 수 있었던 것은 그 내용의 탁월함 때문이다.

고난과 악에 대한 깊은 신학적 통찰은 아마도 이 주제에 관해 현대에 쏟아져 나온 그 어떤 책보다 훌륭하고 유익하다고 할 수 있을 것이다. 본서는 카슨이 서문에서 밝히고 있는 바와 같이, 현재 고난당하고 있는 성도들의 안타까운 상황에 크게 도움이 되지 않을 수도 있다. 왜냐하면 그들에게는 단지 꼭 안아주고 함께 눈물 흘려주는 것 이상의 위로가 필요하지 않을 수도 있기 때문이다. 욥의 친구들처럼 섣불리 그들에게 다가서면 더 큰 상처를 안겨줄지 모른다.

그러나 본서는 적어도 교회 안에서 성도들이 고난과 악의 문제에 대해 치열하게 고민하고 아파하고 대화를 나눌 때 성경적인 길을 제시해 줄 수 있다. 또는 언제 찾아올지 모르는 고난 앞에서 그저 두려워하고만 있을 성도들에게도 예방 백신 같은 역할을 해 줄 수 있다.

카슨의 논의는 논리적이고 포괄적일 뿐 아니라, 무엇보다 "성경적"이다. 그는 모든 그리스도인이 겪는 하나님의 징계와 비그리스도인으로부터의 박해의 문제뿐만 아니라, 모든 사람이 겪을 수 있는 질병, 가난, 기근, 전쟁, 사별과 이별 등의 갖가지 고난을 차례로 살피면서, 그것들에 접근하는 "잘못된 행보"를 성경적으로 바로잡아 주고, 그 후에는 성경적인 바른 접근법을 알려준다.

아담의 죄로 인해 인류에게 찾아온 결과로서의 고난, 주권적인 하나님과 그의 신비한 섭리, 그리고 '이미와 아직'(already but not yet)의 긴장 관계 속에 있는 하나님의 나라 등의 신학적 주제들을 요소요소에서 매우 적절하게 풀어준다. 뿐만 아니라, 성경의 여러 구절을 단순히 인용하는 것을 넘어, 관련 구절과 단락을 성경신학적으로 치밀하게 주해하고 적용함으로써 훨씬 더 깊이 있는 성경적인 체계를 확립시켜 준다. 따라서 본서는 아프고 슬픈 고난의 문제를 만나기 전에 성도들이 꼭 함께 읽고 나누어야 할 중요한 메시지를 전하고 있다고 확신한다.

누구도 피해갈 수 없는 고난 앞에서 예방 백신이 필요하다면 본서를 펴 들기 바란다. 역자로서가 아니라 한 사람의 목사와 선생으로서 본서를 그리스도인들에게 강력하게 추천하는 것은, 독자들이 본서를 읽으면서 자기의 고난의 문제가 아니라 주권적인 하나님께 더 집중하게 되고, 그로 인해 인생의 새로운 관점을 갖게 될 것이기 때문이다.

카슨의 문체가 워낙 독특하다보니 번역 과정에서 크게 애를 먹었고, 그래서 종종 매끄럽지 못한 문장이 있을 수도 있다. 그럼에도 불구하고 독자들이 본서를 읽는 데에 크게 불편함이 없게 하기 위해 노력했다. 편집팀에서 최선을 다해 다듬어 주었지만, 번역상의 모든 부족함에 대한 책임은 전적으로 역자에게 있다.

좋은 책을 번역할 수 있는 기회를 주신 기독교문서선교회(CLC) 대표 박영호 목사님과 그외 관계자 분들에게 감사드리고, 본서를 통해 하나님께서 모든 성도들에게 꼭 필요한 "하나님과 인간을 아는 지식"을 허락해 주시길 기대한다.

# 목차

추천사 1(이찬수 목사 | 분당우리교회 담임) _ 5
추천사 2(서문 강 목사 | 중심교회 담임) _ 7
제2판 서문/초판 서문 _ 10
역자 서문 _ 15

## 제1부 고난과 악에 대해 생각하기

제1장  첫 걸음 _ 21
제2장  잘못된 행보 _ 33

## 제2부 퍼즐 조각들
—고난받는 사람들을 위한 성경적인 주제들

제3장  죄의 대가 _ 59
제4장  사회적인 악, 가난, 전쟁, 자연재해 _ 74
제5장  하나님의 백성들의 고난 _ 104
제6장  저주와 거룩한 전쟁—그리고 지옥 _ 142
제7장  질병, 죽음, 사별 _ 166
제8장  종말론적 관점 _ 204
제9장  욥: 신비와 믿음 _ 240
제10장  고난받으시는 하나님 _ 287

## 제3부 퍼즐 전체를 보기
―선하시고 주권적인 하나님의 세상에 존재하는 악과 고난

제11장 섭리의 신비 _ 317

제12장 섭리의 위로: 신뢰하는 법 배우기 _ 367

제13장 목회적 단상 _ 395

부록 : AIDS에 대한 단상 _ 404

제1부 :
# 고난과 악에 대해 생각하기

Thinking about Suffering and Evil

제1장  첫 걸음
제2장  잘못된 행보

# 제1장
# 첫 걸음

First Steps

## 1. 힘든 상황들(Hard Cases)

어느 목사가 앞마당의 잔디를 깎고 있다. 잠시 고개를 들어 보니 때마침 이웃집의 출입로에서 육중한 덤프트럭 한 대가 후진을 해서 나오다가 그만 커다란 바퀴 뒤에 쪼그려 앉아 있던 18개월짜리 아들을 치고 만다. 목사는 거의 정신을 잃은 아이의 엄마와 얼굴이 잿빛이 되어버린 아버지와 함께 구급차를 타고 병원까지 동행한다. 이 어린 아이에게 소망은 없다. 형체를 알아보지 못할 정도로 몸이 부서져버렸다.

하나님께서는 어디에 계신가?

결혼한 지 5년이 된 제인이 밤에 잠을 자다가 눈을 떠보니 옆에 누워 있던 남편 댄(Dan)이 자기의 입을 가리키면서 그녀를 쿡쿡 찌르고 있다. 간신히 잠에서 깨어보니 남편이 말을 하지 못한 채 완전히 겁에 질려 있다. 의사에게 급하게 전화를 걸고 재빨리 병원으로 향한다. 이튿날, 의사들이 뇌암 수술을 집도한다.

그러나 큰 효과가 없다. 수술 후 외상은 훨씬 더 심각하다. 수술은 남편의 모든 기억을 지워버렸다. 댄은 더 이상 읽고 쓸 줄 모른다. 어린 아들도 알아보지 못한다. 어떻게 된 것인지 모르지만, 수술은 암이 더 이상 자라지 않게 했다. 하지만, 댄의 성품이 바뀌었다. 그는 불평이 많고, 화를 내고, 짜증을 내고, 누군가 그를 하루 종일 지켜봐야 하는 지경이 되었다. 3년 정도 지나 겨우 조금 회복되었을 때, 암은 다시 서서히 자라기 시작하더니 4개월 후에 댄의 목숨을 앗아갔다.

하나님께서는 어디에 계신가?

여섯 자녀를 둔 어느 시골 마을의 가족은 가족 중에서 네 명이 혈우병을 앓고 있었지만 기쁨으로 주님을 섬기고 훈련을 받고 있다. 그런데 에이즈 공포가 찾아왔다. 의사들과 환자들이 전혀 알아차리지도 못하게 국가의 혈액 공급체계에 문제가 생긴 것이다. 혈우병을 앓던 네 명의 자녀들은 계속해서 혈액 공급을 받아야만 했다.

그 중에서 두 명이 에이즈 판정을 받고 3년 만에 모두 세상을 떠났다. 세 번째 자녀도 HIV 양성 반응이 나왔으니 이제 심각한 증세를 보이다가 고통스럽게 죽어가기까지는 다만 시간문제다. 네 번째 환자는 세 자녀를 둔 30세 아버지다. 그는 검사를 거부한다. 하지만 이미 상황이 매우 좋지 않아서 자기가 에이즈를 보균하고 있음을 알고 있다. 이제 곧 아내를 미망인으로 남겨두고, 자녀들을 아버지 없는 자식들로 남겨둔 채 떠나게 될 것이다. 그는 보험을 거의 들지 않았으며, 어떤 보험사도 그를 거들떠보려고 하지 않을 것이다.

하나님께서는 어디에 계신가?

이 이야기들이 꾸며낸 것이면 좋겠다.

그러나 꾸며낸 이야기가 아니다. 이 이야기들은 내가 아는 사람들의 이야기다. 이름과 약간의 내용만 바꾸었을 뿐이다. 또한 우리 모두는 우리 자신의 이야기를 할 수 있을 것이다. 나의 동료와 그의 아내는 거의 30년 동안 양자를 입양해서 길러왔다. 어느 날 그들은 18개월 된 쌍둥이

남자 아이들을 데려왔다. 쌍둥이는 벌써 여섯 번째 부모를 만났다. 그들은 더 이상 치료 불가능하다는 판정을 받았다(결국 그 판정이 잘못된 것으로 드러났지만). 쌍둥이들은 적어도 두 가정에서 울지 말라고 매를 맞았다. 그래서 이 아이들은 새로운 집에 오던 첫 날 밤에 잠자리에 들면서 소리를 내지 않고 울다가 잠이 들었다.

하나님께서는 어디에 계셨는가?

뿐만 아니라 매우 잘 알려진 재앙들도 있다. 테러리스트들이 비행기를 몰고 세계무역센터 건물과 펜타곤으로 돌진했다. 목숨을 잃은 3천 명의 모습이 TV에 비칠 때 우리는 큰 충격에 빠졌다. 사람들은 비행기 제트 연료 때문에 붙은 화염을 피하기 위해 95층에서 뛰어내렸고, 100층이 넘는 건물은 사람들 위에 무너져 내렸다. 인도네시아 북서쪽 아체(Aceh) 연안에서 바다 속 지각 변동으로 생긴 거대한 쓰나미는 여러 나라에 치명적인 피해를 입혔고, 남녀노소 약 30만 명의 목숨을 앗아갔다.

하나님께서는 어디에 계신가?

이 문제에서 분명한 사실 한 가지는, 우리가 할 수 있는 것이 고작 우리에게 허락된 수명을 다 살면서 고난을 받는다는 것이다. 우리가 사랑하는 사람들이 죽는다. 우리 자신도 여러 질병으로 고통을 겪는다. 중년기에는 종종 큰 압박감을 느낀다. 낙심, 실패감, 체력 감퇴, 불륜 등이다.

부모들은 종종 자녀를 양육하는 동안 엄청난 가슴앓이를 해야 한다. 내 어머니는 72세에 강도를 만났다. 그 결과 어머니는 길에서 쓰러져서 연석에 머리를 부딪쳤다. 어머니의 가족들은 몇 주 만에 어머니에게 정신황폐 증세와 성격변화가 찾아왔음을 알게 되었다. 어머니는 치매 진단을 받으셨고, 그 이후 치매 환자들이 경험하는 모든 단계를 다 겪으셨다. 장수를 하면 노쇠 현상이 반드시 따라온다. 친구들이 모두 떠나가고 혼자만 남게 된다.

그러나 이러한 일들은 비교적 안정된 사회에서 발생하는 고난이다.

전쟁, 인종차별, 종족학살, 끝없는 가난, 기아 등을 상상해 보라.

텔레비전도 그 실상을 다 정확히 보도하지 못한다. 내가 지독히 가난한 제3세계 국가를 처음 방문했을 때 가장 먼저 괴로웠던 것은 악취였다.

현재 홀로코스트에 대한 많은 책들이 쏟아져 나왔다. 약 600만 명의 유대인들이 조직적으로 학살을 당했다. 이 책들 중 대부분은 홀로코스트를 비인륜적인 행동으로 보고, 다시는 일어나서는 안 되는 극악무도한 사건으로 보도한다. 그 사건을 절대로 다른 사소한 폭력적인 사건들과 비교해서는 안 된다고 말한다.

그러나 현실은 훨씬 더 열악하고 슬프다. 20세기에만 해도 이와 비슷한 홀로코스트가 존재한다. 이미 전 세계 4천만 명이 에이즈에 감염되었다. 백신이 발명되기까지 얼마나 시간이 걸리느냐에 따라 얼마나 많은 사람이 죽을지 모른다. 그런데 감염자가 한 해에 약 5백만 명씩 늘어가고 있다. 가장 적게 예측하는 사람들조차도 수천만 명이 에이즈로 사망할 것이라고 말한다.

중국에서는 마오쩌둥 치하에서 2천~5천만 명이 죽었다. 히틀러에 의해 학살된 유대인들과 비슷한 숫자의 캄보디아 사람들이 폴 포트(Pol Pot)에게 학살당했다. 스탈린 치하에서 얼마나 많은 소련 국민들이 죽임을 당했는지 알 수 없지만, 대부분의 역사가들은 우크라이나 사람들만 해도 약 2천만 명에 달한다고 한다. 이디 아민(Idi Amin)에게 고통을 받는 사람들의 숫자는 헤아릴 수도 없다. 르완다에서는 거의 백만 명에 이르는 후투족과 투트시족이 살육 당하였다.

"자연" 재해에 대해서는 무슨 말을 해야 할까?

해마다 수십만 명이 기아로 죽고, 수백만 명이 영양실조로 고통받는다. 멕시코시티에서는 25만 명이 지진으로 죽었다. 중국에서도 20만 명이 비슷한 재앙으로 목숨을 잃었다. 즉, 최근에 일어난 쓰나미로 죽은 숫자의 3분의 2에 해당한다.

우리가 결코 제어할 수 없는 "자연"의 힘 때문에 발생하는 가뭄 등의 소위 자연 재해와, 특히 기아가 얼마나 많은가?

또한 인간이 만들어낸 독재 정부, 부족 전쟁, 불공정 무역, 지독한 탐욕 등과 같은 악한 시스템으로부터 발생하는 것들은 얼마나 많은가?

이러한 비극들 속에서, 그리고 이 모든 고통 속에서, 하나님께서는 어디에 계시는가?

이 질문은 종종 성경에서도 찾을 수 있는 질문이다. 시편 기자들과 예레미야, 욥, 하박국, 엘리야 등은 모두 그들이 저항할 수 없는 악의 승리를 목격한다.

> 내가 주께 질문하옵나니 악한 자의 길이 형통하며 반역한 자가 다 평안함은 무슨 까닭이니이까(렘 12:1).
> 어찌하여 악인이 생존하고 장수하며 세력이 강하냐(욥 21:7).

## 2. 힘든 생각(Hard Thinking)

어떤 사람들에게는 이 질문이 지극히 지적인 질문에 불과하다.

만일 하나님께서 전능하기도 하시고 완전히 선하기도 하시다면, 어떻게 그런 악을 허용하신단 말인가?

만일 하나님께서 고난을 막고자 하시지만 하실 수 없다면, 하나님께서는 전능하지 않으시다. 반면에 하나님께서 고난을 막으실 수 있지만 그것을 원하지 않으신다면, 하나님께서는 완전히 선하지 않으시다. 그러므로 여기에서 알 수 있는 것은, 악의 존재 자체가 곧 하나님의 존재에 관한 문제를 일으킨다는 것이다.

또 다른 사람들에게 문제가 되는 것은 단순히 악의 존재가 아니라 악의 창궐이다. 너무나도 충격적인 것은 불필요한(gratuitous) 악이다. 혹자는 하나님께서 사람들에게 반역할 수 있는 자유를 주셨다는 전제하에, 약간의 악의 존재가 신앙에 전혀 손상을 입히지 않는다고 주장할지도 모른다.

그러나 그런 주장이라면 "자연" 재해는 어떻게 설명할 것인가?

선하거나 악한 사람들과 분명한 연관성이 없는 고난이나, 나이와 경험 또는 명백한 심판 등과 관련이 없는 고난 등이 얼마나 많은가?

이러한 지적인 질문들을 자세하게 다룬 훌륭한 책들이 있다. 일반 독자들에게 깊은 통찰을 줄 만한 책들 중의 하나는 C. S. 루이스(Lewis)의 『고통의 문제』(*The Problem of Pain*[서울: 홍성사, 2005])이다.[1] 루이스가 아내의 죽음 당시에 쓴 간증 성격의 『헤아려본 슬픔』(*A Grief Observed*[서울: 홍성사, 2013])[2]은 그의 모든 주장에 동의할 수는 없어도 충분히 공감할만하다.

최근에는 기독교 신앙이 악한 세상 속에서도 얼마나 합리적인지 변증하기 위해 매우 복잡한 주장을 하는 학자들이 있는데,[3] 그들은 대중에게 매우 큰 신임을 얻고 있다. 나도 종종 그러한 주장들로부터 근거를 가져올 필요를 느끼기는 하지만, 본서에서 내가 초점을 맞추는 부분은 그런

---

1  C. S. Lewis, *The Problem of Pain* (New York: Macmillan, 1962).
2  C. S. Lewis, *A grief Observed* (London: Faber, 1966).
3  Alvin J. Planting, God, *Freedom and Evil* (Grand Rapids: Eerdmans, 1974)를 보라. 유용한 개관을 위해서는 Stephen T. Davis, "The Problem of Pain in Recent Philosophy," *Review and Expositor* 82 (1985): 535-48; Ronald H. Nash, *Faith and Reason: Searching for a Rational Faith* (Grand Rapids: Zondervan, 1988), 175-221을 보라.

주장들이 아니다.

  이유는 매우 분명하다. 사실 많은 신자들이 그런 문제들로 고통을 당하는 게 아니기 때문이다. 하나님께서 전능하시고 완전히 선하시지만, 세상에 고통이 팽배하다는 것을 아는 일반적인 그리스도인들이 무수히 많다. 그리스도인으로 살아가는 일상적인 삶의 많은 경우에, 그들은 문제가 있다고 느끼지 않는다.

  그리스도인들은 그 문제들을 충분히 설명해 줄 수 있는 단순한 신학적 답변들을 이미 알고 있다. 즉 고난이란 죄의 결과이고, 자유의지란 하나님께서 사람들을 실수할 수 있게 내버려두셨음을 의미하며, 천국과 지옥이 그 모든 실수와 오해를 바로잡을 것이라는 사실 등이다. 또는 그리스도인들은 실제로 이 모든 문제들에 대해 그렇게 깊이 생각하지 않을지도 모른다. 그리스도인들은 하나님께서 자기들을 사랑하심을 알고 있고, 그것으로 충분하다.

  자기가 이해할 수 없고 해결할 수도 없는 일들에 골몰하면서 머리 아플 이유가 뭐가 있겠는가?

  그러다가 그리스도인들의 삶에서 크게 마음을 흔들어놓는 일들이 발생한다. 대학 1학년 때 철학 수업을 들어야 한다. 고통스런 사별을 해야 하는 특별한 경험을 한다. 아버지가 돌아가신다. 자녀가 다발성경화증에 걸린다. 배우자가 다른 이성과 걸어가는 것을 목격한다. 인생의 소망을 걸었던 일자리가 다른 사람에게 넘어간다. 치명적인 질병에 걸린다. 우울증에 빠져 헤어 나올 수 없는 절망에 사로잡힌다. 복음을 전파하지만 아무 열매를 맺지 못하고, 오히려 친구들과 동료들로부터 적대를 받는다. 직장을 잃고, 집과 모든 적금을 잃는다. 그러면 갑자기 고난에 관한 문제가 실감난다.

  다른 말로 하면, 고난과 악에 관한 깊은 염려는 사람마다 다르다. 이

점은 한 가지 예를 들어 분명하게 설명할 수 있다.[4]

우리가 S라고 부르는 것을 존(John)이 확고하게 믿고 있다고 가정해 보자. S는 일관적일 수도 있고 그렇지 않을 수도 있지만, 여기에서 말하는 목적에서는 다를 게 없다. S는 단지 존이 믿는 것이다. 그런데, 어떤 이유에서이든지 존이 이 믿음 위에 S와 일치하지 않는 R을 첨가한다. 그러면 존은 이제 S+R을 진실이라고 믿는다.

그러나 이 새로운 신념(그것을 S0라고 부르자)은 근본적으로 불안정하다. 존은 인식론적인 딜레마에 빠진다. 즉 그는 R에 대한 믿음을 버리고 새로운 신념체계인 S0를 옛 신념체계인 S로 대체하든지, 아니면 S 안에 있는 몇 가지 요소들을 바꾸거나 포기해서 R을 유지해야 한다. 몇 가지 요소들을 포기하면, 그의 옛 신념체계인 S는 S1이 된다. 다시 말하지만, S가 실제로 일관적인지 그렇지 않은지는 이 논의의 목적과 상관이 없다.

요점은 S0(S+R)가 본질적으로 불안정하다는 것과 끊임없는 근심을 유발한다는 사실이다. 머지않아 존은 S로 돌아갈 것인지(R을 포기하고) 또는 S1으로 신념을 바꿀 것인지(R에 지장을 주지 않게) 정해야 하는 엄청난 압박감을 느낄 것이다.

어려운 예를 들어 이 문제를 풀어볼 수 있다. 존이 정통 그리스도인이라고 가정해 보자. 그의 S 신념체계에는 하나님의 선하심과, 그의 능력 등등이 포함되어 있다. 그런데 존이 평생 처음으로 몇 달 동안 제3세계 국가를 여행하면서 인간의 엄청난 고통을 목격한다. 점점 그는 R을 받아들인다. 존은 하나님에 대한 믿음과 이 세상의 문제가 어떻게 조화될 수 있는지 알지 못한다.

이것은 엄청난 근심을 낳는다. 심사숙고 끝에, 존은 R이 무익하다

---

4  George I. Mavrodes, *Belief in God* (New York: Random, 1970)에서 가져왔다.

고 판단하여 그것을 포기하거나(그의 전통적인 신앙에 맞게), 또는 R의 무게에 못이겨 S 중에서 몇 가지 요소를 변경해서 약간 변형된 S1을 만들 것이다. 이 경우에 존은 하나님의 존재와 선하신에 대해서는 믿지만, 하나님의 전능하심에 대해서는 믿지 못한다.

한편에서, 이 예는 지나치게 사변적이고 지나치게 이론적이다. 내 경험으로 볼 때, 갑자기 고난과 악의 문제를 인식하게 되는 대부분의 그리스도인들은 그와 동시에 다른 종류의 압박감도 함께 마주한다. 기도할 수 없는 상태일 수도 있고, 다른 그리스도인들에 대한 신뢰와 교제를 잃어버려서 그들에게 자기 문제를 터놓지 못하고 혼자서 끙끙 앓게 되는 것일 수도 있다. 또는 자기도 희미한 정도로만 인식하는 중요한 영적 전쟁이 벌어지고 있을 수도 있다. 때로는 호르몬의 불균형 때문에 우울증이 찾아오거나, 절망감 때문에 수면 부족에 시달리기도 한다. 소화불량, 불면증, 그리고 두통이 따라오고, 그로 인한 악순환이 일어나 고난과 악에 대한 본래 문제들이 훨씬 더 심각해진다.

그러나 이 모든 문제들이 끼어든다 하더라도, 가장 중심에 있는 문제는 R이라는 돌발 문제다. 즉, 한 사람의 신념체계 어딘가에 틀린 부분이 있다는 확신이 들기 시작하는 것이다. 또한 이것이 문제가 되는 이유는, 그리스도인들이 개인적인 비극이나 생소한 인생 경험 때문에 그렇게 고통스런 R을 받아들여야 할 상황을 만나기 이전에 이러한 문제들에 대해 가능한 한 안정된 신앙체계를 가지는 것이 중요하기 때문이다.

두 가지 요소를 더 이해해야 한다.

첫째, 당신이 R을 받아들이지 않는다고 해서, 즉 당신의 신앙체계가 모순되지 않다고 확신한다고 해서, 내가 S라고 부른 신념체계가 정확히 어떻게 서로 조화를 이루는지 당신이 알고 있는 것은 아니다.

다른 말로 하면, 당신은 당신의 신앙체계가 정확히 어떻게 논리적으로 모순이 없는지 구체적으로 말하지 못한 채, 그냥 논리적 모순이 없다고 믿을 수도 있다. 모든 것이 신비라고 말할 수도 있을 것이다.

예를 들면, 하나님께서 전능하시고, 하나님께서 선하시며, 악은 세상에 존재하며, 이러한 믿음이 모순되지 않기는 해도 당신이 이해할 수 없는 신비한 방식으로 서로 연결되어있다고 생각할 수 있는 것이다. 그러한 단계에는 근본적으로 비논리적인 부분이 없다. 그러나 내 경험으로 볼 때, 만일 신비한 것의 위치를 잘못 잡게 되면, 머지않아 오류가 항상 당신을 따라다니게 될 것이다. 이 문제에 대해서는 제2장에서 다시 다룰 것이다.

둘째, 훨씬 더 중요한 문제는, 우리의 S 신념체계가 모순되는 결과를 낳을 만큼 S가 돌발 상황 R에 의해 흔들리지 않는다고 해서, 우리가 고난을 당할 때 S 자체가 우리에게 반드시 큰 위로를 주는 것은 아니라는 사실이다.

돌발 상황의 발생은 우리에게 부가적인 고통을 가져다 줄 것이다. 반면에 돌발 상황이 없다고 해서 우리에게 부가적인 위로를 주는 것은 아니다. 왜냐하면, 사실 맹목적인 믿음은 우리가 고난과 악에 대해 최악의 경험을 할 때 아무 위로를 주지 못하기 때문이다.

이것을 그리스도인의 경험이라는 관점에서 설명하면, 고난의 어두운 터널을 지날 때 그리스도인들은 그들의 신앙이 변치 않는다는 확신 이상의 무언가를 원한다. 그리스도인들은 오직 살아계신 주님으로부터, 주님께서 보내주신 성령으로부터, 그리고 그리스도 예수 안에 있는 하나님의 사랑에 대한 새로운 이해, 즉 경험적인 이해(엡 3:14-21)로부터만 위로를 얻는다.

그러나 그렇다고 해서 신앙체계가 아무 의미 없다는 뜻은 아니다. 기독교 신앙이 진실이고 모순되지 않는다는 사실에 덧붙여, 그리스도인들은 그 신앙에서 위로를 얻기 위해 그것을 어떻게 사용해야 하는지 배워야 한다는 것이다.

기독교 신앙은 마음의 창고에 저장되어 있기만 해서는 안 된다. 즉 이 신앙은 잘 다루어져야 하고, 인생의 도전들과 제자도에 적용되어야 한다. 그렇지 않으면 기독교 신앙은 위로와 안정, 경건과 용기, 겸손과 기쁨, 거룩함과 믿음을 가져다 줄 수 없다.

그러나 고난과 악이 우리를 궁지에 몰아넣을 때 성경의 많은 강조점들이 어떻게 위로의 성벽이 되어줄 수 있는지 생각해 보기 전에, 명목적인 피난처들이 어떻게 전혀 안정을 줄 수 없는지 경고할 필요가 있다고 생각한다. 분별 있는 그리스도인들은 그것들을 피해야 한다. 그런 피난처들은 안정을 약속하지만, 사실 파괴적일 뿐이기 때문이다.

### • 심화 학습을 위한 질문들 •

① 자기만의 고난 목록을 작성해 보자.
   자기 주변에 있는 고난과 자기가 직접 겪은 고난을 모두 적어보자.
② 악과 고난의 문제가 자신을 깊이 괴롭힌 적이 있는가?
   만일 없다면, 왜 그런가?
   만일 있다면, 왜 그런가?
③ 당신이 현재 이해하고 있는 바에 따르면, 하나님의 주권과 선하심은 현재 세상에 만연한 악과 고통의 문제와 어떻게 조화될 수 있는가?
④ 하나님의 사랑이나 능력에 대해 고통스런 질문을 던지며 견뎌낸 기간이 있었는가?

무엇 때문에 그 상황에 빠졌는가?

그 기간을 이겨내는 데 가장 크게 도움이 되는 것은 무엇인가?

⑤ 그리스도인들은 무엇으로부터 깊은 위로를 얻는가?

# 제2장
# 잘못된 행보

# False Steps

## 1. 무지와 오만에서 나오는 잘못된 행보

1998년, 시카고에서 북쪽으로 몇 마일 정도 떨어진 위넷카(Winnetka)라는 부유한 마을에서, 정서 장애가 있는 어느 젊은 부인이 초등학교를 찾아가 엄청난 일을 저질렀다. 그 부인은 권총을 쏘아 학생 한 명을 살해하고, 두 명의 학생에게 부상을 입혔으며, 인근 집에 들어가서는, 그녀를 제지하려던 어른 한 명에게 부상을 입혔다. 결국 그 부인은 경찰이 도착하기 전에 방아쇠를 당겨 스스로 목숨을 끊었다.

마을 전체가 공포에 휩싸였다. 상담가들은 그 학교 학생들 및 학부모들과 많은 시간을 함께 했다. 부모들과 시민들의 격한 감정이 라디오와 텔레비전을 통해 흘러나왔다. 이 문제가 어떻게 예방되어야 했고, 예방될 수 있었는지 수많은 논평들이 끊임없이 쏟아졌다. 예를 들면, 그 정서 장애 부인을 막지 못한 자들이 누구인지, 그 부인이 권총을 소지할 수 없게 할 수 있는 방법은 무엇이었는지, 학교 관계자들에게 주의를 주지 못한 사람들은 누구인지, 그리고 그와 비슷한 문제들이 수도 없이 제기되었다. 그 중에서도 어떤 논평들은 틀림없이 통렬한 것들이었다.

첫째, 그러한 종류의 폭력은 인근 흑인 지역이나, 슬럼가, 제3세계, 또는 마약 중독자들 사이에서만 일어나야 한다. 따라서 이러한 폭력이 백인들과 중산층이 거주하는 건전한 교외 지역에서 발생했다는 것은 말도 안 되는 일이다.

물론, 이런 식으로 어리석게 말한 사람은 아무도 없었다. 그러나 어떤 사람들의 분노 속에는 이런 감정이 숨어 있었다. 이런 생각들의 저변에는 당연히, 악은 우리가 누리는 모든 유익을 갖지 못한 사람들에게만 일어나거나 또는 일어나야 한다는 선입견이 깔려 있다. 세상의 가혹한 악을 받아들이지 못하고, 악이 인간의 딜레마 중의 하나이며 따라서 악을 억제하거나 제거할 수 없다는 것을 깨닫지 못하는 것이다.

둘째, 내 돈이 나를 안전하게 지켜줄 거라고 믿고 싶다. 내가 믿는 것이라고는 오직 내 자신과 내가 가진 소유다. 그러므로 무언가 잘못될 경우 내가 가장 먼저 비난할 대상 중의 하나는 하나님이다.

사고 즉시 학교에서는 경찰력을 증강시키는 등 보안 장치와 보안력에 대한 논의가 있었다. 여러 제안들이 있었지만, 무엇보다 놀라운 태도가 있었다. 즉, 돈이 자신의 안전을 지켜줘야 한다는 것이다.

셋째, 내 아이의 죽음은 동아프리카와 중앙아프리카에서 매주 기근으로 죽어가는 수백 명의 죽음보다 훨씬 더 중요하다.

물론 어느 정도는 이런 식의 생각이 불가피하다. 내 인생 전체가 걸려 있는 사람들에게 관심을 갖는 만큼 텔레비전에 등장하는 사람들에 대해 관심을 갖는 것은 불가능하다. 대중매체들이 연일 각종 재난들을 보도하는 탓에 감정적으로 무뎌질 수 있다. 즉, 나에게는 그렇게 수많은 난민들을 모두 신경 쓸만한 에너지가 없다. 그래서 나는 내 가족들에게 훨씬 더 집중적으로 마음을 쓴다.

틀림없이, 이것은 인간의 슬픔의 본질을 잘 보여준다. 가뭄 때문에 아들을 잃은 한 에티오피아 여인이 중국에서 일어난 지진 희생자들을 위해서는 자기 아들에 대해서만큼 눈물을 흘리지 않을 것이다. 인위적인 기준을 정해서는 안 된다. 즉 가족과 공동체의 유대관계는 매우 깊다. 따라서 그 관계가 파괴되면 훨씬 더 고통스럽다.

그렇다면, 나는 세계관의 문제를 제기하지 않을 수 없다. 슬픔은 그 아이가 우리 아이들 중 하나이기 때문에 더 큰 것이 아니라, 우리의 존재 때문에 더 크다. 여기에 밝은 약속이 있다.

넷째, 근본적인 악, 타락한 세상 등에 대한 개념은 내가 얼마나 선한지에 의해 결정된다.

다음과 같은 종류의 질문에 대한 자기 점검이 거의 없었다.

나는 어떤 종류의 압박을 받으면 이 젊은 여인과 똑같이 끔찍하게 잔인해질 수 있겠는가?

다섯째, 훨씬 더 종교적인 사람들에게는, 그들이 열심히 올려드린 기도가 오직 육신적인 안전, 번영, 그리고 물질적인 행복과만 관련이 있었다.

이러한 비극을 통해 인생의 연약함이나, 이생의 삶의 허무함, 그리고 더 중요한 하나님 나라의 가치 등에 대한 교훈을 배우는 경향은 거의 없었다. 아무도 이렇게 말하지 않는다.

이 기괴한 비극은 인생이 짧다는 것을 되새겨준다. 그러므로 나는 하나님께서 내게 맡겨주신 시간을 책임 있게 사용하고, 지금까지와는 다르게 덜 이기적으로 살아야겠다. 보물을 하늘에 쌓아두고 이 세상에 두지 않기를 시작해야겠다.

우리는 안전을 원한다. 간절하게 원한다. 하지만 그것은 하나님께 속하는 것의 안전함과는 거의 관계가 없다. 다른 모든 것들과는 가능할지 모르지만 말이다.

언젠가 나는 필립 얀시의 책 『하나님에 대한 실망』(*Disappointment with God*)을 사서 읽은 적이 있다. 출판사가 표지에 노란색 라벨을 붙여놓은 것이 눈에 띄었다. 그 라벨에는 "100% 환불 보장: 어떤 이유에서든지 『하나님에 대한 실망』에 만족하지 않으면 영수증을 첨부하여 존더반출판사(Zondervan Publishing House)에 전액 환불을 요청하세요"라는 글귀가 적혀 있었다. 이 글귀는 마치 우리가 『하나님에 대한 실망』이라는 책에 대해서가 아니라 하나님에게 실망해도 된다고 말하는 것처럼 보였다.

물론, 어떤 의미에서는, 악과 고난에 대한 이러한 반응들이 일관된 체계를 갖는 공식적인 외부 작용은 아니다. 그러나 또 다른 의미에서, 이러한 반응들은 훨씬 더 좋지 않다. 즉, 이 반응들은 배움의 산물이 아니라, 우리 주변 어디에서나 일어나는 악에 대한 개인적인 반응들이다. 또한 이것들은 독립심, 자만심 등에 의해 저마다 다른 옷을 입고, 자신을 보호하기 위해 높이 쌓아놓은 성벽이 결코 견고하지 않을 수도 있다는 두려움으로부터 영향을 받는다.

위넷카에 사는 몇 사람이 다른 목소리를 냈다는 것이 감사하다. 세속적인 큰 공동체에서는 어떤 경우든지 성숙하고 기독교적인 반응들을 기대할 수는 없다. 훨씬 더 놀라운 것은, 이와 같은 종류의 반응들이 교회 안에서도 발견된다는 것이다. 다양한 이유로, 그리스도인들도 이와 유사한 분노를 표출하고, 우리가 반드시 그러한 악과 고난으로부터 자유로워한다고 생각한다는 것이다. 여기에는 대체로 다섯 가지 원인들이 있다.

첫째, 우리는 성경을 균형 있게 이해하지 못할 수 있다.

우리는 요셉, 기드온, 그리고 다윗의 멋진 승리를 기억한다. 날 때부터 맹인이었던 사람이 기적적으로 나은 것이나 나사로의 부활에 대해 끊임없이 묵상한다. 하지만 예레미야의 고난이나 디모데의 지병, 또는 드로비모의 질병이나 바울의 가시 등에 대해서는 덜 생각하는 경향이 있다. 나봇과 같은 의인도 모함을 받아 죽었다(왕상 21장).

"선한 사람"이 언제나 승리하는 것은 아니다. 우리는 그러한 주제들로 돌아가야만 한다. 이제 우리는 성경을 균형 있게 따르지 않았기 때문에 어설픈 승리주의가 경건의 탈을 쓰고 우리의 문화 속에 만연하게 되었다는 사실을 인식해야 한다.

둘째, 우리는 다급한 상황에 안절부절할 수 있다.

만일 하나님께서 우리의 고난을 덜어주실 것이라면, 즉시로 그렇게 해주셔야 한다고 생각한다. 우리는 빠르게 돌아가는 세상에 살고 있고, 우리가 컴퓨터에게 기대하는 것만큼 빠른 속도로 하나님께서도 반응하시길 바란다. 우리는 성경에 나오는 지체된 상황들에 대해 생각하지 못하는 경향이 있다. 모세는 광야에서 40년을 기다렸다. 요셉은 누명을 벗기까지 20년 넘게 기다렸다. 제단 아래 있는 성도들의 신원함(계 6:9-10)도 오랜 세월이 걸린다.

그러나 하나님께서는 우리의 하찮은 시간 계획표에 얽매이지 않으신다. 하나님께서 그의 백성들의 유익에 열심을 가지신다 할지라도, 지체되는 것이 언제나 나쁜 것만은 아니라는 사실을 잘 아신다.

더욱이, 만일 항상 하나님과 동행한다면, 우리는 스스로 교훈을 배우기 시작할 것이다. 즉, 더 멀리 내다보는 전망을 통해 돌아보고, 하나님의 시간이 최선이라는 사실을 인식하기 시작한다. 그렇게 되면 우리의 조급함에 놀랄 것이다. 우리는, 모든 요구에 대해 항상 "지금!"이라고 말하는 어린 아이와 너무 똑같다.

셋째, 우리 중에는 중요한 성경 본문들을 매우 심각하게 오해하는 경우가 있다.

예를 들어, 로마서 8:28은 "하나님을 사랑하는 자 곧 그의 뜻대로 부르심을 입은 자들에게는 모든 것이 합력하여 선을 이루느니라"라고 말씀한다. 만일 이 말씀을 이기적이고 물질적으로 해석하면, 이 본문의 요점을 완전히 놓치게 된다. 문맥에서 하나님의 백성들에게 닥치는 세상의 "나쁜" 일들은 모든 피조물이 함께 탄식하고 고통을 겪는 사망과 부패함(롬 8:22 이하), 그리고 하나님의 백성들에게 가해지는 박해들(롬 8:35 이하)이다.

그러므로 이 본문이 우리에게 약속하는 것은, 그러한 불행 가운데서 하나님께서 "그를 사랑하는 자들에게 선을" 행하신다는 사실을 확신하는 것이다. 이러한 종류의 약속은 믿음에 관한 것이다. 믿음은, 하나님께서 이미 우리에게 그의 사랑을 주셨다는 증거 때문에 강력하다. 즉, 하나님의 아들을 선물로 주신 것보다 더 강력한 증거는 없다(롬 8:31-32). 이 본문에는 우리에게 평탄한 삶, 또는 모든 피조물이 탄식하는 고통으로부터 쉽게 벗어날 것이라는 약속이 없다.

넷째, 우리 중에는 모든 대답을 담고 있는 신학체계를 가진 사람들이 있다.

우리는 모든 문제들에 대해 이상적인 대답을 할 수 있다. 특히 다른 사람을 괴롭히는 문제들에 대해서 그렇다. 우리의 확신과 교조주의(dogmatism)는, 우리의 신학체계가 너무도 완벽해서 신비하고 경이롭고 불가지한 영역들마저 다 알 수 있을 것 같은 확신을 준다.

그렇게 되면, 우리가 끔찍한 재앙을 맞이한 순간, 우리가 그렇게 확신을 가지고 주장하던 신학이 전혀 위로가 되지 않는다는 것을 알게 될 때, 우리의 절망은 참담하기 이를 데 없다. 그래서 우리는 신앙의 가장 기본적인 것들에 대해 의심하기 시작한다. 큰 확신이 있다 해도 우리의 이해와 지식에 커다란 허점이 있음을 깨닫는다면, 고통의 순간에 단순한 확신만으로는 부족하다는 사실을 발견했을 때 크게 당황하지 않을 수 있을 것이다.

그러므로 신비와 확신이 어디에 있는지 결정하는 것이 중요해진다. 단지 확신에 불과한 기독교는 쉽사리 오만해지고, 건방져지고, 고집 세지고, 완고해질 뿐이다. 더욱이, 이러한 기독교는 인생의 굴곡이 마침내 우리를 지탱하던 신앙의 기둥들을 무너뜨릴 때, 그리스도인들로 하여금 매우 고통스러운 의심에 빠지게 한다. 그러한 기독교의 하나님께서는, 우리가 숨 막히는 고통과 패배로 괴로워할 때 도무지 신뢰할 수 있을 만큼 크신 분이 아니다.

반대로, 신비에 불과한 기독교는 단지 선포 외에는 아무 것도 남겨두지 않을 뿐이고, 믿음을 무분별한 맹신으로 만들어 버린다. 따라서 본서에서 우리가 하려는 것 중의 하나는, 그리스도인들을 위한 확신의 핵심 포인트가 되어야 하는 점들을 강조하고, 깊은 신비들의 언저리들을 살펴보는 것이다.

다섯째, 무엇보다도, 우리 중에 많은 사람들은 십자가에 대해 바르게 묵상하지 않는다.

우리는 십자가가 우리의 구원의 방편이라고 생각하는 데에만 익숙해져 있다. 자기 십자가를 지고 날마다 죽어야 한다든지, 그리스도의 고난을 채운다는 것의 의미가 무엇인지에 대해서는 많이 생각하지 않는다.

이러한 이유들 때문에, 그리고 또 다른 이유들 때문에, 우리 그리스도인들은 고통과 고난의 문제에 대해 비그리스도인들처럼 반응한다. 우리는 이러한 문제들과 관련된 하나님의 말씀에 무지한 것을 극복하는 단계까지 나가야 한다. 그리고 우리가 그러한 고통으로부터 면제되어야 한다고 믿는 오만함으로부터 벗어나야 한다.

그러나 이러한 잘못된 행보들이 보편적이기는 해도 사람마다 다르고 특색이 있다. 내가 다음에서 언급하려고 하는 잘못된 행보들은 근본적으로 비기독교적인 사상체계에서 나온 것들이다.

## 2. 비기독교적인 세계관에서 나오는 잘못된 행보

### 1) 무신론과 물질주의적인 세계관

이 세계관에는 매우 다양한 관점들이 있다. 본서의 주제와 관련해서 이 세계관의 근본적인 문제는 어떻게 악을 경시하지 않을 것이냐이다.

만일 하나님께서 계시지 않고 선의 기준이 세상 밖에 존재하지 않는다면, 그리고 만일 세상에 발생하는 모든 것이 진화의 산물이고 원자나 아원자의 우연한 충돌에 의한 것이라면, 눈에 보이는 "악"이 존재하지 않는 한 어떤 이성적인 존재가 불법을 느낄 수 있겠는가?

무신론은 신실한 신자에게는 전혀 매력적이지 않다. 우리가 마음의 평화를 위해 반드시 알아야 하는 것은, 무신론이 악의 문제에 대해 아무런 해답을 주지 못한다는 사실이다. 무신론은 악이 존재하지 않는다고 그럴

싸하게 말함으로써 이 문제를 "해결한다."

기독교의 증언은 이 문제에 대해 다음과 같이 강력하게 주장한다. 무신론은 종종 악의 문제로 기독교에 도전했다. 그러나 그리스도인들이 직면해야 하는 그 어떤 어려움보다도 훨씬 끔찍했던 지난 20세기를 돌아보면, 이 문제에 대한 무신론의 주장도 믿을만하지 못한 게 분명하다.

### 2) 전능하지 않는 하나님

곧 살펴보겠지만, 어떤 그리스도인들은 이 입장을 받아들인다. 그러나 이 주장은 성경적으로 타당하지 않을 뿐 아니라, 생각보다 훨씬 더 큰 문제들을 야기한다.

하지만 일단 몇 가지 용어 정리를 할 필요가 있다. 하나님께서 전능하시다고 말하는 것은, 하나님께서 절대적으로 모든 것을 하실 수 있다는 의미가 아니다.

대부분의 기독교 사상가들은 **물리적으로** 불가능한 것과 **논리적으로** 불가능한 것을 바르게 구분한다. 논리적으로 불가능한 것은 전능함의 영역에 들어가지 않는다. 따라서 그렇기 때문에 전능하다는 말이 모순적이다.

하나님께서 두 개의 인접한 산을 창조하시면서 그 사이에 골짜기를 만들지 않으실 수 있다고 말하는 것은 논리적으로 모순이다. 또는 하나님께서 정사각형 모양의 원을 그리실 수 있다거나 하나님께서 들지 못하실 만큼 무거운 돌을 창조하실 수 있다고 주장하는 것도 논리적으로 모순이다. 이 모든 것들은 잘못된 행위들이다. 이와 같이 논리적으로 불가능한 행위들은 결코 물리적으로 불가능한 행위들이 아니다.

> 논리적으로 불가능한 행위는 행위가 아니다. 그것은 행위를 묘사하기 위해 말로 지어낸 표현일뿐, 실제로 일어날 수 있다고 가정할만한 어떤 행위를 묘사하지 않는다.¹

그러므로 하나님께서 전능하시다고 고백할 때 우리가 의미하는 바는, 하나님께서 논리적으로 불가능하지 않은 모든 것을 하실 수 있다는 것이다. 많은 사람들은 하나님께서 전능하시다는 사실을 부인함으로써 악의 문제를 "해결"하려고 했다. 그들은 악의 배후에 하나님께서 있을 수 없다고 말한다. 만일 악과 고난이 일어나면, 그것은 다른 무언가가 그것을 행했기 때문이라는 것이다. 하나님께서 그것을 행하지 않으셨을 뿐 아니라 그것을 멈출 수도 없다고 한다. 왜냐하면 만일 하나님께서 그것을 멈추실 수 있는데 멈추지 않으신다면 하나님도 그 악에 가담한 것이기 때문이라는 것이다.

최근 몇 년 사이에 이러한 견해를 주장하는 가장 유명한 저서는 해롤드가 커쉬너(Harold Kushner)가 쓴 『선한 사람들에게 악한 일이 생길 때』(*When Bad Things Happen to Good People*)이다.² 커쉬너는 자신의 아들을 잃은 후, 깊은 슬픔으로 인해 결국 그가 가지고 있던 전통적인 유대교 신앙에 회의를 품게 되었다. 랍비였음에도 불구하고, 커쉬너는 하나님께서 그의 아들의 죽음을 막을 수 없었다고 믿게 되었다. 그는 솔직하게 말한다.

> 나에게는, 아이들이 고난을 받고 죽음을 당하게 내버려두시는 하나님을 경배하는 것보다는, 고난을 싫어하시지만 그것을 제거하실 수 없는 하나

---

1 Richard Wsinbune, *The Coherence of Theism* (Oxford: Clarendon, 1977), 149.
2 Harold Kushner, *When Bad Things Happen to Good People* (New York: Schocken, 1981).

님을 경배하는 것이 더 쉽다.³

이 책의 양장본은 거의 50만 권정도 판매되었다. 그리고 지장본의 판매량은 거의 백만 권에 육박했다. 틀림없이, 커쉬너는 우리의 가려운 곳을 긁어준다. 즉, 고통 중에 있는 사람들은 해답을 찾으려고 애를 쓰고, 그 중에 많은 사람들은 커쉬너가 그 해답을 제시한다고 생각한다.

이 "해법"은 매우 다양하다. 그 중의 하나는 일종의 이원론을 받아들이는 것이다. 즉, 세상에 작용하는 두 가지 원칙이 있다고 믿는 것이다. 하나는 선한 원칙이고 다른 하나는 악한 원칙이다. 둘 중 하나가 다른 하나를 완전히 지배하지 못한다. 이러한 견해는 종종 사탄을 가리켜 악이 의인화된 것이라고 생각하거나, 또는 악의 배후에 있는 인격적이고 악한 수호신이라고 생각한다. 마치 하나님께서 선의 배후에 있는 수호신인 것처럼 말이다.

그러나 이러한 세계관의 두드러진 특징은, 사탄이나 하나님 모두 절대적이지 않다는 것이다. 즉, 두 존재 모두 전능하지 않다. 이상하게도, 이와 비슷한 결과는 일원론으로부터도 나온다. 즉, 스타워즈 이야기에는 하나의 "힘"이 등장하는데, 그 힘에는 어두운 면과 좋은 면이 모두 있다. 이 힘의 어느 면이 당신을 지배할 것인지는 당신의 도덕적 선택에 달렸다. 그러나 만일 하나의 힘이 존재한다면, 선과 악 사이의 구분은 곧 희미해질 것이다.

하나님의 전능하심을 배제시키는 다른 여러 방법들도 있다. 어떤 사람들은 철학적인 근거에 기초해서, 하나님께서 일정한 방식으로 시간에 매인다고 주장한다. 그들은, 하나님께서 이 세상보다 더 나은 세상이라고 알 만한 세상을 창조하는 것이 논리적으로 불가능했을 것이라고 주

---

3  Ibid., 134.

장한다. 미래는 결정되지 않았기 때문에 하나님께서는 미래를 정확하게 알 수 없다. 필연적으로, 창조 질서 전체는 일종의 실험이다. 이 실험 속에서, 하나님께서는 일정한 절대적 자유를 인간에게 부여하시고, 그들이 이 자유를 책임 있게 발전시키는지 보신다.[4]

또한 소위 "과정신학"의 영향을 받은 또 다른 사람들은, 하나님께서 악과 고난을 완화시키려는 거대한 사역에 있어서 인간에게 제한되거나 영향을 받는다고 주장한다. 모든 도덕적 존재는 자기만의 능력을 가지고 있으며, 따라서 다른 도덕적 존재를 완전히 지배하는 것이 불가능하다.

그러므로 하나님께 능력이 부족한 것은 불완전함이 아니다. 왜냐하면, 다른 존재를 지배하는 것이 불가능하므로 하나님께서 "전능하시기는" 해도 논리적으로 불가능한 것을 행할 수는 없기 때문이다.[5]

더 이상 나열하는 것은 무의미하다. 기독교적인 관점에서, 적어도 세 가지 문제점이 있다. 무엇보다, 이러한 신관은 결코 성경에 부합될 수 없다. 성경의 증거들을 나중에 요약하겠지만, 일단 이 견해는 지혜자가 "사람이 마음으로 자기의 길을 계획할지라도 그의 걸음을 인도하시는 이는 여호와시니라"(잠 16:9)라고 기록했을 때 그의 마음속에 들어있던 신관과는 전혀 다르다.

다른 두 가지 문제점들도 심각하다.

만일 하나님께서 성경의 주장과 달리 전능하지 않으시다면, 세상이 어떻게 될지 신자들이 어떻게 확신할 수 있겠는가?

만일 이원론이 옳다면, 악이 궁극적으로 승리할 것이라는 어처구니없

---

[4] George B. Wall, *Is God Really Good? Conversations with a Theodicist* (Washington, D.C.: University Press of America, 1983)이 그렇게 주장한다.

[5] David Griffin, *God, Power and Evil: A Process Theodicy* (Philadelphia: Westminster, 1976); Howard R. Burkle, *God, Suffering and Belief* (Nashville: Abingdon, 1977)을 보라.

는 결론이 나온다. 만일 우리가 단지 하나님의 실험에 불과하다면, 하나님께서는 언제가 이 실험이 실패였음을 알고 우리를 폐기하실 것이다.

실제로, 어떤 사람들은 홍수 사건에서 드러난 하나님의 모습이 바로 이것이라고 생각한다. 만일 우리가 종말에 있을 하나님의 확실한 승리를 말씀하는 여러 성경 구절들을 제시한다면, 그리고 이 세상 나라가 우리 주와 그리스도의 나라가 되는 날(계 11:15)에 대한 소망을 즐거이 묵상한다면, 반대자들은 성경에 서로 양립할 수 없는 하나님의 모습이 있다고 반박할 것이다.[6] 신학체계를 세우기 위해서는 합리적으로 보이는 모습들을 선택해야만 한다는 것이다.

그러나 틀림없이, 성경에 대한 고등 관점을 가진 그리스도인들은 하나님의 다양한 모습이 어떻게 서로 조화를 이루는지 묻고 싶을 것이다. 만일 우리가 이해하기 쉬운 것들만 받아들인다면, 우리는 우리의 형상대로 신을 창조하는 치명적인 오류에 빠지는 것이다. 또한 이러한 경우에 특화된 진보적인 신적 존재는 결코 미래를 보장할 수 없다.

무엇보다 중요한 것은, 이러한 종류의 신은 우리에게 결코 위로를 줄 수 없다는 사실이다. 전능하신 하나님에 대한 믿음은, 그러한 하나님께서 만일 선하시다면 어떻게 악과 고난을 허락하실 수 있는가에 대한 온갖 어려운 질문을 야기한다. 하지만, 그 믿음은 또한 도움, 위로, 해답, 그리고 종말론적 소망의 약속도 함께 가져다준다.

전능하신 하나님에 대한 믿음을 포기하는 것이 악의 문제를 "해결"할 수 있을지는 모르지만, 그 대가가 엄청나다. 즉, 만들어낸 신은 우리를 도울 수 없다. 그 신은 우리를 아주 약간 동정하고 우리와 함께 탄식할 수는 있을지는 몰라도, 분명히 우리를 도울 수 없다. 지금이 아니라 미래에 말이다.

---

6  Burton Z. Cooper, *Why, God?* (Atlanta: John Knox, 1988)에서 그렇게 주장한다.

그러한 신에게는 기도할 것도 없고 도움을 청할 것도 없다. 그 신은 가엾게도 이미 자기가 할 수 있는 최선을 다하고 있지만, 그가 할 수 있는 일이 이미 바닥나버렸다. 커쉬너처럼 자기가 존경할 수 있는 하나님을 찾는 일에 아무리 애를 쓴다 해도, 결국 자기를 도울 수 없는 신과 함께 망하게 된다.

### 3) 이신론자의 하나님

이신론(deism)과 유신론(theism)의 차이를 구분해야 한다. 유신론자는 창조주이시며 섭리적 통치자이신 인격적/초월적 하나님을 믿는다. 모든 그리스도인들은 정통 유대인, 무슬림, 그리고 다른 유의 사람들처럼 어떤 성경적 의미에서든지 유신론자들이다. 이신론자는 초월적인 신을 믿고, 그 신이 인격적 존재라는 사실도 믿는다.

그러나 이 신이 자기 자신을 인격적으로 계시한다는 사실을 부인한다. 이신론자는 신이 창조주로서 이 세상을 현재의 모습으로 창조하고, 그 질서와 법칙을 세웠으며, 그 후에는 그 법칙을 따라 운행되게 한다고 생각한다. 마치 시계를 만드는 사람이 잘 설계하여 작동하도록 시계를 만든 후에 그 시계가 자기 손을 떠난 후에는 그 작동에 전혀 관여하지 않는 것과 마찬가지라는 것이다.

이러한 신은 너무 "크고" 초월적이어서 인간들과 같이 작은 존재들이나 우리가 "악"이라고 부르는 사소한 것들에는 관여하지 않는다. 마치 우리 인간들이 달팽이나 벼룩의 어떤 고난이나 사고를 깊이 생각하지 않는 것과 똑같다.

다시 말하지만, 이러한 신관은 성경에 부합되지 않는다. 성경의 하나님께서는 우리 각 사람의 행동과 생각에 관심을 가지신다. 그래서 그의 주권을 떠나서는 아무 것도 발생하지 않는다. 우리 머리카락도 모두 세신 바 되고, 참새도 하나님께서 원하지 않으시면 떨어지지 않는다. 하나님께서는 나의 앉고 일어섬을 아신다. 왕의 마음을 그가 원하시는 대로 바꾸신다.

더욱이, 성경의 하나님께서는 인격적이시다. 즉, 하나님께서는 우리와 인격체로 관계를 맺으신다. 하나님께서는 단순히 능력의 집합체가 아니라, 사랑하시고, 미워하시고, 말씀하시고, 반응하시고, 일을 시작하시고, 심지어 고난받으시는 인격체시다.

이신론자의 신은, 비록 다른 이유이기는 하지만, 전능하지 못한 신과 마찬가지로 고난받는 자들에게 위로를 줄 수 없다. 아기를 잃어버린 어머니는, 그에게서 멀리 떨어져서 자기를 마치 상처받은 지렁이를 대하듯이 바라보는 신에게서 아무런 위로를 얻을 수 없다. 이신론에 근거해서 악의 문제를 "해결"하려는 시도에 대한 대가는 끔찍하다. 악과 고난이 너무 축소되어 그것들이 우리의 슬픔을 조롱하고, 이신론의 신은 너무 멀리 떨어져 있어서 우리를 도무지 돌보지 않는다.

### 4) 범신론

범신론에도 다양한 견해가 있다. 그러나 문제의 핵심은 이러한 사고체계가 "신"과 우주를 하나로 본다는 사실이다. 창조주와 피조물 사이에 구분이 없다. 모든 것은 신뿐이다. 즉, 무엇이든지 신이다. 힌두교인들뿐 아니라 뉴에이지운동을 하는 사람들도 받아들이고 있는 이 세계관에서는, 신이 초월적인 "타자"가 아니므로 인격적이지도 않고, 우리를 돕기 위해 찾아오지도 않는다. 온 우주는 하나의 질서에 속한다.

그러나 이 우주 속에는 도달할 수 있는 단계들이 있다. 그리스도인들이 죄나 악이라고 생각하는 것들을 범신론자들은 자아실현과 점진적 자아계발을 통해 제거되어야 하는 불완전한 실재라고 본다. 인간의 목적은 그들의 죄를 용서받고 그들을 죄인으로 여기는 신과 화해하는 것이 아니라, 어쩌면 환생을 통해 그러나 확실하게는 명상과 자아 집중과 자기계발을 통해 인생의 순환 주기를 타고 올라가는 것이다.

그러나 다시 한 번, 하나님에 대한 이러한 견해가 성경과 그리스도 안에서 자기를 계시하시는 하나님과 조화될 수 없다는 사실과는 별개로, 악과 고난은 또 다시 상대화된다.

현실적으로, 이러한 세계관은 종종 무서운 운명론을 낳는다. 그래서 이 세계관은 도덕적인 격분을 쉽게 일으킬 수 없다. 욥의 고뇌는 어리석다. 모든 사람이 "나의 하나님, 나의 하나님, 어찌하여 나를 버리시나이까?"라고 외치는 황망한 절규는 그들 존재 자체를 받아들이지 못하는 미성숙함의 증거에 불과하다.

그러나 무감각한 초연함을 인격적인 신뢰와 혼동해서는 안 된다. 자기계발과 하나님 나라의 의를 추구하는 것을 서로 혼동해서도 안 된다. 또한 악은 너무 지독히도 끔찍해서 그렇게 쉽게 피할 수 있는 게 아니다.

## 3. 성경과 유사한 기독교에서 나오는 잘못된 행보

두 가지를 명확히 해야겠다.

첫째, 내가 본장에서 다루고 있는 여러 종류의 잘못된 행보들은 서로 배타적이지 않으며, 따라서 내가 세 가지로 분류한 것은 다분히 인위적이다.

예를 들어, 하나님께서 전능하지 않다고 생각하는 견해가 비그리스도인들에게서 주로 강력하게 나타나기는 하지만, 그리스도인들 중에서 그렇게 생각하는 소수의 무리도 있다. 첫 번째 오해들에 전형적으로 나타나는 무지와 오만함을 거의 대부분의 견해가 가지고 있다. 그러나 이러한 분류는 악과 고난의 문제에 대한 일정한 접근들의 주요한 특징들이 무엇인지 이해하는 데에 유용하다.

둘째, 교회 역사에는 신정론(神正論)에 관한 오랜 기록이 있다. 즉, 악과 고난의 문제에 있어서 잘못의 책임이 하나님께 있다고 계시하는 것처럼 보이는 성경 본문들이 있다 해도 하나님께서 언제나 옳다고 주장하는 시도들이다.

이러한 시도들 중 상당수가 이제는 케케묵은 관심사에 불과하게 취급되고 있으며, 사실상 아무도 그것들을 받아들이지 않는다. 이 시도들에 대해서는 헨리 블로처(Henri Blocher)가 가장 잘 연구하고 평가했지만,[7] 여기에서는 언급하지 않겠다.

하지만 여전히 이 문제를 활발히 논의하고 있는 경건한 신자들이 옹호하는 다른 이론들이 있다. 이 이론을 주장하는 사람들은 대체로 성경에서 벗어나지 않으려고 한다. 실제로 많은 경우에 그들은 "신정론," 즉 악의 문제를 해결하고 하나님을 변호하려는 시도가 믿음의 건전함과 믿음의 합리성을 증명함으로써 성경을 변호하는 데에 도움이 된다고 생각한다.

그러므로 내가 여기에서 그러한 시도들을 가리켜 "성경과 유사한"이라는 이름을 붙이는 데에는 성경에 대한 나만의 이해를 매우 많이 반영하

---

7  Henri Blocher, "Christian Thought on the Problem of Evil: Part II," *Churchman* 99 (1985): 101-30.

고 있다. 내가 성경에서 발견한 것들로 이 "해법들"을 시험해볼 때, 그것들은 부적합하고, 축소적이며, 성경과 유사하다. 그러나 나는 이러한 견해들을 주장하는 사람들이 반드시 성경에서 벗어나려고 한다고 말하는 것은 아니다. 성경에 근거한 나의 평가는 앞으로 여러 장들을 통해 더 선명해질 것이다. 독자들은 내가 성경을 올바로 다루는지 스스로 판단해보길 바란다.

### 1) 하나님께서는 전능하시지 않다 또는 그의 능력에 제한이 있으시다

악과 고난의 문제에 대한 일반적인 접근들 중에서 많은 그리스도인들이 지지하고 있으나 나로서는 성경적으로나 신학적으로 확신할 수 없고 목회적으로도 만족스럽지 못한 접근들이 있는데, 그 중의 첫 번째는 하나님께서 전능하시지 않거나 또는 어떤 이유에서든지 그의 능력에 한계가 있다고 믿는 견해다. 하나님께서 본질적으로 전능하시지 않다고 주장한 그리스도인들은 교회 역사에서 비교적 거의 없다.

하지만 클라크 피녹(Clark Pinnock)과 그 밖의 다른 학자들이 주장하는 바와 같이,[8] 하나님께서 세상을 창조하실 때 "상당히 자유로운"(significantly free) 인간을 만드셨으므로 그들이 무엇을 할 것인지에 대한 하나님의 지

---

8  Clark Pinnock, in *Predestination and Free Will: Four Views of Divine Sovereignty*, ed. David Basinger and Randall Basinger (Downers Grove: InterVarsity 1986), 141ff.; idem, *Most Moved Mover: A Theology of God's Openness* (Grand Rapids: Baker, 2001); Clark Pinnock, Richard Rive, John Sanders, William Hasker, and David Basinger, *The Openness of God: A Biblical challenge to the Traditional Understanding of God* (Downers Grove: InterVarsity, 1994); and not least some of the voluminous writings of Gregory A. Boyd, including *God of the Possible: A Biblical Introduction to the Open View of God* (Grand Rapids: Baker, 2000); idem, *Satan and the Problem of Evil: Constructing a Trinitarian Warfare Theodicy* (Downers Grove: InterVarsity, 2001).

식과 그 행위들에 개입할 능력을 본래부터 제한하셨다고 주장하는 견해가 훨씬 일반적이다. 성경적인 근거들은 나중에 살펴보겠지만, 이러한 견해의 신학적인 허술함은 앞선 항목에서 언급했던 견해들과 다르시 않다. 종말에 하나님께서 모든 것을 밝히실 것이다. 그러나 신비가 없어지고, 하나님의 도우시는 능력도 무시되는 것이다.[9]

훨씬 더 교묘한 견해는, 비록 하나님께서 전능하시기는 하지만 더 큰 선을 이루시기 위해 일정한 범위 안에서 자기 자신을 제한하시고 악을 허용하신다고 주장하는 것이다. 예를 들어, 어떤 학자들은 하나님께서 그의 능력은 제한하시지만 지식은 제한하시지 않는다고 말한다. 하나님께서는 어떤 선과 악이 일어날지 아시지만, 그 악을 멸하실 수 있는 능력을 여러 이유로 행사하지 않으시기로 선택하신다는 것이다.

그러나 만일 하나님께서 그가 어떤 능력을 행하지 않을 경우 어떤 사건이 일어날 것인지 아신다면, 그리고 실제로 그렇게 선택하신다면, 그의 자제하심이 그의 절대적인 작정과 어떻게 다른 것인지 이해할 수 없다. 어떤 경우이든지 간에, 우리는 이것이 많은 성경 본문들을 설명하는데 부적합하다는 것을 보게 될 것이다.

### 2) 하나님께서 인간을 완전히 자유롭게 만드셨다

그러나 하나님께서 스스로 자기를 제한하시는 가장 일반적인 경우는 인간의 자유와 관련 있으며, 따라서 다른 항목과 구별하여 생각해 볼 필

---

[9] "열린" 신학에 대한 여러 반박들 중에서 다음의 저서들이 주요하다. Bruce A. Ware, *God's Lesser Glory: The Diminished God of Open Theism* (Wheaton: Crossway, 2000); John Frame, *No Other God: A Response to Open Theism* (Phillipsburg: P&R Publishing, 2001); douglas S. Huffman and Eric L. Johnson, eds., *God Under Fire: Modern Scholarship Reinvents God* (Grand Rapids: Zondervan, 2002).

요가 있다. 나는 "자유의지 옹호론"(free-will defense, FWD)이라는 표현에 대해 서둘러서 다투고 싶지 않다. 따라서 본서 후반부에서 분명하게 선을 그을 것이다. 하지만 이미 널리 알려진 바와 같이, "자유의지 옹호론"(FWD)은 인간이 하나님 앞에서 도덕적으로 책임을 져야 하므로 완전히 자유로워야 한다고 주장한다.

즉, 인간의 선택은 하나님의 속박과 필요로부터 전적으로 자유로워야 한다는 것이다. 그런 점에서 하나님께서는 완전히 의존적(*contingent*)이다. 다른 말로 하면, 하나님께서 주관하지 않으시며, 단순히 상황에 대응하실 뿐이다. 만일 하나님께서 주관하신다면 인간은 "자유롭지" 않고, 따라서 도덕적으로 책임을 질 필요가 없게 된다.

이 점에 대해 학자들은 서로 다르다. 어떤 학자들은 하나님께서 간섭하지 않기로 선택하실 뿐 아니라, 그의 피조물에게 그렇게 엄청난 자유를 주었기 때문에 그들이 무엇을 할지조차 미리 알 수도 없다고 말한다.[10] 다른 학자들은, 이미 살펴본 바와 같이, 하나님께서 지식은 가지고 있으나 자기 제한 때문에 능력을 가지지는 못했다고 생각한다.

우리는 이 견해가 성경의 말씀에 부합하지 않는다는 것을 금방 알아차릴 것이다. "자유의지"라는 것이 결코 없다는 의미가 아니라, 자유의지가 그렇게 하나님을 의존적으로 만들어버리는 식으로 규정되어서는 안 된다는 것이다.

더욱이, 더 강력하게 말한다면, 인간들이 자유롭게 결정하는 것들을 하나님께서 미리 아시지도 못한다고 할 것 같으면, 하나님께서 결국 저

---

10 따라서 Bruce R. Reichenbach, *Evil and a Good God* (New York: Fordham University Press, 1982)는 하나님의 지식이 논리적으로 자유의지에 대한 "반사실적 조건문"(counterfactual conditionals)을 포함할 수 없다고 주장한다. 우리는 성경이 그의 주장을 구체적으로 반박한다는 사실을 살펴볼 것이다.

지를 당할 수도 있다고도 말할 이유가 전혀 없게 된다. 더욱이 그러한 자유의지를 가진 피조물들이 새 하늘과 새 땅에서 다시 한 번 반역을 해서 하나님께 충격을 주는 것도 분명히 가능하다.

### 3) 악에 대한 지식이 필요하다

이 견해의 가장 치명적인 약점은, 선에 대해 알기 위해 악에 대해 알 필요가 있다는 유사성경적 개념과 관련이 있다는 사실이다. 매우 흔한 이 견해는 조금 더 심도 있게 살펴볼 필요가 있다. 왜냐하면 이 견해가 여러 방식으로 이해될 수 있기 때문이다.

만일 이 견해가 사람이 선을 알기 위해서는 악을 직접 행하는 방식으로 악을 경험해야 한다는 의미라면, 악을 행한 적이 없는 하나님께서는 선에 대한 지식이 없는 것이 된다. 만일 이 견해가 인간이 선에 대한 지식을 얻기 전에 적어도 악을 목격해야 한다는 의미라면, 타락 기사 이후에, 실제로 죄를 범하지 않은 사탄의 악을 틀림없이 목격할 수 있었어야 한다.

더 중요한 것은, 타락하지 않은 천사들이 어떤 악을 목격하기 전에는 실제로 결코 선을 알지 못한다는 의미가 되는 것인가?

그러나 앞서 언급했듯이, 선을 알기 위해 악에 대한 지식이 선행해야 한다는 개념은 "자유의지 옹호론"(FWD)과 가장 일반적으로 연결되어 있다. 이 견해는 인간이 도덕적으로 완전한 존재가 되기 위해 먼저 선택을 하고, 상처를 받고, 고난을 겪고, 악을 맛본 후에 그것으로부터 돌아서야 한다는 것이다.

그러므로 악을 정당화하는 것은 목적이 수단을 정당화할 수 있다는 가정 위에 놓여 있다. 우리가 자유롭지 않으면 하나님을 진심으로 사랑하고 순종하는 사람이 될 수 없다는 것이고, 따라서 자유는 실패와 악과

고난을 수반하며, 이것들은 우리를 성숙하게 하는 데 사용된다는 점에서 정당화될 수 있다.[11]

수없이 많은 이러한 이론들을 분석해 보면, 우리가 조금 후에 자세히 살펴볼 것과 같은 진리의 요소도 들어 있다. 그러나 이러한 유의 논의는 악과 고난의 존재에 대해 형편없는 설명을 하고 있다.

만일 우리가 정말로 하나님을 사랑하기 위해 그렇게 완전한 자유가 필요하다면, 우리가 더 이상 죄를 지을 수 없는 새 하늘과 새 땅에서는 더 이상 하나님을 사랑할 수 없다는 말인가?

또는 새 하늘과 새 땅에서조차 우리가 죄를 지을 것이라고 생각해야 한다는 의미인가?

그러나 만일 우리가 새 하늘과 새 땅에서 아무런 실패 없이 온전히 그리고 진심으로 하나님을 사랑할 수 있게 하나님께서 모든 것을 주관하실 수 있다면, 어째서 우리가 타락한 세계를 경험하지 않고서도 그렇게 될 수 있게 하실 수는 없겠는가?

왜 오직 이 곳, 곧 타락한 세계에서만, 우리가 성숙하기 위해 반드시 완전한 자유가 필요하단 말인가?

## 4. 결론적 고찰

이러한 "해법"들 대부분의 가장 두드러진 특징들 중 하나는, 이 견해들이 예수 그리스도와 그의 고난, 죽으심, 그리고 부활에 대해 아무 언급

---

11  가장 잘 알려진 견해로는 John Hick, *Evil and the God of Love* (New York: Harper and Row, 1966)이 있다.

도 하지 않는다는 것이다. 정도의 차이는 있지만, 이 견해들은 모두 유신론적인 신정론이기는 해도, 기독교적 유신론은 아니다.

나는 갈보리 때문에 우리 그리스도인들이 모두 악과 고난에 대한 해답을 얻을 수 있다고 주장하는 것이 아니다. 오히려, 나중에 나는 이 문제의 비밀이 어디에 있는지 다룰 것이다. 그러나 틀림없이 예수님의 죽으심과 부활이 무시되어서는 안 된다. 틀림없이 이것은 논의의 지형을 바꾸어놓고, 우선순위를 정하며, 각각의 요소들을 다르게 보이게 해 줄 것이다.

예를 들어, 우리는 부당하게 고난을 당하고 있다고 느낄 때 공의를 부르짖고 불의에 분노할 것이다.

그러나 우리가 정말로 원하는 것이 공의인가?

그렇다면 왜 십자가인가?

만일 정의로 충분하다면, 예수님의 죽음은 헛되다. 또는, 달리 말하자면, 만일 하나님께서 단순히 예수님에 대해 "공의"롭기만 하셨다면, 예수님을 십자가에 내어주지 않으셨을 것이다.

우리가 원하는 것이 단순히 "공의"인가?

우리를 너무도 사랑하셔서 그의 아들을 보내어 이러한 고난을 당하게 하신 하나님에 대해 우리가 무엇을 할 수 있겠는가?

우리의 신앙 핵심에 숨어있는 이러한 실재들이 악과 고난의 문제에 대한 우리의 이해에 얼마나 영향을 미치는가?

어떠한 기독교적 관점에서 보더라도, 악과 고난에 대한 우리의 이론적이고 실제적인 접근은 반드시 십자가에 뿌리를 내려야 한다. 그렇지 않으면 우리는 잘못된 행보를 내딛을 수밖에 없다.

### ◦ 심화 학습을 위한 질문들 ◦

① 이 장에서 "잘못된 행보들"의 세 가지 유형은 무엇인가?
그 유형들의 두드러진 특징들은 무엇인가?
② 악과 고난에 대한 당신의 개인적인 반응은 이러한 유형들 중의 한 두 가지에 해당하는가?
만일 그렇다면, 어느 것인가?
그 이유는 무엇인가?
③ 악과 고난의 문제에 대해, 무신론의 가장 치명적인 요소는 무엇인가?
④ 앞의 질문에 대한 당신의 대답은, 종종 사람들이 고난을 당할 때 하나님께 돌아선다는 사실과 어떤 관계가 있는가?
⑤ 성경적인 기독교는 왜 이신론이 아니라 유신론인가?
이것은 악과 고난의 문제에 어떤 차이점을 가져오는가?
⑥ 신자들은 새 하늘과 새 땅에서 진심으로 하나님을 사랑하게 되는가?
그 때에 신자들 중에서 한 사람이라도 하나님을 사랑하지 **못할** 수 있는가?
당신의 대답은, 사람이 하나님을 사랑할 수 있기 위해 완전한 자유가 필요한지에 대한 문제와 어떤 관계가 있는가?

How Long, O Lord?

# 제2부:
# 퍼즐 조각들

−고난받는 사람들을 위한 성경적인 주제들

## Parts of the Puzzle
-Biblical Themes for Suffering People

제3장  죄의 대가
제4장  사회적인 악, 가난, 전쟁, 자연재해
제5장  하나님의 백성들의 고난
제6장  저주와 거룩한 전쟁 – 그리고 지옥
제7장  질병, 죽음, 사별
제8장  종말론적 관점
제9장  욥: 신비와 믿음
제10장 고난받으시는 하나님

제2부에서는 악과 고난의 문제와 관련된 매우 중요한 몇 가지 성경적 주제들을 살펴보려고 한다. 이 주제들만 중요한 것은 아니며, 여기에서 완전히 논의하지도 않을 것이다. 나의 목표는 이 문제와 관련된 기독교 신앙의 몇 가지 기본적인 체계를 세우고, 이것들이 우리 모두가 흘려야 하는 눈물을 마주해야 하는 방식과 어떤 관련이 있는지 보여주는 것이다.

본장들에서는 고난의 문제에 대한 "해법"을 제시하지 않으며, 단순히 지적인 해법은 더더욱 아니다. 그럼에도 불구하고, 이 주제들은 퍼즐 조각들과 같아서 악과 고난을 일정한 틀 속에 위치시킬 수 있는 큰 그림을 그리게 해 준다. 완전한 그림을 그릴 수 있는 충분한 조각들을 얻지 못할 수도 있으나, 꽤 선명한 틀을 보기에 충분한 조각들은 될 것이다.

고난의 문제와 관련된 많은 (모두는 아니더라도) 어려움들은 우리가 이 성경적인 틀을 모르는 데서 온다. 비극적인 사실은, 이 틀에 큰 구멍들이 나 있으면 그것이 의지와 위로와 소망의 요소들도 제공해주지 못하기 때문에 고난이 더 악화된다는 것이다. 만일 당신이 아직 알지 못하는 것 때문에 이 틀을 떠나게 되면, 결코 고난의 문제를 "풀지" 못할 것이며, 복음이 주는 많은 위로를 잃고 말 것이다.

# 제3장
# 죄의 대가

The Price of Sin

### 1. 성경의 "줄거리"

종종 우리는 어떤 물체에 너무 가까이 다가가는 바람에 그것을 잘 보지 못할 때가 있다.

큰 나무를 마주하고 3센티미터 앞에 서서 5분 동안 앞을 똑바로 바라보라.

만일 이전에 한 번도 본 적이 없는 나무라면 어떤 모양일지 상상해 보라. 그 나무를 처음 본 것이 큰 깨우침을 주겠는가?

나무 전체를 파악하기 위해 한 발 뒤로 물러서야 한다. 나무껍질이나 나뭇잎에 대한 사소한 관찰을 할 수 있는 여지가 없다는 뜻이 아니라, 관찰한 것이 그게 전부라면 나무에 대해 모를 것이라는 뜻이다.

성경 연구도 마찬가지다. 우리는 성경의 "맥," 곧 줄거리를 놓친 채 한 구절 또는 한 권에 몰두할 수 있다.

성경은 하나님께서 하늘과 땅을 창조하시는 이야기로 시작한다(창 1-2장). 하나님께서는 그가 만드신 모든 것이 "매우 좋다"라고 반복해서 평가하신다. 죄도 없고 고난도 없다. 에덴동산은 수고로이 흘린 땀도 없이 열매를 낸다. 그러나 첫 사람의 반역으로(창 3장) 고난과 수고, 고통과 죽음이 시작된다. 단 두 장만에, 지독히 끔찍스러운 후렴구인 "죽었더라…죽었더라… 죽었더라… 죽었더라"가 끊임없이 반복된다.

성경의 마지막에는 이 훼손의 궁극적인 회복, 곧 "의가 있는 곳"(벧후 3:13) "새 하늘과 새 땅"을 말씀한다(계 21:1).

> 하나님의 장막이 사람들과 함께 있으매 하나님께서 그들과 함께 계시리니 그들은 하나님의 백성이 되고 하나님께서는 친히 그들과 함께 계셔서 모든 눈물을 그 눈에서 닦아 주시니 다시는 사망이 없고 애통하는 것이나 곡하는 것이나 아픈 것이 다시 있지 아니하리니 처음 것들이 다 지나갔음이러라(계 21:3-4).

그러나 만일 이것이 고난의 끝이라면, 그것은 또한 죄의 끝이기도 하다.

> 무엇이든지 속된 것이나 가증한 일 또는 거짓말하는 자는 결코 그리로 들어가지 못하되 오직 어린 양의 생명책에 기록된 자들만 들어가리라 (계 21:27).

성경의 시작과 마지막 사이에는, 악이 있고 고난이 있다. 그러나 주목해야 할 점은, 성경의 큰 줄거리의 관점에서 이 두 가지는 서로 밀접한 관련이 있다. 즉, 악은 고난의 주요 원인이고, 반역은 고통의 뿌리이며, 죄는 죽음의 근원이다. 따라서 선지자 이사야가 한없는 축복의 시대를 내다볼 때, 그는 그 때가 곧 한없는 순결의 시대이며 하나님에 대한 깊은 지식의 시대라고 주장한다.

> 무리가 그들의 칼을 쳐서 보습을 만들고 그들의 창을 쳐서 낫을 만들 것이며 이 나라와 저 나라가 다시는 칼을 들고 서로 치지 아니하며 다시는 전쟁을 연습하지 아니하리라(사 2:4).

그러나 이 말씀은 더 큰 그림과 연결된다.

> 말일에 여호와의 전의 산이 모든 산꼭대기에 굳게 설 것이요 모든 작은 산 위에 뛰어나리니 만방이 그리로 모여들 것이라 많은 백성이 가며 이르기를 오라 우리가 여호와의 산에 오르며 야곱의 하나님의 전에 이르자 그가 그의 길을 우리에게 가르치실 것이라 우리가 그 길로 행하리라 하리니 이는 율법이 시온에서부터 나올 것이요 여호와의 말씀이 예루살렘에서부터 나올 것임이니라(사 2:2-3).

만일 "그 때에 이리가 어린 양과 함께 살며 표범이 어린 염소와 함께 누우며 송아지와 어린 사자와 살진 짐승이 함께 있어 어린 아이에게 끌리며"라는 말씀이 사실이라면, "내 거룩한 산 모든 곳에서 해 됨도 없고 상함도 없을 것이니 이는 물이 바다를 덮음 같이 여호와를 아는 지식이 세상에 충만할 것임이니라"(사 11:9)도 사실일 것이다.

성경의 풍성하고 신비한 줄거리의 또 다른 요소들도 이 틀 안에 들어 있다. 홍수 심판과 노아와의 언약, 아브라함을 선택하고 그의 이름을 두고 맺으신 언약, 이스라엘 국가의 건설과 시내산에서의 계시, 그리고 궁극적으로 예수 그리스도의 오심과 그의 죽으심, 부활, 승천 등은 모두 인간의 반역과 그 반역의 비참한 결과로 말미암은 문제들과 깊은 관련이 있다.

죄의 삯은 사망이라(롬 6:23).

이런 관점에서, 많은 사람이 구분하는 도덕적인 악과 자연적인 악의 차이를 면밀하게 생각해 볼 필요가 있다. 물론, 어떤 면에서는 유익한 구분을 할 수도 있을 것이다. 즉, 말하자면 강간과 끔찍한 토네이도 사이에는 차이가 있고, 인간의 증오에 의한 전쟁과 인간이 시작할 수도 없고 중단시킬 수도 없는 지진 사이에도 차이가 있다.

그러나 또 다른 관점에서 보면, 두 종류의 악과, 두 종류의 악에 의한 고난은 모두 죄의 결과이고, 반역의 결과이며, 따라서 도덕적 악의 결과다.

## 2. 악 중의 악

이 성경 "줄거리"에 대한 관계를 살펴보기 전에, 모든 악이 정말로 얼마나 혐오스러운지에 대해 아는 것이 중요하다.

일반 사회의 여러 분야에서도 이 점에 대해 인식하기 시작하고 있다. 서구 사회에서 20세기는 유토피아적 낙관주의와 거대한 자기 확신과 함께 시작되었다. 그러나 우리는 20세기를 훨씬 더 냉정하게 끝마쳤다. 즉, 자원은 고갈되고 있고, 전쟁 무기는 가공할만하며, 좌파와 우파의 독재 정권들은 수천 명을 학살했다. 지난 세기에는 두 번의 세계대전과 한 번의 오랜 냉전이 있었다. 상상조차 하지 못할 엄청난 기근이 가장 원시적이고 가혹한 방법으로 인구를 감소시켰다. 또한 어떤 사람들은 적어도 악의 뿌리가 우리 속에 있다는 것을 깨달았다.

포고(Pogo) 만화에 적힌 "우리는 적을 만났는데, 그는 바로 우리다"라는 유명한 문구는 『직면한 악』(Facing Evil)이라는 엄청나게 시사적인 수필집에 의해 훨씬 더 자세하게 다루어졌다. 저자들은 결코 모두 같은 마음이 아니다. 어느 누구도 악에 대해 확실하게 성경적인 틀을 가지고 있지 않다. 사실, 서론은 악에 대한 정의를 하지 않겠다는 말로 시작한다.

그럼에도 불구하고, 이 저자들 중 다수는 제도적인 차원에서 행해지는 폭력, 탐욕, 정욕 등이 모두 근본적으로 인간의 마음속에 내재하고 있다는 사실을 인정한다. 영화배우 리 마빈(Lee Marvin)은 다음과 같이 놀라운 고백을 한다.

> 스크린에 비치는 내 모습을 볼 때 나는 어떻게 느꼈던가?
> 최근에 내가 찍은 "포인트 블랭크"(Point Blank)라는 제목의 폭력 영화를 보았을 때, 나는 매우 언짢았다. 내가 기억하는 바로는, 우리는 폭력을 위해 그 영화를 찍었다. 나는 그 영화가 너무 폭력적이어서 충격을 받았다. 물론, 그것은 10년, 15년, 18년 전이다. 그 영화를 보았을 때, 나는 너무 힘이 빠져서 말 그대로 도저히 서 있을 수 없었다.
> 내가 그것을 했다고?
> 내가 그런 폭력을 휘두를 수 있다고?
> 자, 거기에 공포가 있다. 그리고 이것이 바로 내가 사람들이 결국 뒷걸음친다고 생각하는 이유다. 사람들은 아니, 나는 결코 다시는 저런 악마에게 내 자신을 맡기지 않을 거야,라고 말한다. 그 악마는 자기 자신이다.[1]

---

1 Paul Woodruff and Harry Wilmer, eds. *Facing Evil: Light at the Core of Darkness* (LaSalle: Open Court, 1988), vii.

그러나 악 중의 악에 대해 가장 강력하게 주장하는 것은 바로 성경이다. 성경 저자들은 반대자들이 서로 공유하고 결국 동의하는 이교도의 이중 사고를 결코 아무도 인정하지 않는다.

> 악을 선하다 하며 선을 악하다 하며 흑암으로 광명을 삼으며 광명으로 흑암을 삼으며 쓴 것으로 단 것을 삼으며 단 것으로 쓴 것을 삼는 자들은 화 있을진저(사 5:20).

선지자들과 사도들은 죄의 엄청난 가증함에 대해 일관되게 말씀한다. 악은 미워해야 한다(롬 12:9). 그러나 악이 우리 모두를 뒤덮고 있다. 바울은 성경의 몇 대목을 인용하면서 다음과 같이 말씀한다.

> 기록된 바 의인은 없나니 하나도 없으며 깨닫는 자도 없고 하나님을 찾는 자도 없고 다 치우쳐 함께 무익하게 되고 선을 행하는 자는 없나니 하나도 없도다 그들의 목구멍은 열린 무덤이요 그 혀로는 속임을 일삼으며 그 입술에는 독사의 독이 있고 그 입에는 저주와 악독이 가득하고 그 발은 피 흘리는 데 빠른지라 파멸과 고생이 그 길에 있어 평강의 길을 알지 못하였고 그들의 눈앞에 하나님을 두려워함이 없느니라 함과 같으니라(롬 3:10-18).

악에 대한 궁극적인 조치는 하나님의 진노다(롬 1:18 이하). 그리고 그 진노는 너무 단호한 나머지 십자가에서 행해진다. 우리는 모두 "본질상 진노의 자녀"(엡 2:3). 그러므로 십자가가 없이는 우리 모두에게 아무런 희망이 없다.

그러므로 이러한 기본적인 의미에서 볼 때, 악은 그것이 하나님에 대한 반역이기 때문에 악이다. 악은 하나님께서 요구하시는 것을 행하지 않거나, 하나님께서 금지하시는 것을 행하는 것이다. 마음과 영혼과 의지와 힘을 다하여 하나님을 사랑하지 않는 것은 큰 악이다. 왜냐하면, 하나님께서 그것을 요구하시기 때문이다.

또한 이웃을 내 몸과 같이 사랑하지 않는 것도 마찬가지 이유에서 큰 악이다. 다른 사람의 집이나 자동차나 아내를 탐하는 것은 큰 악이다. 하나님께서 탐욕을 금지하시기 때문이다. 또한 슬픔이나 자기 연민에 사로잡히는 것도 비슷한 이유에서 악이다.

그러므로 악의 여러 모양들은 하나님의 여러 속성에 의해 결정된다. 악의 추악함은 하나님의 아름다우심에 의해 결정되고, 악의 더러움은 하나님의 순결하심에 의해 결정되며, 악의 이기심은 하나님의 사랑에 의해 결정된다.

우리가 흔히 "악"이라는 단어를 두 가지 다른 방식으로 사용한다는 점에서 몇 가지 혼동이 야기된다. 우리는 이 단어를 말 그대로 본질적이고 도덕적인 의미에서 사용할 수 있다. 이때는 하나님께 대한 반역이라는 의미다. 반면에, 우리는 이 단어를 모든 고난, 고통, 그리고 첫 번째 의미에서의 악의 결과에 해당하는 모든 불행에 대해 사용할 수 있다. 그러므로 후자의 "악"은 인간의 반역에 대한 형벌의 일부분이다.

그 형벌 자체가 도덕적 의미에서 악인가?

성경적인 관점에서, 그 대답은 이중적이다. 분명히 그러한 재앙들은 인간이 큰 악으로 경험하는 것들이다. 죽음 자체는 마지막 원수다(고전 15:26). 전쟁, 근심, 박해, 빈곤, 기근, 약탈, 자연재해 등을 성경은 큰 고통과 큰 악이라고 부른다. 그러나 적어도 이러한 것들이 반역의 행위들은 아니다. 즉, 이것들은 근본적인 의미에서 악은 아니다.

더욱이 하나님의 관점에서 보면, 이러한 것들은 형벌로 일어나고 공의를 세우는 것들이므로 선이라고 평가되어야 한다.

한 걸음 더 나아가보자.

하나님의 주권적인 사역의 관점에서(제11장에서 논의할 예정이다), 도덕적으로 악한 것들조차도 좋은 결과를 낼 수 있을 뿐 아니라, 인간의 의도에서는 악해도 하나님의 의도에서는 선할 수 있다. 십자가 사건 이외에, 요셉이 겪은 고초가 가장 좋은 예들 중의 하나다. 요셉은 형들의 원한 때문에 노예로 팔려갔다. 형들의 의도는 완전히 악했으며, 수년 동안 요셉의 경험은 끔찍했다. 그러나 요셉은 그의 형들의 의도대로 되지 않았음을 알게 되었다. 요셉은 고백했다.

> 당신들은 나를 해하려 하였으나 하나님께서는 그것을 선으로 바꾸사 오늘과 같이 많은 백성의 생명을 구원하게 하시려 하셨나니(창 50:20).

만일 사람의 분노조차 하나님께 영광이 된다면(시 76:10), 그것은 인간의 분노가 본래 선하기 때문이 아니라("사람이 성내는 것이 하나님의 의를 이루지 못함이라"[약 1:20]), 하나님께서 그 악을 그의 영광으로 바꾸시기 때문이다.

여기에 몇 가지 주제가 한 데 엮여 있다. 그리고 그 중의 한 두 가지를 다음 장에서 살펴볼 것이다. 우선, 성경이 전체적으로 악과 고난을 매우 진지하게 다룬다는 사실을 이해하는 것이 중요하다. 가장 기본적인 단계에서, 도덕적인 악과 고난은 원인과 결과의 관계다. 그러나 고난 자체는 타락한 질서와 매우 밀접하게 연결되어 있으므로, 고난도 악과 같이 생각되고 악과 같이 경험되는 것이다. 하나님께서 이러한 다양한 악들에 대해 어떻게 그의 주권을 행사하시는지도 살펴보아야 한다.

## 3. 하나님의 선하심

이 기본적인 기독교 진리들을 우리의 고난에 적용하기 전에, 성경이 "기정사실"로 가르치는 또 다른 점이 있다. 바로 하나님의 선하심이다. 하나님에게는 결코 어둠이 없다(요일 1:15).

> 그는 반석이시니 그가 하신 일이 완전하고 그의 모든 길이 정의롭고 진실하고 거짓이 없으신 하나님이시니 공의로우시고 바르시도다(신 32:4).

나훔 선지자는 "여호와는 질투하시며 보복하시는 하나님이시니라 여호와는 보복하시며 진노하시되"라고 말씀하기도 하고, "여호와는 선하시며 환난 날에 산성이시라 그는 자기에게 피하는 자들을 아시느니라"고 말씀한다(나 1:2, 7). 사람들은 하나님께서 그들에게 악을 어느 정도 유발하셨다는 이유로 마지막 날에 심판을 면하지 않을 것이다(약 1:13).

다시 한 번, 본문의 어려움이 있다. 특히 악한 행동들에 있어서 하나님의 주권적인 영향을 다루는 문제에 있어서는 더욱 그렇다. 우리는 이 주제들 중 일부를 제11장에서 다룰 것이다. 본장에서 내 목표는 성경의 기본적인 줄거리를 대략적으로 그려보는 것이다. 하나님의 주권과 완전한 선하심은 선한 세상을 창조하셨다.

우리 인간들은 반역했다. 반역은 이제 우리가 빠져나오지 못한 채 허우적거려야 하는 우리의 기질이다. 우리가 만나는 고난의 모든 조각들은 바로 이것과 관련된다. 성경은 하나님께서 이 끔찍한 결과들과 그 근원인 죄 자체를 되돌리기 위해 어떤 행동을 하시는지, 그리고 신자의 소망은 죄와 슬픔을 더 이상 경험하지 않게 될 새 하늘과 새 땅에 있다는 사실에 초점을 맞춘다.

## 4. 몇 가지 적용점들

이 점에서 볼 때, 하나님과 세상에 대한 어떤 기독교적인 이해에 있어서 커쉬너의 유명한 책 제목은 심각한 오류가 있다. 『선한 사람들에게 악한 일들이 일어날 때』(When Bad Things Happen to Good People)이라는 제목은 세상이 "선한 사람들"로 가득하다는 전제를 가지고 있다.

성경의 줄거리는 전혀 다르게 말씀한다. 즉, 우리는 모두 반역에 사로잡혀 있으며, 따라서 우리 중 그 누구도 "선한 사람들"에 속하지 않는다. 어떤 절대적인 의미에서, "선한 사람들"은 헛된 가정일뿐이다.

나는 이것이 악과 고난의 문제를 해결해준다고 말하면서, 슬픔에 빠져 허우적대는 모든 사람에게 "그만 불평하세요. 당신은 마땅한 대우를 받고 있는 거에요"라고 충고하려는 것이 아니다. 많은 경우에 성경은 여러 상대적인 방법으로 의로운 자들과 불의한 자들에 대해 말씀한다. 우리 중 아무도 우리가 마땅히 그래야 할 만큼 악하지 않다. 히틀러도 그의 강아지를 한 번 이상 걷어찼을 것이다.

더욱이, 우리는 종종 이 타락한 세상에서 왜 어떤 사람은 흥하고 평탄한 삶을 사는 반면, 다른 사람들은 그들보다 더 좋은 사람들임에도 불구하고 엄청난 고난을 받느냐고 묻곤 한다. 이 불공평에 대한 불만을 누그러뜨리기 위해서는 더 많은 성경 진리들을 살펴보아야 한다.

그러나 고통과 고난을 겪고 있는 그리스도인들은 성경의 줄거리를 생각하고 죄의 대가를 묵상해야 한다. 우리는 모든 사람이 자기의 "권리"에 대해서만 관심을 갖는 세상에서 살고 있다. 그러나 하나님 앞에서의 우리의 "권리"들이 우리의 죄에 의해 희생되었다는 사실을 알아야 한다.

만일 우리가 실제로 우리의 죄가 하나님의 진노를 받기에 합당하다고 믿는다면, 우리가 이 세상에서 인간의 반역의 결과인 모든 고난들을 경험할 때 하나님을 비난하기보다는, 오히려 완전한 평안과 위로의 삶을 기대할 만한 근본적인 권리가 우리에게 없다는 사실을 즉시 깨닫게 될 것이다.

성경적인 관점에서, 우리가 소멸되지 않는 것은 오직 주님의 자비 때문이다. 무엇보다 중요한 것은, 모든 고난 하나하나가 특정한 죄의 즉각적인 결과라는 의미는 아니라는 것이다. 이것은 심각한 정신적 고통을 안겨다주는 매우 위험한 이단 사상이다. 이 세상에서 가장 고난을 겪는 사람들이 이 세상에서 가장 큰 죄를 지었다는 것인데, 이것은 성경적으로나 경험적으로 모두 명백히 거짓이다.

특정한 죄와 특정한 질병 사이의 몇 가지 연결 가능성은 다음 장에서 다룰 것이다. 일단 여기에서는 고린도전서 11:27-34이나 요한복음 5:1-15의 38년 된 병자의 경우와 같이 질병이 구체적인 죄의 직접적인 결과일 수도 있다는 것만 언급하는 것으로 충분하다. 그러나 특정한 죄와 특정한 고난 사이에 **필연적인** 연관성이 있는 것은 아니다. 예를 들어, 요한복음 9장에 나오는 나면서부터 보지 못한 사람의 경우다.

사실, 성경이 천국에서의 상급과 지옥에서의 형벌의 등급에 대해 가르치는 것은, 나중에 더 자세하게 살펴볼 주제이긴 하지만, 이 세상에서 왜 모두에게 획일적인 형벌이 내려지지 않는지에 대해 부분적으로 설명하기 위함이다. 어떤 해답들은 이 세상에서 얻지 못할 것이다. 즉, 우리는 주님께서 다시 오셔서 공의가 완전히 행해지고, 또한 그렇게 보이기를 기다려야 한다.

그 때까지, 인간의 죄의 결과는 우리의 삶에 엄청난 고통과 함께 수많은 경험들을 가져다 줄 것이다. 그러한 고통들은 인류 역사라는 캔버스 위에 매우 넓은 붓으로 칠해질 수도 있다. 그러므로 하나님께서는 예루살렘에게 말씀하신다.

> 내가 너를 대적하여 내 칼을 칼집에서 빼어 의인과 악인을 네게서 끊을 지라(겔 21:3).

물론 어떤 면에서는 아무도 의롭지 않다(롬 3:10 이하). 하지만 여기에서 선지자가 말하려는 것은 그것이 아니다. 선지자는 예루살렘에 멸망이 찾아올 때, 고통을 받는 사람들 중에는 그들의 직접적인 죄 때문에 예루살렘에 끔찍한 형벌을 초래한 사람들도 포함되고, 이스라엘의 멸망을 초래할 만한 죄를 범하지 않는 사람들도 포함된다고 말하는 것이다.

전쟁, 재난, 선천적인 불구, 그리고 수많은 고통들이 다 그와 같다. 즉, 그것들은 모두 그다지 차별이 없다. 그러므로 만일 우리가 그것들을 구체적인 죄들과 연관시켜 생각한다면, 그러한 죄를 범하지 않은 사람들이 죄를 범한 사람들과 함께 고통을 받는 것을 볼 때 우리는 매우 혼란스러워할 것이다.

그러나 반대로 우리가 근본적으로 그러한 고난을 타락의 부산물이요, 타락한 세상의 결과이며, 우리 모두가 종종 빠지게 되는 악의 결과라고 믿는다면, 우리가 고난을 받을 때 아무리 슬퍼한다 할지라도 큰 충격을 받지는 않을 것이다.

이것이 바로 성경 저자들이 사악한 자들의 만연함(언약 백성들 중에서는 제외하고)이나 그들 때문에 발생하는 고난에 충격을 받지 않는 이유다. 물론, 개별적인 경우들에 있어서, 훨씬 더 악한 사람들은 고통을 받지 않는데 어떤 개인 또는 민족이 왜 고난을 받아야 하는지에 대해 고통스런 질문을 던질 수도 있다. 가장 대표적인 예가 욥이다. 그가 던진 질문은 특별히 통찰력이 있다.

그러나 전체적으로, 성경 저자들은 형벌 때문에 충격을 받는 것이 아니라, 주님의 오래 참으심과 인내 때문에 충격을 받는다. 하나님께서는 아모리 사람들의 죄가 다 차기까지 그들을 벌하지 않으신다(창 15:16). 성경은 주님께서 오래 참으시고, 화내기를 더디 하시고, 매우 자비롭다는 말씀을 거듭해서 강조한다. 니느웨에서 회개를 선포하라는 하나님의 명령을 피해 요나가 도망갔을 때, 하나님의 용서는 그가 받아도 될 이상의 용서였다. 요나는 야만적인 도시 니느웨가 멸망당하기를 원했다.

> 그러므로 내가 빨리 다시스로 도망하였사오니 주께서는 은혜로우시며 자비로우시며 노하기를 더디하시며 인애가 크시사 뜻을 돌이켜 재앙을 내리지 아니하시는 하나님이신 줄을 내가 알았음이니이다(욘 4:2).

이런 관점에서 본다면, 차라리 『악한 사람들에게 선한 일들이 일어날 때』라는 제목으로 책을 쓰는 것이 훨씬 더 합리적일 것 같다.

우리가 누리는 모든 축복은 하나님의 인내와 오래 참으심의 증거들이다. 사도 바울도 매우 문학적인 표현으로 이렇게 질문했다.

> 혹 네가 하나님의 인자하심이 너를 인도하여 회개하게 하심을 알지 못하여 그의 인자하심과 용납하심과 길이 참으심이 풍성함을 멸시하느냐?(롬 2:4)

순교자들이 다음과 같이 부르짖는다.

> 거룩하고 참되신 대주재여 땅에 거하는 자들을 심판하여 우리 피를 갚아 주지 아니하시기를 어느 때까지 하시려 하나이까?(계 6:10)

하지만 주님께서는 여전히 침묵하신다.

우리가 이 신학적인 진리들을 살아내는 것이 매우 어려운 이유는, 우리가 입으로 시인하고 고백하는 진리들을 깊이 공감하지 못하기 때문이라고 생각한다. 내가 믿는 신조는 내가 비참한 죄인이라고 가르쳐준다. 또한 나는 마땅히 지옥에 가야 되고, 내가 이 세상에서 누리는 모든 것은 하나님의 은혜의 선물이며, 나에게는 고난을 면할만한 자격이 없다고 고백한다. 그러나 정작 고난이 내게 닥쳐오면, 나는 그 고난이 부당하다고 느낀다.

이것은 곧 내가 아직 내 자신의 죄책에 대한 성경의 가르침을 정말로 받아들이지 못하고 있다는 것을 의미한다. 그것을 실제적으로 받아들일 수 있는 때는, 가만히 앉아서 나의 죄에 대해 묵상할 때가 아니라(나의 죄악 된 말과 생각과 행동들을 적당히 생략한 채 고백하는 것이 굉장히 멋있게 들릴지는 모르지만), 하나님께서 누구신지에 대해 조금 더 묵상할 때다. 욥의 마음을 마침내 진정시켜준 것은 하나님께서 누구신지에 대한 계시가 있었을 때였다. 또한 이사야도 성전에서 하나님에 대한 환상을 보았을 때 곧바로 이렇게 외쳤다.

> 화로다 나여 망하게 되었도다 나는 입술이 부정한 사람이요 나는 입술이 부정한 백성 중에 거주하면서 만군의 여호와이신 왕을 뵈었음이로다 하였더라(사 6:5).

우리가 성경의 줄거리에서 어디쯤에 해당하는지, 하나님께서 우리의 죄를 어떻게 바라보시는지, 우리의 반역에 대한 마땅한 대가가 무엇이어야 하는지 등에 대해 조금 더 생각해 본다면, 비록 악과 고난에 대한 모든 질문들에 대해 해답을 얻을 수는 없더라도, 고난의 시간을 마주할 때,

그렇지 않을 때보다 조금 덜 원망하고, 덜 분노하며, 오히려 더 감사하고, 더 신뢰할 수 있을 것이다.

### ◆ 심화 학습을 위한 질문들 ◆

① 성경의 "줄거리"를 몇 문장으로 적어보라.
② 이 줄거리는 악과 고난의 문제와 어떤 연관성이 있는가?
③ 성경적인 관점에서, 악을 악이 되게 하는 것은 무엇인가?
④ 당신이 이해하는 바에 따르면, 고난과 죄의 관계는 무엇이라고 말하겠는가?
⑤ 당신이 하나님께로부터 마땅히 받아야 할 것은 무엇인가?
　당신이 받아야 할 것을 이미 받았는가?
　당신은 무엇을 받았는가?

## 제4장
# 사회적인 악, 가난, 전쟁, 자연재해

## Social Evils, Poverty, War, Natural Disasters

본장에서는 위의 제목과 같은 여러 복잡한 주제들에 대해 성경이 무엇을 말씀하는지 개괄적으로 다루려고 한다. 나는 가난을 없앨 수 있는 "해법"을 제시하려는 것이 아니고, 구약성경의 "거룩한 전쟁"이라는 특별한 주제(이 주제는 다음 장에서 다룰 것이다)에 대해 말하려는 것도 아니다. 본장에서의 목표는 훨씬 더 소박하다. 즉, 위와 같은 악들로 야기된 고난들에 대해 성경이 무엇을 말씀하는지 살펴보고, 그것이 오늘날 우리에게 어떤 의미가 있는지 생각해 보는 것이다.

본장에서 모든 종류의 악들을 남김없이 논의하려는 것은 아니다. 여기에서 논의하지 않을 특별한 주제 중의 하나는 AIDS다. 성경적인 관점에서 이 주제에 대해 논의하려면, 너무 많은 지면을 할애해야 한다. 하지만 이 주제는 매우 복잡할 뿐 아니라 감정적으로도 매우 고양되기 때문에 부록에서 별도로 다룰 것이다.

## 1. 국가가 예방하거나 범하는 악

일반적으로, 성경은 시민정부가 악을 억제한다고 말씀한다. 아마 틀림없이, 그것이 정부의 주된 목적일 것이다. 예를 들어, 사사기는 통치자에 의한 국가 질서가 세워지기 전 시기에 무자비한 강간, 살인, 약탈, 그리고 만행 등 가장 끔찍한 폭력이 행해진 이야기들을 그리고 있다. 이러한 만행에 대한 이야기를 하는 중에, 저자는 주제가 되는 후렴구를 반복해서 적고 있고, 책의 결론도 그 문장으로 끝마친다.

> 그 때에 이스라엘에 왕이 없으므로 사람이 각기 자기의 소견에 옳은 대로 행하였더라(삿 21:25).

구속사적으로 볼 때, 이것은 사울 왕국과 다윗 왕국의 설립을 예비하고 있다. 반면에, 도덕적으로 볼 때에는, 만일 악을 제어할 수 있는 책임 있는 권위자가 없을 경우, 각 개인이 자기의 탐욕과 약탈과 폭력에 대해 점점 더 뻔뻔스러워진다는 점을 가르쳐준다. 성경은 모든 악의 근원이 시민정부라고 말하지 않으며, 각 개인이 "자연"과의 연대가 좀 느슨해질 때 사회의 모든 악들을 스스로 치료할 수 있다고도 말하지 않는다.

이것이 바로 바울이 인간정부 배후에 계신 하나님의 손길에 대해 말씀하는 이유다.

> 각 사람은 위에 있는 권세들에게 복종하라 권세는 하나님으로부터 나지 않음이 없나니 모든 권세는 다 하나님께서 정하신 바라 그러므로 권세를 거스르는 자는 하나님의 명을 거스름이니 거스르는 자들은 심판을 자취하리라 다스리는 자들은 선한 일에 대하여 두려움이 되지 않

> 고 악한 일에 대하여 되나니 네가 권세를 두려워하지 아니하려느냐 선을 행하라 그리하면 그에게 칭찬을 받으리라 그는 하나님의 사역자가 되어 네게 선을 베푸는 자니라 그러나 네가 악을 행하거든 두려워하라 그가 공연히 칼을 가지지 아니하였으니 곧 하나님의 사역자가 되어 악을 행하는 자에게 진노하심을 따라 보응하는 자니라 그러므로 복종하지 아니할 수 없으니 진노 때문에 할 것이 아니라 양심을 따라 할 것이라 (롬 13:1-5).

여기에서 바울의 언어가 얼마나 강력한지가 중요하다. 바울은 국가가 악을 억제하기 위해 힘을 행사하므로 사람이 국가에 복종하는 중요한 동기 중의 하나가 바로 형벌 때문이라는 것만 말하는 게 아니다. 그는 국가의 배후에 하나님께서 계신다고 말한다.

그러므로 그리스도인들은 형벌에 대한 두려움 때문에 정부의 권위에 복종하는 것이 아니라, 하나님께서 국가의 배후에 계신다는 사실을 인식하기 때문에 복종해야 한다. 국가에 대한 복종은 단순히 실용적인 문제가 아니라("감옥에 가기 싫어요"), 도덕적인 문제요, 양심의 문제다.

다른 한 편, 성경은 국가가 주는 혜택에 대해 마르크스주의의 신화를 지지하지도 않는다. 결국, 국가는 국민에 의해 운영되는데, 국민이 타락했다. 만일 타락한 사람들을 정부에 들어가게 하면, 부패는 결코 사라지지 않는다. 또한 우리 모두 타락했기 때문에 부패는 만연하다.

고대 이스라엘의 경우, 하나님께서는 언약을 주셨다. 이스라엘 백성들과 하나님 사이의 구체적인 약속으로서 엄청난 율법이었다. 통치자들과 백성들은 모두 이 법에 복종하기로 맹세했다. 이 법을 위반할 경우 통치자들과 백성에게 형벌이 내려질 것이므로, 그것이 유발하는 부패와 고난은 적어도 계속해서 통제되었다.

그러나 자기의 행동에 대해 책임지지 못하는 통치자들이 권력을 잡는 일이 거듭 반복되었다. 솔로몬이 죽고 왕국이 분열된 이후, 북 왕국의 첫 번째 왕은 백성들을 우상숭배에 빠뜨렸다. 그의 이름은 악의 대명사가 되었다. 후대의 왕들이 종종 여로보암의 죄와 비교해서 평가되었다.

> 여호와 보시기에 악을 행하여 이스라엘에게 범죄하게 한 느밧의 아들 여로보암의 모든 죄에서 떠나지 아니하였더라(왕하 14:24).

다윗과 같이 위대한 군주도 악하고 형편없을 수 있었다. 다윗은 밧세바에게 마음을 빼앗겨 그의 남편을 잔인하게 죽이는 음로를 꾸몄다(삼하 11장). 악한 왕 아합은 나봇의 포도원을 탐했으며, 그와 똑같이 악했던 왕비 이세벨은 얼마든지 조작과 뇌물로 왜곡될 수 있는 재판제도를 통해 나봇의 명예를 더럽히고, 그의 생명마저 빼앗았다.

나봇이 돌에 맞아 죽을 때 견뎌야 했던 고난은 무엇이었겠는가?

나봇의 가족들은 가난과 수치를 어떻게 감당해야 했겠는가?

그러나 하나님께서 이와 같이 두 가지 가치판단을 모두 내리시는 대상은 비단 구약 시대 언약 공동체의 정부만은 아니다. 바울이 로마서 13장을 기록할 때 그의 마음속에 있던 정부는 로마 제국이었다. 바울은 하나님께서 모든 국가에 대한 주권을 가지고 계신다는 사실을 히브리 성경으로부터 이미 배웠다. 하나님께서는 그 모든 국가들에게 공의를 기대하신다. 그 모든 국가들에게 책임을 물으신다.

> 공의는 나라를 영화롭게 하고 죄는 백성을 욕되게 하느니라(잠 14:34).

그러므로 모든 정부가 국가를 안정시키는 수단은 바로 공의다 (잠 29:4). 공의를 원하시는 하나님의 관심은 비단 언약 국가에 대해서 뿐만 아니라(아모스를 보라), 다른 모든 국가에 대해서도 경고가 된다. 심지어 하나님께서 그의 백성들을 고치시기 위해 사용하시는 나라들에게도 적용된다. 그러므로 이사야 10:5 이하에서, 하나님께서는 앗수르가 단지 하나님의 백성들에게 심판을 내리시는 하나님의 수단에 불과하다고 선언한다.

하지만, 앗수르 사람들은 스스로 그렇게 생각하지 않기 때문에 그에 대한 책임을 져야 한다. 앗수르 사람들은 자기의 힘으로 다른 나라들을 멸망시킨다고 생각한다. 그러므로 하나님께서 그의 백성들을 멸하시기 위해 앗수르 사람들을 사용하신 후에는, 이제 돌이켜서 그들을 멸하실 것이다. 따라서 공의에 대한 하나님의 열심은 언약 공동체 밖으로까지 확장된다.

베드로는 그의 첫 번째 서신에서, 근본적으로 비인간적이 될 수밖에 없는 노예제도 속에서 종들이 부당하게 고난을 당할 때 어떻게 행동해야 하는지 말씀한다. 분명히 1세기 그리스도인들은 정부의 정직함에 대해 결코 낭만적인 개념을 가지고 있지 않았다. 그들은 정부가 그들의 대주재에게 어떻게 행하는지 보았다. 1세기 말에, 각 지역마다 그리스도인들에 대한 엄청난 박해 때문에 온 나라가 피로 물들었다. 오직 하나님께만 속해야 하는 충성을 국가가 요구할 때 그 국가는 짐승이요, 음녀다 (요한계시록에서처럼).

따라서 비록 성경은 국가가 이상적으로나 현실적으로 악을 억제한다고 주장하기도 하지만, 국가가 악을 범할 수도 있다는 사실을 충분히 인정한다. 국가가 어떤 때에는 우리를 고난으로부터 보호하기도 하고, 어떤 때에는 고난의 원인이 되기도 한다는 의미이다.

우리는 지난 한 세기 동안 이것을 철저하게 경험했다. 한편에서, 독재자 이디 아민(Idi Amin)의 실각 이후 정부가 붕괴되어 버린 우간다와 같은 무정부 상태에서 살고 싶은 사람은 아무도 없을 것이다.

그러나 독재자의 통치 아래서 살고 싶은 사람은 또 누가 있겠는가?

가난한 백성을 압제하는 악한 관원은 부르짖는 사자와 주린 곰 같으니라(잠 28:15).

또한 우리는 모든 잔인함과 고난의 형태가 반드시 물리적일 것이라고 생각해서는 안 된다. 나치 정부는 1933년부터 1939년까지 여러 가지 좋은 일들을 했다. 그러나 거의 전 국민을 언론 통제, 공포정치, 그리고 도덕적으로 파탄한 탐심으로 물들게 함으로써 그 좋은 일들이 훼손되고 말았다. 심각한 고난을 야기하는 제도적인 폭력은 경제, 교육제도, 법정, 군대 등 삶의 모든 영역에 미칠 수 있다. 또한 개인의 삶에서도, 부작위(不作爲)의 죄도 있고 작위(作爲)의 죄도 있다.

많은 신학자들이 로마서 13:1-5을 인용할 때 조건적인 복종을 요구하는 이유는, 바로 이렇게 국가가 양면 가치를 지니고 있기 때문이다. 국가가 공의를 행하는 하나님의 종일 경우에는, 양심을 위해 국가에 복종해야 된다고 한다.

반면에 국가가 악의 도구가 된다면, 국가에 저항해야 한다. 실제로, 이것은 미국의 독립 전쟁과 같은 혁명 전쟁에 참여하는 전 세계의 모든 그리스도인들이 견지해야 하는 중요한 원리 중의 하나다.

문제는 매우 복잡하다. 따라서 여기에서 그 모든 것들을 다룰 수는 없다.[1] 그러나 인간의 고난의 관점에서, 여기에서 네 가지가 분명해진다.

① 성경은 국가가 야기하는 고난과 국가가 우리를 보호해 주는 고난에 대해 철저히 현실적이다. 그리스도인들이나 다른 어떤 그룹이 이러한 원인들 때문에 발생되는 고난을 면하게 될 것이라고 생각할 만한 근거가 전혀 없다.
② 성경적 사고의 기저에 있는 가정은 인류의 타락과, 악의 성향과, 파괴되고 반역한 세계의 비극과 악이다.
③ 우리가 이 세상에서 견뎌야 하는 고난이 무엇이든지 간에, 즉 그것이 국가가 억제해 주어야 하는 고난이든지 또는 국가가 야기한 고난이든지 간에, 그리스도인들에게는 공의를 증진해야 할 책임이 있다. 그리스도인들은 이 세상에 유토피아가 건설될 수 있다는 꿈 같은 희망을 품지 않는다. 그리스도인들은 그들이 모든 최선을 다한다 할지라도 그것들이 단지 완화제에 불과하다는 사실을 안다. 최종적인 "치유"는 새 하늘과 새 땅에서 이루어질 것이며, 이 세상에서 경험할 수 있는 가장 영광스럽고 확실한 사회 개혁은, 대각성과 그 이후의 역사가 보여주는 바와 같이 하늘로부터 임한 엄청난 부흥이다. 그렇기는 하지만, 그리스도인들은 아모스를 읽고 말할 때마다 공의를 추구하기 위한 의무를 긴급하게 재발견하지 않을 수 없다.
④ 하나님의 주권에 관한 신비가 또 다른 형태로 나타난다. 하나님께서 국가 배후에 계신다. 그러나 국가가 종종 악하게 행하는 것을

---

1 이 문제에 대해서는 D. A. Carson, *Love in Hard Places* (Wheaton: Crossway, 2002)에서 더 길게 논의했다.

아시고 그에 대한 책임을 물으신다. 이 점에 대해서는 제11장에서 더 충분히 다룰 것이다.

## 2. 여러 유형의 가난

야게의 아들 지혜자 아굴은 굉장한 통찰력으로 이렇게 말한다.

> 나를 가난하게도 마옵시고 부하게도 마옵시고 오직 필요한 양식으로 나를 먹이시옵소서 혹 내가 배불러서 하나님을 모른다 여호와가 누구냐 할까 하오며 혹 내가 가난하여 도둑질하고 내 하나님의 이름을 욕되게 할까 두려워함이니이다(잠 30:8-9).[2]

가난은 감상적인 발라드에서 노래하거나 경건한 체하는 사람들이 찬양하는 것이지만, 사실 지독한 가난은 결코 기쁘지 않다.

사실, "가난"이라는 의미는 굉장히 다양하다. 국가가 정한 빈곤선보다 못하게 사는 것은 굶어 죽는 것과 전혀 다르다. 실제로, "빈곤선보다 못하게" 사는 것도 서로 다른 두 가족에게 다르게 느껴질 수 있다.

첫 번째 가족에서는, 아버지와 어머니는 서로 사랑한다. 그들은 수입이 적은 직업을 갖고도 그곳에서 진정한 사역을 실천할 수 있다고 느끼면서 주님을 섬긴다. 그들은 아담한 전셋집에 대해 감사하고, 감사할 줄 모르는 자녀들을 훈계하면서 하나님께서 그들에게 어떻게 공급하시는

---

[2] 현재까지 이 주제를 가장 잘 다룬 글은 Craig L. Blomberg, *Neither Poverty Nor Riches: A Biblical Theology of Possessions*, NSBT (Leicester/Downers Grove: InterVarsity, 1999)이다.

지 가르친다. 독서하고 생각하고 토론하는 시간이 있다. 지역 교회로부터 도덕적이고 정서적인 지지를 받고, 때로는 물질 후원도 받으며, "하늘의 창고"(마 6:19-21)에 얼마나 투자할 수 있는지에 대해서도 종종 도전을 받곤 한다. 나는 그런 가정에서 성장했다. 나는 집을 떠나 대학에 입학할 때까지는(장학금을 받고, 아르바이트를 해야 했다. 부모님이 모든 비용을 보내주실 수 없었기 때문이다.) 우리가 얼마나 "가난한지" 알지 못했다.

똑같은 수입으로 사는 또 다른 가족에는 어머니와 네 명의 자녀들이 함께 산다. 그 중에 세 자녀는 모두 아버지가 다른데, 현재 이 가정에 아버지는 없다(종종 며칠씩 이 집에서 머무는 남자들이 있기는 하지만). "집"은 누추하며, 국가가 지급한 것이지만 유지 보수는 해주지 않는다. 곧 쓰러질 것 같은 건물 13층에 있는 아파트이며, 엘리베이터는 이따금 작동하고, 계단은 사람의 소변과 동물의 배설물 냄새로 진동한다. 후원해 주는 교회는 없고, 자녀들의 마음을 가장 가까이에서 사로잡는 사회적 그룹은 길거리의 불량배들이다. 책보다 마약을 구하기가 더 쉽다.

하지만 책이 있다 한들 크게 도움이 되지 않을 것이다. 왜냐하면 네 자녀 모두 글을 모르기 때문이다. 어머니는 자녀들에게 공부하라는 말을 하지 않으며(사실, 어머니도 읽을 줄 모른다), 학교는 눈밖에도 없다. 어머니는 언제나 냉소적으로 무관심하고, 자녀들의 분노도 결코 그에 못지 않다.

세상에 서로 다른 여러 종류의 "가난"이 있다는 사실을 금방 알 수 있을 것이다. 정부가 정한 "빈곤선"이 무엇이든 간에, 하나님께서는 내가 사실상 "가난하게" 성장하지 않았다는 것을 아신다.

조금 더 깊이 살펴볼 필요가 있다. 우리는 종종 "기독교 신학에서 가난의 문제"나 그와 비슷한 것에 대해 생각하지만, 이 "문제"의 여러 측면

들이 현저히 현대적이라는 사실을 알지 못한다.[3]

마르크스주의자들은 가난한 자들이 권력의 결핍 때문에 경제적으로 박탈당한 자들이라고 분석한다. 어떤 연구들은 구약성경에서 가난한 사들이란 땅이 없는 자들을 가리킨다는 가정으로 시작한다. 그 연구들 대부분은 가난이 항상 악이라고 전제한다. 성경은 결코 그렇게 말하지 않는데도 말이다. 사실 가난은 종종 다른 것들보다 더 낫다. 또한 성경을 올바로 이해한다고 해도, 성경의 의미를 현대에 어떻게 적용해야 하는지 결정하는 것은 항상 쉽지 않다.

이러한 경고는 문제를 어렵게 만들어서 성경에서 아무 것도 배울 수 없다는 말을 하려는 것이 아니다. 오히려, 현대 세계에서 점점 더 격차가 벌어지고 있는 부자와 가난한 자들 사이의 차이를 생각할 때, 이 문제들을 더 깊이 생각해야 한다는 압박감이 점차 늘어가며, 이러한 압박은 적어도 건전한 생각을 갉아먹을 위험이 있다는 사실을 알아야 한다는 것이다.

그러므로 지나치게 단순화하는 위험을 무릅쓰고서라도, 우리는 적어도 성경이 제시하는 여섯 가지 유형의 가난을 구분하고, 각 유형이 본서의 주제와 어떤 연관성을 갖는지 생각해보려고 한다.

### 1) 불행하게 가난한 자들

어떤 사람들은 불행한 환경 때문에 가난하다. 퇴행성 질병이나 난치병 때문에 생업을 잃어버렸을 수도 있다. 수년 간 지속된 가뭄 때에 기근이

---

[3] 다음의 몇 가지 점들에 대해 나는 T. R. Hobbs, "Reflections on 'the Poor' and the Old Testament," *Expository Times* 100 (1989): 291-295에 빚을 졌다.

찾아왔을 수도 있다.

룻과 그의 시어머니 나오미를 생각해보라.

기근 때문에 나오미와 그의 가족은 유다를 떠나 모압으로 갔다. 가족 중 세 명이 나오미와 그의 두 미망인 며느리들을 남겨두고 세상을 떠났다. 대격변기에 가장 고통을 겪는 사람들은 주로 가난한 사람들이다.

> 부자의 재물은 그의 견고한 성이요 가난한 자의 궁핍은 그의 멸망이니라(잠 10:15).

타락한 세상에서, 비극적인 사건 때문에 가난하게 된 사람들이 항상 있기 마련이다. 다시 한 번, 우리는 섭리의 신비를 마주하게 된다. 그러나 그리스도인들이 그러한 가난을 만날 때 어떻게 대응해야 하는지는 의심의 여지가 없다. 성경적인 관점에서, 그러한 가난에 대해서는 무엇보다 철학적인 공론을 하거나, 자기의에 사로잡힌 운명론 등을 논해서는 안 되고, 긍휼히 여기고 베풀고 물질적 후원을 해 주어야 한다.

> 땅에는 언제든지 가난한 자가 그치지 아니하겠으므로 내가 네게 명령하여 이르노니 너는 반드시 네 땅 안에 네 형제 중 곤란한 자와 궁핍한 자에게 네 손을 펼지니라(신 15:11).
>
> 네가 밭에서 곡식을 벨 때에 그 한 뭇을 밭에 잊어버렸거든 다시 가서 가져오지 말고 나그네와 고아와 과부를 위하여 남겨두라 그리하면 네 하나님 여호와께서 네 손으로 하는 모든 일에 복을 내리시리라 네가 네 감람나무를 떤 후에 그 가지를 다시 살피지 말고 그 남은 것은 객과 고아와 과부를 위하여 남겨두며 네가 네 포도원의 포도를 딴 후에 그 남은 것을 다시 따지 말고 객과 고아와 과부를 위하여 남겨두라 너는 애

> 굽 땅에서 종 되었던 것을 기억하라 이러므로 내가 네게 이 일을 행하라 명령하노라(신 24:19-22).

일용직들에게는 임금을 신속하게 지급해야 한다(레 19:13). 실제적으로, 모세의 율법은 가난한 자들과 레위인들을 위해 삼년마다 수확의 십일조를 따로 모아두라고 규정한다(신 26:12 이하). 땅이 쉬어야 하는 일곱째 해에는 가난한 자들이 그 땅의 소산을 먹을 수 있었다(출 23:10-11). 룻과 나오미는 그러한 율법을 그대로 지킨 신실한 보아스에게서 큰 유익을 얻었다.

섭리의 신비가 아무리 크다 할지라도, 그렇다고 해서 손을 놓고 철학적인 슬픔에나 빠져 우리의 욕심만 채워서는 안 된다. 성경의 하나님께서는 그의 형상을 따라 부자와 가난한 자들을 창조하신 하나님이다. 그래서 성경은 말씀한다.

> 가난한 자를 조롱하는 자는 그를 지으신 주를 멸시하는 자요 사람의 재앙을 기뻐하는 자는 형벌을 면하지 못할 자니라(잠 17:5).

### 2) 억압받아 가난한 자들

아마도 이것이 구약성경에서 가장 자주 언급되는 유형의 가난일 것이다. 이 가난은 다른 사람들의 무분별하고 부당한 착취 때문에 찾아온다.

> 가난한 자는 밭을 경작함으로 양식이 많아지거니와 불의로 말미암아 가산을 탕진하는 자가 있느니라(잠 13:23).

나봇과 우리야를 생각해 볼 수 있다. 선지자들은 약자들을 착취하여 자기 배만 채우는 탐욕을 통렬히 비난한다.

> 가옥에 가옥을 이으며 전토에 전토를 더하여 빈틈이 없도록 하고 이 땅 가운데에서 홀로 거주하려 하는 자들은 화 있을진저(사 5:8).

모든 가난에서 비롯된 심각하게 비인간적인 결과들은 이 유형의 가난 때문에 더 늘어난다. 왜냐하면 다른 모든 악들에 냉소가 더해지기 때문이다. "해 아래에서" 벌어지는 일들을 목격한 사람들 중에서 전도서 기자만큼 냉소적인 평가를 한 사람을 없을 것이다.

> 내가 다시 해 아래에서 행하는 모든 학대를 살펴보았도다 보라 학대 받는 자들의 눈물이로다 그들에게 위로자가 없도다 그들을 학대하는 자들의 손에는 권세가 있으나 그들에게는 위로자가 없도다 그러므로 나는 아직 살아 있는 산 자들보다 죽은 지 오랜 죽은 자들을 더 복되다 하였으며 이 둘보다도 아직 출생하지 아니하여 해 아래에서 행하는 악한 일을 보지 못한 자가 더 복되다 하였노라…. 너는 어느 지방에서든지 빈민을 학대하는 것과 정의와 공의를 짓밟는 것을 볼지라도 그것을 이상히 여기지 말라 높은 자는 더 높은 자가 감찰하고 또 그들보다 더 높은 자들도 있음이니라 땅의 소산물은 모든 사람을 위하여 있나니 왕도 밭의 소산을 받느니라 은을 사랑하는 자는 은으로 만족하지 못하고 풍요를 사랑하는 자는 소득으로 만족하지 아니하나니 이것도 헛되도다(전 4:1-3; 5:8-10).

여기에서 가난은 죄의 직접적인 결과다. 즉 다른 사람의 죄의 결과다. 첫 번째 유형의 가난에서와 같이 죄와 연관되지만, 여기에서는 타락한 세상에 대한 심판을 초래하는 배경으로서의 죄가 아닌, 직접적인 억압으로서의 죄다. 하나님께서 왜 그러한 악을 "허락하시는지"에 대한 질문이 여전히 존재하지만, 그 악 자체가 인간의 행위라는 사실에는 의심의 여지가 없다. 만일 우리 인간들이 도덕적으로 책임 있는 피조물들이라면, 또한 실제로 그렇기 때문에, 우리는 우리 자신을 먼저 살펴야 한다.

많은 경우에, 억압받는 자들에게 개인이 줄 수 있는 최선은 사랑과 긍휼이다. 그러나 그러한 경우에 가난한 자들에게 정말로 필요한 것은 공의다. 그러므로 우리는 그 공의를 줄 수 있는 곳에서 반드시 그렇게 해야 한다.

> 의인은 가난한 자의 사정을 알아주나 악인은 알아 줄 지식이 없느니라 (잠 29:7).
>
> 너는 입을 열어 공의로 재판하여 곤고한 자와 궁핍한 자를 신원할지니라 (잠 31:9).

우리는 신정론 관점에서 가난 문제를 논의하는 데에 시간을 보내기보다는, 공의의 하나님에 대한 말씀을 더 깊이 생각하고 기억해야 한다.

> 가난한 자와 포학한 자가 섞여 살거니와 여호와께서는 그 모두의 눈에 빛을 주시느니라 왕이 가난한 자를 성실히 신원하면 그의 왕위가 영원히 견고하리라(잠 29:13-14).

## 3) 게을러서 가난한 자들

잠언은 거의 모든 종류의 가난에 대해 말씀하지만, 이 유형이 특히 중요하다.

> 게으른 자는 마음으로 원하여도 얻지 못하나 부지런한 자의 마음은 풍족함을 얻느니라…. 훈계를 저버리는 자에게는 궁핍과 수욕이 이르거니와 경계를 받는 자는 존영을 받느니라(잠 13:4, 18).
>
> 모든 수고에는 이익이 있어도 입술의 말은 궁핍을 이룰 뿐이니라 (잠 14:23).
>
> 게으름이 사람으로 깊이 잠들게 하나니 태만한 사람은 주릴 것이니라 (잠 19:15).

종종 게으름은 다른 악덕들과 짝을 이룬다.

> 술을 즐겨 하는 자들과 고기를 탐하는 자들과도 더불어 사귀지 말라 술 취하고 음식을 탐하는 자는 가난하여질 것이요 잠자기를 즐겨 하는 자는 해어진 옷을 입을 것임이니라(잠 23:20-21).

예수님의 잃어버린 아들 비유에 나오는 작은 아들의 가난(눅 15:11-16)은 그의 퇴폐적인 방탕함의 결과였다.

이 가난을 결코 모든 경우로 일반화시켜서는 안 되고, 각 경우에 따라 판단해야 한다. 해고를 당한 후 일자리를 찾을 수 없는 사람들은, 처음에는 그렇지 않았지만 매우 낙심하여 술과 게으름에 사로잡히게 되는 경우가 있다. 그들은 여전히 자기의 태도에 책임을 져야 하지만, 직장을 잃은 것이 그들의 윤리적인 인격에 결코 적지 않은 손상을 가져왔다는 데에는 의심의 여지가 없다.

동시에, 그런 경우에 단지 손을 내밀어 도움을 주는 것은 비록 깊은 동정심에 의한 것이라 할지라도 그들에게 필요한 것이 아니다. 그러한 사랑은 의존성만 더 낳게 되어 그들을 더 나약하게 만든다. 만일 어떤 특정 사회의 많은 사람들이 이와 동일한 일을 경험한다면, 그 사회는 장기적이고 구조적인 빈곤으로 치닫게 될 것이다.

그 사이에 교묘한 형태들의 게으름이 국가에 치명적인 상처를 가져올 수 있다. 일은 더 적게 하면서 임금은 더 많이 요구하고, 노동에 대한 자긍심도 없고 종일 급여를 위해 종일 일할 수 있는 신실함도 없으며, 자신이 몸담은 산업이 국제적으로 경쟁력을 갖기 위해 반드시 경쟁력 있는 상품을 만들어야 한다는 인식도 없다면, 그 게으름의 열매는 결국 형편없는 산업과 대규모 실업사태, 그리고 쇠퇴하는 문화 등으로 나타날 것이 불 보듯 뻔하다.

다시 한 번, 죄의 요소가 강력하다. 개인의 게으름과 훈육의 부재는 하나님 앞에서 죄다. 게으름이 실직에 의해 자극을 받았다 해도, 다른 사람들의 죄가 연관되거나(두 번째 유형의 가난), 또는 채탄 막장이 문을 닫아 수많은 광부들이 일자리를 잃는 것과 같은 불운한 환경(첫 번째 유형의 가난)이 연관될 수 있다.

그러나 개인의 순수한 게으름이 위험스런 것이라는 사실을 아는 이상, 성경은 우리가 결코 가만히 앉아서 하나님 핑계만 대어서는 안 된다고 가르친다. 성경은 회개와 부지런함을 촉구한다.

> 손을 게으르게 놀리는 자는 가난하게 되고 손이 부지런한 자는 부하게 되느니라(잠 10:4).

### 4) 형벌 받는 사람들 때문에 가난한 자들

다윗이 요나단에 대한 맹세를 지키기 위해 므비보셋을 찾아내 그에게 선을 행하기까지 사울 왕의 자손들과 요나단의 자손들이 수년간 겪어야 했던 궁핍함은 어떻게 보아야 하는가?

만일 사람이 살인, 또는 반역 등의 죄에 대해 형벌을 받게 되면, 그의 가족은 결과적으로 가난을 맞이할 수밖에 없다.

그러한 고난은 어떻게 보아야 하는가?

부분적으로는, 이 가난은 첫 번째 유형의 가난의 특수한 형태다. 즉, 재앙 또는 불운에서 초래된 가난이다. 그러나 이것은 소위 자연재해라고 불리는 재앙에 의한 불행이 아니라, 다른 사람의 죄에 의한 불행이다. 하지만, 이것은 다른 사람의 착취나 억압에 의해 가난이 초래되는 억압의 죄는 아니다. 오히려, 다른 사람의 죄와 그 결과로서의 형벌이 그에게 의존하는 사람들의 환경에 변화를 주어 가난이 찾아오는 것이다.

이 유형이 보여주는 것은, 죄가 부지불식간에 다른 사람들에게도 영향을 미친다는 사실이다.

심지어 그들이 처음부터 의도된 피해자가 아니었음에도 불구하고 말이다.

말하자면, 강간, 살인 또는 도둑질 등의 경우에는 가장 고난을 받는 사람이 그 범죄가 의도한 피해자인 반면, 이 경우에 가장 고난을 받는 사람은 개인적으로 범죄자의 범죄와는 무관하고 범죄자가 의도한 피해자가 아님에도 불구하고 그 범죄 행위의 효력이 미치는 영향권 안에 들어 있는 사람이다.

실제로, 만일 다른 형태의 고통과 불의를 포함시키기 위해 고난의 범위를 가난 이외의 영역으로 확장한다면, 이 유형은 엄청나게 넓어진다. 난잡한 성관계를 통해 AIDS 바이러스를 고의적으로 전염시키는 것은 죄이지만, 어느 혈우병 환자가 정부의 헌혈에 의해 이 병에 걸렸다면 그 질병만으로는 아무런 비난을 할 수 없다.

다른 사람들의 죄는 종종 무고한 사람들에게 찾아온다. 이것은 죄 자체에 대해서도 사실이고, 그에 따른 심판에 대해서도 사실이다. 엘리야는 그 당시 이스라엘에서 바알에게 무릎 꿇지 않은 칠천 명을 하나님께서 남겨두셨다는 말씀을 들었다(왕상 19:18).

그렇다고 해서 3년간의 가뭄 기간 동안 그들 중에서 아무도 가난하지 않았는가?

그러한 고난에 대해 우리는, 우리가 그 고난을 직접 경험하든지 또는 다른 사람의 고난을 목격하든지 간에, 이러쿵저러쿵 해서는 안 된다. 왜냐하면, 그러한 고난이 누군가에 의해 찾아온 것이기는 해도, 당사자가 어떤 억압과 폭력의 직접적인 희생자일 때보다 더 받아들이기 어려운 고난이기 때문이다.

타락한 세상과 그 속에 있는 우리 사회의 지독한 야만성이 매우 고통스럽다는 것을 잘 알고 있지만, 악이 우리에게 너무도 가까이에 있다는 사실은 우리로 매우 "소름끼치게" 한다. 한 걸음 물러나보면, 그 모든 악의 불의함이 너무 크게 보인다.

그러나 그것이 죄의 본질이다. 또한 그것이 언제나 죄의 본질이었다. 죄는 범죄자와 직접적인 피해자로부터 밖으로 범람해나가버리는 엄청난 영향력을 가지고 있다. 적은 누룩이 반죽 전체를 부풀게 한다(고전 5:6). 마찬가지로, 작은 악은 그것이 범해진 작은 범위를 훨씬 넘어 비참한 결과를 초래할 수 있다.

나는 이 사실이 이러한 종류의 고난을 겪는 사람들에게 큰 위로가 된다고 말하는 것이 아니다. 하지만, 이 사실은 그리스도인이 악의 본질을 더 잘 이해하고, 따라서 그러한 일들이 일어날 때 덜 충격을 받을 수 있게 도움을 준다. 우리가 할 수 있는 구체적인 일들이 있을 수 있다. 즉, 우리는 공의를 펼치거나, 악에서 파생된 결과로 부당하게 불이익을 당하는 사람들을 도울 수 있다.

그러나 우리는 타락한 세상에서 산다는 것의 의미가 무엇인지 깨닫는 더 넓은 안목을 가짐으로써, 그러한 일들이 발생할 때 잘못된 기대들을 움켜잡으면서 황폐해져가지 않도록 해야 한다. 성경은 이 세상에서의 삶이 공명정대하다고 말씀하지 않는다. 악과 죄는 빅토리아 시대의 멋들어진 신사가 아니다. 악과 죄는 공의롭게 행해지지 않는다. 우리 자신은 이 악한 세상 질서의 한 부분이다. 또한 우리가 소멸되지 않는 것은 오직 하나님의 은혜 때문이다.

### 5) 자발적으로 가난한 자들

이 그룹에 대해서는 자세히 논의하지는 않고, 단지 그러한 사람들이 존재한다는 것만 간단히 언급하겠다. 그들의 가난은 스스로 선택한 것이므로, 해결해야 하는 문제라고는 볼 수 없다. 나는 단순히 관용에 대해 말하려는 것이 아니다. 모든 그리스도인에게 관용과 배려가 요구된다.

> 흩어 구제하여도 더욱 부하게 되는 일이 있나니 과도히 아껴도 가난하게 될 뿐이니라(잠 11:24).

내가 말하려는 것은, 그리스도인들이 자기의 소유를 팔아서 주님의 사역에 드리고 최선을 다해 주 그리스도를 섬기는 동안 대체로 세상의 돌봄을 받지 못하는 자발적인 가난에 대해서다. 성령의 강권하심을 받아 수많은 첫 그리스도인들이 이러한 태도를 가졌었다(행 2:44-45).

분명히, 이러한 그리스도인들이 가난에 처해지는 원인은 죄가 아니다. 즉, 적어도 이 그리스도인들의 죄 때문은 아니다. 그들의 경우는 그들의 주님의 경우와 다르지 않다. 즉, 주님께서 자발적으로 그의 영광을 버리고 인간이 되신 것은 죄의 결과가 아니라, 자기 포기의 결과다. 그렇기는 하지만, 두 경우 모두 다른 사람들의 죄만 없다면 자발적인 포기를 하지도 않을 것이고, 그럴 필요도 없다.

이러한 가난에는 미묘한 함정들이 있다. 하나는 오만이고, 다른 하나는 거룩함과 이타심을 순수하게 사랑하지 않고 거룩하고 이타적이라는 명성을 사랑하는 마음이다. 아나니아와 삽비라(행 5장)가 이러한 악을 범한 가장 좋은 본보기다.

이러한 유형의 자기 부인을 선택한 사람들에 대한 반응들 중에서, 아마도 가장 적절하지 않은 태도는 동정일 것이다. 만일 그들이 순수한 동기로 이 가난을 선택했다면, 그들은 당신의 동정을 원하지 않을 것이다. 또한 그 동정을 경멸할 수도 있다. 그러나 만일 순수하지 않은 동기로 이 가난을 선택했다면, 당신이 보여주는 동정은 그들에게 매우 위험한 유혹이 될 것이다.

### 6) 심령이 가난한 자들

예수님께서는 말씀하셨다.

심령이 가난한 자는 복이 있나니 천국이 그들의 것임이요 애통하는 자는 복이 있나니 그들이 위로를 받을 것임이요 온유한 자는 복이 있나니

> 그들이 땅을 기업으로 받을 것임이요(마 5:3-5).
>
> 무릇 마음이 가난하고 심령에 통회하며 내 말을 듣고 떠는 자 그 사람은 내가 돌보려니와(사 66:2).

다시 한 번, 앞선 유형의 가난한 자들의 경우와 같이, 이 유형에 속한 사람들에게는 우리의 동정이나 구제가 필요 없다. 그렇기는 하지만, 왜 가난이 비유에 사용되었는지 잠시 묵상해 볼 필요가 있다.

구약성경에서, "가난한 자들"에 해당하는 히브리 단어는 지속적인 경제적 약탈과 사회적 곤궁 때문에 오직 하나님에 대한 확신을 가진 사람들을 가리킨다(예. 시 37:14; 40:17; 69:28-29, 32-33; 잠 16:19; 29:23; 사 61:1).

> 왕이 자기를 '가난하고 궁핍하다'(또는 그와 유사한 표현들; 예. 시 40:17; 69:29; 70:5; 86:1; 109:22)고 거듭해서 말하는 것은, 그가 소유의 관점에서 말하는 게 아니라 지위와 명예에 대해 말하는 것임을 이해하지 못할 경우, 바보같이 여겨지지는 않더라도 상당히 이상하게 들릴 수 있다.
>
> 사실, 시편에서 왕에게 위협이 되는 것은 그를 해하려고 하는 사람들이 '그의 목숨을 찾는' 것이며, 그들에 대한 그의 반응은 그가 아니라 그들이 '수치를 당하게' 되리라는 것이다.[4]

여기에서 왕이 빼앗길까봐 두려워하는 부(富)는 기본적으로 물질적인 소유가 아니라, 명예와 지위, 그리고 심지어 목숨 자체다.

신구약 중간기에는 수많은 부호들과 세도가들이 가장 부패하고 영적으로도 타협했는데(물론 역사적으로 이 기간에만 그랬던 것은 아니다!), 여러 저

---

4 Ibid., 293.

자들은 "가난하다"를 "의롭다"와 거의 동일하게 생각했다.[5] 고통스런 가난이 본질적으로 선하기 때문은 아니다. 다만, 가난 때문에 하나님께 나아와 자비를 구한다면, 본질적인 악이 하나님의 섭리 속에서 은혜의 수단으로 바뀌기 때문이다.

"심령의 가난함"은 많은 경우에 가난함에서 시작된다. 즉, 가난 때문에 스스로 영혼의 황폐함을 고백하고 하나님께 겸비하게 도움을 구하게 된다면, 가난은 큰 은혜의 수단이 될 수 있다. 구약의 저자들은 가난보다 더 악한 것들이 있다고 지적한다. 그 사실을 부인하는 것은 서구식 물질주의뿐이다.

> 마른 떡 한 조각만 있고도 화목하는 것이 제육이 집에 가득하고도 다투는 것보다 나으니라(잠 17:1).

그러나 더 깊은 요소가 있다. 즉, 부자들과 권세 있는 자들은 종종 자기 만족에 빠지고 오만하여 자기에게 은혜가 필요하다는 사실을 깨닫지 못한다. 또한 설령 느낀다 해도, 이미 많은 것을 가지고 있기 때문에 그것을 시인하지 않으려고 할 것이다.

> 가난한 자는 간절한 말로 구하여도 부자는 엄한 말로 대답하느니라 (잠 18:23).

그러므로 가난한 자들은 부자들이 결코 캐낼 수 없는 통찰력의 광맥

---

5   그 증거로는 D. A. Carson, "Matthew," in *The Expositor's Bible Commentary*, ed. Frank E. Gaebelein (Grand Rapids: Zondervan, 1984), 8:131-132를 보라.

을 찾을 수 있다.

> 부자는 자기를 지혜롭게 여기나 가난해도 명철한 자는 자기를 살펴 아느니라(잠 28:11).

부자들이 천국에 들어가는 것이 얼마나 어려운지 예수님께서 거듭 강조하신 것이 전혀 놀랍지 않다. 즉, 예수님께서 공생애를 시작하시면서 이사야 61장의 유명한 예언을 인용하신 것이 결코 놀랍지 않다.

> 주의 성령이 내게 임하셨으니 이는 가난한 자에게 복음을 전하게 하시려고 내게 기름을 부으시고 나를 보내사 포로 된 자에게 자유를, 눈 먼 자에게 다시 보게 함을 전파하며 눌린 자를 자유롭게 하고 주의 은혜의 해를 전파하게 하려 하심이라 하였더라(눅 4:18-19).

따라서 심령이 가난한 자들은 예수님의 어머니 마리아와 같이(눅 1:46-55), 주님께 모든 필요를 맡기고, 주님 안에서 풍성한 자비를 구한다.

그러므로 이것은 우리가 반드시 알아야 할 가장 중요한 관점들 중의 하나를 가르쳐 준다. 지금까지 우리는 우리 자신이나 다른 사람의 가난을 어떻게 보아야 하는지에 대해 생각해보았다. 우리는 긍휼과 공의에 대한 성경의 수많은 강조점들 중에서 불과 몇 가지만 엿보았으며, 악과 고난의 문제가 가진 수많은 측면들 뒤에 존재하는 신비한 섭리에 대해서는 아직 살펴보지 않았다.

그러나 만일 섭리에 대해 고찰하고 하나님의 공의로우심을 증명하는 데만 모든 에너지를 쏟는다면, 어떤 선명한 진리를 놓치게 될 것이다. 우리가 하나님께서 이 세상에서 그분을 증명하실 수 있는지에 대한 염려를 멈추고, 오히려 우리가 성경의 하나님 아래서 이런 저런 고난들에 대해 어떻게 반응해야 하는지에 대해 더 관심을 기울인다면, 비통함 속에서 자기 스스로를 억롭다고 여기기보다는 믿음 안에서 하나님께 도움을 구하는 법을 더 일찍 깨우치게 될 것이다.

따라서 우리 자신에게 작별을 고하는 것은, 하나님을 저주하고 죽기를 구하는 동기가 되는 것이 아니라, 오히려 하나님께 은혜를 구하는 동기가 된다.

그러나 이러한 묵상이 사람의 고통과 혼란스러움을 최소화해준다는 의미는 아니다. 그 의미들은 성경의 다른 가치들이나 진리들과 여전히 배치된다.


## 3. 전쟁과 자연재해

수년 전, 피터 크레이지(Peter Craigie)는『구약성경에서의 전쟁의 문제』(The Problem of War in the Old Testament)라는 제목의 귀중한 소책자를 발간했다.[6] 그러나 우리는 물어보아야 한다.

"구약에는 정말로 전쟁의 문제가 있는가?"

물론 이스라엘 민족은 그들이 패했을 때 전쟁의 문제가 있다고 생각할 것이다. 하박국을 비롯한 많은 사람들은 더 악한 국가가 덜 악한 국가에게 승리할 때 전쟁에 심각한 문제가 있다고 말한다. 강성한 제국들이 정복 당시 벌인 약탈과 야만스러움에 대해 책임을 물어야 한다.

---

6　Peter Craigie, *The Problem of War in the Old Testament* (Grand Rapids: Eerdmans, 1978). 또한 Tremper Longman III and Daniel G. Reid, *God Is a Warrior* (Grand Rapids: Zondervan, 1995)를 보라.

그러나 구약성경에서 "이 세상에 왜 전쟁이 있는가?"라는 질문에 대한 신학적인 성찰은 전혀 없다. 전쟁은 일정한 유형들의 논쟁을 불러일으킬 뿐이다. 하나님의 백성들은 국가를 세운 이후 전쟁에 나가서 그 나라를 지키고, 승리할 때마다 하나님의 강력한 도움의 손길을 경험한다.

전쟁의 "문제"를 고민하는 것은 우리 세대다. 즉, 최첨단 무기로 수백만 군인들의 목숨을 앗아가고, 온 나라의 십분의 일을 멸절시키며, 급기야는 가공할 핵무기로 지구 전체를 위협하는 잔인한 전쟁의 시대가 되어 버린 21세기다.

구약으로부터 신약에 이르고, 한 국가를 이루었던 하나님의 백성으로부터 주님의 이름을 부르는 온 세계의 남녀노소로 이루어진 국가의 하나님의 백성에 이르렀다(고전 1:2)는 사실은, 교회로서의 하나님의 백성이 그 백성으로서의 권익을 지키기 위해 칼의 힘을 빌지 않아도 된다는 것을 의미한다.

그렇기는 하지만, 신약은 구약과 마찬가지로 전쟁의 출현에 대해 결코 놀라지 않는다. 예수님께서는 그가 다시 오실 때까지 전쟁이 끊이지 않을 것이라고 선언하신다.

> 난리와 난리 소문을 듣겠으나 너희는 삼가 두려워하지 말라 이런 일이 있어야 하되 아직 끝은 아니니라 민족이 민족을, 나라가 나라를 대적하여 일어나겠고(마 24:6-7).

자연재해에 대해서도 이와 비슷한 말씀을 하신다.

> 곳곳에 기근과 지진이 있으리니(마 24:8).

우리는 놀라지 않아야 한다.

> 이 모든 것은 재난의 시작이니라(마 24:8).[7]

이 말씀들은 우리가 어떤 특정한 전쟁을 필연적인 것으로 다루어야 한다는 의미가 아니다. 또는 전쟁과 자연재해에 의한 고난에 순응해야 한다는 의미도 아니다. 우리가 화해자로서의 역할을 할 때 고려해야 할 여러 신중한 단계들이 있다.

그러나 그렇다고 해서 전쟁이 하나님을 놀라게 하지 않거나 우리를 놀라게 하지 않는다는 의미가 아니다. 그러한 전쟁이 일어나는 것 때문에 우리 믿음이 와해될 위험이 생긴다면, 그것은 우리가 성경 말씀의 진의(眞意) 속으로 매우 깊이 들어가지 못했기 때문이다.

구약성경이나 신약성경은 전쟁을 좋은 것이나 남성적인 스포츠(빅토리아 시대의 많은 스포츠들과 같은)처럼 다루지 않는다. 그러나 신구약성경은 전쟁에 놀라지 않으며, 예수님의 재림 이전에 전쟁이 그칠 것이라는 어떤 소망도 주지 않는다. 그러한 악이 예상될 수 있는 곳이 바로 이 타락한 세상임을 말씀하는 것뿐이다.

그렇다면, 그리스도인들은 전쟁과 자연재해 등에 대한 어떠한 관점을 길러야 하는가?

가장 유익한 성경본문 중의 하나는 누가복음 13:1-5이다. 다소 길지만 전체를 인용할 필요가 있다.

---

[7] 이 말씀은, 내 이해가 틀리지 않았다면, 예수님의 초림과 재림 사이에 고통의 시대 전체를 가리킨다. Carson, "Matthew," 8:488이하, 특히 498쪽을 보라.

> 그 때 마침 두어 사람이 와서 빌라도가 어떤 갈릴리 사람들의 피를 그들의 제물에 섞은 일로 예수께 아뢰니 대답하여 이르시되 너희는 이 갈릴리 사람들이 이같이 해 받으므로 다른 모든 갈릴리 사람보다 죄가 더 있는 줄 아느냐 너희에게 이르노니 아니라 너희도 만일 회개하지 아니하면 다 이와 같이 망하리라 또 실로암에서 망대가 무너져 치어 죽은 열여덟 사람이 예루살렘에 거한 다른 모든 사람보다 죄가 더 있는 줄 아느냐 너희에게 이르노니 아니라 너희도 만일 회개하지 아니하면 다 이와 같이 망하리라(눅 13:1-5).

이 단락은 매우 놀라운 말씀이다. 여기에는 중요한 교훈들이 많이 담겨 있다.

첫째, 예수님께서는 빌라도의 치하에서 고난을 당하는 사람들이나 망대가 무너져서 죽은 사람들이 결코 그것을 경험해서는 안 될 사람들이라고 말씀하시는 것이 아니다.

사실, 예수님께서 그 시대의 사람들에게 그들도 회개하지 않으면 똑같이 망할 것이라고 말씀하신다는 사실은, 모든 죽음이 어떤 식으로든 죄의 결과이며 따라서 마땅한 결과라고 말씀하시는 것과 마찬가지다.

둘째, 예수님께서는 그러한 일들로 인한 죽음이 있다고 해서 그 고난을 받는 사람들이 그것을 피한 사람들보다 더 악함을 증명하는 증거라고 주장하시는 것이 아니다. 오히려 모든 사람이 마땅히 죽어야 한다고 말씀하시는 것으로 보인다.

만일 어떤 사람은 잔인한 정부의 통치 아래서 죽고, 또 다른 사람들은 비극적인 사고로 죽는다면, 그것은 단지 그들에게 마땅히 일어날 일에 불과하다. 그러나 그렇다고 해서 다른 사람들이 더 나은 것은 아니다. 오히려 이 말씀이 의미하는 바는, 그들을 살게 하시는 것이 오직 하나님의 자비라는 사실이다. 사람들 사이에는 도덕적인 우열이 없다.

셋째, 예수님께서는 전쟁의 문제를 다루실 때 하나님의 신비한 수단에 대한 토론 주제처럼 다루지 않으시고, 회개를 촉구하는 수단으로 다루신다.

마치 이것은 하나님께서 재난을 메가폰으로 사용하셔서 우리가 죄와 운명에 주의를 기울이게 하시고, 회개하지 않을 경우 임박한 하나님의 의로운 심판이 있을 것이라고 말씀하시는 것과 같다. 이것은 아모스 4장에서 꽤 길게 말씀하시는 내용이다. 재앙은 회개를 촉구한다. 예수님께서는 우리에게 합당하지 않은 평안과 안정이 하나님의 선하심과 관용을 보여주는 것이라는 사실을 덧붙이신 것이다(다른 곳에서도 말씀하시는 것처럼).

우리가 이 두 가지를 뒤바꾸어놓은 것은 우리가 타락했다는 증거다. 우리는 우리가 축복과 번영의 시간을 누리는 게 당연하다고 생각하고, 전쟁과 재난의 시간은 부당할 뿐 아니라 하나님의 선하심과 그의 능력, 또는 심지어 그의 존재 자체에 대한 의문을 품게 한다고 생각한다. 예수님께서는 단순히 그런 식으로 말씀하신 것이 아니다. 만일 우리가 예수님의 생각을 안다면, 우리 자신에 대한 평가를 다시 할 수 있는 몇 가지 근본적인 기준을 얻게 될 것이다.

얼마 전에 나는 콜롬비아 메들린에서 사역하는 한 선교사님이 그 도시의 혼란스럽고 위험한 상황에 대해 평가하는 것을 듣고 큰 감명을 받았다. 전 세계적으로 마약 왕들의 본산지로 알려진 그 도시에서, 마약 왕들이 정부에 도전하는 폭동이 일어났다. 이 선교사는 그와 그의 가족들이 사역하는 상황에 대해 신중한 평가를 내린 후에 몇 마디를 덧붙였다.

그는 이렇게 말했다.

> 근본적인 문제는 탐욕이다. 즉 돈과 물질적인 축복, 그리고 권력에 대한 탐욕이다. 돈이 단연 최고다. 그러나 문제의 진실은 우리 모두가 그 죄에 빠져있다는 것이다. 중요한 것은, 우리가 이 상황을 기회로 삼아 마약상들에게서 우리의 자화상을 보고, 우리의 죄를 고백하며, 마약상들 사이에 숨겨질 수 없는 우리 자신의 죄를 회개하라고 모든 사람에게 촉구하는 것이다.

그 선교사는 예수님께서 누가복음 3:1-5장에서 가르치신 말씀을 그가 처한 상황에 적용한 것이었다.

### ◦ 심화 학습을 위한 질문 ◦

① 당신의 국가에서 시민 정부는 악을 얼마나 억제해주는가?
  정부는 악을 얼마나 범하는가?
② 그리스도인은 국가에 불복종해야 하는가?
  만일 그렇다면 어떤 상황에서 그러한가?
  그리스도인이 국가에 항거할 수 있는 상황이 있는가?
  만일 그렇다면, 어떤 경우인가?
③ 국가가 억제하기도 하고 범하기도 하는 악과 고난에 대해 논의한 이 장의 네 가지 결론은 무엇인가?
  그 결론들은 우리가 악과 고난을 목격할 때 어떻게 반응해야 하는지에 대해 어떤 지침을 주는가?

④ 본장에서 설명한 여러 유형의 가난의 사례들을 적어보라.
각각에 대한 우리의 반응은 어떠해야 하는가?

⑤ 성경적인 관점에서 볼 때, 부유하게 되는 깃의 가장 큰 위험 요소는 무엇인가?

극한 가난은 그 자체가 큰 악이지만, 가난과 관련된 잠재적인 선은 무엇인가?

당신의 답변을 당신 자신에게 어떻게 적용할 수 있는가?

⑥ 예수님께서 누가복음 13장에서 압제와 자연재해에 대해 말씀하신 것을 당신 자신의 말로 요약해 보라.

당신은 그런 비극을 맞이할 때 예수님께서 말씀하신 대로 반응하는가?

예수님께서 말씀하신 관점과 가치들을 당신의 삶에서 어떻게 발전시킬 수 있는가?

제5장
# 하나님의 백성들의 고난

## The Suffering People of God

건강과 부의 복음을 주창하는 사람들이 아무리 애를 쓴다 해도, 그리스도인들은 결국 늙고 쇠약해진다. 그것이 진실이다. 그리스도인들은 암과 심장병에 걸리고, 맹인이 되거나 말을 못하게 되고, 결국 모두 죽는다. 세계 곳곳에서 그리스도인들은 황폐한 기근과, 참혹한 전쟁, 그리고 심각하게 부패한 억압을 경험한다.

그렇다고 해서 하나님께서 어떤 경우에는 그의 백성들을 위해 비상한 방식으로 간섭하지 않으신다는 의미가 아니다. 다만, 우리가 타락한 세상에서 살고 있고, 이러한 악과 고난을 겪지 않을 수 없다고 말하는 것뿐이다. 만일 이것을 의심한다면, 당신은 다음 중 하나에 해당한다.

① 세계 곳곳의 많은 그리스도인들이 매일 무엇을 겪고 있는지 모르거나,
② 아직 충분히 오래 살지 못해서 고난을 겪어보지 못했거나,
③ 자신을 속이고 있거나,
④ 또는 이 모든 것들에 해당한다.

그러나 하나님의 백성들만 겪는 특별한 고난들이 있다. 이것을 연구하는 사람들에 의하면, 지난 20세기에 순교한 그리스도인들의 숫자가 그 이전에 1900년 동안 순교한 사람들의 숫자보다 훨씬 더 많다고 한다.

물론 지난 150년 동안 인구가 폭발적으로 증가한 것이 큰 원인이기도 하다. 그러나 공공연한 박해를 크게 경험하지 않는 서구의 그리스도인들은 우리가 이례적인 상황에 있음을 알아야 한다. 또한 서구 사회에서조차도 교활한 반 기독교적 압박들이 점차 증가하고 있다. 우리는 어떤 경우에는 그것들을 인식하기도 하고, 또 다른 경우에는 그렇지 못하기도 한다.

본장에서 나는 하나님의 백성들에게만 해당되는 여러 유형의 고난들에 대해 살펴보고, 그 고난들을 마주할 때 우리가 어떻게 해야 하는지 생각해 볼 것이다.

## 1. 하나님의 백성들에게만 찾아오는 고난: 징계

성경에 의하면, 하나님의 백성들만 겪는 가장 대표적인 고난은 하나님께서 친히 주시는 연단이다.

이 주제는 신구약성경 전체에서 강력하다. 가장 두드러진 단락은 히브리서 12:5-12에서 찾을 수 있다(잠언 3:11-12을 일부 인용하고 있다).

> 또 아들들에게 권하는 것 같이 너희에게 권면하신 말씀도 잊었도다 일렀으되 내 아들아 주의 징계하심을 경히 여기지 말며 그에게 꾸지람을 받을 때에 낙심하지 말라 주께서 그 사랑하시는 자를 징계하시고 그가 받아들이시는 아들마다 채찍질하심이라 하였으니 너희가 참음은 징계를

받기 위함이라 하나님께서 아들과 같이 너희를 대우하시나니 어찌 아버지가 징계하지 않는 아들이 있으리요 징계는 다 받는 것이거늘 너희에게 없으면 사생자요 친아들이 아니니라 또 우리 육신의 아버지가 우리를 징계하여도 공경하였거든 하물며 모든 영의 아버지께 더욱 복종하며 살려 하지 않겠느냐 그들은 잠시 자기의 뜻대로 우리를 징계하였거니와 오직 하나님께서는 우리의 유익을 위하여 그의 거룩하심에 참여하게 하시느니라 무릇 징계가 당시에는 즐거워 보이지 않고 슬퍼 보이나 후에 그로 말미암아 연단 받은 자들은 의와 평강의 열매를 맺느니라 그러므로 피곤한 손과 연약한 무릎을 일으켜 세우고(히 12:5-12).

이 말씀은 여러 면에서 놀랍다.

첫째, 본문은 저자가 생각하는 징계가 그리스도인들이 죄와 싸우는 데에 도움을 주기 위한 것이라고 말씀한다.
이 단락의 첫 구절에서 저자는 독자들을 꾸짖는 말로 시작한다.

너희가 죄와 싸우되 아직 피흘리기까지는 대항하지 아니하고(히 12:4).

다른 말로 하면, 저자는 그리스도인들이 삶에서 죄와 싸우려고 노력하다가 순교한 적이 없다고 말하는 것이다.
그러므로 그들이 무슨 불평을 할 수 있겠는가?

둘째, 저자는 잠언에서 인용한 구절을 "격려의 메시지"로 사용한다.
물론, 이것을 잠시 생각해보면, 반드시 징계의 목적은 진심으로 하늘 아버지를 기쁘게 해드리기 원하는 사람들을 격려하는 것이어야 한다.

만일 하나님께서 그를 사랑하는 자들을 징계하시고, 그의 자녀로 삼은 자들을 벌하신다면, 그러한 형벌을 받을 때 불평하는 것은 우리가 아직 미성숙하다는 증거다. 또는 우리가 정말로 하늘 아버지께 순종하며 성장하고자 하는지 의심해 보아야 한다. 사도 바울이 연약하고 병약할 때 기뻐할 수 있었던 이유들 중의 하나가 바로 이것이다. 바울은 그러한 고난들이 자기의 자만을 꺾어주고(고후 12:7-9) 주님의 은혜를 놀랍게 경험하게 해주는 선각자라는 사실을 알고 있다.

셋째, 이 징계는 우리의 유익을 위한 것이다.

> 오직 하나님께서는 우리의 유익을 위하여 그의 거룩하심에 참여하게 하시며(히 12:10).
> 거룩함이 없이는 아무도 주를 보지 못하리라(히 12:14).

히브리서가 주는 큰 교훈은, 누구나 시작이 좋을 수 있고 그리스도인의 삶과 능력을 잘 보여줄 수도 있지만 오직 끝까지 견디는 신앙만이 진짜라는 것이다.

> 우리가 소망의 확신과 자랑을 끝까지 굳게 잡고 있으면 우리는 그의 집이라…. 우리가 시작할 때에 확신한 것을 끝까지 견고히 잡고 있으면 그리스도와 함께 참여한 자가 되리라(히 3:6, 14).

이것이 바로 하나님께서 징계를 사용하시는 이유다. 즉, 하나님께서는 우리를 견인하게 하시기 위해 징계하신다.

넷째, 이것은 하나님께서 그의 백성들을 다루시는 방법 중의 하나이므로, 만일 누구라도 하나님의 징계를 받지 않고 사는 사람이라면 그들이 정말로 하나님의 자녀인지 의심스러울 수밖에 없다. 그런 사람들은 "사생자요 친아들이 아니"라는 사실을 보여줄 뿐이다(히 12:8).

하나님의 징계가 얼마나 다양한지는 여기에서 살펴보지 않을 것이다. 성경의 이야기들을 자세히 살펴보면 밝히 알 수 있다. 즉 하나님의 징계에는 전쟁, 역병, 질병, 질책, 뭔지는 모르지만 개인적인 "가시들," 상실, 지위 박탈, 인격적인 반대, 그리고 그 밖에도 많은 것들이 있다.

다만 어려운 것은, 이 많은 것들이 그 자체로 악이며, 또한 다른 환경들에서는 이것들이 타락한 세상의 결과나 마귀의 사역으로 보일 수 있다는 사실이다. 따라서 바울은 그에게 있는 "육체의 가시"가 "사탄의 사자"임과 동시에 하나님께서 그를 교만하지 않게 지키시기 위해 친히 보내신 것이라고 확신한다(고후 12:7).

이 용어들이 이렇게 모호한 의미를 가졌다는 것이 매우 중요하다. 만일 그렇지 않다면, 우리는 우리의 삶과 환경의 어떤 부분을 계속해서 오직 마귀의 탓으로 돌리고, 또 다른 부분에서 대해서는 오직 하나님의 탓으로 돌리게 된다. 그러면 무의식중에 우리의 삶은, 마치 우리가 따를 수 있을 만큼 충분히 강력한 선이나 악이 존재하지 않는 이원론적 세계에 있는 것처럼 살 수도 있다.

또는 우리 삶의 어떤 환경이 심하게 악하기 때문에 선하신 하나님께서 믿음의 기도에 대한 응답으로 반드시 그 악을 제거하셔야 된다고 결론지을 수도 있다. 만일 이 악이 사라지지 않으면, 우리는 하나님에게 실망하거나 또는 믿음이 너무 없어져서 무너지게 된다.

실제로, 우리는 결코 하나님의 주권을 피할 수 없다. 그러므로 어떤 면에서, 하나님의 주권을 믿는 믿음의 자녀로 살아가는 법을 배운다는 것은, 성경이 악이라고 부르는 사건과 환경 뒤에 하나님께서 계시다는 것이 희미하게 보이는 상황 속에서도 하나님을 신뢰하는 것이라고 할 수 있다.

따라서 섭리의 신비는 또 다른 형태로 말할 수 있다. 우리는 제11장에서 그것에 대해 조금 더 자세하게 살펴볼 것이다. 그러나 일단, 적어도 우리의 유익을 위해 사용하시는 하나님의 징계의 수단 중에서 어떤 것들이 몹시 지독한 악으로 보일 수도 있다는 사실을 아는 것이 중요하다.

예를 들어, 만성적인 질병 때문에 지속되는 고난은 분명히 "선한" 것이 아니다. 그러나 그것을 잘 받아들이면 인내를 낳을 수 있고, 기도의 훈련을 가르쳐 줄 수 있으며, 고난받는 다른 사람들을 긍휼히 여길 수 있고, 묵상과 자각을 통해 성급한 교만함과 자만심을 물리칠 수 있게 된다.

내가 아는 어느 노(老) 부부는, 선교지에서 자녀를 잃었지만, 상실의 아픔을 겪었을 때 비로소 돌보는 법을 배운 설교자가 되었으며, 비참한 환경에서 자녀를 모두 잃은 후에야 비로소 그리스도인으로서의 선한 영향력을 크게 미치는 믿음의 선배가 되었다.

나는 이 모든 경우들을 하나님 아버지의 징계의 사례들로 볼 수 있다고 주장하는 것이 아니다. 오히려 나는 복합적인 경우가 있다고 생각한다. 그 일이 도대체 무슨 일인지 도무지 알 수 없다는 사실이 때로 우리를 고통스럽게 한다.

지금의 고통은 나에게 무엇인가를 바꾸라고 말씀하시려는 하나님의 방식인가?

또는 나를 더 잘 사용하시기 위해 강하게 만드시거나 부드럽게 만드시려고 계획하신 징계인가?

또는 재림을 기다리는 모든 아담의 후손들이 물려받은 유산이므로, 징계와는 직접적인 관련이 없고 타락한 세상에서의 하나님의 신비한 섭리와 관련되는가?

하지만 우리는 항상 결정해야 하는가?

자기를 돌아보아 스스로 개선해야 할 것이 보인다면, 반드시 개선해야 한다. 그러나 그리스도인들이 책임 있게 할 수 있는 것이 단지 흑암과 고통 중에서 하늘 아버지를 신뢰하는 것뿐인 때도 있다. 이 점에 대해서도 더 큰 틀 안에서 조금 더 생각해 볼 필요가 있다(제11장과 제12장을 보라).

그렇기는 하지만, 우리는 징계, 특히 이 특정한 "퍼즐 조각"이 나머지 퍼즐 조각들과 결코 무관하지 않다는 것을 보아야 한다. 이것도 역시 악과 고난의 문제에 대한 완전한 "해답"은 아니다. 그러나 다른 한 편에서, 이것은 서구 사회의 그리스도인 대부분이 거의 생각하지도 않고, 특히 교회 안에서 종종 징계가 이루어지지 않는 중요한 부분이다.

다섯째, 히브리서 12장에서 찾을 수 있는 마지막 중요한 점이 있다. 저자는 "징계가 당시에는 즐거워 보이지 않고 슬퍼 보인다"고 솔직하게 인정한다(11절). 다른 말로 하면, 이 본문이 가르치는 모든 것들을 그리스도인들이 받아들인다 해도, 실제로 징계를 경험하면 그것이 결코 즐거운 경험은 아니라는 것이다. 세상의 모든 신학으로도 그의 뼈아픈 고통을 완화시켜줄 수 없고, 그 강도 높은 훈련을 즐거운 것으로 바꾸어주지도 않는다.

그러나 그것은 비록 당신이 지금은 볼 수 없어도 터널 끝에 빛이 있다는 사실을 알게 해준다. 그리고 비록 지금은 당신 눈에 그렇게 보이지 않아도 하나님께서 모든 것을 주관하시고 그의 백성들의 유익을 위해 일하신다는 사실을 알게 해준다. 고난은 역시 실재다.

그러나 더 큰 그림을 마음에 그리고 있으면 덜 힘이 빠진다. 사내아이가 화가 나서 누나의 머리띠를 부러뜨린 것 때문에 종아리를 맞을 때처럼, 하나님께서 행하시는 징계는 아프고 우리로 눈물 나게 한다. 그러나 만일 사내아이의 아빠가 선하고, 아들을 사랑하고, 공평하다면, 그 아이는 사랑의 징계로 보호를 받으며, 궁극적으로는 그의 아버지의 지혜를 감사하게 된다. 더욱이, 당연히 이 소년은 모든 행동에 결과가 따른다는 중요한 교훈을 배운다. 따라서 우리도 하늘 아버지를 신뢰하고, 우리가 선택하지 않은 길로 인도하시는 그의 지혜를 의지하며, 다른 어느 곳에서도 배울 수 없는 인생의 교훈을 배우게 된다.

이 여러 점들의 예를 성경에서 찾을 수 있다. 예를 들어, 믿음과 고통이 뒤섞인 경우가 시편에 가득하다. 다윗은 노래한다.

> 여호와여 주의 분노로 나를 책망하지 마시오며 주의 진노로 나를 징계하지 마옵소서 여호와여 내가 수척하였사오니 내게 은혜를 베푸소서 여호와여 나의 뼈가 떨리오니 나를 고치소서 나의 영혼도 매우 떨리나이다 여호와여 어느 때까지니이까(시 6:1-3).

그의 뼈가 떨리는 것이 육체적인 질병이든지 아니든지 간에, 시편은 그가 겪고 있는 것이 단지 하나님의 징계에 불과하다는 것을 알고 있다. 그 징계는 영혼에 고통을 가져오고, 원수들이 조롱하는 데까지 이르며(10절), 심지어 죽음의 위협까지 느끼게 한다(5절).

이 시뿐만 아니라 이와 비슷한 수많은 시들이 성경에 들어있음을 생각하는 것이 매우 중요한다. 성경은 하나님의 백성들이 고난당할 때 느끼는 고통을 얼버무리려고 하지 않는다. 하나님의 백성들은 하나님과 논쟁하고, 하나님께 불평하며, 하나님 앞에서 신음한다. 그들의 믿음은 냉담한 스토아주의적인 믿음이 아니라, 하나님과 씨름하는 매우 확고한 믿음이다.

서구의 영성 대부분은 두 가지 점에서 모두 불완전하다. 즉, 믿음이 역경 중에서 승리하는 경우에는 믿음이 그것을 냉정하게 감내하는 모습으로 표현되기를 기대하고, 믿음이 실패하는 경우에는 그 실패가 하나님의 신실하심과 심지어 그의 존재에 대해 의구심을 품는 의심의 형태로 표출된다.

다윗은 더 나은 방법을 말해준다. 그는 스토아주의적인 감내를 보여주지 않으며, 하나님의 존재에 대한 의심을 표출하지도 않는다. 심지어 하나님께 버림을 받은 것처럼 느끼는 순간에도, 그의 외로움은 그저 그가 보기에 더디게 응답하시는 하나님을 간절히 찾고 추구하는 모습으로 표현된다. 다윗의 고난은 하나님께 대한 솔직한 탄원, 고백, 그리고 눈물을 낳는다. 그는 기도한다.

> 여호와여 돌아와 나의 영혼을 건지시며 주의 사랑으로 나를 구원하소서 (시 6:4).

그는 자기의 속성을 기댈 수 없을 때, 하나님의 속성에 의지한다.

> 내가 탄식함으로 피곤하여 밤마다 눈물로 내 침상을 띄우며 내 요를 적시나이다(시 6:6).

즉, 그는 하나님의 긍휼에 호소한다.

그러나 다른 한편에서, 다윗이 새로운 단계의 확신에 이르렀을 때, 그것은 하나님의 신비한 섭리를 추상적으로 감내하는 데서 그친 것이 아니다. 오히려, 다윗은 하나님에 대한 새로운 지식을 얻고, 하나님께서 그의 기도를 들으셔서 실제로 도우실 것이라는 확신을 얻는다.

악을 행하는 너희는 다 나를 떠나라 여호와께서 내 울음소리를 들으셨도다 여호와께서 내 간구를 들으셨음이여 여호와께서 내 기도를 받으시리로다 내 모든 원수들이 부끄러움을 당하고 심히 떨이어 갑자기 부끄러워 물러가리로다(시 6:8-10).

다윗은 단순히 이론적인 신정론을 추구하거나 운명론적인 감내를 즐기는 사람이 아니다. 그는 하나님을 알기 원하되 하나님을 경험적으로 알기 원한다. 다윗은 다른 시에서 다음과 같이 노래한다.

하나님이여 주는 나의 하나님이시라 내가 간절히 주를 찾되 물이 없어 마르고 황폐한 땅에서 내 영혼이 주를 갈망하며 내 육체가 주를 앙모하나이다.... 주의 인자하심이 생명보다 나으므로 내 입술이 주를 찬양할 것이라.... 골수와 기름진 것을 먹음과 같이 나의 영혼이 만족할 것이라 나의 입이 기쁜 입술로 주를 찬송하되(시 63:1, 3, 5).

하박국 선지자도 이와 똑같이 징계의 여러 교훈들을 확실하게 보여주는 또 다른 좋은 예다. 우선, 하박국서도 고난받는 성도와 하나님 사이에 오가는 솔직한 대화를 보여준다. 선지자는 그의 나라의 악함과 하늘의 침묵 때문에 절망한다.

여호와여 내가 부르짖어도 주께서 듣지 아니하시니 어느 때까지리이까 내가 강포로 말미암아 외쳐도 주께서 구원하지 아니하시나이다 어찌하여 내게 죄악을 보게 하시며 패역을 눈으로 보게 하시나이까 겁탈과 강포가 내 앞에 있고 변론과 분쟁이 일어났나이다 이러므로 율법이 해이하고 정의가 전혀 시행되지 못하오니 이는 악인이 의인을 에워쌌으므로 정의가 굽게 행하여짐이니이다(합 1:2-4).

아마도 하박국은 하나님께서 위대한 선지자나 공의롭고 강력한 왕을 일으켜주실 것을 기대한 것 같다. 어쩌면 철저한 부흥의 시기를 소망했는지도 모른다. 그러나 사실은 주님의 응답이 그를 더 혼란스럽게 한다. 주님께서 대답하신다.

> 너희는 여러 나라를 보고 또 보고 놀라고 또 놀랄지어다 너희의 생전에 내가 한 가지 일을 행할 것이라 누가 너희에게 말할지라도 너희가 믿지 아니하리라(합 1:5).

도대체 이게 무슨 일이란 말인가?

하나님께서는 그의 언약 백성을 벌하시기 위해 바벨론 사람들을 보내려고 하신다. 하나님께서는 바벨론 사람들을 가리켜 "강포를 행하러 오며," "자기 스스로를 법으로 삼는," "사납고 성급한 백성"이라고 말씀하시지만, 바로 그 사람들을 일으키셔서 그의 일을 하시겠다고 주장하신다(합 1:6 이하).

하박국은 소스라치게 놀란다. 그는 하나님께서 하신 말씀을 이해한다.

> 여호와여 주께서 심판하기 위하여 그들을 두셨나이다 반석이시여 주께서 경계하기 위하여 그들을 세우셨나이다(합 1:12).

그러나 "눈이 정결하시므로 악을 차마 보지 못하시며 패역을 차마 보지 못하시"는 하나님께서 반역한 그의 언약 공동체가 그들보다 더 악한 백성에 의해 징벌을 받게 하셔야만 하는가?

그것은 너무나 부당하다. 하박국은 하나님께서 그렇게 정결하시다면 "어찌하여 거짓된 자들을 방관하시며 악인이 자기보다 의로운 사람을 삼키는데도 잠잠하십니까?"라고 항변한다(합 1:13).

주님께서 그의 종 하박국에게 하시는 답변에는 많은 요소들이 들어 있다. 아마도 가장 대표적인 요소는 죄에 대한 고발을 더 상세하게 나열하는 것일 것이다. 훔친 물건을 쌓아둔 사람들, 불의하게 이득을 취하여 자기 왕국을 건설한 사람들, 술 취함과 방탕과 수치를 조장하는 사람들, 자기의 손으로 만든 우상을 경배하는 사람들에 대한 신랄한 저주이다(합 2장). 소란과 자랑과 우상숭배는 하나님 앞에서 결코 있어서는 안될 것들이다.

> 오직 여호와는 그 성전에 계시니 온 땅은 그 앞에서 잠잠할지니라 하시니라 (합 2:20).

주님의 반응은 두 가지 의미를 담고 있다.

첫째, 이 말씀은 이스라엘이 반드시 징벌을 받아야 하는 이유를 가르쳐준다. 즉, 이스라엘의 죄에 합당한 형벌이다.

둘째, 그러나 이 말씀은 이스라엘을 징벌하는 바벨론 사람들에게도 경고가 된다. 즉, 그들의 죄도 하나님께서 기억하시고 반드시 다루실 것이다.

이 이야기는 이스라엘을 징계하시는 것으로 끝나지 않는다. 온 땅에 공의가 세워진다. 곧 공의가 실현될 것이며 그것을 목격하게 될 것이다.

하박국은 그가 듣는 모든 말을 좋아하지 않을 수도 있다. 하지만 이해한다. 하박국은 하나님께서 과거에 보여주신 구원의 역사로 간섭해 달라고 간청한다.

> 여호와여 내가 주께 대한 소문을 듣고 놀랐나이다 여호와여 주는 주의 일을 이 수년 내에 부흥하게 하옵소서 이 수년 내에 나타내시옵소서 진노 중에라도 긍휼을 잊지 마옵소서(합 3:2).

그리고 나서 하박국은, 하나님께서 과거에 보여주신 혹독한 진노를 시적인 언어로 표현한 후에, 세 가지를 맹세한다.

첫째, 비록 압제자들이 하나님의 도구로 사용되어 언약 공동체를 징벌하지만 결국 하나님의 공의가 모든 압제자들에게도 이루어질 것이라는 확신 속에서 긴 안목으로 바라보기로 다짐한다.

> 내가 들었으므로 내 창자가 흔들렸고 그 목소리로 말미암아 내 입술이 떨렸도다 무리가 우리를 치러 올라오는 환난 날을 내가 기다리므로 썩이는 것이 내 뼈에 들어왔으며 내 몸은 내 처소에서 떨리는도다
> (합 3:16).

"긴 안목으로 바라본다"라는 것은, 비록 단기적으로 보면 한 국가에 의해 잔혹한 형벌을 받는 것이 더욱 악하고 폭력적인 것처럼 보이지만, 그 징벌을 수행하는 압제자들을 포함한 세상의 모든 국가들이 궁극적으로 하나님의 다루심을 받을 것이라는 사실을 하박국이 더 쉽게 받아들일 수 있었다는 것이다. 베드로도 이와 똑같은 말씀을 한다(비록 다른 결론으로 끝이 나긴 하지만).

> 하나님의 집에서 심판을 시작할 때가 되었나니 만일 우리에게 먼저 하면 하나님의 복음을 순종하지 아니하는 자들의 그 마지막은 어떠하며
> (벧전 4:17)

따라서 하박국의 다짐은 우리가 본서에서 취해야 하는 방향성을 알려 준다. 즉 우리의 고난들 중에는 종말의 유익이라는 관점에서 바라볼 때 전혀 다른 것처럼 보이는 것들이 있다.

둘째, 하박국은, 언약공동체와 함께 그가 겪어야 하는 약탈이 아무리 크다 할지라도, 하나님을 더욱 기뻐할 것이라고 다짐한다.

모든 물질적 축복과 안전을 잃는 것이 그로 하여금 하나님을 즐거워하게 한다는 의미와 같다. 의지할 것도 없고 의지할 사람도 없다. 따라서 신자들의 유일한 관심사인 하나님을 즐거워하는 것을 가릴 수 있는 것이 아무 것도 없다. 하박국은 노래한다.

> 비록 무화과나무가 무성하지 못하며 포도나무에 열매가 없으며 감람나무에 소출이 없으며 밭에 먹을 것이 없으며 우리에 양이 없으며 외양간에 소가 없을지라도 나는 여호와로 말미암아 즐거워하며 나의 구원의 하나님으로 말미암아 기뻐하리로다(합 3:17-18).

이것이 확고한 다짐이기는 해도 냉담한 다짐은 아니다. 이 다짐은 자기의 기쁨이 가장 먼저 어디에 있는지 볼 수 있는 눈을 가진 사람의 다짐이다. 따라서 이스라엘에 대한 처참한 형벌로 행해지는 하나님의 징계는, 비록 그 나라 전체에게는 그렇지 않다 해도, 적어도 하박국이나 그와 비슷한 전망을 가진 사람들에게는 은혜의 수단이 된다.

윌리엄 쿠퍼(1731-1800)는 하박국의 이 말씀에 대해 아래와 같이 길게 묵상했다.

> 때로는 그리스도인이 울부짖을 때
> 한 빛이 그를 놀라게 하네.
> 주께서 일어나사
> 치유의 날개를 펴시네.
> 하늘로부터 위로를 부으시니
> 그 영혼에 다시
> 비온 뒤 밝게 빛나는
> 시절을 주신다.

> 비록 포도나무와 무화과나무가
> 열매를 맺지 못할지라도,
> 들판에 모든 곡식이 시들고,
> 우리에 양떼가 가축이 없을지라도,
> 하나님께서 함께 거하시니
> 내 목소리가 그를 찬송하리라.
> 이는 하나님 안에서
> 내가 기뻐하지 않을 수 없기 때문이네.

셋째, 하박국은 불평하지 않고 찬양하기로 다짐한다.

> 주 여호와는 나의 힘이시라 나의 발을 사슴과 같게 하사 나를 나의 높은 곳으로 다니게 하시리로다(합 3:19).

이 다짐은 스토아주의적 명상이 아니라, 찬양의 제사다(히 13:15 참조). 이 다짐은 단지 신앙을 가장한 긍정적인 사고의 힘이 아니며, 폴리아나 스타일(Pollyanna-style)의 낙관주의도 아니다. 어차피 하박국의 환경과 기대는 변하지 않았다. 찬양을 하겠다는 이 다짐은 여전히 거기에 계시는 하나님께 바르게 반응하겠다는 굳은 순종의 열매임과 동시에, 하나님께서 누구신지에 대한 깊은 이해에서 나오는 초이성적인 예배 찬가이다. 따라서 성경에서, 하나님의 백성들만 겪는 대표적인 유형의 고난은 징계다.

우리는 성경의 한 단락을 더 생각해보려고 한다. 왜냐하면 이 구절은 징계가 그리스도인에게 갖는 의미와 그것이 낳는 연단을 동시에 보여주기 때문이다. 로마서 5장에서, 바울은 이신칭의의 몇 가지 의미들을 설명하는 것으로 시작한다. 칭의는 그의 생각에서 확실한 우위를 차지한다. 반드시 다른 모든 기독교 가르침의 중심이 된다는 의미가 아니라, 그리스도인의 삶과 제자도에 들어서는 출발점이라는 의미다.

> 그러므로 우리가 믿음으로 의롭다 하심을 받았으니 우리 주 예수 그리스도로 말미암아 하나님과 화평을 누리자(롬 5:1).

그 무엇보다 갈망하는 것이 바로 하나님과의 이러한 화평이다. 바울이 로마서의 첫 부분에서 논증하기 위해 애쓰는 바와 같이, 우리 모두는 본질상 그리고 우리의 선택에 의해 하나님의 진노 아래에 있다. 그리고 로마서의 이야기는, 성경 전체의 이야기와 마찬가지로, 하나님의 진노를 받을 수밖에 없는 반역자들이 어떻게 하나님과 화해될 수 있는지에 대해 말씀한다.

정답은 예수 그리스도의 복음, 곧 그의 성육신, 죽으심, 그리고 부활의 복음에 있다. 하나님께서 예수 그리스도를 보내어 "자기의 의로우심을 나타내사 자기도 의로우시며 또한 예수 믿는 자를 의롭다 하려 하시기" 위해 우리를 대신하여 죽게 하셨다(롬 3:26). 그리스도께서 행하신 일 때문에, 그를 믿는 자들은 "의롭다 함을 얻는다."

그들은 거룩하신 하나님에 의해 의롭다고 선언을 받는데, 그것은 그들이 의롭기 때문이거나 그들의 죄가 아무 문제가 없기 때문에 의롭다 함을 받는 것이 아니라, 그리스도께서 그들을 대신하셨기 때문이다. 또한 바울은 "믿음으로 말미암아 의롭다" 되는 것의 결과가, "우리가 우리 주 예수 그리스도를 통해 하나님과 화평하게 되는 것"이라고 말한다.

이 모든 것은, 하나님의 진노에도 불구하고 하나님께서 나와 같은 불쌍한 죄인들에게 자비롭게 부어주신 은혜의 사역이며, 공로 없이 받은 호의다. 바울은 계속해서 말하기를, "우리가 믿음으로 서 있는 이 은혜에 들어감을 얻은" 것이 오직 예수님을 통해서라고 주장한다.

이것은 틀림없이 감출 수 없는 기쁨의 원인이다. 이것은 우리가 지금 여기에서 하나님과 화해되었다는 의미일 뿐만 아니라, 언젠가 하나님의 영광을 밝히 볼 것이라는 의미다. 나는 바울이 말한 "하나님의 영광을 바라고 즐거워하느니라"의 의미가 바로 이것이라고 생각한다. "바란다"는 단어는 여기에서 단순히 가능성을 의미하는 것이 아니라, 확실한 기대를 의미한다. 즉, 우리의 자랑은 언젠가 하나님의 영광을 볼 것이라는 기대에 있다.

따라서 광대한 비전은 우리의 모든 우선순위를 바꾸어놓는다. 이 타락한 세상에서의 최고의 편안함은 하찮은 문제다. 진짜 문제는, 우리의 현재 환경들이 어떻게 예수 그리스도에 대한 신앙과, 하나님과의 평화와, 그리고 하나님을 볼 것이라는 기대와 연결되어있느냐는 것이다. 그러므로 바울은 우리가 단지 하나님의 영광을 바라는 것으로 즐거워할 뿐만 아니라, "우리가 **환난 중에도** 즐거워하나니 이는 환난은 인내를, 인내는 연단을, 연단은 소망을 이루는 줄 앎이로다"라고 주장한다(롬 5:3-4; 굵은 고딕체 강조 추가).

그러므로 여기에는 고난의 철학이 있으며, 그 고난을 우리가 현재 누리는 구원과 하나님의 영광이 완전히 계시될 때 이루어질 구원의 완성과 연결시키는 전망이 있다. 육체적인 훈련의 징계와 같이, 고난은 인내를 낳는다. 이것은 보편적인 법칙은 아니다. 왜냐하면 고난은 불평과 불신앙을 낳을 수도 있기 때문이다.

그러나 고난이 1-2절의 믿음과 뒤섞일 때, 그리고 하나님과의 화해를 즐거워하는 기쁨과 뒤섞일 때, 인내를 낳는다. 우리 신앙의 지구력은, 그 신앙이 고난에 의해 시험을 받을 때까지는 증명되지도 않고 발전되지도 않는다.

그러나 인내가 급속히 자랄수록, "인격"이 형성된다. "인격"이라는 단어는 "증명됨"을 가리킨다. 즉, 불에 단련된 금속과 같이 "증명"되거나 "시험"을 겪음으로써 얻어진 일종의 성숙함이다. 또한 인격 또는 "증명됨"이 형성될 때, 소망이 싹튼다. 하나님의 영광에 대한 우리의 기대(2절)가 자라가고 강화된다. 이 소망은 "우리를 부끄럽게 하지 않는다"(5절). 즉, 소망은 환상이 아니다.

따라서 우리를 곤경에 빠뜨리지 않으며, 바보 같은 신앙을 부끄럽게 하지 않는다. 그것과는 전혀 거리가 멀다! 이 소망의 목적은 확실하다. 또한 이미 이 소망은 "우리에게 주신 성령으로 말미암아 하나님의 사랑이 우리 마음에 부은 바 되었기 때문에"(5절) 강화되었고 증명되었다.

성령에 대한 언급은 바울이 로마서 8장에서 논의하는 말씀의 전조가 된다. 여기에서 바울은 그가 종종 주장하는 한 가지 주제를 얼핏 비추고 있다. 즉, 성령은 언젠가 우리의 것이 될 완전한 상속의 보증금과 보혜사로 신자들에게 주어졌다. 성령은 하나님의 사랑을 우리의 마음에 부으시는 대리인이시다.

이것이 경험된(felt) 기독교다. 그래서 바울은 다른 곳에서, 하나님의 사랑의 풍성함에 대한 이 경험이 그리스도인의 성숙의 본질적인 요소이며, 성도가 간구해야 하는 것이라고 말한다(엡 3:14-21, 특히 17-19절 참조). 하나님의 사랑에 대한 그러한 경험은 아직 하나님에 대한 완전한 비전은 아니다. 하지만 충분히 만족스러우며, 소망을 강화시켜주고, 우리의 고난에 빛을 비추어 그것을 실존적으로 "이해"할 수 있게 해준다.

고난의 훈련을 통해 얻을 수 있는 일정한 형태의 성숙함이 있다.

> 그는 육체에 계실 때에 자기를 죽음에서 능히 구원하실 이에게 심한 통곡과 눈물로 간구와 소원을 올렸고 그의 경건하심으로 말미암아 들으심을 얻었느니라 **그가 아들이시면서도 받으신 고난으로 순종함을 배워서** 온전하게 되셨은즉 자기에게 순종하는 모든 자에게 영원한 구원의 근원이 되시고(히 5:7-9, 굵은 고딕체 강조 추가).

이 말씀은 예수님께서 고난을 받으시기 전에는 불순종하셨다는 의미가 아니라, 예수님께서도 성육신하신 상태에서는 고난을 통해서만 얻을 수 있는 순종의 교훈, 곧 순종의 단계들을 배우셔야 했다는 의미다. 그런 의미에서, 예수님께서는 "완전함"을 향해 자라가셨다. 즉, 예수님께서 고난을 받으시기 전에 불완전하셨다는 의미가 아니라, 인간과 동일시되신 모습과 하늘 아버지에 대한 인간적이고 한시적인 순종의 충만함과 완전함을 오직 고난의 불을 통해서만 얻을 수 있으셨다는 의미다.

예수님께서는 "자기에게 순종하는 모든 자에게 영원한 구원의 근원이 되신" 결과로서 뿐만 아니라, 그가 "모든 일에 우리와 똑같이 시험을 받으신 이로되 죄는 없으신" 결과로써 이 "완전함"을 성취하셨다.

이와 같이 예수님도 "고난을 받으심으로써 순종을 배우셨다"면, 우리가 고난을 면해야 한다고 생각하는 것이 얼마나 끔찍한 오해인가?

또는 오만함인가!

사실, 로마서 5장에서 자세하게 논의하는 가치들과 히브리서 2장에서 말씀하는 예수님의 예는 빌립보서 3장에서 사도 바울이 강력하게 말씀하는 것과 동일하다. 바울은 세상이 주는 모든 것들을 감하여 그리스도 예수 안에서 그가 가진 것과 비교한 후 다음과 같이 결론을 내린다.

> 또한 모든 것을 해로 여김은 내 주 그리스도 예수를 아는 지식이 가장 고상하기 때문이라 내가 그를 위하여 모든 것을 잃어버리고 배설물로 여김은 그리스도를 얻고 그 안에서 발견되려 함이니 내가 가진 의는 율법에서 난 것이 아니요 오직 그리스도를 믿음으로 말미암은 것이니 곧 믿음으로 하나님께로부터 난 의라(빌 3:8-9).

그러나 이것은 정적인 성취가 아니다. 오히려 바울은 그리스도 예수에 대한 지식이 자라가길 소망한다. 그래서 그는 계속해서 말한다.

> 내가 그리스도와 그 부활의 권능과 **그 고난에 참여함을 알고자 하여 그의 죽으심을 본받아** 어떻게 해서든지 죽은 자 가운데서 부활에 이르려 하노니(빌 3:10-11, 이탤릭체 강조 추가).

그러므로 우리가 시험과 징계의 고난을 어떻게 다루어야 하는지는 우리가 집중하는 것들에 조금도 달려 있지 않다. 나는, 호주를 여행하는 동안, 아프리카 3개 국가에서 선교와 교회개척 사역에 크게 헌신했던 잉글

랜드 국교회 주교를 만났다. 그 주교는 종종 "탄자니아의 사도"라고 불렸다. 아프리카 사역에서 은퇴한 후, 그 주교는 영국에 신학교를 세웠다. 그러나 내가 그를 만났을 때, 그는 파킨슨씨병이 이미 너무 많이 진행되어 더 이상 말을 할 수조차 없었다. 그는 거의 해독할 수 없는 손짓으로 허공에 글씨를 써서 의사소통을 했다. 그가 똑같은 글씨를 서너 번씩 써야 내가 그 말을 이해하곤 했다.

우리는 그의 마음에 있는 수많은 문제들에 대해 "대화했다." 적어도 나는 "대화"를 했고, 가능한 한 그가 예, 아니오로만 대답할 수 있는 형태로 질문을 하려고 노력했다. 그와 잠시 시간을 보내면서, 나는 흔들림 없는 한 사람을 발견했고, 그래서 나는 그가 어떻게 그의 질병을 이겨내고 있는지 용기를 내어 물어보았다.

그는 수십 년 동안 엄청나게 열매를 거둔 사역을 한 후에 어떻게 자기 자신의 고난에 대해 대처했을까, 그리고 이제는 쓸모없고 소용없어졌다고 느끼게 하는 유혹을 어떻게 이겨냈을까?

그는 내가 이해할 수 있도록 두 번이나 분명하게 글씨를 써주었다.

절망에는 미래가 없습니다.

그 주교는 로마서 5장과 히브리서 12장을 완벽하게 이해하고 있었다.

## 2. 하나님의 백성들에게만 해당되는 고난: 반대와 박해

앞에서 이미 말한 바와 같이, 징계의 고난과 반대와 박해로부터 오는 고난을 구별하는 것은 항상 가능한 것도 아니고 심지어 바람직하지도 않다. 그럼에도 불구하고 성경은 적어도 어떤 경우들에는 그러한 구분을 해야 한다고 가르친다. 따라서 그러한 악이 가져오는 고난을 다룰 때에는 다소 다른 접근법이 필요하다.

이 항목에서 내가 말하려는 것은, 하나님의 백성들이 하나님의 백성이라는 이유 때문에 겪는 반대와 박해다. 즉, 그들의 정체성이 확신에 있어서나 행동에 있어서 명확할 때다. 시내산 이후 구약의 언약 공동체는 하나의 국가를 이루었기 때문에, 다른 나라들이 이 공동체를 대적한 동기가 신앙적이었는지 또는 단순히 정치적이거나 경제적이었는지 구분하는 것이 항상 쉽지는 않다.

아마도 그 당시의 목격자들도 그것을 매우 쉽게 구분을 할 수 있지는 않았을 것이다. 앗수르가 북이스라엘을 멸망시켰을 때나 바벨론이 유다를 멸망시켰을 때, 그들은 자기들의 영토 확장 정책에 충실했을 뿐이다. 한 마디로, 그들은 고대 형태의 스페인 종교재판이 아니라, 단지 제국주의자들이었다.

물론 정치적이고 군사적인 적대행위 중에서 어떤 부분은 유대인의 종교를 혐오한 데서 온 것이 분명하다. 아마도 예수님께서 오시기 약 두 세기 전에 마카비혁명을 일어나게 했던 안티오쿠스 에피파네스의 경우가 바로 그에 해당할 것이다.

반면에, 개인적인 차원에서는 반대자들의 죄악을 직면해야 하는 경건한 개인들이 겪는 엄청난 압박감이 있다. 시편은 신자들이 그러한 공격을 받을 때 보이는 반응들을 가장 잘 증언하고 있다. 다윗은 이렇게 기도한다.

> 내 의의 하나님이여 내가 부를 때에 응답하소서 곤란 중에 나를 너그럽게 하셨사오니 내게 은혜를 베푸사 나의 기도를 들으소서(시 4:1).

그러고 나서 그의 원수들에게 말한다.

> 인생들아 어느 때까지 나의 영광을 바꾸어 욕되게 하며 헛된 일을 좋아하고 거짓을 구하려는가 여호와께서 자기를 위하여 경건한 자를 택하신 줄 너희가 알지어다 내가 그를 부를 때에 여호와께서 들으시리로다 (시 4:2-3).

다른 시에서 다윗은 미래를 내다보며 다음과 같이 노래한다.

> 악인이 죄악을 낳음이여 재앙을 배어 거짓을 낳았도다 그가 웅덩이를 파 만듦이여 제가 만든 함정에 빠졌도다 그의 재앙은 자기 머리로 돌아가고 그의 포악은 자기 정수리에 내리리로다(시 7:14-16; 참조. 마 26:52).

다윗이 악하고 교활하고 포악한 사람들과 싸우는 이야기를 다루는 시편은 한 두 편이 아니다.

그러나 고난받는 하나님의 백성들에 관한 주제가 그 자체로 논의되는 것은 새 언약 아래에서이다. 그 원인 중의 하나는, 그들이 더 이상 한 국가를 이루지 않고, 그들에 대한 반대가 더 이상 단순히 국가 대 국가의 정치적 충돌로 해석될 수 없기 때문이다. 더 중요한 것은, 기독교 신앙의 대상이 십자가에서 죽으신 메시아라는 사실이다. 즉, 곧 살펴볼 바와 같이, 메시아께서 그를 따르는 자들의 본이 되셨다.

더욱이, 그리스도께서는 이미 하나님의 나라를 시작하셨으며, 사실 그 나라는 가정, 정부, 직장, 대중 철학 등, 모든 제도와 권위들이 오직 하나님께만 드려야만 충성을 그들에게 요구하는 모든 곳에서 충성심의 충돌을 야기한다. 예수님께서 오신 것이 세상에 평화를 주기 위함이 아니라 검을 주기 위함이라고 말씀하신 의미가 바로 이것이다(마 10:34).

세상의 비난을 받는 고난은 그리스도인이 된다는 것의 의미와 관련 있다. 아마도 이것과 연관된 가장 대표적인 구절은 마가복음 8:34-38일 것이다.

> 무리와 제자들을 불러 이르시되 누구든지 나를 따라오려거든 자기를 부인하고 자기 십자가를 지고 나를 따를 것이니라 누구든지 자기 목숨을 구원하고자 하면 잃을 것이요 누구든지 나와 복음을 위하여 자기 목숨을 잃으면 구원하리라 사람이 만일 온 천하를 얻고도 자기 목숨을 잃으면 무엇이 유익하리요 사람이 무엇을 주고 자기 목숨과 바꾸겠느냐 누구든지 이 음란하고 죄 많은 세대에서 나와 내 말을 부끄러워하면 인자도 아버지의 영광으로 거룩한 천사들과 함께 올 때에 그 사람을 부끄러워하리라 (막 8:34-38).

이 구절 전체를 꼼꼼히 해설하지는 못하더라도, 몇 가지 점을 잠시 살펴볼 필요가 있다.

첫째, "자기 십자가를 지는 것"은 까다로운 인척이나 흐르는 콧물처럼 별것 아닌 고통을 겪는다는 의미가 아니다.

십자가에 못 박히는 것은 가장 경멸적이고 악한 범죄자에게 내려지는 형벌이었다. 로마 시민은 황제의 승인 없이는 십자가에 못 박히지 않았다. 따라서 이 사형 방법은 노예와 비로마인들에게만 행해졌다. 선고가 내려지면, 범죄자는 3단계의 로마식 채찍질 중에서 "베르베라치

오"(verberatio)[1]라고 불린 가장 혹독한 채찍질을 당한다. 그리고 십자가의 가로대를 팔과 어깨에 메고 사형 집행 장소까지 걸어간다. 그곳에서 이미 땅속에 박혀 있는 십자가의 세로대에 가로대를 단단히 고정시켜 묶는다. 따라서 누구든지 "자기 십자가를 지는" 자는 고통스럽고 수치스러운 사형장까지 가야 한다.

이러한 은유법을 사용하시는 것은 그 참혹함을 적나라하게 밝히려는 의도가 아니다. 예수님께서 의미하시는 바는, 그를 따르는 자들이 반드시 자기유익에 대해 죽어야 하고, 세상의 영광과 유혹에 대해 죽고 가장 수치스러운 고난마저 받을 준비가 되었다고 스스로 선언해야 한다는 것이다. 또한 이것은 우리가 단지 예수님을 따라가는 것뿐이다. 왜냐하면 이 길이 바로 주께서 이 은유적인 언어 뒤에 숨어 있는 어떤 유익도 없이 친히 걸어가신 길이기 때문이다.

둘째, 그렇게 하지 않으면 영혼을 잃게 된다.

그것은 "세상"의 인정을 받는 대신 예수님의 부인을 받는 것이다. 한편에서는 예수님과 그의 나라를, 다른 한편에서는 예수님께서 구원하시기 위해 오신 세상을 마주할 때, 우리는 반드시 어느 한편을 택해야 한다.

아이러니한 것은, 이렇게 "십자가에 못 박힘"으로써 자기의 생명을 잃는 자들이 그로 말미암아 생명을 얻는다는 것이다. 그들은 이전에 항상 부인하던 것을 발견한다. 즉 그들은 창조 때부터 하나님께 속한 자들이므로, 자기의 유익을 포기하고 자신을 하나님께 드리지 않는 한 스스로

---

1  D. A. Carson, *The Gospel of John* (Leicester: Inter-Varsity; Grand Rapids: Eerdmans, 1991)에 제시된 요 19:1에 대한 논의를 보라.

를 발견할 수 없으며, 스스로 완전해질 수 없고, 자기의 가능성을 깨달을 수 없다는 사실을 발견한다. 그러나 이 반역적이고 자기중심적인 세상에서 사는 동안 고난과 반대는 불가피하다.

셋째, 예수님께서는 이러한 고난을 그리스도의 증인이라는 용어로 말씀하신다.

누구든지 "이 음란하고 죄 많은 세대에서" 예수님과 그의 말씀을 부끄러워하면, 예수님께서도 마지막 날에 다시 오실 때에 그 사람을 부끄러워하실 것이다. 즉 예수님께서는 이렇게 말씀하신다.

> 내가 너희를 도무지 알지 못하니 불법을 행하는 자들아 내게서 떠나가라(마 7:23).

따라서 진짜 기독교는 결코 감추어지지 않는다. 진짜 기독교는 예수님의 말씀에 전적으로 대적하는 세상 앞에서 예수님과 예수님의 말씀을 지킴으로써 분명하게 드러난다. 그것이 바로 바울이 다른 곳에서 이렇게 경고한 이유다.

> 무릇 그리스도 예수 안에서 경건하게 살고자 하는 자는 박해를 받으리라(딤후 3:12).

물론, 바울은 1세기 로마 제국을 마음에 두고 있다. 바울은 기독교적인 세계관을 상당히 물려받은 현대 서구 민주주의를 예견하지 않는다. 그렇지만, 우리는 현대 서구 사회의 겉모습에 현혹될 수 있다. 기독교 유산은 매우 약화되고 완전히 희석되거나 타협되어서, 그리스도인들은 이

제 경제, 스포츠, 산업 그리고 공공 서비스 분야 등 모든 종류의 영역에서 교묘한 압력을 받고 있다. 부정부패를 저지르지 않는 경찰관은 승진이 보류된다.

유대교 가정은 그리스도인이 된 자녀의 장례를 치른다. 부모들은 유능한 의사 아들이 의사직을 버리고 사역자의 길을 가려고 할 때 대성통곡한다. 대중매체는 대부분의 그리스도인들을 사회 부적응자 또는 고집불통으로 취급한다. 그리스도인이 되는 것에 이미 대가를 치르기 시작했다. 그리고 아마도 교회는 그것 때문에 더 순결해질 것이다.

예전에 선교사였던 한 의사가 내가 아는 어느 교회의 장로로 임직했다. 얼마 후, 그는 아내와 이혼하고, 자녀들을 버리고, 성경적인 기독교의 모든 형태와 결별했다. 그를 회복시키기 위해 수없이 많은 노력을 했다. 틀림없이 그 시도들 중에서 어떤 것들은 지혜롭고, 또 어떤 것들은 지혜롭지 못했다.

그러나 3년 후에 그 교회 장로들 중 한 명이 그에 대해 가장 지혜로운 평가를 내렸다. 그는 이 의사가 기독교 집안에서 태어나 모든 "옳은" 일들을 했지만, 결코 그 어떤 대가도 치를 결정을 하지 않았다고 말했다. 모든 것이 너무 순조로웠다. 모든 순간에 그 의사는 지지를 받았고 칭송을 받았다. 그의 선교 이력조차도 의사로서의 특별한 관심사와 연관되었을 뿐이었다.

따라서 모든 결혼관계에서 한 두 번씩은 일어나는 어떤 문제들이 그의 결혼관계에서 생겼을 때, 그리고 또 다른 매력적인 여성이 나타났을 때, 이 의사에게는 그가 기댈 수 있는 어떤 윤리적인 기준이 없었다. 그는 결코 그리스도를 위해 자기를 희생할 결정을 한 적이 없고, 그렇게 하려는 생각조차 하지 않았다. 지나고 나서 보니, 그의 신앙고백이 진짜였는지 분명하지 않다. 왜냐하면 참된 신앙고백은 자기 유익에 대해 온전히 죽고, 그리스도와 그의 복음에 온전히 헌신하는 것으로 드러나기 때문이다.

나는 이혼한 모든 사람이 비그리스도인이라고 말하는 것이 아니다. 그리스도인들도 죄를 짓는다. 자기는 죄를 짓지 않는다고 말하는 자들은 자기를 속이고 하나님을 거짓말쟁이로 만드는 것이다(요일 1:4 이하). 그러나 이와 같은 흔한 경우에, 이 사람의 인생의 어느 한 영역에서조차, 그리고 그의 생애의 주요한 사건들 중 어느 하나에서조차(지금까지 알려진 한), 어떤 대가를 치르겠다는 고백을 한 적이 없다.

이것은 정상이 아니다. 유감스럽게도 가짜 신자들에게서는 흔한 일일 수 있지만, 정상적이지는 않다. 정상적인 것은, 자기 십자가를 지고 예수님을 따르는 것이다. 이 타락한 세상에서 "누구든지 그리스도 예수 안에서 경건한 삶을 살고자 하는 자는 박해를 받을 것이다"라는 말씀을 깨달아야 한다.

이것은 불가피하다. 결단을 해야 한다. 기꺼이 대가를 치러야 한다. 그리고 영혼이 강건해져야 한다. 더욱이, 세계 곳곳에 사는 대부분의 그리스도인들에게 이것을 길게 설명할 필요는 없을 것이다. 매우 명확하기 때문이다.

수단, 중국, 인도네시아 북부 섬들, 사우디아라비아, 그리고 방글라데시에 사는 그리스도인들에게 이것들을 설명해야겠는지 한 번 깊게 생각해보라!

이것이 바로 예수님께서 우리에게 경고하신 것이다. 예수님께서는 제자가 되고자 하는 사람들에게 그들의 대가를 계산해보라고 거듭 충고하셨다(눅 9:57-62; 14:25-34). 예수님께서는 그의 제자들에게 그들이 훈련을 받는 기간 뿐 아니라 앞으로 사역해야 하는 모든 기간 동안에 반대를 받을 것을 예상하라고 말씀하셨다(예. 마 10:11-12).

이 대목이 감동적이다. 이 대목은 『조지 폭스의 순교사』(Foxe's Book of Matyrs)와 현대의 수많은 그리스도인들의 고난에 대한 기사들과 함께 몇 번이고 거듭 읽을 가치가 있다. 이 기사들 중에서 캄보디아의 킬링필드 이야기보다 더 감동적인 것은 거의 없다.[2] 원리는 간단하다.

> 세상이 너희를 미워하면 너희보다 먼저 나를 미워한 줄을 알라.... 내가 너희에게 종이 주인보다 더 크지 못하다 한 말을 기억하라 사람들이 나를 박해하였은즉 너희도 박해할 것이요 내 말을 지켰은즉 너희 말도 지킬 것이라(요 15:18, 20).

따라서 사도들이 처음으로 채찍에 맞을 때 그것을 충분히 이해할 수 있는 세계관을 가지고 있었다는 사실은 결코 놀랄 일이 아니다. 결국, 제자들은 "그 이름을 위하여 능욕 받는 일에 합당한 자로 여기심을 기뻐하면서 공회 앞을 떠났다"(행 5:41). 기독교 역사상 첫 번째 순교자는 그의 주님의 말씀을 따라하며 죽었다.

> 주여 이 죄를 그들에게 돌리지 마옵소서(행 7:60).

베드로도 이 교훈을 매우 잘 배웠다. 겟세마네에서 칼을 꺼내 그것을 가지고 싸우려고 했던 베드로는 그가 언젠가 순교의 죽음으로 하나님께 영광을 돌릴 것이라는 사실을 배워야 했다(요 21:18-19). 그는 이 교훈을 충분히 잘 배웠기 때문에 그것을 다른 사람들에게도 전할 수 있었다. 베드로는 다음과 같이 적고 있다.

---

2 Don Cormack, *Killing Fields, Living Fields* (London: Monarch Books, 1997)을 보라.

> 사랑하는 자들아 너희를 연단하려고 오는 불 시험을 이상한 일 당하는 것 같이 이상히 여기지 말고 오히려 너희가 그리스도의 고난에 참여하는 것으로 즐거워하라 이는 그의 영광을 나타내실 때에 너희로 즐거워하고 기뻐하게 하려 함이라 너희가 그리스도의 이름으로 치욕을 당하면 복 있는 자로다 영광의 영 곧 하나님의 영이 너희 위에 계심이라 너희 중에 누구든지 살인이나 도둑질이나 악행이나 남의 일을 간섭하는 자로 고난을 받지 말려니와 만일 그리스도인으로 고난을 받으면 부끄러워하지 말고 도리어 그 이름으로 하나님께 영광을 돌리라…그러므로 하나님의 뜻대로 고난을 받는 자들은 또한 선을 행하는 가운데에 그 영혼을 미쁘신 창조주께 의탁할지어다(벧전 4:12-16, 19).

바울은 훨씬 더 강한 어조로 말한다.

> 그리스도를 위하여 너희에게 은혜를 주신 것은 다만 그를 믿을 뿐 아니라 또한 그를 위하여 고난도 **받게 하려 하심이라** 너희에게도 그와 같은 싸움이 있으니 너희가 내 안에서 본 바요 이제도 내 안에서 듣는 바니라(빌 1:29-30, 굵은 고딕체 강조 추가).

여기에서 고난은 특권이며, 주어진 은혜다. 예수님에 따르면, 이 수단을 통해 우리가 선지자들과 같이 될 수 있다(마 5:12).

이 모든 말씀들에는 부모의 마음과 목자의 마음이 들어 있다. 종종 우리는 자녀들과 성도들을 너무 많은 것들로부터 보호하려고 한다. 예를 들어, 기독교 가치들에 별 관심이 없는 동료들로부터 신랄하게 경멸을 당하는 우리 자녀들과 성도들을 보호하려고 애를 쓴다. 우리는 성경이 다른 사람들로부터 좋은 평판을 받아야 한다고 생각하면서 스스로 위안을 삼는다.

그러나 그 평판은 정직, 친절 그리고 사랑에 대한 것이어야지 침묵의 대가로 얻는 것이어서는 안 된다.

나는 내 자녀들을 보면서, 그들이 충분히 반대를 받아서 더 강해지고, 충분히 모독을 받아서 선택을 할 줄 알게 되고, 결정의 순간들을 충분히 맛보아서 마침내 예수 그리스도를 따르는 것이 대가(엄청나게 가치는 있지만 여전히 대가여야 하는)를 요구한다는 사실을 깨우치길 기대한다. 단지 평안하기만 하고 복음을 전하지도 않고 성도들에게 최전선에 서라고 권면하지도 않는 교회는 결코 강해질 수 없고, 감사하지 않으며, 기독교의 우선순위들을 주의 깊게 분별할 수도 없을 것이다.

그리스도인들이 "넉넉히 이긴다"라는 말씀의 의미를 배울 수 있는 곳은 고난의 상황밖에 없다. "넉넉히 이긴다"라는 의심, 절망, 패배 또는 우울 등과 같은 불쾌하고 하찮은 것들과 전혀 상관없이 항상 승승장구하며 사는 우월한 기독교, 곧 "고급스런 그리스도인의 삶"에는 어울리지 않는다. 오히려, 이 어구는 그리스도인들이 공격을 받는 상황에 어울린다.

> 누가 우리를 그리스도의 사랑에서 끊으리요 환난이나 곤고나 박해나 기근이나 적신이나 위험이나 칼이랴 기록된 바 우리가 종일 주를 위하여 죽임을 당하게 되며 도살당할 양 같이 여김을 받았나이다 함과 같으니라 그러나 이 모든 일에 우리를 사랑하시는 이로 말미암아 **우리가 넉넉히 이기느니라**(롬 8:35-37, 굵은 고딕체 강조 추가).

다른 모습을 상상할 수 있겠는가?

> 그런즉 이 일에 대하여 우리가 무슨 말 하리요 만일 하나님께서 우리를

> 위하시면 누가 우리를 대적하리요 자기 아들을 아끼지 아니하시고 우리 모든 사람을 위하여 내주신 이가 어찌 그 아들과 함께 모든 것을 우리에게 주시지 아니하겠느냐(롬 8:31-32).

여기에서 "모든 것"은 문맥상 우리가 탐욕스럽게 요구하는 모든 물질적인 것들을 가리키지 않고, 오히려 부르심을 받고 의롭다 함을 받은 모든 사람들이 영화롭게 되는 그 날, 우리의 구원을 완성하고 우리를 완성된 새 하늘과 새 땅으로 인도해 주는 데 필요한 모든 것들을 의미한다. 결코 약속을 깨뜨리지 않으시는 주권적인 하나님에 대한 절대적인 믿음과 확신으로, 바울은 다음과 같이 결론을 내린다.

> 내가 확신하노니 사망이나 생명이나 천사들이나 권세자들이나 현재 일이나 장래 일이나 능력이나 높음이나 깊음이나 다른 어떤 피조물이라도 우리를 우리 주 그리스도 예수 안에 있는 하나님의 사랑에서 끊을 수 없으리라(롬 8:38-39).

이만큼 확신을 주는 것이 없다.

## 3. 하나님의 백성의 지도자들만 겪는 고난

세상의 수많은 사회에서, 지도자들은 그들이 다스리는 사람들보다 훨씬 위에 있기 때문에 그들보다 낮은 계층 사람들이 겪는 어려움들을 면하기 위한 노력들을 (그들 자신이나 측근들에 의해) 끊임없이 한다.

하나님의 백성들 사이에는 결코 그렇지 않다. 하나님의 백성들의 경우에서 가장 고난을 받도록 부름받은 사람들은 종종 지도자들이다.

달리 뭐라 말하겠는가?

우리가 섬기는 주님은 십자가에 못 박히신 분이다.

그 패턴은 이미 구약성경에 잘 나타나 있다. 사실 하나님께서는 탁월한 인격과 지도력을 가진 사람들을 일으키셨고, 그 중에 어떤 자들에게는 큰 영예와 부도 허락하셨다. 그러나 우리가 잘 아는 바에 따르면, 그러한 영예와 부는 결코 큰 책임감이나 큰 반대, 또는 (훨씬 종종) 두 가지 모두와는 상관없는 축복이 아니었다.

대부분의 선지자들은 다른 사람들을 모두 흩어버리는 큰 반대에 직면했다. 목숨을 잃은 선지자들도 적지 않다. 성경 외적인 전통에 따르면, 이사야는 늙어서 큰 나무 구멍에 피신해 있다가 붙잡혀 큰 톱으로 켜서 죽임을 당했다. 우리가 예레미야를 "눈물의 선지자"라고 부르는 데에도 이유가 있다.

예레미야는 선지자가 되고 싶지 않았다. 그 이유를 알 수 있을 것 같다. 그의 경험을 기준으로 삼는다면, 자원해서 선지자가 되려는 자는 매조키스트임에 틀림없다. 예레미야의 메시지를 아무도 믿지 않았다. 지위 고하를 막론하고 모든 사람들이 예레미야를 조롱했다(렘 37:2). 예레미야는 평화를 깨뜨린다는 비난을 받았다. 심하게 매를 맞았으며, 목에는 나무 고랑이 채워졌다(렘 20장).

나중에는 하나님의 명령에 순종하여, 바벨론에 반대하는 것이 무익하고 위험하다고 외치다가 반역자라는 누명까지 썼다. 그는 지하 감옥에 감금되었으며, 시드기야가 그를 덜 가혹한 곳으로 데리고 갈 때까지 그곳에 있었다. 적어도 한 번 이상 목숨의 위협을 느끼기도 했다.

예레미야는 예루살렘이 침략을 당하고 멸망할 때까지 살았다. 그러나 의롭게 행동하는 데에는 고통만 따를 뿐이었다. 하나님께서는 사실 예레미야에게 그의 백성을 위해 기도하지 말라고 거듭 말씀하셨다(렘 7:16; 11:14; 14:11). 하나님께서는 예레미야에게 결혼도 하지 말고 자녀도 낳지 말라고 명령하셨는데(렘 16장), 거의 모든 사람이 결혼을 하던 시대로서는 매우 고통스러운 명령이었다. 이것은 아버지들과 어머니들, 그리고 자녀들이 죽게 될 다가올 심판의 때에 대한 표적이었다.

또한 이와 똑같은 목적으로, 예레미야는 애통하지도 말고 위로를 하지도 말라는 명령을 받았는데, 이것은 심판의 때에 너무나 많은 사람들이 죽게 되어 슬퍼하거나 서로 위로할 시간과 기력조차 없게 될 것에 대한 상징이었다. 예레미야는 절기에 참여하지도 못했다. 심판 날에 모든 즐거움이 사라질 것이기 때문이었다. 또한 예레미야는 하나님의 백성들에게 왜 그러한 재앙이 임하게 될 것이냐는 질문을 받을 때, 단호하고 달갑지 않은 메시지를 전해야만 했다.

> 여호와께서 말씀하시되 너희 조상들이 나를 버리고 다른 신들을 따라서 그들을 섬기며 그들에게 절하고 나를 버려 내 율법을 지키지 아니하였음이라 너희가 너희 조상들보다 더욱 악을 행하였도다 보라 너희가 각기 악한 마음의 완악함을 따라 행하고 나에게 순종하지 아니하였기 때문이라(렘 16:11-12).

따라서 예레미야는 고난을 당하며 사는 동안, 그가 전한 메시지의 표지처럼 살았다.

물론 모든 선지들이 그렇게 모진 시대에서 살도록 부름 받지는 않았다. 그러나 신약성경과 교회 역사에서 고난은 대부분의 탁월한 기독교 지도자들의 삶이 일부였다. 따라서 우리는 그것을 조금 더 깊이 들여다볼 필요가 있다.

우리가 찾을 수 있는 것은, 고난과 기독교 리더십 사이에 신학적인 연관성이 있다는 사실이다. 사실, 적어도 세 가지 연관성이 눈에 띤다.

첫째, 신약성경에만 국한되지 않고 신구약성경 모두에 공통되는 것이다.

본장의 첫 번째 소제목에서 논의한 것의 구체적인 예라고 할 수 있다. 즉 고난은 신자들을 연단하며, 하나님의 징계의 수단이라는 점이다. 모세가 광야로 도망하여 40년간 망명생활을 한 것과 바울이 디모데에게 예수 그리스도의 좋은 군사로서 환난을 견디라고 충고한 것 등을 생각할 때, 똑같은 결론을 얻을 수 있다.

하나님께서 그의 모든 자녀들을 훈련시키실 때, 그 자녀들의 지도자들은 결코 덜 훈련받기를 기대할 수 없고, 종종 더 많은 훈련을 예상해야 한다는 것이다. 수많은 탁월한 설교자들이 오랜 고통에 시달렸으며, 그것은 두 말할 것도 없이 주님께서 그들의 인격을 훈련시키시는 자비로운 수단이었다. 예를 들어, 찰스 스펄전(C. H. Spurgeon)은 여러 가지 만성 질환들 외에도 평생 동안 깊은 우울증과 싸워야 했다.

둘째, 적대적인 세상에서 적극적으로 복음을 전하면, 그렇게 복음을 전하는 교회의 지도자들에게 특별한 압박이 가해지는 것 같다는 데에 연관성이 있다.

독재 정권 하에서 목사들과 복음 전도자들은 감금을 당하고 죽임을 당한 대표적인 사람들이다. 사도 바울이 고린도후서 11:23 이하에서 나열하는 고난들이 이것을 잘 보여준다. 전승에 따르면, 열두 사도들 중에서 열한 명(가룟 유다를 대신한 맛디아를 포함하여)이 순교했다. 진정한 기독교 지도자들은 뒤에 서서 이끌지 않는다.

따라서 조금도 놀랄 것 없이, 고린도 사람들이 그리스도 안에서 얻은 모든 것들을 자랑하고 자만에 빠져있을 때, 바울은 자신이 어떻게 살고 있는지 상기시켜 줄 필요가 있었다.

> 너희가 이미 배부르며 이미 풍성하며 우리 없이도 왕이 되었도다 우리가 너희와 함께 왕 노릇하기 위하여 참으로 너희가 왕이 되기를 원하노라 내가 생각하건대 하나님께서 사도인 우리를 죽이기로 작정된 자 같이 끄트머리에 두셨으매 우리는 세계 곧 천사와 사람에게 구경거리가 되었노라 우리는 그리스도 때문에 어리석으나 너희는 그리스도 안에서 지혜롭고 우리는 약하나 너희는 강하고 너희는 존귀하나 우리는 비천하여 바로 이 시각까지 우리가 주리고 목마르며 헐벗고 매맞으며 정처가 없고 또 수고하여 친히 손으로 일을 하며 모욕을 당한즉 축복하고 박해를 받은즉 참고 비방을 받은즉 권면하니 우리가 지금까지 세상의 더러운 것과 만물의 찌꺼기 같이 되었도다(고전 4:8–13).[3]

셋째, 다음의 연관성은 훨씬 두드러진다. 가장 성숙한 기독교 지도자들은 그의 양무리가 덜 고난을 받을 수 있도록 자기가 더 많은 고난을 짊어지기를 원한다.

이 점에서 그들은 그리스도를 닮았다.

> 나는 이제 **너희를 위하여 받는 괴로움을 기뻐하고** 그리스도의 남은 고난을 **그의 몸 된 교회를 위하여** 내 육체에 채우노라(골 1:24, 굵은 고딕체 강조 추가).

---

3 Scott Hafemann, *Suffering and the Spirit: An Exegetical Study of II Cor. 2:14-3:3 within the Context of the Corinthian Correspondence*, WUNT 19 (Tübingen: J. C. B. Mohr [Paul Siebeck], 1986)을 보라.

다른 곳에서 바울은 이렇게 적고 있다.

> 우리가 사방으로 우겨쌈을 당하여도 싸이지 아니하며 답답한 일을 당하여도 낙심하지 아니하며 박해를 받아도 버린 바 되지 아니하며 거꾸러뜨림을 당하여도 망하지 아니하고 우리가 항상 예수의 죽음을 몸에 짊어짐은 **예수의 생명이 또한 우리 몸에 나타나게 하려 함이라** 우리 살아 있는 자가 항상 예수를 위하여 죽음에 넘겨짐은 예수의 생명이 또한 우리 죽을 육체에 나타나게 하려 함이라 그런즉 사망은 우리 안에서 역사하고 **생명은 너희 안에서 역사하느니라**(고후 4:8-12, 굵은 고딕체 강조 추가).

이제 그 연관성들이 분명해졌다. 지도자들이 약함과 고난과 난처함과 박해를 더 많이 받을수록, 그들의 생명은 다른 어떤 것도 아닌 예수의 생명이라는 것이 분명하다. 이것은 교회의 남은 자들에게 주는 엄청나게 긍정적인 영적 효과다. 지도자들의 죽음은 교회의 생명을 의미한다.

이것이 바로 기독교 지도자들이 쉽게 임명될 수 없는 이유다. 하나님께서 연단하시는 곳은 바로 고난의 용광로이며, 가르치시는 곳은 바로 눈물의 학교다. 지름길은 없다.

### ◆ 심화 학습을 위한 질문들 ◆

① 자녀들을 징계하시는 하나님의 목적은 무엇인가?
② 그런 징계에 대해 당신의 삶에서 구체적인 예를 들어보라.
  또는 경험이 적은 어린 그리스도인이라면 당신이 관찰한 그리스도인들에게서 예를 찾아보라.

③ 다윗은 고난을 당하여 하나님께 비탄의 기도를 드릴 때 어떤 믿음을 보여주는가?

그의 솔직한 표현과 기도를 당신과 비교하면 어떤가?

④ 하나님께서는 실제로 하박국의 기도에 응답하셨는가?

⑤ 로마서 5:1-5을 당신의 말로 설명해 보라.

이 단락을 당신의 삶에 어떻게 적용해야 하는가?

⑥ 당신이 그리스도인이라는 이유 때문에 받은 반대는 무엇인가?

⑦ 그 반대는 당신에 어떤 해를 가했는가, 또는 유익했는가?

⑧ "자기 십자가를 지고" 예수님을 따른다는 말씀은 무슨 의미인가?

당신의 현실적인 삶에서 이 말씀은 무슨 의미가 있는가?

⑨ 신약성경에서 기독교 지도자들이 종종(항상은 아니더라도) 다른 그리스도인들보다 더 많이 고난을 받는 이유는 무엇인가?

⑩ 당신은 기독교 지도자가 되기 원하는가?

How Long, O Lord?

# 제6장
# 저주와 거룩한 전쟁 – 그리고 지옥

## Curses and Holy Wars—and Hell

여호와여 진노로 일어나사 내 대적들의 노를 막으시며 나를 위하여 깨소서 주께서 심판을 명령하셨나이다(시 7:6).

그의 연수를 짧게 하시며 그의 직분을 타인이 빼앗게 하시며 그의 자녀는 고아가 되고 그의 아내는 과부가 되며 그의 자녀들은 유리하며 구걸하고 그들의 황폐한 집을 떠나 빌어먹게 하소서 고리대금하는 자가 그의 소유를 다 빼앗게 하시며 그가 수고한 것을 낯선 사람이 탈취하게 하시며 그에게 인애를 베풀 자가 없게 하시며 그의 고아에게 은혜를 베풀 자도 없게 하시며(시 109:8–12).

멸망할 딸 바벨론아 네가 우리에게 행한 대로 네게 갚는 자가 복이 있으리로다 네 어린 것들을 바위에 메어치는 자는 복이 있으리로다(시 137:8–9).

네가 어떤 성읍으로 나아가서 치려 할 때에는 그 성읍에 먼저 화평을 선언하라 그 성읍이 만일 화평하기로 회답하고 너를 향하여 성문을 열거든 그 모든 주민들에게 네게 조공을 바치고 너를 섬기게 할 것이요 만일 너와 화평하기를 거부하고 너를 대적하여 싸우려 하거든 너는 그 성읍을 에워쌀 것이며 네 하나님 여호와께서 그 성읍을 네 손에 넘기시거든 너는 칼날로 그 안의 남자를 다 쳐 죽이고 너는 오직 여자들과 유

> 아들과 가축들과 성읍 가운데에 있는 모든 것을 너를 위하여 탈취물로 삼을 것이며 너는 네 하나님 여호와께서 네게 주신 적군에게서 빼앗은 것을 먹을지니라
>
> 네가 네게서 멀리 떠난 성읍들 곧 이 민족들에게 속하지 아니한 성읍들에게는 이같이 행하려니와 오직 네 하나님 여호와께서 네게 기업으로 주시는 이 민족들의 성읍에서는 호흡 있는 자를 하나도 살리지 말지니 곧 헷 족속과 아모리 족속과 가나안 족속과 브리스 족속과 히위 족속과 여부스 족속을 네가 진멸하되 네 하나님 여호와께서 네게 명령하신 대로 하라 이는 그들이 그 신들에게 행하는 모든 가증한 일을 너희에게 가르쳐 본받게 하여 너희가 너희의 하나님 여호와께 범죄하게 할까 함이니라 (신 20:10-18).
>
> 그런즉 가라지를 거두어 불에 사르는 것 같이 세상 끝에도 그러하리라 인자가 그 천사들을 보내리니 그들이 그 나라에서 모든 넘어지게 하는 것과 또 불법을 행하는 자들을 거두어 내어 풀무 불에 던져 넣으리니 거기서 울며 이를 갈게 되리라(마 13:40-42).

수년 전 나와 내 아내는 우리 친척이 잘 아는 중년 여성을 교회에 데리고 나간 적이 있다. 그 여성은 자기가 신앙이 있는 것처럼 말하고 실제로 그리스도인이라고 했지만, 성탄절과 부활절 외에는 교회에 출석하지 않는 사람이었다. 그 때는 마침 우리 교회 목사님이 호세아의 예언을 시리즈로 설교하기 시작한 때였다.

목사님이 설교를 하는 도중, 그는 호세아의 본문을 매우 길게 인용했다. 음행, 매춘, 벌거벗음, 수치 등과 같은 것들에 대해 선명하게 지적하는 본문이었다. 그 여성은 예배를 마치고 우리와 함께 나올 때 매우 침울해 있었다. 집으로 돌아오는 내내 침묵이 계속되었다.

마침내 그 여인이 물었다.

"당신의 교회에서 성경을 사용하는 방식은 우리 교회에서 사용하는 방식과 어떻게 다른가요?"

우리는 결국 그 여인이 무엇을 말하려고 하는지 알아차렸다. 그녀는 그날 아침에 들은 호세아의 말씀이 "자기의" 성경에서도 찾을 수 있는 내용이라는 사실을 믿지 않았던 것이다. 그녀를 설득하기 위해 꽤 애를 써야 했다.

나는 본장을 시작하면서 인용한 성경 구절들을 그 여인이 읽는다면 어떤 반응을 보이게 될지 궁금하다.

이 문제의 진실은, 비그리스도인들은 고사하고 대부분의 그리스도인들이 이러한 본문들에 대해 불편하게 생각한다는 사실이다. 우리는 저주에 대해 듣는다. 하지만, 다른 편 뺨을 돌려대고, 복수는 주님께 속했음을 기억하고, 원수를 사랑하고, 우리를 부끄럽게 하는 자들을 위해 기도하라고 가르치는 성경이 과연 그러한 저주도 말씀할 수 있을까 생각한다.

대대적인 학살에 대해 묘사할 뿐 아니라 명령하는 본문들도 읽지만, 우리는 만일 오늘날 그러한 학살이 있으면 국제적인 공분을 사거나 전범재판소에 회부될 것이라는 사실을 안다. 우리는 지옥에 대해 읽지만, 그 지옥에 대한 위협에 약화시키는 해석들(예. 지옥이 실재하지만, 결국 무로 돌아가지 않겠는가? 지옥은 그 속에 거하는 자들을 모두 파멸시키므로, 그들의 고통은 영원하지 않지 않겠는가?)에 더 끌린다.

우리 중에 어떤 사람들은 성경을 읽을 때 그러한 본문들을 최대한 빨리 읽고 지나감으로써 회피하기도 한다. 또 어떤 사람들은 저주와 전쟁에 관한 모든 본문들을 "영적으로 해석"하려고 하고, 하나님의 공의와 승리에 집중하는 다른 유의 말씀들로 슬쩍 바꾸어버리기도 한다.

성경을 적용하는 단계에서 그렇게 바꾸는 것이 적합한 경우도 있지만, 그 때조차도 우리는 일단 구약성경의 대학살 사건들에서 실제로 사람들이 죽었다는 사실을 알아야 한다. 우리 중에 어떤 사람들은 그러한 문제가 우리 친구들이나 사랑하는 사람들에게 영향을 줄 때 훨씬 더 심각하게 받아들인다.

한 젊은 여인이 나를 찾아와 도움과 위로를 구하면서 그녀의 아버지가 최근에 돌아가셔서 지옥에 가셨다고 말했을 때 나는 그녀에게 정확히 어떻게 말해줘야 했을까?

그녀의 친아버지인데 말이다!

나는 이러한 문제들에 대해 모든 대답을 가지고 있다고 주장하는 것이 아니다. 하지만 틀림없이 어떤 사람들 곧 다른 사람들보다 더 민감한 사람들은 성경의 이러한 가르침들과 본문들이 그들에게 엄청난 스트레스를 준다고 느낀다. 이러한 일들을 바라보는 "틀"의 하나로서, 나는 이렇게 실제적인 성경 본문들을 그 성경 자체가 우리에게 생각해보라고 요구하는 여섯 가지 요소와 비교해 보는 것이 도움된다고 생각한다.

## 1. 문제에 대한 인식

피터 크레이기(Peter Craigie)는 제4장에서 언급한 『구약성경에서의 전쟁의 문제』(*The Problem of War in the Old Testament*)[1]라는 소책자의 제목을 붙이

---

[1] Peter Craigie, *The Problem of War in the Old Testament* (Grand Rapids: Eerdmans,

면서, 이 책 제목에 들어있는 "문제"가 바로 우리가 구약성경을 읽을 때 느끼는 우리의 문제라고 지적한다.

물론 이 말을 다르게 바꾸어보면, 그가 붙인 제목은 오해의 소지가 있다. 즉, 구약성경 저자들이 전쟁에서 "문제"를 발견했다고 말하는 것처럼 보일 수도 있다. 앞에서 본 바와 같이, 사실 구약성경 저자들은 그렇게 보지 않았다. 실제로, 한 성경 저자는 이렇게 말한다.

> 나의 반석이신 여호와를 찬송하리로다 그가 내 손을 가르쳐 싸우게 하시며 손가락을 가르쳐 전쟁하게 하시는도다(시 144:1).

사울이 하나님의 명령에 불순종하여 아말렉 사람들을 완전히 멸절시키지 않았을 때, 그는 어떤 탁월한 도덕적 양심의 가책을 느껴서 그렇게 한 것이 아니라, 자기 마음대로 아각 왕을 살려주고 양과 가축 중 가장 좋은 것들을 남겨둔 것이다(삼상 15장). 사울이 따로 살려둔 가축들은 적어도 주님께 희생 제물로 드리기 위한 것이었지만, 하나님의 명령을 우습게 여긴 것이었다.

> 여호와께서 번제와 다른 제사를 그의 목소리를 청종하는 것을 좋아하심 같이 좋아하시겠나이까 순종이 제사보다 낫고 듣는 것이 숫양의 기름보다 나으니 이는 거역하는 것은 점치는 죄와 같고 완고한 것은 사신 우상에게 절하는 죄와 같음이라 왕이 여호와의 말씀을 버렸으므로 여호와께서도 왕을 버려 왕이 되지 못하게 하셨나이다 하니(삼상 15:22-23).

---

1978).

다른 말로 하면, 사무엘을 놀라게 한 것은 대학살을 하라는 하나님의 명령이 아니라, 오히려 그 명령을 거절한 반역이었다.

복수해 달리는 부르짖음과 지옥에 대한 성경의 가르침에 대해서도 이와 비슷한 말을 할 수 있을 것이다. 지옥에 대한 매우 끔찍한 묘사를 읽을 때 무엇보다 놀라운 사실 하나는, 그 말씀 대부분이 예수님의 입에서 나왔다는 것이다. 예수님께서는 다른 어떤 성경 저자들보다 더 많이 지옥에 대해 말씀하셨다.

틀림없이 이것은 우리로 잠시 생각하게 한다. 우리는 혹시 우리의 도덕적인 민감성이 상당히 삐뚤어졌거나 흐려졌는지 자문해야 한다.

이러한 유형의 고난에 대한 우리의 가장 심각한 문제들은, 우리가 가진 명확하고 탁월한 도덕적 판단 기준 때문에 생기는 것이 아니라, 오히려 이 시대의 다원주의 때문에 생긴다고 할 수 있는가?

적어도 지옥에 대한 공포는 하나님의 관점에서 죄를 바라보지 못하는 것 때문에 오는 것이라고 할 수 있겠는가?

시편의 첫 다섯 편에서만 해도 하나님께서 죄인들을 미워하시고, 죄인들에게 진노하신다 등등의 명백한 말씀을 하심에도 불구하고, 왜 우리는 "죄는 미워하시되 죄인들을 사랑하시는" 하나님에 대한 상투적인 복음주의자의 말을 더 좋아하는가?[2]

나는 이 상투적인 말 속에 전혀 진리가 들어 있지 않다고 말하려는 것이 아니다. 그 문제에 대해서는 제10장에서 잠시 다룰 것이다. 더구나 나는 오늘날에도 대학살을 하는 것이 정당화될 수 있다고 말하는 것은 더더욱 아니다. 어떤 군대가 내건 "공산주의에 맞선 싸움은 하나님을 위

---

2 나는 이 문제에 대해 *The Difficult Doctrine of the Love of God* (Wheaton: Crossway, 2000)에서 더 자세하게 다루었다.

한 싸움이다"라는 끔찍한 슬로건은 이 말씀을 완전히 오해한 것이다. 감사하게도, 이러한 선동가들은 이제 소비에트 연방의 붕괴와 함께 대부분 역사의 뒤안길로 사라지고 있다.

사도 바울이 "로마 제국에 맞선 싸움은 하나님을 위한 싸움입니다"라고 외쳤을 것이라고 상상할 수 있겠는가?

제2차 세계대전이나 현대의 테러와 같은 무력 전쟁들에서 양편 모두가 윤리적으로 옳다는 말을 하려는 게 아니다.

우리는 두 가지 점을 생각해야 한다.

① 새 언약으로 말미암아 찾아온 근본적인 차이점들 중의 하나는, 새 언약 아래 있는 하나님의 백성들의 삶의 터전이 더 이상 하나의 국가형태가 아니며, 어느 한 국가와 동일하지 않은 세계적인 공동체를 이룬다는 사실이다. 이것은 곧 그리스도인들이 자기 국가에 충성하는 것이 항상 조건적이어야 한다는 것을 의미한다.

② 비록 국가가 정의를 수호하기 위해 검을 사용할 수 있는 권리(실제로는 의무)를 가졌으나, 우리는 이 타락한 세상에서 그 권력이 부패하는 바람에 폭력을 최후의 수단으로 사용하지 않고 너무 쉽게 처음부터 사용한다는 것을 모든 국가와 모든 국민들에게서 적나라하게 볼 수 있다는 사실을 알아야 한다.

그렇기는 하나, 모든 소송 절차가 시작되면, 문제가 어디에 있는지에 대한 우리의 인식과 성경 저자들의 인식 사이에 존재하는 괴리감은, 성경을 진지하게 받아들이는 사람들의 심각한 고민거리들 중 하나다. 또한 우리가 인간에 대해 가진 엄청난 생각들과 하나님에 대해 가진 하찮은 생각들 사이에도 또 다른 차이가 존재한다.

초강대국들조차도 하나님의 눈에는 저울 위에 있는 먼지처럼 보이는데, 그 형언할 수 없이 초월적인 분께 반역은 어떻게 비치겠는가?

우리의 죄를 그의 아들의 죽음으로 갚으신 분께 반역은 어떻게 비치겠는가?

## 2. 격정의 수사학

도덕적으로 난폭해 보이는 모든 성경의 표현들을 사실적인 묘사로 생각해서는 안 되고, 진지한 바람으로 여겨서도 안 된다.

예를 들어, 예레미야가 자신의 불행한 운명을 한탄하며 쏟아내는 저주를 생각해 보라.

> 내 생일이 저주를 받았더면, 나의 어머니가 나를 낳던 날이 복이 없었더면, 나의 아버지에게 소식을 전하여 이르기를 당신이 득남하였다 하여 아버지를 즐겁게 하던 자가 저주를 받았더면, 그 사람은 여호와께서 무너뜨리시고 후회하지 아니하신 성읍 같이 되었더면, 그가 아침에는 부르짖는 소리, 낮에는 떠드는 소리를 듣게 하였더면, 좋을 뻔하였나니 이는 그가 나를 태에서 죽이지 아니하셨으며 나의 어머니를 내 무덤이 되지 않게 하셨으며 그의 배가 부른 채로 항상 있지 않게 하신 까닭이로다 어찌하여 내가 태에서 나와서 고생과 슬픔을 보며 나의 날을 부끄러움으로 보내는고 하니라(렘 20:14-18).

이 구절들의 전체적인 요점은 분명하다. 예레미야는 너무도 비참해서 죽기를 바라고 있다. 또는, 아예 태어나지 않았으면 좋았을 것이라고 말한다.

그러나 그렇다고 해서 예레미야가 자기의 출생 소식을 자기 아버지에게 전한 사람에게 저주를 퍼붓고 있는 것인가?

예레미야는 **정말로** 그의 어머니 뱃속에서야 나오지 말았기를 바라는 것인가?

모든 문장을 곧이곧대로 믿는 어리석은 자들이나 이런 식으로 본문을 읽을 것이다.

이 단락이 너무 무분별하다는 핑계로 본문에서 제거하려고 한다면 그것은 큰 오류다. 왜냐하면 만일 이 표현을 단지 "예레미야가 깊이 동요하고 있다"라는 식으로 온화하게 요약하거나, 또는 "예레미야는 그가 결코 태어나지 않았기를 바란다"라는 식의 단순한 사실주의적인 표현으로 대체한다면, 그 분노의 생생함이 희석될 것이기 때문이다. 예레미야는 우리가 그의 분노가 얼마나 격정적인지 느끼게 해준다. 따라서 문자주의적인 표현은 그 의도를 이루지 못한다.

따라서 우리는 시편에 나오는 여러 저주의 언어들도 이와 똑같이 진지한 언어가 아니라 격정의 수사학인지 물어봐야 한다. 그러한 언어들은 정보를 제공해주기 위한 것들이 아니라 마음에 불을 붙이기 위한 것들이다. 그것은 침착한 설교와 같지 않고, 갑작스런 절규와 같다. 그것은 군사적인 정책을 마련하려는 것이 아니라, "땅의 어두운 곳에 포악한 자의 처소가 가득할"(시 74:20) 때 혼란과 공포를 토해내는 것이다.

이러한 격정적인 외침이 그 사람과 그 사람의 메시지가 처한 더 큰 문맥에 어떻게 부합하는지에 보아야 한다. 예레미야는 그의 호된 자기 연민에 대해 주님께로부터 온화한 꾸중을 듣곤 했다.

다윗은 그의 아들 솔로몬과 달리 전장에서 피를 흘린 전사였기 때문에 성전 건축을 허락받지 못했다(대상 28:3).

사람들이 "그들의 칼을 쳐서 보습을 만들고 그들의 창을 쳐서 낫을 만들"며 "이 나라와 저 나라가 다시는 칼을 들고 서로 치지 아니하며 다시는 전쟁을 연습하지"(사 2:4) 않는 역사의 종말에 대한 기대는, 전쟁이 중립적인 것으로 취급될 수 없고 본질적으로 선한 것은 더욱 아니라는 사실을 명백히 증명해 준다. 오히려, 전쟁과 복수의 외침과 대규모의 죽음은, 악이 억제되어야 하는 타락한 세상, 그리고 고통스런 악 때문에 격정적인 절망의 외침과 엄격한 공의에 대한 솔직한 요구가 있을 수밖에 없는 타락한 세상의 현실과 대조된다.

## 3. 옛 언약의 영향

옛 언약, 곧 하나님께서 시내산에서 그의 종 모세를 통해 이스라엘 백성들과 맺으신 언약 아래서, 하나님의 백성들의 삶의 터전은 국가였다. 다른 국가들은 하나님의 오래 참으심과 축복들을 누렸으며, 때로는 하나님의 용서하심(예. 요나 시대의 니느웨)도 누렸다. 그러나 이스라엘은 하나님의 언약 백성이었다. 그리고 이스라엘은 하나의 국가였다. 물론 나중에 두 개의 국가가 된다.

더욱이, 하나님께서는 이스라엘의 왕이셨음에도 불구하고, 중보자들을 통해 일하셨다. 즉, 다윗의 계보를 따라 세우신 왕들, 레위 족속에서 나온 제사장들, 그리고 때를 따라 일으키신 선지자들을 통해 일하셨다. 그들은 하나님 앞에서 이스라엘 백성을 대표했고, 이스라엘 앞에서 하나님을 대리했다. 그들이 죄를 범할 때는 그들과 함께 이스라엘도 망하게 되었다. 그들이 담대하고 공의로울 때에는 그들이 책임을 지는 백성들이 어느 정도 개혁되었다.

하나님의 백성이 한 국가를 이루었기 때문에, 그 백성에 대한 하나님의 축복을 그 국가의 복지와 분리시킬 수 없었고, 그 백성에 대한 하나님의 심판을 그 국가의 쇠망과 분리시킬 수도 없었으며, 그 백성의 영적, 도덕적 순결을 그 국가의 신앙적 순결함과 분리시킬 수 없었고, 그 백성에 대한 긍휼을 그 국가에 대한 사랑과 분리시킬 수 없었다.

이것은 곧 우리가 사회적인 것들과 신앙적인 것들을 너무 쉽게 분리하고, 정치적인 것들과 도덕적인 것들을 너무 쉽게 분리하는 일이 존재할 수 있음을 보여준다. 하나님의 언약 백성은 한 국가를 이루었다. 따라서 그 국가는 신정국가였다. 그 국가의 근본적인 법은 하나님의 법이었고, 그 관리들은 하나님께서 임명하신 자들이었다.

그러므로 이상적으로는, 정치적 결정들과 사법적인 결정들, 그리고 입법적인 결정들이 모두 하나님의 뜻을 반영해야 했으며, 그것이 바로 정치적인 배경이었다. 사법적인 형벌이 내려질 때, 적어도 그것은 이론적으로(또한 종종 실제적으로도) 하나님 자신의 형벌이었다.

그러나 이스라엘의 전쟁도 마찬가지였다(이론적으로, 그리고 종종 실제적으로). 이스라엘의 대적은 하나님의 대적이었다. 이스라엘은 그들이 언제 어디에서 싸워야 하는지 들었다. 또한 이스라엘이 약속의 땅에 들어갈 때 얻은 대부분의 승리는 이미 그 땅에 살고 있던 백성들의 악함에 대한 무서운 형벌이라고 여겨졌다.

아모리 사람들의 죄가 다 찰 때까지 하나님께서 이스라엘에게 애굽에 남아 아직 가나안으로 돌아오지 말라고 말씀하지 않으셨는가?(창 15:16)

계속된 우상숭배, 풍요와 다산을 기원하는 신앙(사람들이 이방 신전의 제사장들과 신녀들과 동침함으로써 신들이 성관계를 할 수 있게 자극하여 그 땅과 가정에 다산을 가져온다고 믿는 행위), 그리고 심지어 인신 제사(펄펄 끓는 돌그릇을 가진 몰렉 신에게 아기들을 바치고 소리를 지르는 행위) 등이 성행했다.

만일 하나님께서 홍수 때 인긴들 대부분을 멸질시켜 세상의 악을 세 갈 물려야겠다고 생각하시고(창 6-9장), "이제 하늘과 땅을 그 동일한 말씀으로 불사르기 위하여 보호하신 바 되어 경건하지 아니한 사람들의 심판과 멸망의 날까지 보존하여 두셨다면"(벧후 3:7), 하나님께서 그의 언약 백성들을 통해 매우 비슷한 종류의 형벌을, 그러나 훨씬 더 작은 규모의 형벌을 그들에게 내리신 것이 그렇게 놀랄 만한 일인가?

마찬가지로, 이스라엘의 왕들이 적들에게 둘러싸였을 때에 그들은 그 문제를 단순히 군사적이거나 정치적인 것으로 생각할 수 없었다. 왕은 하나님의 아들이었다. 그리고 왕은 하나님의 사자였다. 왕의 대의는 공의로웠다. 왜냐하면 그것이 하나님의 대의였기 때문이다. 왕이 하나님께 돌아와 하나님의 대의와 하나님의 공의에 호소해야 하는 것은 전적으로 옳았다. 또한 만일 공의를 기대해야 했다면, 옛 언약에 의해 세워진 체제 아래서 그 공의는 반드시 국가적, 정치적, 그리고 종종 군사적 의미를 가졌다.

우리는 하나님께서 지금도 그와 같은 방식으로 일하시는지 물어보아야 한다. 그 대답은 단연코 명확하지 않다.

한편으로는, 그 대답이 부정적이어야 한다. 새 언약 아래에서 하나님의 백성의 삶의 터전은 한 국가가 아니다. 따라서 교회와 국가의 경계가 불분명한 통일된 "기독교 국가"를 세우려는 모든 노력은 잘못된 생각일 뿐 아니라 끔찍한 결과를 초래한다.

다른 한편으로는, 우리가 인식하든지 그렇지 못하든지 간에 하나님께서 여전히 모든 국가들의 하나님이다. 앞 장에서 보았듯이, 전쟁은 기독교적 관점에서 여러 방식으로 이해될 수 있다. 그러나 틀림없이 그 모든 관점들 중 하나는 심판의 관점이다.

지난 세기에 벌어진 대부분의 파괴적이고 광범위한 전쟁들이 세련되고, 지적으로 탁월하고, 문명화되고, 점잖고, 기술적으로도 발전하였지만, 선조들의 보편적이었던 신앙에서 떠나 무지와 탐욕과 야망과 오만함으로 엄청나게 타락한 국가들에 의해 시작되고 주도되었다는 사실을 깊이 생각해볼 필요가 있지 않은가?

나는 제2차 세계대전에서 "옳음"과 "그름"을 구분할 수 없다는 말을 하려는 것이 아니다. 독일이 그 전쟁을 시작했고, 그 원인도 모두 옳지 않았다는 데에 조금의 의심도 없다. 그러나 나는 하박국을 기억한다. 때로는 하나님의 섭리 속에서 정해진 심판의 때에 하나님께서 더 악한 국가를 사용하셔서 덜 악한 국가를 징벌하신다.

나는 영국 의회와 프랑스 내각이 7년간 논의한 끝에 결국 전쟁으로 치닫는 결론을 내려버린 참으로 어리석은 결정(왜냐하면, 히틀러가 루르 지방을 점령했을 때 몇 가지 전략적인 위기로 인해 히틀러를 멈출 수 있었다)을 생각할 때, 혹시 하나님께서 그들의 눈을 어둡게 하셔서 사실상 심판을 내리신 것은 아닌가라는 생각을 해 본다.

물론, 그리스도인들은 중세 시대의 도덕극(morality play) 같은 통찰 속에서 하나님의 섭리를 "읽을" 수 있다는 주장을 항상 경계해야 한다. 그러나 우리는 대체로 정반대의 극단으로 치우친다. 즉, 우리는 하나님에 대한 여지를 거의 두지 않는 다분히 상식적인 방식으로만 사고한다. 우리는 공의의 하나님에 대한 성경의 가르침에 확실하게 귀를 기울이지 않는다.

성경의 하나님께서는 개인과 국가를 모두 주관하시고, 그의 목적을 주권적으로 실행하시며, 모든 국가들과 국민들을 세우시거나 무너뜨리기 위해 일부 사람들의 악한 책략을 사용하시는 신비한 섭리로 역사하신다.

그러므로 구약성경의 거룩한 전쟁에 관한 "문제"를 대하는 가장 중요한 태도는, 오만한 자기의(self-righteousness)나 충격적이고 과도한 공포심이 아니라, 회개와 상한 마음과 중보의 마음이어야 한다.

주님의 목소리에 다시 한 번 귀 기울일 수 있겠는가?

> 너희도 만일 회개하지 아니하면 다 이와 같이 망하리라(눅 13:5).

본장에서 남은 세 개의 주제들이 우리에게 바른 길을 찾도록 도움을 줄 것이다.

## 4. 지옥에 대한 예수님의 가르침

대부분의 그리스도인들이 생각하기 싫어하는 주제가 있다면, 그것은 틀림없이 이 주제이다.

그러나 신약성경에서 지옥에 대해 가장 생생한 묘사를 해 주시는 분은 다른 누구도 아닌 예수님이다. 예수님께서는 불못, 신음하고 이를 가는 곳, 시원한 물 한 방울이라도 혀에 떨어뜨려 주기를 갈망하는 사람들이 있는 곳, 흑암이 있는 곳, "성밖," 그리고 하나님의 백성들이 누리는 기쁨이 없는 곳에 대해 말씀하신다. 예수님께서는 극명하게 대립되는 두 그룹에 대해 단호하게 말씀하신다.

> 그들은 영벌에, 의인들은 영생에 들어가리라 하시니라(마 25:46).

또한 의인과 악인의 부활에 대해서도 말씀하시고, 악인들의 심판의 부활에 대해서도 말씀하신다(요 5:28-29). 고통을 당하는 사람들과 아브라함의 품에 있는 사람들 사이에 도저히 건널 수 없는 큰 협곡이 있다는 말씀도 하신다.

이 여러 이미지들이 비유로 사용되고, 그 언어도 은유적이기는 하지만, 분명히 그 지시하는 대상이 있는 은유적 언어다. 따라서 이 은유들이 효과적으로 작용하기만 한다면, 끔찍한 존재에 대한 이미지를 각인시켜 줄 것이다. 또한 예수님께서 사용하시는 충격적인 언어는 신약성경의 다른 곳에서도 확증된다. 이러한 본문들을 받아들이는 데에 도움이 되는 몇 가지 관점들이 있다.

첫째, 대체로 예수님께서 충격을 받으시는 것은 지옥의 존재 때문이 아니라, 사람들의 마음의 강퍅함 때문이다.

앞에서 이미 언급한 바와 같이, 이것은 우리가 하나님께서 죄를 어떻게 보시는지 알고 더 부지런히 씨름해야 한다는 사실을 알려주고, 하나님께서 보시는 죄의 정도와 악화, 그리고 도덕적인 불쾌함이 어떤지에 대해서도 깨닫게 해준다.

둘째, 성경에는 지옥에서 회개할 수 있다고 말씀하는 구절이 하나도 없다.

부자와 나사로의 비유에 나오는 부자와 같이(눅 16:19-31), 구원해 달라는 부르짖음이나, 살아 있는 형제들에게 경고를 해 달라는 간청은 있을 수 있지만, 회개에 대한 어떤 암시도 없다. 사실, 그와는 정반대인 구절이 한 곳 있다. 성경의 맨 마지막 장에서, 예언을 해석해주는 천사가 요한에게 말한다.

> 이 두루마리의 예언의 말씀을 인봉하지 말라 때가 가까우니라 불의를 행하는 자는 그대로 불의를 행하고 더러운 자는 그대로 더럽고 의로운 자는 그대로 의를 행하고 거룩한 자는 그대로 거룩하게 하라(계 22:10-11).

어떤 의미에서, 이 선언은 미래에 있을 심판을 내다본다. 즉, 종말에 악한 모습으로 남아있을 사람들은 지금 이 순간에도 계속 악하다. 왜냐하면 그들에 대한 긍휼의 때가 지났기 때문이다. 그러나 내가 생각하기로는, 이 말씀에 들어있는 가정은, 종말에 거룩하다고 선언될 사람들은 틀림없이 예수 그리스도의 복음 때문에 계속해서 거룩하여 실제로 거룩의 완성 단계에 이를 것인 반면, 종말에 악하다고 선언될 사람들은, 틀림없이 그들의 반역과 굳은 마음 때문에, 계속해서 모든 것에 악하여 실제로 악한 것의 극치에 이를 것이라는 사실이다.

따라서 어쩌면 우리는 지옥에 대해 생각할 때, 사람들이 계속 반역하고, 계속 자기의 길을 주장하고, 편견과 미움의 사회체계가 계속되고, 살아계신 하나님을 계속 모독하는 곳이라고 생각해야 할 것이다. 또한 그들이 하나님을 계속 모독하기 때문에, 하나님께서는 그들을 계속 심판하신다. 그리고 그 사이클은 끊임없이 반복된다.

결국, 이것은 구약성경에서 벌어지는 것과 상당히 유사하며, 사실 오늘날에도 마찬가지다.

> 야곱이 탈취를 당하게 하신 자가 누구냐 이스라엘을 약탈자들에게 넘기신 자가 누구냐 여호와가 아니시냐 우리가 그에게 범죄하였도다 그들이 그의 길로 다니기를 원하지 아니하며 그의 교훈을 순종하지 아니하였도다 그러므로 여호와께서 맹렬한 진노와 전쟁의 위력을 이스라엘에게 쏟아 부으시매 그 사방에서 불타오르나 깨닫지 못하며 몸이 타나 마음에

두지 아니하는도다(사 42:24-25).

최근에 여러 저명한 복음주의 학자들은, 지옥 자체는 영원히 존재할 것이지만, 그곳에 사람이 영원히 살 것은 아니라고 공공연하게 주장했다. 형벌이 각각 다르겠지만, 결국 지옥의 모든 존재가 파괴되고 소멸될 것이라는 것이다. 영원한 형벌 개념은 성경적이지 않다고 말한다. 또한 이렇게 해석해야 큰 도덕적 문제를 해결할 수 있다고 주장한다. 즉, 결코 그 누구도 제한적이고 한시적인 죄 때문에 영원히 형벌 받아서는 안 된다는 것이다.[3]

이것은 매우 어려운 문제이므로, 아무도 지나치게 확신 있게 대답해서는 안 된다. 그러나 지옥에 대해 아무 성경적인 근거도 제시하지 못한 채 난해한 도덕적 문제만 낳는(소멸론자들이 주장하는 것처럼) 전통적인 견해를 맹목적으로 받아들이는 것이 옳지 않다고는 해도, 더 엄격한 해석으로 믿음을 시험해 보아야 하는 사람들에게 거짓 확신과 위로를 주는 부당한 근거에 입각해서 오래된 성경 해석을 포기하는 것도 결코 그른 일이 아니다.

나는 거룩하시고 주권적인 하나님께 반역하는 것에 대한 "적법한" 심판이 무엇인지 평가할 수 있는 존재가 과연 하나님 한 분 외에 우리 중에 있을지 의문이 든다. 어쨌든, 만일 내가 제시하는 논리가 옳다면, 소

---

[3] 자의식을 가지고 영원한 형벌을 받는다는 개념에 반대하여 여러 가지 형태의 영혼 소멸설을 주장하는 학자들은 사실 다양한 근거로 그러한 주장을 한다. 이 문제는 매우 중요하고 복잡하지만 여기에서는 다룰 수 없다. 나는 *The Gagging of God: Christianity Confronts Pluralism* (Grand Rapids: Zondervan, 1996)의 한 장에서 이와 관련된 논의를 조금 했다. 또한 Edward Fudge and Robert Peterson, *Two Views of Hell: A Biblical and Theological Dialogue* (Downers Grove: InterVaristy, 2000)과 그 책에 인용된 여러 참고문헌들을 보라.

멸론자들이 제시하는 딜레마는 거짓된 것이다. 내가 보기에 각 본문에 대한 그들의 해석에 오류가 있는 것은 물론이고, 만일 지옥에서 죄인들이 걸고 굴복하지 않고 계속해시 죄를 짓고 그 죄에 대헌 보응을 받는다면, 소멸론자들의 견해에는 도덕적인 추동력마저 없을 것이다.

셋째, 성경은 결코 하나님께서 중립적인 사람들을 우연히 택하여 어떤 사람들은 임의로 천국으로 보내고 어떤 사람들은 임의로 지옥으로 보낸다고 가르치지 않는다.

하나님께서는 그의 진노에 합당한 모든 죄인들 중에서 오직 그의 자비와 사랑에 근거하여 수많은 사람들을 구원하신다. 하나님께서 만일 어떤 사람을 구원하셨다면, 그것은 오직 은혜의 행위였을 뿐이다. 따라서 하나님께서 수많은 사람들을 구원하신다는 사실은 틀림없이 불가해한 은혜의 결과다. 성경적인 관점에서 볼 때, 지옥은 하나님의 은혜에 저항한 인류의 반역에 대한 끔찍한 증거가 된다.

넷째, 하나님의 축복과 밝히 드러난 하나님의 임재를 누리거나 갈망하지 않는 사람들에게는 틀림없이 천국도 지옥이 될 것이다.

다섯째, 그리고 가장 중요한 사실은, 성경의 하나님께서는 결코 우리의 고난에 냉담하지 않으시다는 것이다.

하나님께서는 노하기를 더디 하시고, 자비가 풍성하시다. 예수님께서는 그 당시 종교적 위선자들에게 끔찍한 "화"를 선포하신 후에 예루살렘을 바라보시며 눈물을 흘리셨다.

> 예루살렘아 예루살렘아 선지자들을 죽이고 네게 파송된 자들을 돌로 치는 자여 암탉이 그 새끼를 날개 아래에 모음 같이 내가 네 자녀를 모으

려 한 일이 몇 번이더냐 그러나 너희가 원하지 아니하였도다 보라 너희 집이 황폐하여 버려진바 되리라(마 23:37-38).

정말로 청중에게 지옥불을 안겨주는 "지옥 불 설교자"(hell-fire preacher)라는 고정관념은 사실 성경에서 찾아볼 수 없다. 성경이 선명하게 그리고 때로는 무섭게 말하기는 하지만, 눈물 없이 그렇게 하지는 않는다. 그러므로 그리스도인들은 그들 자신도 다른 사람들과 마찬가지로 진노의 대상이라는 사실을 결코 잊지 않는다. 그리스도인들이 선천적으로 우월한 위치에서 다른 사람들에게 진노를 경고하는 것이 아니라, 그들이 경험한 구원의 위로를 나누고 싶은 상한 마음으로 경고하는 것이다.

## 5. 교회의 권징의 본질 – 그리고 부르짖음

앞에서 살펴 본 마지막 두 가지(옛 언약의 본질과 지옥에 대한 예수님의 가르침)를 함께 생각해보면 선명한 사실 한 가지를 알게 된다.

비록 구약성경이 성전(聖戰)을 인정하고 하나님의 원수들에게 저주를 선포하는 불쾌한 경향이 있긴 하지만, 신약성경은 도덕적으로나 윤리적으로 더 탁월하여 그러한 흔적들을 찾아볼 수 없다.

새 언약 백성의 삶의 터전인 교회는 무력으로 자신을 보호하거나 복음을 선포하지 않는다. 그러나 그렇다고 해서 아무 징계가 없다는 의미가 아니다. 예수님께서는 형제를 권징하는 간단한 방법에 대해 말씀하신다(마 18:15-18). 그리고 바울은 고린도교회 안에서 자기 계모와 동침한 교인을 출교시키기 위해 필요한 단계를 가르쳐준다(고전 5:1 이하).

사실 교회 안에서 그리스도인의 권징은 여러 형태를 띤다. 온화한 훈계, 권면, 상호 고백, 개인적인 면담 등등이다. 마지막 단계는 출교다. 교회는 눈물과 자기성찰로 어떤 사람을 쫓아낸다. 신약성경에서, 이 마지막 조치는 오직 세 경우에만 적용된다. 심각한 교리적 타락이 있을 경우, 심각하고 지속적인 윤리적 비행, 그리고 지속적이고 사랑 없는 불화 등이다.

어떤 사람들은 이렇게 반론을 제기한다.

"아, 그것은 단순히 영적인 징계다. 구약성경에서만 물리적인 징계가 있었다."

그러나 그 말이 끝나자마자, 지옥에 대해 가르치는 신약성경은 잠시 뜸을 들인다. 만일 교회가 어떤 사람을 하나님의 백성 밖에 있다고 법적으로 선언한다면, 비록 그 결정이 이 사람이 주의 날에 구원받기를 바라는 바람에서 행해진다 하더라도(고전 5:5), 그렇지 못할 참혹한 가능성이 틀림없이 존재할 뿐 아니라 그것을 반드시 마주해야 한다. 신원하는 부르짖음에 대해, 요한계시록은 시편과는 완전히 반대되는 말씀을 한다.

> 거룩하고 참되신 대주재여 땅에 거하는 자들을 심판하여 우리 피를 갚아 주지 아니하시기를 어느 때까지 하시려 하나이까(계 6:10).

하나님의 말씀과 그들이 전한 증언 때문에 죽임을 당한 사람들의 외침이다.

> 그가 준 그대로 그[큰 성 바벨론]에게 주고 그의 행위대로 갑절을 갚아 주고 그가 섞은 잔에도 갑절이나 섞어 그에게 주라 그가 얼마나 자기를 영화롭게 하였으며 사치하였든지 그만큼 고통과 애통함으로 갚아 주라 그가 마음에 말하기를 나는 여왕으로 앉은 자요 과부가 아니라 결단

> 코 애통함을 당하지 아니하리라 하니 그러므로 하루 동안에 그 재앙들
> 이 이르리니 곧 사망과 애통함과 흉년이라 그가 또한 불에 살라지리니
> 그를 심판하시는 주 하나님께서는 강하신 자이심이라(계 18:6-8).
>
> 화 있도다 화 있도다 이 큰 성이여 바다에서 배 부리는 모든 자들이 너
> 의 보배로운 상품으로 치부하였더니… 하늘과 성도들과 사도들과 선지
> 자들아, 그로 말미암아 즐거워하라 하나님께서 너희를 위하여 그에게 심
> 판을 행하셨음이라(계 18:19-20).

이 구절들 외에도 이와 비슷한 말씀들이 더 많이 있다.

이와 비슷한 구약성경의 구절들을 여기에도 적용할 수 있는지 따져보아야 한다.

그러나 한 가지 분명한 요점은, 우리가 신약성경이 제시하는 종말론적인 관점을 진지하게 고려한다고 해서, 구약의 예들을 본질적으로 더 가혹한 것으로 취급하고, 따라서 오늘날에는 전혀 염려할 필요가 없는 것으로 여겨서는 안 된다는 사실이다. 주 예수님께서 오셔서 그의 피로 새 언약을 인치시자, 하나님의 공의와 자비가 함께 더 선명하게 나타나고, 그로 인해 우리에게는 변명거리가 덜해지고 찬양과 예배의 근거가 더 많아진다.

## 6. 좋지 않은 해법들

자기 아버지에 대해 내게 물어본 한 자매의 이야기로 돌아가 보자.

그 자매는 자기 아버지가 이미 지옥에 갔다고 생각하고 있었다. 물론, 언급해야 할 중요한 것들이 많이 있었고 또한 많이 있다. 나는 한 사람이

영원한 세계에 들어가기 전까지는 우리 중 그 누구도 그 사람과 전능하신 하나님 사이에 무슨 일이 일어나는지 알 수 없다고 말해 주었다. 하나님의 사랑과 선하심의 결정적인 증거는 십지기리고 했다.

우리가 새 하늘과 새 땅에 대해 거의 아는 것이 없기 때문에, 그곳에서 우리가 하나님 없이 살다가 죽은 사람들에 대해 어떤 생각을 하게 될지 알 수도 없다고 했다. 우리가 큰 혼란스러움에 빠졌을 때 하나님의 속성에 대해 아는 지식을 가지고 아브라함처럼 "세상을 심판하시는 이가 정의를 행하실 것이 아니니이까?"(창 18:25)라고 하나님께 질문을 던지는 경우들도 있다고 했다.

이 모든 것들이 내가 말할 수 있는 것들이었고, 그 이상의 것들도 있다. 그러나 성경과 유사한 생각을 선택하거나, 또는 성경의 사상을 선**별적**으로 선택해야 하는 것은 아니다.

우리는 절대적인 보편구원론을 선택할 것인가?

그렇다면 이 이론을 부인하는 수많은 성경 본문들에 대해서는 어떻게 할 것인가?

하나님께서는 "아들을 믿는 자에게는 영생이 있고 아들에게 순종하지 아니하는 자는 영생을 보지 못하고 도리어 하나님의 진노가 그 위에 머물러 있느니라"(요 3:36)고 말씀하셨음에도 불구하고, 그의 아들을 믿는 사람들과 그 아들에게 불순종하는 사람들을 동일하게 다루시는가?

진리와 계시가 식별 기준이 아니라, 사람의 성실함이 기준인가?

그렇다면 십자가의 목적은 무엇인가?

그리고 그 가치는 무엇인가?

어떤 일들을 이해하기 도무지 어렵더라도, 그것과 꼭 들어맞을 것 같다고 생각되는 성경의 진리들을 고르거나 선택하는 것은 아무 도움이 되지 않는다. 그것은 성경을 마치 우리 마음대로 초콜릿바를 선택할 수 있는 완벽한 자유가 있는 슈퍼마켓의 상품진열대인 것처럼 여기는 것이다. 그리스도인에게 성경은 하나님의 말씀이며, 거기에 어떤 타협도 없다. 우리가 찾은 해답들이 완벽할 수는 없다.

그러나 그 말씀은 우리에게 여전히 거기에 계신 하나님, 그리고 우리에게 어느 정도 평안과 확신을 주시는 하나님을 허락한다. 다른 대안은 우리가 만든 신이다. 그리고 전혀 평안을 주지 못하는 신이다. 우리가 어떤 평안을 느낀다 할지라도 그것은 자기 기만이며, 우리에게 성경을 통해서 뿐만 아니라 그의 아들 예수 그리스도를 통해 말씀하신 하나님 앞에 서는 마지막 때에 우리를 수치스럽게 할 것이다.

### ◦ 심화 학습을 위한 질문들 ◦

① 그리스도인들이 시편과 요한계시록에 나오는 신원의 기도를 할 수 있는 때가 있다면 그 때는 언제인가?
② 우리가 하나님께서 어떤 사건과 사물을 바라보시는 관점으로부터 멀어졌을 때, 신원하는 기도와 구약의 "성전"(聖戰), 그리고 지옥에 대한 예수님의 가르침 등에 대해 얼마나 "잘못" 이해하는가?
③ 윤리적으로 격정적인 표현들을 악한 성품과 자기의의 증거라고 볼 수 있는 경우는 언제인가, 또한 그것들이 전적으로 하나님께 고통을 호소하는 수사학적인 표현이라고 볼 수 있는 경우는 언제인가?
④ 하나님께서는 죄에 대한 그의 근본적인 태도를 바꾸시는가?
구약성경과 신약성경에서 하나님께서 죄에 대해 반응하시는 표현들은 무엇이 있는가?
⑤ 지옥은 무엇인가?

당신이 알고 있는 바를 요약해 보라.

⑥ 우리가 모든 해답을 가지고 있지 않을 때조차 하나님을 신뢰해야 하는 이유는 무엇인가?

제7장
## 질병, 죽음, 사별

Illness, Death, Bereavement

우리가 할 일은 충분히 살다가 사별하는 것이다.
우리가 할 일은 충분히 살다가 죽는 것이다.
타락한 세상에서, 이 사실들은 결코 변할 수 없다. 그러나 슬픔과 고통은 항상 불시에 우리를 찾아온다. 우리는 우리가 질병에 걸리지 않을 수 없음을 안다. 그러나 마치 그럴 수 있을 것이라는 억눌린 소망이 있다. 또한 우리의 자녀나 배우자가 죽을 때, 또는 사랑하는 사람이 고통스러운 질병으로 쇠약해져가는 것을 볼 때, 또는 현명하고 친절하던 지성이 우리 눈앞에서 무너져가는 것을 볼 때, 회복될 기미가 전혀 없는 가장 끔찍한 고통이나 무기력함을 갑작스럽게 맞이할 때, 우리의 질문은 전혀 다른 방향으로 나가고 만다.
즉, 하나님께서 왜 이런 일을 행하시는가라고 묻는다. 그렇게 생각하는 것이 하나님을 모독하는 것이지만, 우리의 전존재는 이것이 부당하다고 하나님께 호소하고, 우리의 슬픔과 고통이 우리의 죄에 합당하지 않다고 외치며, 우리가 버려졌다고 부르짖는다.
어떤 점에서, 본장은 가장 어려운 장이다. 왜냐하면 어느 정도 성숙한 독자들이 이미 깊은 슬픔의 잔을 마시고 존재론적인 해답을 찾고 있을 것이기 때문이다. 복수, 성전, 지옥 등에 대한 외침은 종종 우리가 경험하는 것들과는 다소 거리가 멀다. 따라서 우리는 단지 지성적이고 이론적인 답을 찾는다. 그러나 우리 자신이 신음할 때, 우리는 위로를 원한다. 단순히 지성적인 해답들은 전혀 만족스럽지 않다.

예를 들어, "하나님을 사랑하는 자 곧 그의 뜻대로 부르심을 입은 자들에게는 모든 것이 합력하여 선을 이루느니라"(롬 8:28)는 틀림없이 진리이지만, 교통사고로 자녀를 잃은 부부에게는 이 말씀을 적용하기가 쉽지 않다.

만일 그들이 하나님을 잘 안다면, 시간이 지나면서 새로운 믿음과 이해로 이 말씀을 인용할 수도 있을 것이다. 그러나 이 말씀들을 그들에게 잘못된 방식이나 잘못된 타이밍에 피도 눈물도 없이 사용해서는 안 된다. 그렇게 되면 이 말씀은 저급하고 율법적이며 잔인한 위로이고, 아무런 감동 없는 성경 인용에 불과하다.

그러나 제13장에서 목회적인 위로에 대한 질문에서 다시 다루겠지만, 고통과 사별의 충격을 받기 전에 이미 "기정사실"인 기독교 사고체계를 세우려고 노력하는 것이 중요하다. 그러므로 본장에서 내가 쓰려고 하는 것은, 꼭 고통을 받고 있는 사람들에게만 말하려는 게 아니다. 이것은 더 많은 그리스도인들이 다가올 고난을 더 잘 대비할 수 있게 돕기 위해 회중 전체에게 가르치는 내용이다.

만일 당신이 슬픔에 빠져 있어서 그 문제에 대한 도움을 얻기 원한다면, 그 주제에 관한 좋은 책들이 있다.

만일 당신이 고통 중에 있고, 마치 우리가 숨 쉬는 공기처럼 도무지 벗어날 수 없고 우리 머리 위에 있는 하늘처럼 도무지 피할 수 없을 것처럼 보이는 그 고난으로부터 즉시 벗어나기를 갈망한다면, 시편 23편과 시편 90편을 하루에 대여섯 번씩 읽으라.

그러나 만일 당신이 어떤 난제들이나 민감한 주제들에 대해 성경적으로 생각하는 법을 훈련하고자 한다면, 이 서론적인 내용이 도움이 될 수 있을 것이다.

### 1. 죄, 질병, 그리고 죽음

우리는 이미 질병과 죽음 뿐 아니라 모든 고난이 어떻게 죄와 연결되어 있음을 보았다. 만일 죄가 없다면, 죽음도 없을 것이고, 죽음의 전조인 질병도 없을 것이다. 그러나 이 연관성을 조금 더 정확하게 설명할 필요가 있다.

첫째, 죽음은 보편적인 공정성이 가장 결여된 사례로 이해되어서는 안 되고, 우리의 죄에 대한 하나님의 합당한 선고로 여겨져야 한다.

이 말은 사별한 사람들이 결코 듣고 싶은 말이 아니다. 나는 죽음을 이해하는 데에 있어서 다른 많은 요소들을 고려해야 한다는 것을 잘 안다. 그 요소들 중에서 많은 것들은 본서의 다른 장들에서 다루고 있다. 그러나 이 첫 번째 요점은 우리가 정원 한 구석에 내팽개쳐져 있는 화분처럼 회피하거나 지엽적인 것들로 치부해버려서는 안 되는 중심적인 성경의 관점이다.

죽음은 우연이 아니다. 하나님의 일하심이다. 모세는 담대하게 적고 있다.

> 주께서 사람을 티끌로 돌아가게 하시고 말씀하시기를 너희 인생들은 돌아가라 하셨사오니 주의 목전에는 천 년이 지나간 어제 같으며 밤의 한

순간 같을 뿐임이니이다 주께서 그들을 홍수처럼 쓸어가시나이다 그들은 잠깐 자는 것 같으며 아침에 돋는 풀 같으니이다 풀은 아침에 꽃이 피어 자라다가 저녁에는 시들어 마르나이다(시 90:3-6).

그러나 하나님의 이 사역은 단순히 무한한 세계와 유한한 세계 사이에, 그리고 초월적인 세계와 제한적인 세계 사이에 거리가 있음을 보여 주는 것이 아니다. 죽음은 여기에서 전능자가 하찮은 피조물을 가지고 노는 방법이라고 여겨져서는 안 된다. 왜냐하면 모세가 계속해서 이렇게 노래하기 때문이다.

> 우리는 주의 노에 소멸되며 주의 분내심에 놀라나이다 주께서 우리의 죄악을 주의 앞에 놓으시며 우리의 은밀한 죄를 주의 얼굴 빛 가운데에 두셨사오니 우리의 모든 날이 주의 분노 중에 지나가며 우리의 평생이 순식간에 다하였나이다 우리의 연수가 칠십이요 강건하면 팔십이라도 그 연수의 자랑은 수고와 슬픔뿐이요 신속히 가니 우리가 날아가나이다 누가 주의 노여움의 능력을 알며 누가 주의 진노의 두려움을 알리이까(시 90:7-11).

이와 같이 죽음을 향해 달려가는 것은 다름 아닌 하나님의 법적인 선고의 결과이다.

> 선악을 알게 하는 나무의 열매는 먹지 말라 네가 먹는 날에는 반드시 죽으리라 하시니라(창 2:17).
> 죄의 삯은 사망이라는 말씀이 언제나 진리이다(롬 6:23).

그러나 왜 죽음이어야 하는가?

다른 형벌 방법이 있지 않았을까?

죽음은 신이 되려고 하는 죄를 지은 피조물들을 제한하시는 것이다(창 3:4-5; 롬 1:18-23). 참되신 하나님께서는 거룩하시다. 그는 유일하시고, 그를 상대화하려고 하는 자들을 그의 본성상 참지 못하신다. 우리는 신이 아니다. 그리고 죽음을 통해 우리는 우리가 단지 인간일뿐이라는 사실을 배운다. 우리의 주장은 부서진다. 우리는 단절된다. 그리고 우리의 어제는 모두 "니느웨와 두로와" 같다.

동시에 우리는 이 한계에 반하여 외친다. 왜냐하면 우리가 반역 속에서 여전히 신이 되고 싶어 할 뿐 아니라, 우리가 하나님의 형상으로 지음을 받았기 때문이다. 우리는 단순한 포유동물이 아니다. 우리는 사람이다. 만일 우리가 정말로 우리 자신이 원자들의 우연한 결합체라고 믿는다면, 어떤 일에 대한 도덕적인 분노는 비이성적인 것이 된다.

그러나 우리는 살고 싶어 한다. 우리에게 생명을 주시는 유일한 분에게서 끊어졌음이 우리의 자만심에 고스란히 드러나고 있음에도 불구하고 말이다. 우리가 포유류라는 사실은 우리의 죽음에 물리적인 면이 있음을 의미한다. 반면에 우리가 단순한 포유류가 아니라는 사실은 우리의 죽음이 하나님께서 우리의 교만함을 제한하시는 결정이라는 점을 의미한다.

이것은 곧 내가 나의 죽음에 책임 있다는 의미다. 죽음은 단순히 나에게 일어나는 어떤 것이 아니다. 죽음은 내가 죄인이기 때문에 나에게 일어난다. 그런 의미에서 내가 죽음의 원인이다. 나는 죽음의 객체가 아니라 죽음의 주체다.

죄를 지음으로써 나는 하나님의 진노를 자초했다. 따라서 그 진노는 단순히 비인격적인 원칙들의 작용이 아니며, 시간과 영원 사이에 제멋대로 그어진 경계선은 더더욱 아니다. 죽음은, 내가 한 인격체로서 책임 있게 범한 죄에 대한 하나님의 인격적이고 법적인 처분이다. 헬무트 틸리케(Helmut Thielicke)는 강조해서 주장한다.

> 다른 말로 하면, 인격적인 관계란, 죽음이 찾아올 때 내가 하나님께 대하여 불평을 해서는 안 된다는 것을 의미한다. 하나님께서는 죽음을 통해 나에게 무언가를 말씀하시는 것이다. 죽음을 통해 하나님께서 내게 다가오신다. 죽음에는 메시지가 있다. 나를 향하신 하나님의 손과 말씀을 본다.[1]

내 말을 오해하지 않기 바란다. 나는 죽음에 대해 분노하는 것이 옳지 않다고 말하는 것이 아니다. 또는 바울이 죽음을 "마지막 원수"(고전 15장)라고 말한 것이 틀렸다고 말하는 것도 아니다. 성경은 곳곳에서 이별한 자들이 슬퍼할 것이고, 그들의 슬픔이 결코 하찮게 여겨지지 않는다고 말씀한다.

욥은 열 명의 자녀를 잃었을 때 견딜 수 없이 슬퍼한다(욥 1:20; 2:13). 나인성의 과부가 아들을 잃었을 때도 마찬가지이며(눅 7:11-13), 더욱이 그 여인은 예수님의 위로를 얻기도 한다.[2] 또한 우리의 슬픈 마음으로 보

---

[1] Helmut Thielicke, *Living with Death*, trans. Geoffrey W. Bromiley (Grand Rapids: Eerdmans, 1983), 125.

[2] 예수님께서 나사로의 무덤을 보시고 우신 것(요 11:35)이 이처럼 슬픔을 존중히 여기신 또 다른 증거라는 주장이 있다. 사실, 이 경우는 이해하기가 더 어렵다. 우리는 예수님께서 왜 우셨는지 살펴야 한다. 예수님께서 그의 친구를 잃어버린 것 때문에 우셨다고 생각할 수는 없다. 왜냐하면, 예수님께서는 불과 몇 분 후에 나사로를 다시 살리실 것을 알고 계셨기 때문이다. 그런 관점에 보면, 확신에 찬 미소가 더 적절했을 것 같다. 문맥을 더 자세히 관찰하면, 예수님께서 죽음의 황폐함과 그를 둘러싼 사람들의 불신앙 때문에 "심령에 비통히 여기셨다." 즉, 격노하셨다. 실제로, "그를 격노하게 한 바로 그 죄와 죽음, 그리고 불신앙이 그에게 슬픔을 가져다주기도 했다. 오늘날 예수님의 제자로 그분을 따르는 사람들도 이와 동일한 긴장감을 배우게 된다. 즉, 격노함이 없는 슬

면, 악한 사람이 70년이나 사는 반면 어린 아이들이 일찍 죽는 것이 불공평하다.

우리의 상실감과, 그에 따른 우리의 구원의 중심에 있는 신학적인 핵심을 아는 것이 본질적으로 중요하다. 즉, 죽음은 결국 우리 죄의 결과다. 따라서 마치 하나님께서 우리의 죄에 대해 부당한 형벌을 내리신 것처럼 하나님께 분노하는 것은, 은행 강도에게 공의로운 형벌을 선고하는 판사를 비난하는 것만큼이나 본질적으로 어리석다.

우리의 분노는 죽음의 끔찍함과 죄의 파괴력, 그리고 우리의 반역의 가증스러움을 향해야 한다. 분노는 우리의 깊은 상실감과 좌절감의 표출일 수 있다. 그러나 분별 있는 그리스도인들은 죽음의 기원에 대한 생각을 놓치지 않는다. 그리고 적어도 그 근거에서, 하나님께 분노하지 않는다.

이러한 신학적인 요지는 죽음의 종류, 죽음의 때, 죽음의 나이 등등의 문제를 다루지 않는다. 인간의 죽음의 기원에 마음을 기울이게 해 준다. 따라서 우리는 우리 개인과 공동의 책임을 인정해야 한다.

둘째, 질병과 죽음이 구체적인 죄에 대한 즉각적인 법적 결과일 수도 있다.

이것은 지금까지 논의한 것과는 다른 이야기다. 우리는 모두 죄를 짓는다. 따라서 우리는 모두 죽는다. 우리는 죄인의 족속이다. 따라서 우리는 죽음의 족속이다. 그러나 어떤 경우에는, 구체적인 죄에 대한 법적인 형벌이 즉각적으로 내려진다.

요한복음 5장에 나오는 38년된 병자가 그 경우이다(요 5:14을 보라). 게

---

품과 동정은 단순한 감상으로 전락하고, 슬픔이 없는 격노함은 자기의와 교만함 그리고 성마름으로 굳어진다."(Carson, *John*).

하시의 나병도 마찬가지다(왕하 5:20-27). 그리고 아나니아와 삽비라의 죽음도 그렇고(행 5장), 헤롯 아그립바의 고통스러운 죽음도 마찬가지이며(행 12:19b-23), 고린도교회의 어떤 교인들의 질병과 죽음도 그에 해당한다(고전 11:27-32).

여기에서 얻을 수 있는 결론은, 이런 식으로 고난을 받은 사람들이 그 당시에 가장 악한 사람들이었다는 것이 아니다. 게하시와 같은 죄를 범하지 않은 다른 사람들도 죽었다. 반면에 게하시보다 훨씬 더 악하고 교활하게 돈을 착취한 사람들도 형벌을 받지 않았다.

따라서 결론은, 오히려, 죄가 그러한 형벌을 받기에 합당하다는 것이다. 우리가 죄를 지을 때마다 즉각적으로 형벌을 받지 않는 것은 오직 주님의 은혜 때문이다. 만일 우리가 즉각 심판을 받는다면 세상은 거대한 묘지가 될 것이며, 아무도 살아남아서 새로운 생명을 출산하지 못할 것이다.

또한 이것은 하나님께서 우리에게 문명화된 70년의 생애를 주셔야 할 의무가 있지 않음을 의미한다. 하나님께서 여러 가지 이유로(그 이유들 중에서 우리는 불과 몇 가지만 분별할 수 있다) 어떤 사람을 즉시 죽이시기로 선택하신다고 해서, 그것 때문에 불의해지지 않으신다. 우리 편에서 보면, 우리는 "70세"에 이르기 훨씬 전부터, 하나님께서 우리가 행한 일에 대해 우리에게 책임을 묻지 않으실 것이라고 확신할 수 없다.

셋째, 질병과 죽음이 반드시 구체적인 죄에 대한 즉각적인 법적 결과인 것은 아니다.

질병과 죽음은 물론 우리의 반역적인 상태와 연결되어 있지만, 특정한 죄와 연결되지는 않을 수 있다. 실제로, 훨씬 더 직접적인 온갖 종류의 연관성이 있을 수 있다. 히스기야의 처음 질병과 임박한 죽음은 분명히 주께서 그의 순례의 길을 마치게 하시려는 수단이었다(왕하 20:1). 나면서부터 맹인이었던 사람(요 9장)은 자기 자신이나 부모가 범한 구체적인 죄의 결과로 그 유전적 장애를 얻게 된 것이 아니다.

바울은 그가 주님의 섭리 안에서 갈라디아에 처음 갈 수 있게 된 것이 그의 질병 때문이었다고 말한다(갈 4:13). 즉, 그 질병은 습한 저지대에서 주로 걸리는 말라리아였을 가능성이 크다. 그래서 당시에는 고지대에서 치료를 받아야 했다. 디모데는 자주 질병에 걸렸으며(딤전 5:23), 그래서 바울은 그의 병을 다스리기 위해 종종 포도주를 조금 쓰라고 조언한다. 바울은 그의 마지막 여행 중에, 병든 드로비모를 권하여 밀레도에 남겨 두어야 했다(딤후 4:20).

이 모든 경우들 중에서 그 어떤 질병과 죽음도 구체적인 죄와 연결되지 않는다. 몇몇의 경우에는 그러한 연관성을 즉시 부인할 수 있다. 요한복음 9장의 경우를 제외하고는 기적적인 치유도 없다. 맹인의 경우에도 예수님의 자기계시와 하나님의 영광의 현시와 연결되어 있으며, 그 맹인이 20-30년 동안 앞을 보지 못하고 그 자신과 가족 모두에게 극심한 고통을 가져다 준 후에야 비로소 나음을 얻었다.

현실적으로 말하자면, 질병과 임박한 죽음과 사별 등의 고통을 당하는 사람들에게 다음과 같이 말하여 괴로움을 더 가중시키는 것은 거의 언제나 목회적으로 사려 깊지 못하고 신학적으로 어리석을 뿐 아니라, 옳지 않은 행동이다.

① 회개하지 않은 어떤 숨은 죄 때문이다
② 고침을 받을 수 있을 만큼의 믿음이 없어서 그런 것이다.

첫 번째 식으로 말하는 것은, 구체적인 질병과 구체적인 죄 사이에 언제나 연관성이 있다고 잘못 가정하는 것이다.

두 번째 식으로 말하는 것은, 어떤 질병을 고치시는 것이 언제나 하나님의 뜻이고, 따리서 부적합하고 불충분한 믿음에 의해서만 그 뜻이 좌절된다고 잘못 가정하는 것이다.

이 두 가지 주장을 깨뜨릴 수 있는 수많은 증거들이 있다. 그리고 본서의 여러 장들은 하나님께서 다른 여러 가지 이유로 그의 백성들에게 질병과 슬픔을 허락하실 수 있다는 사실을 보여준다. 나는 이 문제에 대해 본장의 뒷부분에서 조금 다른 관점으로 한 번 더 다룰 것이다.

넷째, 악한 행동이나 행위에 대한 결과로 찾아오는 질병과 죽음도 있지만, 그것은 초자연적인 법적 형벌이 아니라 하나님의 섭리 가운데서 이루어지는 "자연적인" 인과관계의 작용이다.

얼마나 많은 질병이 억눌린 증오, 분노, 시기, 괴로움, 죄책의 직접적 원인인가?

악한 태도들을 버리고 나면, 얼마나 많은 고혈압, 얼마나 많은 궤양, 그리고 얼마나 많은 대장염들을 피할 수 있는가?

얼마나 많은 죽음이 폭식의 결과인가?

사람들이 다른 사람들보다는 이윤에 더 관심이 있을 때 얼마나 많은 사람들이 오염으로 죽는가?

역기능적인 가정 안에서, 다시 말하면 인격적이고 사회적인 원인들의 집합체인 가정이 하나님께서 제정하신 방식대로 기능하지 않을 때, 얼마나 많은 정서적 문제들이 발생하는가?

각 개인이 평등한 사랑과 평등한 징계를 받지 못하거나, 큰 죄에 대한 용서를 느끼지 못하는 배경에서 얼마나 많은 "정서적 문제들"과 "신경쇠약"이 찾아오는가?

매독과 포진은 어떤가?

AIDS로 고통받는 환자들 중에 많은 사람들이 감염된 혈액의 수혈로 인해 그 질병을 얻는 것이 사실이기는 하지만, 이 질병이 난잡한 성관계와 불법한 약품 사용들을 통해 가장 흔하게 감염된다는 데에서 아무런 윤리적 교훈을 얻을 수 없는가?

언제나 쉽게 연관성을 찾을 수 있는 것은 아니다. 우리가 거의 알지 못하는 요소들이 있을 수 있다. 분명히 죄인들은, 특히 용서받은 죄인들은, 그들이 다른 죄인들을 향해 손가락질을 하지 않도록 매우 주의해야 한다. AIDS 위기와 같은 일들은 복합적인 윤리적, 정치적 문제들을 일으키고 있으며, 그 문제들 중에 일부를 본서의 부록에서 다룰 것이다.

그러나 종종 하나님의 심판이 초자연적인 엄청난 힘으로(아나니아와 삽비라의 경우처럼) 내려지는 것이 아니라, 주 하나님께서 세상을 처음 만드실 때 세워놓으신 자연적인 과정을 섭리적으로 주관하심으로써 내려진다는 사실을 분명히 해야 할 것이다.

엘리의 아들들은 그들의 아버지가 한 번도 징계를 하지 않았기 때문에 끔찍한 성적 타락에 빠졌다. 압살롬은 다윗이 그의 아들들을 징계하지 않고 그의 딸 다말의 강간 문제를 너무 안일하게 처리한 것 때문에 그의 이복형제 암논을 죽이고 다윗에게 반역했으며, 수 천 명의 생명을 앗아갔다. 이생에서는 우리의 죄와 연관된 고통스러운 결과들이 있다.

다섯째, 다른 장들에서 나는 질병과 사별로 인한 고통을 포함하여 고난과 고통이 믿음과 결합되기만 하면 좋은 결과를 낳는다는 사실을 보여주려고 노력했다.

나는 그 결과들이 단순히 "좋은 일들"이라고 주장하는 게 아니다. 제11장에서 나는 섭리의 신비에 대해 살펴볼 것이다. 그러나 성경이 하나님께서 징벌하는 형벌로서든지 또는 군사를 훈련시키는 것으로서든지 간에 그의 백성을 징계하신다고 가르친다는 사실에는 의심의 여지가 없다. 또한 수없이 많은 그리스도인들은 하나님의 은혜로 인하여 끔찍한 슬픔을 뒤돌아보고, 그들이 배운 교훈에 대해 하나님께 감사한다.

그렇다고 해서 슬픔이 즐겁다는 의미는 아니다. 슬픔의 원인들이 모두 본질적으로 "선하다"라는 의미도 아니다. "목적이 수단을 정당화한다"라는 명제가 악과 고난의 문제에 대한 "해답"이라고 주장하는 것도 아니다. 나는 단지 종종 발생하는 좋은 결과도 반드시 마음에 새겨야 한다는 것을 주장하는 것뿐이다.

더욱이, 항상 고난의 한 측면과 다른 측면을 분석적으로 구별할 수 있는 것이 아니며, 따라서 경험적으로 볼 때, 우리는 시간이 한참 흐르기 전까지는 우리가 겪고 있는 것들이 어떤 선한 일을 이루어가고 있다는 것을 쉽게 인식하지 못할 수도 있다. 이것이 바로 고난의 날이 우리에게 이르기 전에 이러한 사고체계와 습관들을 마음에 새겨두는 것이 필요한 중요한 이유다.

여섯째, 죄와 질병, 사별 그리고 죽음 사이의 연관성에 대한 이러한 고찰들의 논리적인 귀결이 있다.

자녀를 잃은 사람들에게는 다소 충격적으로 들릴 수도 있다. 위로를 주려는 의도가 아니고, 어떤 전망을 알려주기 위함도 아니다. 나는 이렇게 말해보겠다. 만일 우리가 모두 죽음의 형벌 아래에 있다면, **일찍 죽는 것은 우리가 생각하는 것보다 덜 충격적이다**. 이미 세상을 떠난 나의 친구들과 가족들과 그들의 향년을 예로 들 수 있다.

나는 어느 젊은 사람이 70세도 안된 전도유망한 나이에 죽는다면 크게 충격을 받을 것이다. 특히 그 사람이 나와 가까운 사람이라면 말이다.

그러나 우리 모두가 반드시 죽는다는 관점에서 보면, 분명히 그 구체적인 시간은 상대적으로 덜 중요하다.

만일 우리가 "불시의" 죽음에 너무 충격을 받는다면(죽음에 "정한 시간"이 있을까?), 그러한 반응은 우리가 반드시 하나님께서 어느 정도 우리에게 주셔야 할 의무가 있는 충분한 수명을 누려야 한다는 암묵적인 가정을 하고 있기 때문은 아닌가?

그러나 하나님께는 그런 의무가 없다. 우리가 죽지 않는 것은 오직 주님의 자비 덕분이다.

## 2. 죽음을 받아들이기

나는 이미 우리가 죽음에 의해 충격을 받는 것이 어쩔 수 없는 일이라고 주장하였다. 그러나 서구 사회 안에는 우리가 반드시 직면해야 할 문화적인 요소가 있다. 죽음은 최후의 금기사항이 되어 버렸다. 나는 성문제와 여성의 신체에 관한 쓸 수 있고, 동성애 문제를 공개적으로 논의할 수 있으며, 낙태 윤리에 대해 논쟁할 수도 있다. 그러나 이 시민 사회에서 죽음에 대해 언급해서는 안 된다.

시신은 장의사가 가져간 후에, 가족들이 "준비될" 때까지 가족들에게 보여서는 안 된다. 심지어 사별한 장본인들조차도 힘들어한다. 사별의 슬픔에 대해 말하고 싶어 하지 않는 사람들 중 대부분은 그것을 슬퍼하는 가족들이다. 그 가족 안에서조차 서로 말하지 않으며, 이루 헤아릴 수 없는 상실감과 절망에 빠진다. 그러는 동안, 엄청난 진보를 이룬 의학은 우리에게 살 권리가 있다고 믿게 만들어 버렸다.

청교도들은 어떻게 잘 죽을 것인지에 대한 설교와 책들을 출판했다.

그들은 이미 주님의 나라로 떠나간 성도들의 "유언" 모음집을 소중히 여겼다. 그러나 우리는 죽음을 직면하거나 그것에 대해 말하는 데에 엄청나게 큰 어려움을 겪는다.

토머스 네쉬(Thomas Nashe, 1567-1601)가 쓴 아래의 시를 생각해 보라.

그는 엘리자베스 시대의 작가로서 수십만 명의 사람들과 함께 재앙을 겪고 그들의 임종을 지켜보면서 최선을 다해 이 시를 적었지만 큰 명성을 얻지는 못했다.[3]

> 안녕, 세상의 기쁨이여 안녕,
> 이 세상은 불확실하네.
> 즐거움은 인생의 탐욕스러운 장난감.
> 죽음은 즐거움이 그저 장난감임을 증명하네.
> 그가 쏜 화살이 전혀 날아가지 못하네.
> 나는 아프네, 나는 죽어야 하네.
>   주님, 내게 자비를 베푸소서!

> 부자들이여, 부를 의지하지 말라,
> 금은 당신에게 건강을 가져다주지 못하네.
> 의사들도 쇠약해지며,
> 모든 것들에 끝이 있네.
> 재앙이 쏜살같이 찾아오네.
> 나는 아프네, 나는 죽어야 하네.
>   주님, 내게 자비를 베푸소서!

---

3  나는 Roy Clements 덕분에 이 시를 알게 되었다.

아름다움은
곧 시들어버릴 꽃과 같네.
광명체들이 하늘에서 떨어지네.
여왕들은 젊고 매력 있을 때 죽었고,
흙이 헬렌의 눈을 덮고 있다네.
나는 아프네, 나는 죽어야 하네.
　　주님, 내게 자비를 베푸소서!


힘센 장수가 무덤으로 들어가네.
용사 헥터를 벌레가 갉아 먹네.
검을 들고 운명과 맞서 싸울 수 없네.
땅이 입을 벌리고 기다리네.
오라! 오라! 종소리가 울리네.
나는 아프네, 나는 죽어야 하네.
　　주님, 내게 자비를 베푸소서!


그러므로 모든 자들이여
운명을 기꺼이 받아들이라.
천국은 우리의 기업,
이 땅은 단지 배우들의 무대,
하늘로 올라가세.
나는 아프네, 나는 죽어야 하네.
　　주님, 내게 자비를 베푸소서.

현대 작가가 그와 같이 솔직하게 죽음을 대면하는 것은 상상하기 어렵다. 우리는 딜런 토머스(Dylan Thomas)가 그의 죽어가는 아버지를 위로하던 말을 더 영웅시하는 경향이 있다.

"분노하라, 죽어가는 불빛에 분노하라."

사실, 우리가 하나님의 세상에서 우리의 자리를 받아들이고 죄와 죄의 결과의 치명적인 실재를 받아들인 후라면 분노를 일으킬 수도 있다. 그러나 딜런 토머스의 분노는 합당하지 않다. 그는 우주의 중심이 되고 싶어 한다. 그리고 그렇게 할 수 없는 것에 당황하여 분노한다.

네쉬와 비교해 보라.

네쉬의 후렴구는 현실을 솔직하게 직시한다.

"주님, 내게 자비를 베푸소서."

시편 90편을 보면, 모세가 죽음에 대해 비슷한 교훈을 말하는 것을 찾을 수 있다. 모세는 죽음이 하나님의 진노의 표현이라고 본다. 즉, 우리의 죄에 대한 하나님의 반응이라는 것이다. 따라서 모세는 죽음이 우리의 오만함을 하나님께서 제한하시는 것이며, 우리를 향한 하나님의 메시지를 생각하지 않고는 죽음을 대하지 않아야 한다고 본다.

그러나 이미 인용한 "누가 주의 노여움의 능력을 알며 누가 주의 진노의 두려움을 알리이까"라는 말씀으로 이러한 묵상의 결론을 내린 후에, "우리에게 우리 날 계수함을 가르치사 지혜로운 마음을 얻게 하소서"라는 말씀을 덧붙인다.

따라서 여기에서 그는 무익하게 죽음으로부터 도피하지 않는다. 모세는 죽음을 응시하고, 삶과 죄와 하나님과의 관계를 통해 죽음을 생각하며, 죽음의 의미가 무엇인지 이해하려고 애쓴다. 그리고 나서는 그 죽음의 관점에서 인생을 살 수 있는 지혜를 구한다. 모세는 죽음이 종말에 우리를 기다리고 있지 않은 것처럼 인생을 살기 원하는 현대인들을 호되게 꾸짖는다. 모세는 우리가 "우리의 날을 헤아려보기를" 원한다. 다시 말하면, 우리가 가진 한계를 깨닫고, 그 한계를 충분히 이해하면서 살기를 원한다. 오직 이러한 방법을 통해서만 우리는 "지혜의 마음을 얻을" 수 있다.

삶을 "종말의 유익의 관점에서" 바라보는 습관에 대해서는 다음 장에서 충분히 다룰 것이다. 단지 이것이 의미하는 바는, 예를 들어, 우리는 악한 자들과 불경한 대적들이 부요하고 평안하게 사는 것에 대해 그렇게 스트레스를 받을 필요가 없다는 것이다. 왜냐하면, 성경에 이르기를 "사람이 치부하여 그의 집의 영광이 더할 때에 너는 두려워하지 말지어다 그가 죽으매 가져가는 것이 없고 그의 영광이 그를 따라 내려가지 못함이로다"(시 49:16-17)라고 말씀하기 때문이다.

> 사람의 생명이 그 소유의 넉넉한 데 있지 않다(눅 12:15).

그리고 틀림없이

> 우리가 세상에 아무 것도 가지고 온 것이 없으매 또한 아무 것도 가지고 가지 못할 것이다(딤전 6:7).

그리스도인들은 천국 은행에 투자하는 법을 배울 것이다(마 6:19-21). 그곳이 바로 그리스도인들의 보물과 그들의 마음이 거할 곳이다.

이제 우리는 당신의 배우자가 병원에서 검진을 받고 심각한 결과를 받아든 채 집으로 돌아온 상황을 생각해 보자.

심각한 종양이 발견되었다는 결과다. 병원에서 지난 며칠 동안 급하게 몇 가지 검사를 진행했고, 결과는 모두 안 좋게 나왔다. 3개월밖에 더 살지 못할 것이고 한다. 그리고 현대 의학으로 할 수 있는 것은 단지 고통을 줄여주는 것뿐이다.

나는 그러한 소식이 어떤 가족에게라도 청천벽력 같은 충격을 가져다 주리라는 사실을 가볍게 여기고 싶지 않다. 지혜로운 사람들이 줄 수 있는 여러 가지 방법의 실질적인 위로와 지원이 있다.

그러나 만일 당신이 미리 이러한 일들에 대해 생각했던 그리스도인이라면, 당신은 이 죽음의 선고가 당신과 당신의 배우자가 그 동안 살아온 모든 삶과 전혀 다른 종류가 아니라는 사실을 깨달을 것이다. 즉, 당신은 회심한 이후로 줄곧 이 날을 준비해 왔다. 당신은 이미 하늘에 보화를 쌓아 두었으며, 당신의 마음이 그곳에 있다. 우리는 모두 죽음의 선고를 받았다. 우리는 모두 죽을 것이다. 다만 이 경우에 한 가지 다른 것은, 기적이 없는 한, 죽음의 선고가 당신이 예상한 것보다 더 빨리 집행될 것이라는 사실이다.

나는 이 노골적인 진리가 엄청난 위로를 줄 것처럼 말하는 게 아니다. 우리의 위로는 다른 요소들에 달려 있다. 그러나 이 진리를 온전히 받아들이면 불필요한 충격과 반항을 상당히 제거할 수 있다. 왜냐하면, 우리는 죽음을 직면하기를 거부하는 현대 서구 사회의 사고체계로부터 벗어나, 죽음을 직시하고, 죽음을 계획하고, 죽음의 관점에서 삶을 살고, 죽음을 기대하게 될 것이기 때문이다.

## 3. 죽음보다 더 나쁜 것들

언젠가 나는 의사에게서 내가 희귀한 질병에 걸렸다는 말을 들었다. 예후는 불확실했다. 그 질병은 가볍게 나타날 수도 있고 치명적으로 나타날 수도 있었다. 몇 달이 지난 후, 내 질병은 가벼운 쪽에 속한다는 진단이 내려졌다. 그러나 그 소식은 내 운명에 대한 나의 태도를 진지하게 고민할 수 있는 기회를 주었다. 3년 전, 나는 가벼운 심장질환으로 쓰러진 적이 있었는데, 처음에는 심각한 심장마비라는 오진이 내려졌었다. 다시 한 번, 나는 내 죽음에 대해 생각하지 않을 수 없었다.

죽음에서 가장 힘든 부분은 내 아내와 자녀들을 두고 가는 것이라고 생각했다. 만일 예후가 심각한 것으로 진단된다면, 남은 생애 동안 내 아내에게 최대한 다정하게 대하고, 자녀들에게는 훌륭한 그리스도인 아버지로 남아야겠다고 결심했다. 그러나 나는 그 유일한 이유를 제외하고는, 죽음이 왜 나쁜 것인지 그 이유를 전혀 발견할 수 없었다.

다소 부끄럽지만, 나의 이 평가는 사실 그리스도와 함께 사는 영광에 대한 묵상에서 나온 것이 아니었다. 내가 생각하기에 바울은 진심으로 "이는 내게 사는 것이 그리스도니 죽는 것도 유익함이라.... 내가 그 둘 사이에 끼었으니 차라리 세상을 떠나서 그리스도와 함께 있는 것이 훨씬 더 좋은 일이라 그렇게 하고 싶으나"라고 고백했지만, 나는 이러한 생각이 항상 나를 사로잡고 있을 만큼 충분히 영적으로 성숙하지 않다. 가끔 그럴 때도 있지만, 지속적으로 그러한 관점에서 살지는 못한다.

오히려 나는 히스기야 왕의 운명을 기억했다(왕하 20:2; 대하 32:24-31; 사 38-39장). 히스기야 왕은 죽음의 선고를 받았을 때, 주님께 15년의 생명 연장을 간구했으며, 실제로 그것을 허락받았다. 그리고 그 15년 동안, 그는 어리석은 교만 때문에 자초한 사건으로 악명 높은 사람이 되었다. 그의 명성만 위기에 처한 것이 아니었다. 그의 행동이 남유다 왕국에 가져다 준 미래도 재앙이었다.

이것이 바로 내가 죽음보다 더 나쁜 것들이 있다고 믿는 이유다. 나는 그 동안 얼마나 많이 "오, 주님 당신에 대한 사랑을 결코, 결코 배신하며 살지 않게 하소서"라고 기도했는지 모른다. 내 아내에게 정조를 지키지 않으니 차라리 죽는 게 낫다. 방탕한 삶을 삶으로써 내가 여러 책에서 가르친 내용들을 부인하느니 차라리 죽는 게 낫다. 복음을 부인하느니 차라리 죽는 게 낫다. 하나님께서는 나의 과거에 참으로 부끄러운 일들이 많았음을 아신다. 나는 그러한 부끄러움이 앞으로는 그리스도를 더욱 욕되게 하지 않기를 원한다. 죽음보다 더 나쁜 것들이 있다.

## 4. 하나님의 메가폰

본서 제5장에서 우리는 하나님께서 그의 자녀들을 징계하시는 의도에 관한 여러 성경 구절들을 살펴보았다. 우리는 그 주제로 다시 돌아가서 약간 다른 관점에서 살펴볼 필요가 있다. 우리는 고통, 고난, 사별 등이 어떻게 신자의 삶에서 그런 식으로 기능할 수 있는지 조금 묵상해 보아야 한다. 일단 앞선 장에서의 본문과 추론들이 "기정사실"이라고 가정하려고 한다. 만일 필요하다면 앞으로 가서 다시 확인하기 바란다.

고통과 고난을 믿음으로 받는 것이 우리가 그리스도인으로 성숙해지는 데 도움이 되는 방식은 크게 세 가지다.

첫째, 리차드 백스터(Richard Baxter)의 말을 빌자면, "고난은 마음의 문을 열어서 하나님의 말씀이 더 쉽게 들어올 수 있게 해 준다."[4]
우리는 너무 바쁘게 일하고, 바쁘게 인생을 즐기고, 바쁘게 이력을 쌓아가고, 심지어 "주님을 섬기는" 일에도 너무 바빠서, 말씀을 묵상하거나

---

4   *The Saints' Everlasting Rest* (repr., Grand Rapids: Baker, 1978), 246.

기도를 하거나 삶의 우선순위를 정하는 일을 진지하게 고민하지 못한다. "그가 내 눈물을 닦아주어 내가 보게 되네"라는 유명한 노래는 너무 감상적인 노랫말을 담고 있긴 하지만, 그래도 중요한 진리를 보여준다.

그러나 분명히, 고난이 항상 그런 효과가 있는 것은 아니다. 고통은 사람들을 더 낫게 만들기도 하고, 더 나쁘게 만들기도 한다. 만일 고통이 우리 속에서 일정한 패턴의 슬픔을 가중시키고 있다면, 우리는 깊은 절망의 해협에 빠져있는 것이다.

그러한 슬픔을 뒤바꿀 수 있는 첫 번째 단계는, 아무리 깨지고 혼란스럽고 상한 마음을 가지고 있다 하더라도, 주님 앞에 나아가서 주의 말씀을 읽고, 주의 얼굴을 구하고, 오직 주님만 주실 수 있는 위로를 공급해 달라고 기도하는 것이다. 왜냐하면 타락한 세상에서, 고통과 고난은 개인과 국가를 향한 하나님의 메가폰으로서, 우리가 어떠한 신앙고백을 한다 할지라도 사실상 하나님을 인정하지 못하는 자기중심적인 삶으로부터 우리의 주의를 되돌려 놓아주기 때문이다.

둘째, 질병, 사별 그리고 고난은 사실 우리를 빚어간다.

그것들은 우리를 부드럽게 한다. 우리를 변형시켜 준다. 우리가 그 과정을 즐기지 못할 수도 있다. 그러나 그것들은 우리를 변화시킨다. 이미 앞에서 본 바와 같이, 그 진리는 로마서 5:1-5에서 분명히 가르치고 있다. 이 말씀을 올바로 받기만 하면, 고통은 우리를 자기중심적 삶으로부터 벗어나게 해주고, 이 타락한 세상의 본질을 볼 수 있게 해 주며, 죽음을 대비할 수 있게 해 주고, 그리스도와 다른 사람들의 고난을 기억하게 해 준다.

웨일즈의 찬송 작가이자 복음주의자였던 윌리엄 윌리엄즈(William Williams)는 병상에 있을 때 그 이전의 40년 동안보다 더 많이 자기 자신

에 대해 알게 되었고, 하나님의 선하심에 대해서도 더 알게 되었다고 증언하였다.[5]

셋째, 앞의 요점과 연관된 것으로서, 고난, 질병, 그리고 사별의 경험은 우리 속에 긍휼과 자비심을 일깨워줘서 우리로 다른 사람들을 더 잘 도울 수 있게 해 준다.

수 년 전, 내가 아는 어느 부부는 그들의 삶에서 단 한 번도 질병을 앓아본 적도 없었던 터라 그들의 어린 자녀가 점점 머리가 아프다는 말을 무시했다. 아이가 더 큰 소리로, 그리고 더 길게 고통을 호소하자, 두 사람은 아이를 더 호되게 제지하면서 칭얼대지말라고 주의를 주었다. 그들이 결국 아이를 데리고 병원을 방문했을 때, 의사들은 아이의 머리에서 몇 달째 자라난 뇌종양을 발견했다. 조금 더 일찍 알았더라면, 아무런 뇌 손상 없이 종양을 제거할 수 있었다.

그러나 부모가 도움을 요청했을 때는 이미 아이가 수술과 함께 실명될 처지가 되었다. 물론, 아무도 확신할 수는 없지만, 부모 중 한 명이라도 그 육체적인 고통에 대한 경험이 있는 사람이었다면 훨씬 더 행복한 결과를 얻을 수 있지 않았을까 라는 생각을 하지 않을 수 없다. 그 부모를 탓하려는 것이 아니다. 다른 사람의 고난에 대해 실제적인 도움을 주지는 못하더라도 동정적인 평가를 하는 태도는, 스스로 고난을 겪어보지 못한 사람들보다는 고난을 겪어본 사람들에게서 더 많이 찾아볼 수 있는 것 같다.

사도 바울은 이 점을 이해하고 있다.

---

5 E. Houghton, *Christian Hymm-Writers* (Bridgend: Evangelical Press of Wales, 1982), 116.

> 찬송하리로다 그는 우리 주 예수 그리스도의 하나님이시요 자비의 아버지시요 모든 위로의 하나님이시며 우리의 모든 환난 중에서 우리를 위로하사 **우리로 하여금 하나님께 받는 위로로써 모든 환난 중에 있는 자들을 능히 위로하게 하시는 이시로다**(고후 1:3-4, 굵은 고딕 강조 추가).

더욱이 "환난"에 대한 이러한 관점은 사도들에게만 해당되는 것이 아니라, 다른 지도자들에게도 해당된다. 실제로, 이 관점은 그리스도의 십자가에서 나오는 것이며, 기독교 공동체 안에서 대대로 전해져 온 것이다.

> 그리스도의 고난이 우리에게 넘친 것 같이 우리가 받는 위로도 그리스도로 말미암아 넘치는도다 우리가 환난 당하는 것도 너희가 위로와 구원을 받게 하려는 것이요 우리가 위로를 받는 것도 너희가 위로를 받게 하려는 것이니 이 위로가 너희 속에 역사하여 우리가 받는 것 같은 고난을 너희도 견디게 하느니라 너희를 위한 우리의 소망이 견고함은 너희가 고난에 참여하는 자가 된 것 같이 위로에도 그러할 줄을 앎이라 (고후 1:5-7).

수 년 동안 목사로 섬기지 않았어도 슬픔에 빠진 다른 사람들을 잘 돕는 사람들을 발견할 수 있다. 그 사람들은 거의 대부분 자기들도 슬픔을 당해 본 사람들이다. 이것이 의미하는 바는, 신자들이 슬픔과 고난을 끝까지 견디어 낼 때 얻을 수 있는 것들 중의 하나가 바로 그들이 상상하는 것보다 훨씬 더 풍성한 열매를 맺는 세계관일 것이라는 사실이다. 열매를 맺는 가지는 가지치기를 해 준다. 그래야 더 많은 열매를 맺는다 (요 15장).

그렇다고 해서 이것이 보편적인 진리는 아니다. 악과 고난처럼 복잡한 문제에 대해서는 한 가지 획일적인 관점만 있을 수는 없다. 그러나 이것은 결코 간과할 수 없는 성경적인 관점이다. 나는 사람들이 장례식에서 달라지는 것을 많이 보았다. 마음의 상처를 겪은 수많은 사람들이 수년 후에는 고난받고 슬퍼하는 새로운 세대의 버팀목이 되었다.

우리의 고난이 마음의 문을 열어서 하나님의 말씀을 더 쉽게 받아들일 수 있게 해 준다면, 그 고난은 우리의 마음의 문을 열어서 다른 사람을 긍휼히 여기는 사랑을 더 쉽게 흘러나가게도 해 준다.

## 5. 신학체계의 중요성

북아메리카의 집들은 대부분 나무로 뼈대를 세운다. 집의 뼈대가 그 집의 형태를 결정하는 것과 같이, 신학적인 논의도 (대체로) 그 뼈대가 강조점을 결정한다.

이 점에 있어서 나는 존 윔버와 관련된 "표적과 기사" 운동에 대해 몇 가지 이야기해야겠다. 윔버는 죽었지만, 그가 몸담았던 교단인 빈야드와 다른 많은 교회 그룹들이 그의 신학으로부터 큰 영향을 받았다. 은사에 관한 신약성경 구절들에 대한 일련의 "은사주의적인" 주해들과 관련해서는 이미 다른 책에서 여러 각도로 논의했으므로,[6] 여기에서는 그와 똑같은 문제를 다루지 않을 것이다. 나는 "반-은사주의적"이지도 않고 "반-윔버"도 아니다. 의심할 여지없이 교회들은 그 운동으로부터 많은 것을

---

6 D. A. Carson, *Showing the Spirit: A Theological Exposition of 1 Corinthians 12-14* (Grand Rapids: Baker; Exeter: Paternoster, 1987), chap. 5.

배워야 한다.

그러나 여기에서 나의 관심은 윔버의 신학체계가 어떻게 그렇게 광범위한 결과를 낳았는지, 그리고 만일 그가 더 큰 뼈대를 받아들였다면 그 결과가 어떻게 달라졌을지 잠시 살펴보는 것이다.

그가 출판한 책들에서 펼친 견해들을 단순화해서 요약하면(부당하지 않기를 바라면서), 다음과 같이 말할 수 있을 것이다. 윔버는 예수님의 사역에 있었던 하나님 나라의 침노가 여전히 우리와 함께 한다고 주장한다. 완성된 나라가 아직 도래하지 않았지만, 구원하는 나라, 변혁시키는 나라의 여명은 이미 밝았다. 그리고 예수님께서 이미 통치하고 계신다. 따라서 모든 권위가 그에게 있다.

그러므로 모든 능력의 역사들, 즉 죽은 자를 다시 살리는 것을 포함하여 즉 귀신을 내쫓고, 병자를 고치고, 각종 기적을 행하는 일들이 예수님의 설교와 복음 전파에 수반되었던 것처럼, 그리고 하나님 나라의 임재와 능력이 드러나는 데에 빠질 수 없는 부분이었던 것처럼, 그것들은 오늘날에도 일어나야 한다는 것이다.

이미 시작되었고 우리 가운데 임한 하나님 나라는 능력의 역사들로 드러나야 한다. 이러한 기적 행위들은 증거가 필요한 말들(복음 전파)에 확실한 신뢰성을 더해준다. 즉, 갈릴리 사람들이 예수님의 말보다는 귀신과 자연에 대한 그의 권위에 놀란 것과 같이, 권위 있는 행위와 권위 있는 복음 선포를 결합시키는 것이 이 시대에 꼭 필요하다. 성경에 정말로 충실하고 하나님 나라의 임재를 보여주기 위해서는 "능력 전도"가 있어야 한다.

이 목표를 위해 윔버와 그를 따르는 자들은 예수님의 이름으로 병을 고치고 귀신을 내쫓는 등의 집회에 많은 시간을 들인다. 윔버는 매우 솔직하다. 그의 "성공률"이 약 2퍼센트이며, 모든 개인이 반드시 병 고침을 받아야하고 그렇지 않을 경우에 믿음이 없다는 비난을 받아야 한다는 식으로 생각하게 하는 신약의 근거는 없다고 조심스럽게 주장한다.

다른 말로 히면, 그의 병 고침 시역의 신학체계는 전통적인 은시주의 신학과 매우 다르다. 실제로 나는, 몇 가지 인정할 수 없는 작은 문제들을 제외하고는, 그가 하나님 나라를 이해하는 기본적인 체계가 성경적으로 나무랄 데 없다고 기꺼이 주장할 수 있다.

그러나(여기에서 "그러나"가 매우 중요하다) 그의 신학체계는 여전히 충분하지 않다. 그는 고난의 신학 없이 병 고침과 능력의 신학을 세우려고 했다. 그는 올바른 십자가 신학 없이 승리의 신학을 세운 것이다. 그리고 그는 죽음에 대한 올바른 묵상 없이 생명의 신학을 세웠다. 윔버는 질병이 정복될 때 하나님 나라의 승리를 본다. 그러나 사람들이 질병 중에서 변화될 때에는 하나님 나라의 승리를 보지 못한다.

그는 하나님의 능력을 논하지만, 하나님께서 지속적인 약함 속에서 그의 능력을 계시하시는 속성과는 씨름하지 않는다. 그는 승리의 믿음을 역설하지만, 말할 수 없는 고난 중에서 그것을 묵묵히 견디어 내는 데서 드러나는 믿음이야말로 진정한 승리의 믿음이라는 사실을 보여주기에 충분히 큰 신학을 세우지 못한다.

죄와 고난이 근본적으로 악이라고 보는 그의 관점은 옳지만, 그는 하나님의 주권이 어떻게 그 죄와 고난 뒤에서 역사하는지, 그리고 심지어 어떤 경우에는 그것들을 연단의 도구로 사용하시는지 결코 생각하지 못한다. 요컨대, 윔버의 신학체계는 충분히 크지 않다.

여기에서 더 나아가, 윔버는 중요한 근거들을 공관복음에서 찾아내지만, 사실상 그의 신학체계는 공관복음을 제대로 분석해 낼 만큼 충분히 크지 않다고 할 수 있다.

① 예수님의 의도가 언급될 때나 그의 주도권이 묘사될 때, 거의 항상 염두에 두는 것은 그의 가르침과 설교이지 그의 치유사역이 아니다(예. 막 1:15, 21, 35-39; 2:2, 13; 3:14, 22-23; 4:1; 6:1-2, 34; 7:14; 8:31, 34; 9:30-31; 10:1; 12:1, 35).

② 반대로, 한 두 개의 일반화시킨 진술들을 제외하고는(예. 마 4:23), 예수님께서 각 사람을 고치시거나 귀신을 쫓아내실 때, 사건의 발단은 고난을 받는 자에게 있거나(예. 마 8:3-4; 9:20-22, 27-31; 17:14-18; 막 1:23-26; 눅 7:1-10; 요 4:46-54; 또는 고난받는 사람의 친구가 주도하는 경우, 마 9:27-31; 12:22; 막 1:30-31, 32-34; 6:55-56), 또는 매우 놀랍게도, 예수님께서 다른 목적으로 그곳에 계실 때에 한 개인에게 기적을 행하신다.

이 두 번째 경우의 예로는, 누가복음 13:10-13의 꼬부라진 여인의 경우("예수께서 안식일에 한 회당에서 가르치실 때에… 한 여자가 있더라 예수께서 보시고 불러 이르시되"), 요한복음 5장의 38년 된 병자의 경우("그 후에 유대인의 명절이 되어 예수께서 예루살렘에 올라가시니라.… 그 안에 많은 병자, 맹인, 다리 저는 사람, 혈기 마른 사람들이 누워… 거기 서른여덟 해 된 병자가 있더라 예수께서 그 누운 것을 보시고 병이 벌써 오래된 줄 아시고 이르시되"), 마태복음 12:9-13의 손 마른 병자의 경우("거기에서 떠나 그들의 회당에 들어가시니 한쪽 손 마른 사람이 있는지라"), 그리고 이와 비슷한 여러 경우들이 있다.

이러한 구절들을 관찰할 때 생각이 너무 멀리 나가서는 안 된다. 틀림없이 예수님께서는 병 고침을 메시아 사역의 한 부분으로 보셨다(마 8:16-17; 11:5-6을 보라). 마태복음 10장에서 제자들을 훈련 삼아 파송시키실 때에도, 예수님께서 제자들에게 주신 말씀에, 제자들이 아무 것도 가지지 말라는 것과(10:9-10), 그들이 반대와 박해를 받으리라는 말씀(10:16-42)이 들어있다는 사실이 종종 간과되곤 하지만, "병든 자를 고치며 죽은 자를 살리며 나병환자를 깨끗하게 하며 귀신을 쫓아내라"는 명령이 분명히 포함되어 있다.

그러나 반드시 알아야 할 것은, 예수님께서 사람들을 초청해서 치유 집회를 여시거나, 사람들을 위한 일반적인 치유 기도를 하시거나, 또는 사람들에게 안수하시기 위해 앞으로 불러내시는 일 등을 하셨다는 기록이 없다는 사실이다.

③ 예수님께서 어떤 개인에 대한 사역을 먼저 시작하셨을 때에도 그 사역은 결코 사소하거나 모호하지 않았다. 예수님께서 다음과 같은 식으로 말씀하신 적이 없다.

"내가 주님께로부터 말씀을 받았다. 여기에 허리 통증을 앓는 사람이 있는데, 하나님께서 당신을 고치기 원하신다" 또는 "발가락 통증이 있는 사람이 여기에 있다"라는 식의 더 황당한 말씀을 하신 경우는 더더욱 없다. 이와 비슷한 유일한 사건은 혈루증을 앓는 여인을 고치신 사건이다. 하지만 그 경우에 예수님께서 그 여인에게 "내 몸에 손을 댄 자가 누구냐?"라고 물으신 것은, 그 여인이 이미 나음을 입은 뒤였다. 따라서 그런 의미에서 이미 구체적인 상황이 된 것이었다.

④ 표적과 기사들이 종종 성경에서 믿음을 요구하는 요소들로 사용되기는 하지만(예. 요 10:38), 그 경우에도 표적과 기사들은 대체로 하등한 믿음의 수단들이며(예. 20:29), 종종 사람들은 표적과 기사들을 추구하는 것 때문에 꾸지람을 받기도 한다(예. 마 12:39; 요 4:48). 나

는 이렇게 다양한 성경의 사상들이 웜버의 사상과 일치하는 점을 도무지 찾을 수 없다.

따라서 이 모든 것들을 고려할 때, 웜버가 고통과 고난에 접근하는 방식은, 내 판단으로는, 처음에는 매우 인상적으로 보일지는 모르나, 복음서 자체의 여러 문맥들을 무시할 뿐 아니라, 악과 고난 그리고 죽음의 문제를 더 전체적으로 다루는 더 큰 성경적 틀에 부합하지 못하는 편협한 신학체계에 갇혀있다고 생각한다.

이보다 훨씬 더 비판을 받아야 하는 것은, 신자들에게 그들이 반드시 고침을 받아야 한다고 말하거나, 그들이 고침을 받지 못하는 것이 그들에게 믿음이 부족하기 때문이라고 말하는 식의 신학 형태다. 내가 지금까지 관찰한 바에 의하면, 그러한 신학을 주창한 사람들은 그러한 신학을 신봉하지 않은 사람들에 비해 더 늦게 죽지 않았다.

슬픈 사실은, 이러한 승리의 신학이 신학적으로 근거가 없을 뿐 아니라, 목회적으로도 잔인하다는 것이다. 분별 있는 그리스도인들은 하나님께서 종종 정말로 병을 고치신다는 진리를 굳게 붙잡고 있을 뿐 아니라, "한 번 죽는 것은 사람에게 정해진 것이요"(히 9:27)라는 예수님의 말씀도 굳게 붙잡는다.

## 6. 고난, 사별 그리고 하나님의 위로

이 주제에 대해 앞에서 여러 번 언급했는데, 이제 조금 더 자세하게 다룰 때가 되었다. 우리는 모세가 시편 90편에서 노래하는 한 대목을 읽어보았다. 모든 불평을 마친 후에, 그리고 하나님의 진노와 그의 임박한 죽음에 대한 지혜를 구한 후에, 모세는 매우 놀랍게 이렇게 기도한다.

> 아침에 주의 인자하심이 우리를 만족하게 하시 우리를 일생 동안 즐겁고 기쁘게 하소서(시 90:14).

시편 102편에서는, 고통을 당하는 시편 기자가 자기의 슬픔을 구체적으로 나열하고 그에게 너무 일찍 찾아오는 임박한 죽음에 대해 자세히 노래하는데, 그에게 기쁨과 위로를 가져다주는 것은 하나님의 오래 참으시고, 신실하시고, 불변하신 속성에 대한 묵상이다. 우리는 자연스럽게, 그리고 즉각적으로 하나님께 위로를 구해야 한다.

내 아들은 무릎이 까질 때면 언제나 눈물을 흘리면서 내 품으로 달려왔다. 그는 자기 아버지가 이 문제에 관심이 있는지 철학적으로 사색하지 않았다. 그저 달려와서 부둥켜안았다. 물론, 어떤 면에서 우리는 어린아이가 아니며, 하나님의 아버지 되심도 우리와 꼭 같지는 않다(사실, 나의 아버지 됨은 하나님을 어설프게 모방한 것뿐이다. 엡 3:15).

그러나 우리는 비유적으로 우리의 무릎이 까졌을 때, 즉시 하나님께 위로를 얻는 어린 아이와 같아야 한다. 이것은 우리가 미성숙하다는 증거가 아니다. 오히려 하나님께 속했다는 증거다. 사실, 우리가 본능적으로 우리의 하늘 아버지께 달려가지 않는다면, 우리의 머뭇거림은 우리가 아버지와의 관계를 너무 냉랭하게 만들게 되어 그분을 본능적으로 의지하는 것이 매우 "부자연스럽게" 된다. 즉 계산적이 된다.

하나님께서 주시는 위로가 참된 위로라는 사실을 인식하는 것이 매우 중요하다. 이것은 단지 무표정한 얼굴로 "하나님께서 가장 잘 아신다"라고 주장하는 식의 스토아주의가 아니다. 물론 하나님께서 가장 잘 아신다는 확신이 우리에게 위로를 줄 수도 있지만, 그 속에 무언가가 더 있어야 한다.

그러나 여기에서 나는 단지 "교리적인 위로"에 대해 말하고 있는 것이 아니라 인격적인 위로에 대해 말하는 것이다. 영혼에 밀려오는 하나님에 대한 감동(더 좋은 표현을 모르겠다), 그의 사랑에 대한 깊은 감각, 그의 임재 안에서의 기쁨, 그의 돌보심과 지혜의 위로 등이다.

> 여호와는 나의 빛이요 나의 구원이시니 내가 누구를 두려워하리요… 내가 여호와께 바라는 한 가지 일 그것을 구하리니 곧 내가 내 평생에 여호와의 집에 살면서 여호와의 아름다움을 바라보며 그의 성전에서 사모하는 그것이라 여호와께서 환난 날에 나를 그의 초막 속에 비밀히 지키시고 그의 장막 은밀한 곳에 나를 숨기시며 높은 바위 위에 두시리로다…. 너희는 내 얼굴을 찾으라 하실 때에 내가 마음으로 주께 말하되 여호와여 내가 주의 얼굴을 찾으리이다 하였나이다… 내 부모는 나를 버렸으나 여호와는 나를 영접하시리이다(시 27편).
>
> 여호와여 주의 은혜로 나를 산 같이 굳게 세우셨더니 주의 얼굴을 가리시매 내가 근심하였나이다(시 30:7).
>
> 내가 여호와께 간구하매 내게 응답하시고 내 모든 두려움에서 나를 건지셨도다(시 34:4).
>
> 너희는 여호와의 선하심을 맛보아 알지어다 그에게 피하는 자는 복이 있도다(시 34:8).

하나님 자신이 그의 언약 백성들에게 "가장 큰 상급이시다"(창 15:1). 하나님을 기뻐하는 것이 하나님의 백성들에게 힘이 된 것은 비단 느헤미야 시대만의 일은 아니다(느 8:10). 바울은 그의 편지를 받는 성도들이 그리스도 예수 안에서 그들을 향한 하나님의 무한히 광대한 사랑을 점점 더 많이 알게 되기를 기도한다(엡 3:17b-19).

　삼위 하나님께서는 그의 백성의 삶속에 성령으로 임하신다(요 14:23). 그리스도께서 이 성령을 그의 제자들에게 풍성한 평안과(요 14:27) 기쁨을(요 15:11) 함께 주셔서, 우리의 마음이 결코 괴롭거나 두려워하지 않게 하신다(요 14:27).

　따라서 우리에게 필요한 것은, 하나님에 대한 인격적인 지식을 함양하는 것이다. 왜냐하면 다른 모든 삶의 기둥들이 무너질 때 이것만이 우리를 지탱시켜주기 때문이다. 이것을 위해 우리는 기도에 더욱 힘쓰고, 하나님의 말씀이 계시하는 하나님과, 우리 속에서 성령을 통해 역사하시는(엡 1:18 이하; 3:16-17a; 빌 3:10) 부활의 주님의 임재와 능력에 대해 묵상하는 훈련을 함으로써 "믿음으로 말미암아 그리스도께서 너희 마음에 계시게 해야 한다"(엡 3:17).

## 7. 죽음을 초월하다

　우리 그리스도인들은 악과 고난의 문제들과 씨름할 때, 그리고 특별한 질병과 죽음을 경험할 때, 소위 "사후세계"라고 불리는 것에 대해 너무 성급하게 호소하지 않는 것이 중요하다. 우리는 현세에서 몸부림친다. 따라서 성경이 제공하는 위로와 전망의 대부분은 종말에 대한 호소와 거의 상관이 없다. 우리가 너무 급하게 "사후세계"에 대한 생각으로 옮겨가는 바람에 그 모든 위로와 전망을 잃는다면 그것은 비극이다.

　그럼에도 불구하고, 성경은 종종 우리가 그리스도 예수 안에서 갖는 소망의 관점에서 질병, 사별, 그리고 죽음 등을 바라보라고 권면한다. 우리가 사랑하는 사람이 죽었을 때, 성경은 우리에게 슬픔을 억누르라고 권면하지 않지만, "소망 없는 다른 이와 같이 슬퍼하지" 않아야 한다고 주장한다.

수많은 장례식에 참석하거나 집례를 해본 사람이라면 그 차이를 안다. 나는 복음의 소망이 없는 장례식에 참석한 사람들의 얼굴에 커다랗게 드리워진 공허한 절망과 낙담을 어떻게 표현할 길이 없다. 어떤 전통들에 의하면, 그 절망은 곡하는 사람들의 끝없는 곡소리와 탄식소리로 훨씬 증폭된다. 그러나 분명히 그리스도인의 장례식에서는, 죽은 사람이나 그 뒤에 남아 슬퍼하는 사람들 모두 주 하나님을 인격적으로 알기 때문에, 장례식의 분위기가 명백히 다르다.

거기에도 눈물은 있다. 깊은 슬픔도 있다. 인격적인 상실감도 엄청날 수 있다. 그러나 어쨌든, 거기에 끔찍한 절망은 없다. 실제로, 오싹한 죽음의 위력 앞에 굴복하지 않고 서 있는 그리스도인의 증거가 엄청나게 감동적이기 때문에 약간의 눈물을 흘린다. 우리도 슬퍼한다. 그러나 "소망 없는 다른 이와 같이 슬퍼하지 않는다. 우리는 예수께서 죽으셨다가 다시 살아나심을 믿으므로, 이와 같이 예수 안에서 자는 자들도 하나님께서 그와 함께 데리고 오실 것을 믿는다"(살전 4:13-14).

우리의 궁극적인 소망은 새 하늘과 새 땅이다. 그곳에는

> 하나님의 장막이 사람들과 함께 있으매 하나님께서 그들과 함께 계시리니 그들은 하나님의 백성이 되고 하나님께서는 친히 그들과 함께 계셔서 모든 눈물을 그 눈에서 닦아 주시니 다시는 사망이 없고 애통하는 것이나 곡하는 것이나 아픈 것이 다시 있지 아니하리니 처음 것들이 다 지나갔기 때문이라(계 21:3-4).

앞에서 본 바와 같이, 죽음은 근본적으로 하나님께서 인간의 교만함

에 "여기까지, 더 이상은 안 돼"라고 하시며 엄격하게 한계를 지워주신 것이므로, 가장 깊은 죽음의 공포는 하나님으로부터 영원히 떨어지는 것이다.

그러나 하나님과의 화해가 있고, 하나님의 아들과 그의 십자가의 죽음에 대한 믿음으로 살아계신 하나님과 실제적인 연합을 이룬 곳에서는, 죽음이 더 이상 옛날과 같은 위력을 발휘하지 못한다. 죽음은 아직 완전히 파멸되지 않았지만, 그 위력을 잃어버렸다.

> 사망이 쏘는 것은 죄요, 죄의 권능은 율법이다(고전 15:56).

그러나 우리를 대신하여 죽으신 분에 의해 죄가 속죄되고 율법의 저주가 무효가 된 곳에서는 이렇게 반응한다.

> 우리 주 예수 그리스도로 말미암아 우리에게 승리를 주시는 하나님께 감사하노라!(고전 15:57)
>
> 따라서 죽음에서 진짜 중요한 점은 더 이상 무엇으로부터 분리되는 것이 아니라, 본향을 향해 가는 것이다. 죽음에서 그 쏘는 것과 독을 제하여 버리면, 죽음은 더 이상 하나님의 진노의 인격적인 성취가 아니며, 부활하신 주님과의 교제에 아무런 영향을 끼치지 못하는 생물학적 가면일 뿐이다.[7]

예수님께서 부활이요 생명이시므로, 그를 믿는 자는 죽어도 살 것이다 (요 11:25).

---

[7] Thielicke, *Living with Death*, 161.

이 진리가 사별에 대한 우리의 태도를 바꾸어놓아야 하며, 질병에 대한 평가와 죽음을 향해 가는 우리 자신에 대한 평가도 바꾸어야 한다. 그리스도인이 이 세상에서 하나님의 임재에 대한 인식을 더 많이 하면 할수록, 내세에서 하나님의 임재를 경험할 때 누리게 될 말할 수 없는 기쁨을 더 쉽게 기대할 수 있을 것이다.

지난 2-3년 동안 나는 치명적인 질병을 앓고 있던 몇 사람을 대해야 했는데, 그들은 여러 형제자매들이 선의를 가지고 그들을 돌보기는 했지만, 이러한 식으로 생각할 수 있게 돕지 못해서 매우 심각하게 낙담해 있었다. 이런 위로자들은 그들의 기분을 전환시켜주거나, 헛된 치료의 꿈을 계속해서 심어 준다.

또는 이 세상의 문제들에 온통 몰두하게 만들어서 그들이 다음 세상에 대해 생각할 시간과 에너지가 없게 만들어 버린다. 그들은 사랑하는 사람들에게서 복음이 주는 엄청난 위로를 앗아가 버린다. 슬픈 사실은, 성도들이 잘 죽을 수 있게 적극적으로 돕는 그리스도인들과 교회들이 이 서구 사회에서 너무 적다는 것이다. 기분전환은 예수 그리스도만 주실 수 있는 위로를 대신할 수 없다. 복음만이 주는 위로만이 확신을 주기 때문이다.

이러한 복음적인 전망은 죽어가는 사람들에게 뿐만 아니라, 사별해야 하는 사람들에게도 위로를 준다. 우리가 사별할 때, 심지어 어린 자녀나 가까운 친구나 평생의 동반자를 떠나보낼 때, 우리의 슬픔은 당연히 상실과 외로움, 쓰라린 이별, 소망과 계획의 좌절, 그리고 인격적인 공허감 등을 향한다. 그러나 우리는 우리가 사랑하는 사람이 무(無)로 사라졌다거나, 지옥에 들어갔다거나 또는 우주의 의식 속으로 빨려 들어갔다고 생각하면서 슬퍼하지는 않는다.

1542년 9월, 마틴 루터의 딸들 중 한 명이었던 막달레네(Magdalene)는 슬퍼하는 그의 아버지 곁에 누워 죽어가고 있었다.

아버지가 딸에 물었다.

"막달레네, 내 사랑하는 딸아, 아버지와 함께 계속 여기에 있고 싶니, 아니면 저 위에 계시는 아버지께 가고 싶니?"

막달레네는 대답했다.

"사랑하는 아버지, 하나님께서 원하시는 대로요."

루터는 딸을 가슴에 꼭 안고 흐느끼며 하나님께서 그 딸을 놓아주시기를 기도했다. 그리고 딸은 세상을 떠났다. 관속에 누워 있는 딸을 보며 루터는 선언했다.

> 사랑하는 레나, 너는 부활하여 별과 같이 빛날 것이다. 그래, 해와 같이 빛날 것이다.... 내 영혼은 기쁘다. 그러나 내 육신은 슬프며 만족하지 않는다. 이별의 슬픔을 이루 말할 수 없다.... 한 성도를 천국으로 보냈다.[8]

역사적으로 너무 멀리까지 거슬러 올라갈 필요도 없다. 평생 동안 주님을 신실하게 섬긴 선교사 부부의 23살 난 젊은 딸의 장례예배에 대해 이야기할 수 있다. 가족들이 전혀 준비하지도 못하고 예상치도 못하게 중년의 나이에 갑자기 세상을 떠나버린 어느 목사 사모님의 추도 예배에 대해서도 이야기할 수 있다. 그 가족은 장례식에서 이렇게 노래했다.

> 나의 소망은
> 나를 위해 자기를 내어 주신 주님 안에 있네.

---

8  E. G. Rupp and B. Drewery, eds., *Martin Luther* (London: Edward Arnold, 1971), 162에 인용된 글.

> 나를 위해 그가 죽으셨네, 나를 위해 그가 사시네.
> 영원한 생명과 빛을 값없이 주시네.

사실, 우리는 이 세상에서의 고통과 슬픔이 하나님의 섭리의 손길 안에서 우리가 천국을 바라보게 하고, 이 세상으로부터 마음을 끊게 하고, 천국을 준비하게 하고, 우리의 모든 관심을 하나님께 집중하여 단순히 물질적인 이 세상의 것들로부터 멀리하게 하는 데에 사용되지 않을지 묻는 데서 출발한다. 요컨대, 우리는 종말의 유익의 관점에서 우리 인생의 모든 좋고 나쁜 경험들을 보는 데서 출발해야 한다. 하지만 이것은 다음 장에서 다룰 주제다.

### ◈ 심화 학습을 위한 질문들 ◈

① 질병과 죽음은 죄와 어떤 관계가 있는가?
  성경의 예를 들어, 가능한 한 여러 가지 다른 관계들을 나열해 보라.
② 왜 죽음은 많은 서구 그리스도인들의 대화에서 "금기"같은 주제인가?
③ 그리스도인들에게 죽음보다 더 나쁜 것들은 무엇인가?
④ 고난을 받는 사람들이 어떻게 더 부유하게 되고, 더 긍휼을 베풀게 되며, 다른 사람들을 돕게 되는지 예를 들어 보라.
⑤ 질병, 고난, 그리고 사별의 경험들이 우리를 더 비참한 사람으로 만들지 않고 더 나은 사람으로 만든다는 것을 확신하기 위해 무엇이 필요한가?
⑥ 하나님께서는 우리를 고치실 의무가 있는가?
⑦ 하나님의 임재에 대한 인식은 고난의 때에 엄청나게 중요할 수 있을 만큼 당신에게 점점 더 커지는 기쁨인가?

그렇지 않다면, 왜인가?

⑧ 당신의 "본향"은 어디인가?

당신은 어떤 면에서 새 하늘과 새 땅의 관점으로 살아가는가?

이러한 전망은 무슨 위로를 주는가?

제8장

# 종말론적 관점

From the Vantage of the End

    그리스도인들은 예수님께서 요한계시록에서 "내가 진실로 속히 오리라"라고 약속하시고, 교회가 "아멘 주 예수여 오시옵소서"라고 대답하는 것을 기억한다(계 22:20). 그리스도인들은 종말론적인 관점으로 산다. 우리가 믿는 많은 것들과 우리가 견디려고 준비하는 많은 것들은 심판과 부활의 관점에서 그 의미를 갖는다. 이러한 전망이 없이는, 그리고 이 전망이 기대하는 실재가 없이는, 기독교에 큰 의미가 없으며, 악과 고난에 대한 기독교적인 관점 중에서 중요한 항목들도 의미가 없다.

> 만일 그리스도 안에서 우리가 바라는 것이 다만 이 세상의 삶뿐이면 모든 사람 가운데 우리가 더욱 불쌍한 자이리래(고전 15:19).

## 1. 하나님 나라가 여기에 있다! 하나님 나라가 올 것이다!

    수 세기에 걸친 교회 역사 동안, 수많은 그리스도인들은 이 두 가지 상보적인 진리 사이에서 올바로 균형을 잡지 못했다. 즉, 하나님의 나라가 이미 여기에 있다는 진리와 그 나라가 아직 오지 않았다는 진리이다. 이 진리의 두 가지 측면은 그리스도인들이 어떻게 악과 고난의 문제를 보아야 하는지와 관련이 있다. 그 중에서 본장에서는 주로 후자의 **측면**에 조금 더 집중하려고 한다.

어쩌면 그 증거들을 신속하게 살피는 것에서 시작해야 할 것이다. 여러 면에서 유대인들은 다가올 하나님 나라를 오랫동안 기대했으며, 그 나라가 반드시 가져다 줄 것이라고 확신한 변화와 변호(vindication)를 기대했다.

따라서 세례 요한이 "회개하라, 천국이 가까이 왔느니라"(마 3:2)라고 선포했을 때, 그의 말은 큰 반향을 일으키고 군중의 기대를 한껏 고양시키기에 충분했다. 예수님께서도 이와 동일한 메시지로 그의 공생애 사역을 시작하셨다.

회개하라 천국이 가까이 왔느니라(마 4:17; 참고. 막 1:15).

하지만, 가까이는 얼마나 "가까이"인가?

또한 이 말은 "시간적으로 가까운," 즉 "곧"인가, 아니면 "물리적으로 가까운," 즉 "손닿을 만큼 가까운"인가?

마태복음에는 이 모호함이 들어 있다. 세례 요한이 이 말을 할 때, 그 말은 요한이 또 다른 분의 길을 예비하고 있다고 선언하는 문맥에 들어 있다. 이 말씀은 시간적인 가까움을 담고 있다. 즉 세례 요한이 가리키는 분이 역사에 등장하시기까지 오래 걸리지 않을 것이라는 의미다. 그러나 예수님께서 이와 똑같은 메시지를 선포하실 때에는, 예수님의 사역이 그가 갈릴리로 돌아오시는 것과 연결된다.

따라서 "이방의 갈릴리여, 흑암에 앉은 백성이 큰 빛을 보았고 사망의 땅과 그늘에 앉은 자들에게 빛이 비치었도다"라는 예언의 성취와 관련되는 것이다. 더욱이, 예수님의 선언은 예수님의 사역 시작과 동시에 이루어졌으며, 이 말씀은 각종 기적들과 권위 있는 능력의 말씀들, 그리고 사탄과 그의 군대를 최초로 물리치시는 것들 속에 하나님의 나라가 임한 것을 보여주시는 사역으로 이어진다.

예수님께서 그의 말씀을 듣는 사람들 중에 죽음을 맛보기 전에 하나님의 나라가 능력으로 임하는 것을 볼 자들이 있을 것이라고 주장하시기까지 그리 오래 걸리지 않는다(막 9:1). 예수님께서 귀신들을 쫓아내실 때, 그를 대적하는 자들은 예수님께서 주술적인 능력을 힘입어 귀신을 쫓아낸 것이라고 비난하지만(마 12:24), 예수님께서는 "내가 하나님의 성령을 힘입어 귀신을 쫓아내는 것이면 하나님의 나라가 이미 너희에게 임하였느니라"(마 12:28)고 선언하신다. "임하였다"라는 표현은 약간의 의도성이 있을 수도 있다. 그러나 적어도 이 말씀은 더 이상 지체될 수 없는 매우 임박한 여명을 가리킨다.[1]

어쨌든, 예수님의 능력의 사역은 그 자체로서 십자가에 대한 예조이다(마 8:16-17). 하나님 나라가 가까이 왔다는 예수님의 예견은 그 당시 사람들 중에 아무도 예상치 못하는 결과로 나아간다. 즉, 이스라엘의 약속된 왕, 곧 하나님의 아들의 십자가에서의 죽으심, 그리고 사망을 정복한 첫 사람으로서 부활하여 변화된 몸으로 영원한 생명을 누리는 것으로 나아가는 것이다.

성경의 다른 곳에서, 예수님께서는 그의 인격 속에 내재한 하나님 나라가 물리적으로 가까이 왔다는 의미를 담아, 그가 사역하는 사람들 가

---

1 Chrys C. Caragounis, "Kingdom of God, Son of Man, and Jesus' Self-Understanding," *Tyndale Bulletin* 40 (1989): 3-23, 223-38.

운데에 하나님 나라가 임하였다고 주장하신다(눅 17:21). 내가 마태복음 11:12을 바르게 이해했다면, 예수님께서는 그의 사역 전반에 걸쳐 하나님 나라가 효과적으로 서서히 진전되고 있다고 주장하시는 것이다.[2] 제자들을 훈련 삼아 파송하시면서 그의 말씀과 능력을 그들에게 전수해 주실 때, 사탄은 번개처럼 하늘로부터 떨어진다(눅 10:18).

예수님의 고난과 죽으심에 관해 요한이 기록한 이야기의 상당 부분은, 예수님께서 다른 왕들과 같지 않은 왕이시고, 강력한 로마 황제의 모든 능력도 하나님의 목적에 따른 허락하심이 없이는 예수님을 죽일 수 없다는 사실을 보여준다.

예수님께서는 로마 군대를 소멸시키심으로써 통치하시는 것이 아니라, (교부들이 보았던 것과 같이) 십자가로부터 통치하신다. 예수님께서 그와 함께 십자가에 달린 한 강도에게 "내가 진실로 네게 이르노니 오늘 네가 나와 함께 낙원에 있으리라"(눅 23:43)고 말씀하신 것은, 그 강도가 "예수여 당신의 나라에 임하실 때에 나를 기억하소서"(눅3:42)라고 간청한 것에 대한 대답이었다. 이 말씀이 함축하는 바는, 예수님께서 바로 그 날에 통치를 시작하신다는 사실이다.

따라서 우리는 바울이 골로새교회 성도들에게 되풀이해서 하는 말을 들을 때 전혀 놀랍지 않다. 하나님께서 "우리를 흑암의 권세에서 건져내사 그의 사랑의 아들의 나라로 옮기셨다"(골 1:13, 고딕 강조 추가). 사실, 바울의 서신에서 "하나님 나라"라는 표현은 그리스도인의 경험을 가리킨다(롬 14:17; 고전 4:20). 신약성경의 다른 곳에서는, 그리스도께서 이미 "그의 아버지 하나님을 위하여 우리를 나라와 제사장으로 삼으셨다"라고 확신을 준다(계 1:6).

---

2 Carson, *Matthew*, 8:265-68을 보라.

그 밖에도 증거 구절들은 수없이 많다. 그러나 사실, 서로 보완적인 긴장관계를 아는 것이 무엇보다 중요하다. 예수님의 많은 비유들은 하나님 나라와 관련이 있으며, 그 비유들 중에서 적지 않은 구절들은 하나님 나라의 완성이 지체될 것을 강조하거나 최종적인 분리가 일어나기까지 진전이 있을 것을 강조한다.

그런 비유들에는, "하나님 나라"에 오랫동안의 진전과 지체가 있을 것에 대한 언급이 들어있기는 하지만, 하나님 나라의 절정에 대한 언급도 포함되어 있다(예. 막 4:26-29; 마 13:24-43; 24:36-25:46). 예수님께서는 "세상이 새롭게 되어 인자가 자기 영광의 보좌에 앉을 때"를 기대하신다(마 19:28). 바울이 "하나님 나라의 상속"에 대해 말할 때, 그가 의미하는 바는 완성된 나라(예. 고전 6:9-10; 갈 5:21b), 혈과 육은 상속받을 수 없는 나라다(고전 15:50).

만일 하나님의 모든 주권이 지금도 예수님을 통해 시행되고 있다면, 예수님께서 통치하고 계시는 것이다. 하지만 예수님께서는 계속된 대적에도 불구하고 통치하고 계신다. 따라서 모든 원수를 그의 발아래 두시고 마지막 원수인 사망을 멸하실 때까지 통치하신다(고전 15:25 이하). 그리스도인의 궁극적 소망은 새 하늘과 새 땅, 거룩한 성, 새 예루살렘, 의인들의 본향이다(벧후 3:13; 계 21장).

신약성경 저자들은 여러 방식으로 하나님 나라의 현재성과 미래성 사이의 균형을 유지한다. 사도행전 2:16 이하는 구약의 하나님 나라 약속이 오순절 사건으로 성취되었다고 주장하는 한편, 사도행전 3:19-21은 "하나님께서 만물을 회복하실 때까지" 천국에 계시는 예수님의 모습을 그려준다.

히브리서는 그리스도의 십자가가 모든 희생 제사를 완성하였으므로 더 이상 속죄 제물이 필요 없게 되었다고 주장하는 한편(히 9:26), 두 구절 뒤에서는 그리스도께서 "구원에 이르게 하기 위하여 죄와 상관없이 자기를 바라는 자들에게 두 번째 나타나시리라"고 약속한다(히 9:28). 베드로는 그리스도께서 이 마지막 때에 우리를 위해 계시되었다고 말씀하는 한편(벧전 1:20, 그리스도의 초림을 가리킨다), 우리가 "말세에 나타내기로 예비하신 구원을 얻기 위하여 믿음으로 말미암아 하나님의 능력으로 보호하심을 받는다"라고 확신을 준다(벧전 1:5).

"이미"와 "아직 아닌," 즉 하나님 나라가 이미 도래했다는 것과 아직 오지 않았다는 것 사이의 이 긴장은 매우 상식적인 성경 사상이다. 이것은 기독교 진리의 다른 요소들과 여러 면에서 중요하게 연결되는데, 그 중에서 우리의 관심을 끄는 한 가지는 악과 고난과 관련된 부분이다.

간단히 말하면, 일단 완성된 나라가 시작되면, 하나님의 백성들에게 더 이상 악이나 고난이 없을 것이라는 사실이다. 그러나 그 때까지는 하나님 나라가 이미 시작되었다 하더라도, 악과 고난이 한편에서는 근본적으로 패퇴하였다고 말할 수 있는 반면, 다른 한편에서는 명백하게 현존하고 있으며, 여러 면에서 점점 더 증가하는 것처럼 보일 수 있다는 것이다.

우리는 이것을 가라지 비유에서 확인할 수 있다(마 13:24-30, 36-43). 이 비유에서, 농부는 원수가 와서 알곡 사이에 뿌려놓은 가라지를 뽑지 말라고 말한다. 농부는 "둘 다 추수 때까지 함께 자라게 두라"고 명령한다. 그러면 두 식물 사이의 차이가 분명해질 것이고, 확연히 구분될 것이다.

예수님께 제자들이 이 비유의 뜻을 설명해달라고 요구하자, 예수님께서는 알곡이 "하나님 나라 백성"을 상징하고, 가라지는 "악한 나라 백성"을 상징한다고 말씀하신다. 두 식물이 추수 때, 곧 "세상 끝"까지 함께 자랄 것이다.

매우 놀라운 말씀이다. 하나님 나라가 이미 시작되었으나 아직 완성되지 않은 이 기간 동안 가라지와 알곡이 함께 자란다. 실제로, 성경은 현재의 불법이 다가올 결정적인 불법의 때를 가리키는 지시봉과 같다고 보는 것 같다. 즉 불법의 은밀한 힘이 일시적으로 제한되기는 하나 이미 역사하고 있다(살후 2:7). 다른 곳에서는 예수님의 초림과 재림 사이의 모든 기간이 "종말," 곧 적그리스도가 활동하는 종말이라고 본다. 요한은 이렇게 기록한다.

> 아이들아 지금은 마지막 때라 적그리스도가 오리라는 말을 너희가 들은 것과 같이 지금도 많은 적그리스도가 일어났으니 그러므로 우리가 마지막 때인 줄 아노라(요일 2:18).

예수님께서도 말씀하신다.

> 난리와 난리 소문을 듣겠으나 너희는 삼가 두려워하지 말라 이런 일이 있어야 하되 아직 끝은 아니니라 민족이 민족을, 나라가 나라를 대적하여 일어나겠고 곳곳에 기근과 지진이 있으리니 이 모든 것은 재난의 시작이니라(마 24:6-8).

다른 말로 하면, 우리가 금세기와 지난 세기에 경험한 수없이 많은 끔찍한 악행과 고난들이 아직 오지 않은 결정적인 불법을 가리키는 전조이며, "출산통"(birth pains)과 같다는 것이다("메시아의 출산통"은 메시아가 그의 왕국을 성공적으로 설립하기 직전에 있을 악과 반역을 묘사하는 유대인들의 일반적인 표

현이다).³

알곡과 가라지는 함께 자란다. 이 진리의 교훈은 직관적으로 명확히다. 한편에서, 지난 20세 동안, 특히 지난 2세기 동안 기독교의 성공적인 확장과 성장은 매우 놀라운 일이다. 사실, 지난 수십 년간의 성장은 기가 막힐 정도다.

중국은 공산주의 혁명이 일어난 1949년에만 해도 개신교인의 숫자가 100만 명을 겨우 넘었었다. 그런데 현재 그 숫자는 8~9천만 명에 이른다. 아시아의 그리스도인들의 숫자는 1990년에 2,200만 명이던 것이 2000년에는 3억 명으로 성장했다. 1970년대 말에 캄보디아에는 그리스도인이 겨우 2,000명밖에 없었는데, 현재는 약 15만 명의 그리스도인이 있다.

한때 몽고는 세계에서 가장 폐쇄적인 국가들 중의 하나여서 1989년에 단 4명의 그리스도인이 있다고 알려졌었다. 하지만 현재는 약 6백 개의 교회와 가정 교회에서 약 2만 명이 예배를 드리고 있다. 1959년에, 네팔에는 단 29명의 그리스도인들이 있었는데, 지금은 약 50만 명이 있다. 한국은 현재 12,000~15,000명의 선교사를 파송했으며, 라틴 아메리카는 약 8천 명의 선교사를 파송했다. 우크라이나에 있는 교회 숫자는 지난 10년 동안 2,000개에서 12,000개로 급증했다. 루마니아, 사하라 주변 아프리카, 인도네시아, 그리고 다른 나라들의 급속한 교회 성장에도 주목할 필요가 있다.⁴

---

3 역자주. 한글 개역개정에서는 birth pains를 출산통으로 번역하지 않고, "재난"이라는 단어로 번역했다.

4 이 숫자들은 신앙을 고백하는 교회들이 서구 사회로부터 제3세계로 급격히 기울고 있음을 보여준다. 특히 Philip Jenkins, *The Next Christendom: The Coming of Global Christianity* (New York: Oxford University Press, 2002)를 보라.

더욱이, 적지 않은 역사가들은 기독교가 현대 과학의 초기 형성 과정과 민주적인 정부 형태의 발흥에 영향을 미친 요소들 중의 하나이며, 이러한 발전들은 그들의 실패에도 불구하고 세계 역사상 그 어느 때보다 상대적으로 더 많은 부와 자유를 사람들에게 가져다주었다고 판단한다.

다른 한편에서, 모든 것이 아름답고 밝지만은 않다. 유럽에서, 복음주의자들의 비율은 전체 인구의 3퍼센트도 채 되지 않는다. 프랑스에서는 가톨릭교도의 2.5배 내지 3배가 되는 무슬림들이 매주 예배를 드린다. 비엔나에는 복음주의자들보다 공식적인 매춘부의 숫자가 더 많다. 벨기에에는 복음주의자들보다 무슬림이 더 많다.

브라질에만 해도 길거리에 내버려진 아이들이 적어도 2천만 명이다. 라틴 아메리카 전체를 합치면 아마도 그런 아이들(15세 이하)이 4천만 명은 될 것이다. 방콕은 수만 명의 어린이들이 일본과 독일에서 비행기로 실어 날아온 섹스 관광객들의 매춘 상대가 되고 있다. 전 세계에 걸쳐, 정말로 회심한 복음주의자들의 숫자는 그들의 기본적인 행동과 행태들로 볼 때 엄청난 의구심을 가질 수밖에 없다(예수님께서 마태복음 7:21-23에서 하신 말씀을 생각나게 한다).

세계 곳곳은 범죄, 가난, 심각한 정치적 부패, AIDS, 폭력, 그리고 부족이기주의 등의 엄청난 도전에 직면하고 있다. 특히 아프리카와 중동 지방에서 무력 이슬람 단체의 증가는 소비에트 연맹의 붕괴 이전의 국제적인 긴장관계를 재형성함으로써 21세기에 잠재된 엄청난 폭력적인 재앙에 대한 수많은 억측들을 낳고 있어서 21세기 말에 무슨 일이 벌어질지 도저히 예측할 수 없다.

게다가, 우리는 세계적으로 칭기즈칸의 무자비한 파괴를 방불케 한 잔인한 전쟁과 압제로 얼룩진 20세기를 이제 갓 벗어났다. 금세기에는 그와 비슷한 대량 학살이 없을 것이라고 생각할 만한 합당한 이유가 없다.

더욱이, 대부분의 서구 세계에는, 기독교가 갖가지 종류의 해악한 배교적 형태로 골머리를 앓고 있다.

하나님의 형상으로 창조될 때 부여빈은 인간의 존엄성은 원조적인 인본주의가 되어서, 하나님을 내팽개치고 인간을 하나님의 자리에 올려놓았다. 역사적 발전, "이전"과 "이후," 예언과 성취, 역사적 목표와 목적의 개념 등에 대한 성경적인 강조점들은 모두 원초적인 역사주의에 매몰되어, 역사적 발전 그 자체가 신으로 숭배되고, 다양한 세속적 기준에 의해 해석된다.

하나님 나라는 정치화되었을 뿐 아니라, 정치인들을 숭배하는 것으로 대체되었다. 즉, 우리의 소망, 우리의 확신, 우리의 국가적 담론이 모두 정치적인 발전으로 탈바꿈하여, 그런 문제들에 대해 하나님의 얼굴을 구하는 사람들은 거의 없다. 하나님 나라의 축복은 쾌락적인 즐거움으로 왜곡되었다. 따라서 우리는 '당신은 왕의 자녀이므로 왕자와 공주처럼 살아야 된다'는 말을 듣는 지경이 되었다. 이것은 이교 신앙으로 돌아가는 것보다 훨씬 나쁘다. 왜냐하면 성경적인 기독교에 자의적으로 반역하는 이교 신앙으로 돌아가는 것이기 때문이다.

따라서 알곡과 가라지는 함께 자란다. 따라서 우리 그리스도인들이 이것을 정확히 이해하고, 하나님께서 낫으로 베실 때 우리가 어디에 있느냐를 아는 것이 그 무엇보다 중요하다. 서구 사회에서, 우리는 지독히도 개인주의적인 안경을 통해 우리의 성경과 우리의 기독교 경험을 보려는 경향이 있다. 이것은 우리가 다른 영역에 대해 생각할 때도 그렇지만, 악과 고난의 문제를 생각할 때도 마찬가지다.

악과 고난은 내가 고난을 당할 때나 우리가 고난을 당할 때, 또는 그렇지 않으면, 우리가 어떤 특정한 고난을 목격하고 우리가 그 상황에 있다면 어떻게 느낄까 예측할 때 비로소 "문제"가 된다. 이것은 단지 공감의 문제가 아니다. 공감은 선한 것이다. 하지만 일이 어떻게 될지 그리고 그것을 어떻게 생각할지에 대해 지극히 개인적인 우리 자신을 근본적인 판단 기준으로 이입하는 것은 틀림없이 그 자체로 악이다.

나는 성경적인 종말론에 대해 성숙하게 이해를 하거나, 하나님 나라가 어떻게 이미 왔고 아직 오지 않았는지에 대한 성경의 계시를 이해하는 것이 고통을 즉각적으로 없애준다거나, 우리가 고난당할 때 우리의 모든 지성적인 의구심들을 "해결"해 줄 수 있다고 말하려는 게 아니다. 하지만, 이 세상에서, 특히 "이미"와 "아직 아니"의 사이 동안, 온 세계에 만연한 악과 고난에 대해 조금 덜 충격을 받을 수 있게 도와줄 수는 있을 것이다.

실제로, 기독교적인 관점에서 볼 때, 만일 그렇지 않다면 그리스도와 신약성경의 저자들은 거짓말쟁이가 되고 말 것이다. 우리가 모든 것을 개인주의적인 관점에서 평가하던 습관을 버리고, 적어도 구속 역사에 담긴 하나님의 광대한 일하심을 조금이라도 볼 수 있다면, 우리는 고난을 "이해하는" 것이 조금 더 쉽다는 사실을 알게 될 것이다. 즉, 적어도 그 고난의 일부가 예수님께서 예언하신 패턴에 들어맞는다는 사실을 보게 되는 것이다.

"이미," "실현된," 또는 "시작된" 하나님 나라의 요소는 많은 종류의 위로의 기쁨을 준다. 그 중에서 어떤 것들은 이미 본서에서 언급했으며, 나머지 것들은 앞으로 다룰 것이다. 그러나 본서의 나머지 부분에서, 나는 하나님 나라의 "아직 아니" 또는 "미래적인" 측면이 악과 고난에 대한 태도와 관련된 부분들을 살펴볼 것이다.

## 2. 실현된 공의 – 그리고 실현될 것을 기대함

고난의 특징들 중에서 가장 황당한 것 중 하나는, 이 세상에서 일어나는 것들로만 평가한다면, 고난이 어떤 범해진 악과 전혀 연관성이 없다는 사실이다. 다시 말하면, 만일 고난을 일종의 형벌로 본다면, 더 많은 악이 있는 곳에 더 많은 고난이 있다고 말할 수 있어야 한다. 매우 악한 사람은 자기를 부인하고 희생적이고 남을 잘 돌보는 사람보다 더 고난을 받아야 한다.

히틀러는 마더 테레사보다 더 고난을 받아야 하고, 스탈린은 조니 이어렉슨 타다(Joni Eareckson Tada)보다 더 많은 고통을 겪어야 한다. 반대로, 선을 행하는 사람은 모든 생각이 원한과 탐욕과 음욕으로 가득한 사람보다 더 많은 특권과 복을 누려야 한다. 노골적으로 말해서, 생각이 있는 사람이라면 "맞다, 하지만"이라는 말을 토해내고 말 것이다.

우리는 이렇게 말할 수 있다.

> 맞다. 하지만 이 사람 또는 저 사람 속에 있는 어떤 악과 악행들은 상당 부분 어린 시절의 환경, 역기능 가정, 잔인한 아버지, 열악한 교육 등에서 온 것임을 기억해야 한다. 따라서 우리는 어떤 책임과 기회 등을 고려하지 않은 채 실제로 벌어진 더 많은 악에 더 많은 형벌이 가해져야 한다고 말할 수는 없다.

또는 이렇게 말할 수도 있다.

> 맞다. 선한 사람은 더 많은 축복을 받아야 한다. 하지만 이 축복들은 물질적인 것이 아닐 수도 있다. 어쩌면 마더 테레사는 이 세상에서도 히틀

러보다 더 많은 축복을 누렸을 것이다.

또는 우리는 이렇게 말한다.

맞다. 행해진 악과 고난 사이에는 어느 정도의 연관성이 있다. 하지만 어떤 고난에 징계의 목적이 있다고 앞에서 말한 점을 잊지 말아야 한다. 모든 고난을 형벌로 취급해서는 안 된다. 어떤 고난은 교육적이고, 개혁적이고, 심지어 구속적이다.

또는 이렇게 말할 수도 있다.

맞다. 일종의 연관성이 있음에 틀림없다. 하지만 악을 측정하는 것은 어려운 일이다. 예수님께서는 그 당시에 버림받고 배척받은 사람들을 꾸짖으신 것보다 훨씬 더 노골적으로 의로운 사람들을 통렬하게 비난하셨다. 하나님의 눈에, 학문적인 자유라는 이름으로 기독교의 기본 진리들을 부인하면서 여전히 신학교나 교계의 높은 자리에 앉아 대대로 목회자 후보생들에게 영향을 끼쳐서 그들이 목회하는 교회들이 사실상 피상적이고 가식적인 신자들로 가득 차게 만들어 버리는 교회 지도자들보다 이디 아민(Idi Amin)이 반드시 훨씬 더 악하겠는가?

그러나 악과 고난의 연관성을 찾는 것이 매우 어렵다는 사실을 인정한다 해도, 이 세상에서 벌어지는 일들은 정말로 너무 연관성이 없는 경우가 많다. 아기들이 굶어죽는다. 좋은 아내와 좋은 엄마들이 잔인하고 비인간적인 헌팅던질병 같은 것으로 목숨을 잃는다. 선교사가 강도를 당한다.

이런 일들을 도대체 어떻게 악하고 욕심 많은 사람들이 사치스런 팬트하우스와 요트에서 사는 것과 비교해서 설명할 수 있을까?

욥기와 전도서가 성경에서 그렇게도 중요한 역할을 하는 이유들 중의 하나는, 그 책들이 이 세상에 존재하는 악의 불합리성과 불균형을 솔직하게 인정하고 있기 때문이다. 우리는 다음 장에서 욥기를 더 면밀하게 살펴볼 것이다.

그러나 도움이 되는 한 가지 관점은, 새 하늘과 새 땅, 그리고 지옥에 대한 전망이다. 완전한 결산은 아직 끝나지 않았다. 순전히 지금 이 세상에서 일어나는 것들에 근거해서 공평함과 연관성을 평가하는 것은 기껏해야 성급한 일이고, 최악의 경우에는 완전히 잘못될 수도 있다.[5]

따라서 요점은, 하나님께서 완전히 공의로우시며, 따라서 궁극적으로 공의가 실현될 것이고, 또한 그 실현을 목격할 것이라고 성경이 주장한다는 것이다. 이것은 종말, 곧 아직 일어나지 않은 일을 바라보고 있기 때문에, 믿음으로 걸어가야 한다는 의미다. 그러므로 해답을 찾지 못하는 사람들, 그리고 하나님께서 공의로우시다는 이유 하나만으로 그 하나님을 신뢰하지 못하는 사람들은, 이 점에 대해 성경이 주는 확신으로부터 아무런 위로를 얻지 못할 것이다.

성경의 몇 구절들을 살펴보는 것이 가장 유익하겠다.

---

5 J. Christian Beker가 쓴 *Suffering and Hope* (Philadelphia: Fortress, 1987)의 가장 큰 장점 중의 하나는, 성경 저자들의 종말론적인 관점을 무시한 채 이 세상의 악과 고난의 불균형성 문제를 논하는 모든 그리스도인의 반응이 결코 적절치 않다고 주장하는 점이다. 예를 들어, p.87을 보라.

### 1) 시편 73편

시편 저자 아삽은 언약 공동체를 향한, 즉 적어도 그 공동체에서 일정한 기준에 부합되는 일부를 향한 하나님의 선하심을 선포하는 것으로 시작한다.

> 하나님께서 참으로 이스라엘 중 마음이 정결한 자에게 선을 행하시나 (시 73:1).

아삽은 그의 생애에서 암울했던 기간을 돌아보며 말한다.

> 나는 거의 넘어질 뻔하였고 나의 걸음이 미끄러질 뻔하였으니(시 73:2).

이 시기의 원인이 무엇이었는가?

> 이는 내가 악인의 형통함을 보고 오만한 자를 질투하였음이로다 (시 73:3).

따라서 질투는 정결한 마음의 표지가 아니다!
아삽이 질투한 악한 사람들에게 무슨 일이 있었는가?
짧은 대답 속에 거의 전부가 들어 있다. 사람이 그러한 생각의 틀에 갇히게 되면, 그들 전체가 왜곡되었다고 일반화할 가능성이 있다. 심지어 그들이 어느 정도 진리를 유지하고 있음에도 말이다. 아삽은 "사람들이 당하는 고난이 그들에게는 없고 사람들이 당하는 재앙도 그들에게는 없나니"(시 73:4)라고 적고 있는데, 물론 이 말이 종종 사실이기는 해도 결코 항상 그렇지는 않다.

아삽은 악한 자들에 대해 이렇게 요약한다. 그들은 거의 고난을 당하지 않으므로 교만의 목걸이를 하고 있다. 그리고 "강포가 그들의 옷이며," 그들의 악한 교만이 "끝이 없고," 그들은 조롱하고, 심술궂고, 압제하며, 그들은 경건한 채 하지만 그 혀로 속여서 "땅의 소유를 차지한다." 그들은 하나님을 비웃으며 말하기를 하나님께서 멀리 계셔서 알지 못하리라고 한다.

말하기를 하나님께서 어찌 알랴 지존자에게 지식이 있으랴 하는도다
(시 73:11).

아삽은 괴로운 어조로 마무리한다.

볼지어다 이들은 악인들이라도 항상 평안하고 재물은 더욱 불어나도다
(시 73:12).

이런 식의 상념은 그보다 더 반역적인 생각을 낳게 된다. 마음이 정결한 자들에게 하나님이 선하시다고 말하는 것이 훌륭한 교리적 고백일지 모르지만(시 73:1), 그 이후에 적고 있는 증거들을 보면 실제로 그렇지는 않은 것 같다. 즉, 하나님께서는 악인들에게 매우 선하신 것 같다. 그렇다면 이것은 정결한 자들이 그 보상을 받지 못한다는 의미가 된다.

내가 내 마음을 깨끗하게 하며 내 손을 씻어 무죄하다 한 것이 실로 헛되도다(시 73:13).

사실, 아삽은 다음과 같이 다소 자기 연민에 빠진다.

> 나는 종일 재난을 당하며 아침마다 징벌을 받았도다(시 73:14).

그러나 이 모든 것들을 그가 말할 수 있었으나 하지 않았다고 주장한다. 아삽은 실제로 그렇게 멀리 나가지 않는다. 그는 우선 그렇게 하는 것이 하나님의 언약 백성의 유산을 거역하고 다른 사람들을 악행하게 만드는 것이라는 생각에 스스로 절제한다.

> 내가 만일 스스로 이르기를 내가 그들처럼 말하리라 하였더라면 나는 주의 아들들의 세대에 대하여 악행을 행하였으리이다(시 73:15).

그러나 아무리 연구하고 묵상해 보아도 악인들에 대한 생각 때문에 빠져버린 당혹스러움에서 빠져나올 수가 없다.

> 내가 어쩌면 이를 알까 하여 생각한즉 그것이 내게 심한 고통이 되었더니 하나님의 성소에 들어갈 때에야 그들의 종말을 내가 깨달았나이다 (시 73:16-17).

아삽은 죽음 이후의 종말론적 보응에 대해 얼마나 이해했는가. 하지만, 분명한 것은, 그가 하나님을 예배하고 하나님께서 어떤 분이신가 생각하자, 곧 먼 미래를 내다볼 수 있게 되고 하나님께서 그의 공의를 행하실 것이라고 신뢰하기 시작한다는 것이다. 다시 말하면, 아삽이 현재 일어나고 있는 악인의 번영을 보면서 이렇게 말할 수 있다는 의미다.

> 주께서 참으로 그들을 미끄러운 곳에 두시며 파멸에 던지시니 그들이 어찌하여 그리 갑자기 황폐되었는가 놀랄 정도로 그들은 전멸하였나이다(시 73:18,19).

실제로, 하나님의 관점에서, 악인들은 공허하며 무가치하다.

> 주여 사람이 깬 후에는 꿈을 무시함 같이 주께서 깨신 후에는 그들의 형상을 멸시하시리이다(시 73:20).

이 사상은 시편 1편의 마지막 절과 비슷하다.

> 무릇 의인들의 길은 여호와께서 인정하시나 악인들의 길은 망하리로다 (시 1:6).

단순히 악인들이 아니라, 그들의 길이다. 따라서 그들이 무가치하다. 파도가 밀려오면 사라져버리는 모래 위의 발자국처럼, 악인들의 커다란 발자국은 현재 우리에게 너무나 뚜렷하게 보이지만, 하나님에 의해 깨끗이 지워질 것이다.

이것을 보지 못하는 것은 자기의 슬픔과 자기의 도덕적인 실패를 드러내는 것뿐이라고 아삽은 주장한다.

> 내 마음이 산란하며 내 양심이 찔렸나이다 내가 이같이 우매 무지함으로 주 앞에 짐승이오나(시 73:21-22).

그러나 아삽은 하나님의 공의가 악인들을 벌하실 것이라는 부정적인 교훈만을 배운 것이 아니다. 두 가지 긍정적인 교훈도 배웠다. 즉, 현재 하나님과 함께 하는 것이 더 좋으며, 하나님과의 현재 관계가 먼 미래에 평가를 받을 것이다. 아삽은 말한다.

> 내가 항상 주와 함께 하니 주께서 내 오른손을 붙드셨나이다 주의 교훈
> 으로 나를 인도하시고 후에는 영광으로 나를 영접하시리니(시 73:23,24).

이 마지막 구절이, 하나님께서 결국 시편 기자에게 이생에서 영광의 면류관을 씌워주신다는 의미, 즉 하나님께서 그를 영광스런 지위에 올려주심으로써 그를 변호하신다는 의미라고 이해하는 사람들도 있지만, 오히려 TNIV 본문처럼 이해하는 것이 더 좋다. 그 사상은 시편 49:15과 유사하다.

> 그러나 하나님께서는 나를 영접하시리니 이러므로 내 영혼을 스올의 권
> 세에서 건져내시리로다(시 49:15).

다른 말로 하면, 하나님께서 그의 백성들을 이 땅에서 그렇게도 돌보시고 그의 백성과 인격적인 관계를 맺으신다면, 그 백성들이 죽을 때 그 관계를 끊으실 것이라고 생각할 수 없다. 결코 그럴 수 없다. 그래서 아삽은 알고 있다.

> 주께서 내 오른손을 붙드셨나이다.
> 그리고 주님께 말한다.
> 후에는 영광으로 나를 영접하시리니(시 73:23,24).

해결의 열쇠는 하나님의 임재다. 이 땅에서든지 또는 하늘에서든지.

> 하늘에서는 주 외에 누가 내게 있으리요 땅에서는 주 밖에 내가 사모할 이 없나이다(시 73:25).

아삽의 질투가 사라졌다. 만일 그가 오직 하나님을 즐거워한다면, 그의 눈앞에서 번영하는 악인들의 "유익들"은 이 세상에서나 천국에서 모두 사라지고 말 것이다. 실제로, 아삽은 오직 그가 하나님의 임재를 즐거워할 수 있을 때 비로소 육체의 고통을 마주할 수 있게 되었다.

> 내 육체와 마음은 쇠약하나 하나님께서는 내 마음의 반석이시요 영원한 분깃이시라(시 73:26).

따라서 모든 것은 당신이 어디에서 출발하느냐에 달려 있다. 만일 당신이 악인의 번영에서 출발하면, 인간적인 마음으로 데이터를 "해석"한 채, 하나님을 배제시키고, 하나님을 불공평하다고 비난하며, 경건함과 정결함을 어리석은 것으로 여긴다. 그러나 하나님을 참으로 기뻐하는 데서 출발하면, 이 세상에서나 내세에서를 막론하고, 당신은 "육신과 마음의 고통"을 참아낼 수 있으며, 결코 불의의 희생양이 되지 않고 오히려 선하시고(1절) 주권적인(28절) 하나님께 가까이 가는 최고의 자리에 이를 것이라고 절대적으로 확신할 수 있다.

따라서 시편 73편의 마지막 절은 매우 엄한 어조로 두 가지를 비교하면서 시인의 새로운 결심을 증언해 준다.

> 무릇 주를 멀리하는 자는 망하리니 음녀 같이 주를 떠난 자를 주께서 다 멸하셨나이다 하나님께 가까이 함이 내게 복이라 내가 주 여호와를 나의 피난처로 삼아 주의 모든 행적을 전파하리이다(시 73:27-28).

### 2) 아모스 4장

이 단락은 구약성경에서 가장 놀라운 단락들 중의 하나다.

여기에서 하나님께서는 이스라엘의 여인들에게 말씀하시지만, 그 여인들은 나라 전체의 죄악을 대표하는 자들이다. 그 여인들은 "바산의 암소들"이라는 조롱 섞인 호칭으로 불린다. 즉, 최고의 목초지에서 온 암소들이다. 현대 언어로 바꾸어보면, "너희 뚱뚱한 먹보 암소들아"라고 된다. 그들은 가난한 자들을 압제하고 궁핍한 자들을 짓밟는다. 철저히 탐욕스럽고 자기 권력을 남용하는 자들이어서, 자기 남편을 종처럼 부리며 말한다.

> 우리에게 술을 가져오라(암 1:1).

심지어 복수형 "우리"가 인상적이다. 즉, 그들은 마치 그들이 왕인 것처럼 말한다. 그러나 주권적인 하나님께서 그의 거룩하심을 두고 맹세하시기를, 사람들이 갈고리고 그들을 끌고 갈 것이라고 하신다(암 1:2). 그들의 공적인 종교 행위는 결코 그들을 구원하지 못할 것이다. 즉, "벧엘에 가서 범죄하며"(암 1:4)는 "교회에 가서 범죄하며"라고 말하는 것과 같다. 따라서 주권적인 주님께서 역설적으로 선언하신다.

> 아침마다 너희 희생을, 삼일마다 너희 십일조를 드리며 누룩 넣은 것을 불살라 수은제로 드리며 낙헌제를 소리내어 선포하려무나 이스라엘 자손들아 이것이 너희가 기뻐하는 바니라(암 1:4-5).

그들은 경건함 그 자체보다는 경건함에 대한 평판에 훨씬 더 관심이 있다. 이 말씀 후에 하나님께서는 지난 세대에 이스라엘에게 부으셨던 여러 심판들을 나열하시고, 그 모든 것들이 소용없었음을 말씀하신다.

> 또 내가 너희 모든 성읍에서 너희 이를 깨끗하게 하며 너희의 각 처소에서 양식이 떨어지게 하였으나 너희가 내게로 돌아오지 아니하였느니라(암 1:6).

그래서 하나님께서는 또 다른 방법을 시도하신다.

> 또 추수하기 석 달 전에 내가 너희에게 비를 멈추게 하여 어떤 성읍에는 내리고 어떤 성읍에는 내리지 않게 하였더니 땅 한 부분은 비를 얻고 한 부분은 비를 얻지 못하여 말랐으매 두 세 성읍 사람이 어떤 성읍으로 비틀거리며 물을 마시러 가서 만족하게 마시지 못하였으나 너희가 내게로 돌아오지 아니하였느니라(암 1:7-8).

계속해서 하나님께서는 그가 보내셨던 재난, 칼, 메뚜기, 곰팡이, 부패 등의 여러 심판들을 나열하시고, "그러나 너희가 돌아오지 않았다"라고 선언하신다.

이제 끔찍한 클라이맥스만 남았다.

> 그러므로 이스라엘아 내가 이와 같이 네게 행하리라 내가 이것을 네게 행하리니 이스라엘아 **네 하나님 만나기를 준비하라** 보라 산들을 지으며 바람을 창조하며 자기 뜻을 사람에게 보이며 아침을 어둡게 하며 땅의 높은 데를 밟는 이는 그의 이름이 만군의 하나님 여호와시니라(암 1:12-13, 굵은고딕 강조 추가).

심판이 뒤따를 것이다. 대규모의 망명, 국가의 멸망, 바벨론 유수를 가리킨다(암 5:1 이하). 그리고 이 모든 것이 하나님을 만나는 것이라고 표현되고 있다!

이 문제의 진실은, 하나님을 만나는 것이 탁월하고 경이롭거나 또는 철저하게 공포스럽다는 사실이다. 하나님께서 그의 순전한 공의만을 가지고 당신과 나와 같은 죄인들을 만나시면, 그 궁극적인 결과는 참혹한 심판뿐이다. 반대로 하나님께서 자비와 변화시키는 능력으로 죄인들을 만나시면, 그 궁극적인 결과는 말할 수 없는 기쁨이다.

그것이 바로 역사의 종말에 있을 하나님의 최종적인 나타나심이 궁극적인 분수령이 되는 이유다. 이것은 요한계시록이 그렇게도 갈망하는 큰 부분이기도 하다. 어떤 이들은 부르짖는다.

> 우리 위에 떨어져 보좌에 앉으신 이의 얼굴에서와 그 어린 양의 진노에서 우리를 가리라 그들의 진노의 큰 날이 이르렀으니 누가 능히 서리요 (계 6:16-17).

반면에 어떤 이들은 이렇게 소리친다.

할렐루야 구원과 영광과 능력이 우리 하나님께 있도다 그의 심판은 참되고 의로운지라 음행으로 땅을 더럽게 한 큰 음녀를 심판하사 자기 종들의 피를 그 음녀의 손에 갚으셨도다.... 할렐루야 주 우리 하나님 곧 전능하신 이가 통치하시도다 우리가 즐거워하고 크게 기뻐하며 그에게 영광을 돌리세 어린 양의 혼인 기약이 이르렀고 그의 아내가 자신을 준비하였다 (계 19:1-2, 6-7).

### 3) 마태복음 11:20-24

이 단락은 한두 가지 부가 설명과 함께 전체를 다 인용할 필요가 있다.

예수께서 권능을 가장 많이 행하신 고을들이 회개하지 아니하므로 그 때에 책망하시되 화 있을진저 고라신아 화 있을진저 벳새다야 너희에게 행한 모든 권능을 두로와 시돈[지중해 해변에 있던 큰 이방도시들]에서 행하였더라면 그들이 벌써 베옷을 입고 재에 앉아 회개하였으리라 내가 너희에게 이르노니 심판 날에 두로와 시돈이 너희보다 견디기 쉬우리라 가버나움아 네가 하늘에까지 높아지겠느냐 음부에까지 낮아지리라 네게 행한 모든 권능을 소돔에서 행하였더라면[악에 대한 속담과 같음, 창 18-19장을 보라] 그 성이 오늘까지 있었으리라 내가 너희에게 이르노니 심판 날에 소돔 땅이 너보다 견디기 쉬우리라 하시니라(마 11:20-24).

이 단락에는 크게 세 가지의 신학적인 전제들이 있다.

첫째, 천국에서 얻게 될 행복에 차등이 있는 것과 같이, 지옥에서 피해야 할 될 형벌에도 차등이 있는 것이다.

그렇지 않으면, 심판 날에 "더 견디기 쉬운" 또는 "덜 견디기 쉬운" 것에 대해 말하는 것이 의미 없을 것이다. 여러 비유들에서 보는 바와 같이, 천국에서 받을 보상이 다르다. 예를 들어, 어떤 사람들은 다른 사람들보다 더 많은 고을을 다스리게 된다. 긍정적인 보상에 차등이 있을 것이라는 개념은 천국에 보물을 쌓기 위한 의무와 밀접한 관련을 맺고 있다. 그러나 이 본문에서 염두에 두고 있는 것은 형벌에 있어서의 차등이다. 다른 곳에서도 이와 똑같은 원리를 가르친다.

> 주인의 뜻을 알고도 준비하지 아니하고 그 뜻대로 행하지 아니한 종은 많이 맞을 것이요 알지 못하고 맞을 일을 행한 종은 적게 맞으리라 무릇 많이 받은 자에게는 많이 요구할 것이요 많이 맡은 자에게는 많이 달라 할 것이니라(눅 12:47-48).

피해야 할 형벌에 차등이 있다.

둘째, 이 두 단락은 모두 우리가 이미 받은 것에 근거한 책임에 차등이 있다는 점을 전제한다.

다른 말로 하면, 책임의 차등이 특권의 차등과 일치된다. 만일 어떤 사람이 성경과 그리스도 안에서 하나님의 은혜로운 자기 계시를 크게 맛보았다면, 그 사람은 하나님에 대해 전혀 듣지 못한 사람보다 훨씬 더 위험에 처해 있다.

예수님께서 이 진리를 적용하셨는데, 특히 조상들의 유산 덕분에 하나님의 축복을 더 많이 받을 것이라고 생각하던 유대인들을 직접 겨냥하셨다. 그러나 이와 동일한 원리가 신앙고백을 하는 교회에게도 적용된다.

성경의 유산을 물려받고, 수많은 신앙 서적들을 쉽게 접할 수 있고, 신앙의 자유를 누리고, 활발한 교회생활을 즐기는 사람들은 이러한 축복들을 전혀 누리지 못하는 사람들보다 훨씬 더 위험하다. 놀랍게도 이와 똑같은 말씀이 "너희는 선생 된 우리가 더 큰 심판을 받을 줄 알고" (약 3:1)에 기록되어 있다.

셋째, 이 구절들에서의 비교가 현실적이 되게 하시기 위해, 예수님께서는 하나님께서 이미 일어난 모든 일들과 지금 일어나고 있는 모든 일들을 아실뿐 아니라, 다른 환경에서 일어날 모든 일들에 대해서도 아신다고 전제하신다.

철학자들은 이것을 "중간 지식"(middle knowledge)이라고 부르며, 그들 중 다수는 하나님조차도 그 지식을 가질 수 없다고 생각한다. 이 본문은 하나님께서 그 지식을 가지고 계신다고 전제한다. 즉, 하나님께서는 소돔이 다른 환경에서 행할 것들을 아시며, 두로와 시돈이 다른 환경들에서 하게 될 것들을 아신다. 그리고 마지막 날의 심판에 있어서 이 지식을 염두에 두고 계신다.

흥미롭게도, 이것은 소돔이 형벌을 면제받을 것이라는 의미가 아니다. 가버나움에서 행해졌던 기적들이 소돔에서 행해져서 소돔이 회개를 한다 하더라도, 소돔이 그것 때문에 죄를 면하지는 않는다. 이런 생각을 하는 사람들은, 하나님께서 가버나움이 경험한 것과 똑같은 특권을 소돔과 다른 모든 도시들에도 주셔야 한다는 것을 전제하는 것이다.

하지만, 사실은 하나님께서 누구에게도 구원을 빚지지 않으신다. 즉, 하나님께서는 누구에게도 "기회"와 "가능성"을 빚지지 않으신다. 그러나 만일 하나님께서 자유롭게 그리고 아무 공로 없이 오직 호의로 우리에게 오시면, 우리에게 그것이 좋은 기회가 되거나 또는 우리의 상황이 하나님께서 오시기 전보다 훨씬 더 나빠지거나 둘 중 하나다. 소돔은 여전히 정죄를 받는다. 그러나 심판 날에, 하나님의 은혜로운 자기계시를 더 많이 경험한 도시들은 소돔보다 덜 명백한 악을 범하였다 하더라도 소돔보다 더 견디기 어려울 것이다.

이 말씀은 매우 위협적임과 동시에 확신을 준다. 만일 우리가 본서를 읽는 대부분의 사람들처럼 많은 것을 받은 사람들에 해당한다면 이 말씀은 위협적이다. 이 말씀은, 하나님의 은혜로, 하나님께서 우리에게 주신 기회와 특권들을 사용하라고 요구한다.

그러나 이 말씀은 확신을 주기도 한다. 왜냐하면 마지막 날에 하나님의 공의가 완전할 것이며, 완전하게 보일 것이라고 확신을 주기 때문이다. 전지하신 분께서 모든 가능한 요소들을 고려하실 것이다.

그것이 바로 종말에 대한 비전, 완성된 하나님 나라에 대한 비전, 그리고 천국과 지옥의 궁극적인 구별에 대한 비전 등이 악과 고난에 대한 모든 기독교 사상에서 매우 중요한 측면이 될 수밖에 없는 이유다. 우리는 공의로우신 하나님을 섬긴다. 따라서 종말에 공의가 실현될 것이며, 그것을 목격하게 될 것이다.

종말론적인 관점은 우리의 현재의 관점과 매우 다르다. 그것이 바로 우리가 현재 믿음과 소망을 가지고 살아야 하는 이유다. 즉, 이미 종말론적인 관점에서 모든 일들을 보고 계시는 하나님에 대한 믿음과 하나님의 공의가 결코 무너지지 않고 하나님의 약속이 결코 실패하지 않을 것에 대한 확고한 소망을 가져야 한다.

## 3. 몇 가지 실천적인 적용들

이제 성경의 여러 구절들이 담고 있는 신학체계로부터, 우리가 그 관점으로 어떻게 살아야 하는가에 관한 몇 가지 실천적인 적용으로 나아가야 할 때다. 특히, 우리가 악과 고난의 문제에 대해 어떻게 이러한 진리의 관점에서 생각해야 하는지 살펴야 한다.

첫째, 그리스도인들은 천국에 대한 일종의 향수(homesick)를 발전시켜야 한다.

어떤 사람들은 우리가 지나치게 천국에 마음을 두고 살면 지상에서 유익하지 않다고 경고한다. 물론 그럴 수도 있다. 하지만 나는 아직까지 그런 사람을 보지 못했다. 경건으로 포장하고 감상적인 신앙을 가진 사람은 천국에 대해서만 더 많이 생각하고 이 땅에서는 아무도 사랑하지 않는다. 그러나 정말로 천국에 마음을 둔 사람은 이 땅에서도 잘 섬길 수 있는 최고의 동기를 가지고 있다. 즉, 그들은 천국에 보물을 쌓는다.

천국을 계속해서 기독교의 소망과 목표로 삼지 말라고 설교하거나 가르치는 것은, 성경에 부합되지 않을 뿐 아니라, 그리스도인들이 지금 이 땅에서 겪는 압박들을 이겨내는 데에 도움이 되는 가장 중요한 관점들을 빼앗는 것이다.

현재 미국의 대중적인 복음전도 방식은 상당 부분 복음주의적 통속심리학으로 변질되었다. 즉 자기 이해에 관한 통속이론들에서 사용되는 용어들을 인정하고 그 원리들을 적용한다. 그러나 만일 죄와 고난, 가치, 믿음, 충성, 자비, 진리, 의, 공의, 용서, 그리고 성경적 근거를 가진 수많은 것들을 다루는 견고한 신앙을 그 원리들이 대체한다면, 우리는 상속권을 야곱의 팥죽과 바꾸어 먹고 말 것이다.

베드로전서에 있는 말씀을 읽고 자기 자신에게 물어보라.

혹시 그 말씀이 정확히 자신의 가치를 그대로 반영하고 있는지 말이다.

베드로는 당신이 정말로 생각하고 느끼는 것을 요약해 주는가, 아니면 그의 감정이 당신에게는 전혀 생소한가?

> 우리 주 예수 그리스도의 아버지 하나님을 찬송하리로다 그의 많으신 긍휼대로 예수 그리스도를 죽은 자 가운데서 부활하게 하심으로 말미암아 우리를 거듭나게 하사 산 소망이 있게 하시며 썩지 않고 더럽지 않고 쇠하지 아니하는 유업을 잇게 하시나니 곧 너희를 위하여 하늘에 간직하신 것이라 너희는 말세에 나타내기로 예비하신 구원을 얻기 위하여 믿음으로 말미암아 하나님의 능력으로 보호하심을 받았느니라 그러므로 너희가 이제 여러 가지 시험으로 말미암아 잠깐 근심하게 되지 않을 수 없으나 오히려 크게 기뻐하는도다 너희 믿음의 확실함은 불로 연단하여도 없어질 금보다 더 귀하여 예수 그리스도께서 나타나실 때에 칭찬과 영광과 존귀를 얻게 할 것이니라 예수를 너희가 보지 못하였으나 사랑하는도다 이제도 보지 못하나 믿고 말할 수 없는 영광스러운 즐거움으로 기뻐하니 믿음의 결국 곧 영혼의 구원을 받음이라(벧전 1:3-9).

이와 똑같은 관점이 베드로전서 5:10에도 요약되어 있다.

> 모든 은혜의 하나님 곧 그리스도 안에서 너희를 부르사 자기의 영원한 영광에 들어가게 하신 이가 잠깐 고난을 당한 너희를 친히 온전하게 하시며 굳건하게 하시며 강하게 하시며 터를 견고하게 하시리라(벧전 5:10).

따라서 바울이 죽기를 더 좋아하고 즉시 주님께 가는 일에 크게 관심을 기울였던 것이 전혀 놀랄만한 일이 아니다. 바울이 단호하게 그 편으로 나아가기를 망설였던 가장 중요한 이유는, 그가 아직 동료 그리스도인들에게 유익하다고 생각했기 때문이다.

> 내가 그 둘 사이에 끼었으니 차라리 세상을 떠나서 그리스도와 함께 있는 것이 훨씬 더 좋은 일이라 그렇게 하고 싶으나 내가 육신으로 있는 것이 너희를 위하여 더 유익하리라(빌 1:23-24).

나는 깊은 우울증에 빠지는 성향은 아니다. 그러나 우울증이 찾아오면, 나는 오랜 시간 동안 요한계시록 4-5장과 21-22장을 묵상한다. 하나님에 대해 그리고 그가 주시는 구원에 대해 생각하고, 새 하늘과 새 땅에 대한 갈망을 발전시키며, 그리스도인의 목표를 다시 세우는 것 등은 엄청나게 소생시키는 힘이 있다. 어쩌면 현대 기독교 합창곡들과 찬송들이 이 주제를 담아내지 못한다는 점에서 우리의 실패가 잦은지도 모른다.

아래의 찬송은 제임스 몽고메리(James Motgomery, 1771-1854)가 지은 것으로서, 그 속에 약간 기묘한 내용이 담겨 있기는 해도, 현대 그리스도인들, 특히 서구의 그리스도인들이 대체로 놓치고 있는 이 생과 내세에 대한 전망과 관점을 정확히 담아내고 이다.

> 영원히 주님과 함께!
> 아멘, 그렇게 이루어지게 하소서!
> 그 말씀으로 죽은 자들 중에서 생명을 얻어
> 영원히 살리로다.

나는 이 육신에 갇혀
그 분 없이 방황하노라.
그러나 캄캄한 밤 같은 세상에서 내 육신의 장막은
날마다 행진하여 본향에 더욱 가까워지나니.

저 높은 곳에 있는 내 아버지 집,
내 영혼의 본향이 얼마나 가까운가.
믿음의 눈으로 볼 때
당신의 황금문이 보이도다!
아! 그러므로 내 영혼이 무기력하나
내가 사모하는 땅에 이르리라.
성도들의 빛나는 유산은
저 위의 예루살렘이라네.

영원히 주님과 함께!
아버지, 만일 주의 뜻이라면,
그 신실하신 약속의 말씀이
이곳에서도 내게 이루어지소서.
주께서 내 오른편에 계시면,
나는 결코 실패하지 않으리라.
주께서 나를 지키시면 내가 굳게 서서
싸우고, 승리하리라.

나의 마지막 숨결이
베일을 둘로 가를 때

> 나는 죽음으로써 죽음을 벗어나
> 영원한 삶을 얻으리라.
> 그 부활의 말이여.
> 그 승리의 외침이여.
> 다시 한 번, 영원히 주님과 함께!
> 아멘, 그렇게 이루어지게 하소서!

이 찬송이 일인칭으로 되어 있지만, 자기의 죽음을 묵상하는 신자들을 북돋아주는 시인의 비전은, 앞 장의 마지막에 제시한 요점과 같이, 사별의 아픔을 겪은 사람들에게도 엄청난 위로가 된다.

둘째, 이러한 확신이 가져오는 결과는 다른 소망을 의지하지 않게 되는 것이다.

> 귀인들을 의지하지 말며 도울 힘이 없는 인생도 의지하지 말지니 그의 호흡이 끊어지면 흙으로 돌아가서 그 날에 그의 생각이 소멸하리로다
> (시 146:3-4).

너의 확신을 왕자들, 정치가들, 사회학자들, 경제학자들, 학자들, 힌두교 지도자들, 입법자들, 행정가들, 설교자들, 심리학자들에게 두지 말라.
그들은 모두 인간에 불과하며, 모두 유한하고, 틀리기 쉽고, 결국 모두 죽을 것이다.
이것은 우리가 이 분야에 있는 사람들로부터 아무 도움도 얻지 못할 것이라는 의미가 아니다. 궁극적으로 그들을 의지하지 말고, 그들에게 소망과 기대를 걸지 말라는 의미다. 반대로,

> 야곱의 하나님을 자기의 도움으로 삼으며 여호와 자기 하나님에게 자기의 소망을 두는 자는 복이 있다. 여호와는 천지와 바다와 그 중의 만물을 지으시며 영원히 진실함을 지키신다(시 146:5-6).

이것은 도덕적 결정이다. 즉, 성경이 하나님과 이 세상에 대해 가르치는 것의 관점에서 볼 때, 이것이야말로 합리적인 결정이다. 우리는 거듭 이 결정으로 되돌아가야 한다.

셋째, 신자에게 있어서 죽음의 때는 영원의 관점에서 볼 때 훨씬 덜 두려운 일이 된다.

우리는 우리가 사형 선고를 받고 살아가고 있다고 여기므로, 자기가 70년은 살 거라고 생각하는 사람들에 비해 정확한 죽음의 때에 덜 민감하다는 것을 이미 보았다. 그러나 이제 좀 더 긍정적인 것을 생각해 볼 수 있다. 죽음이 여전히 원수요, 불법이요, 심판의 표지요, 죄를 생각나게 하는 것이요, 무서운 대적으로 남아 있지만, 다른 관점에서 보면, 죽음은 우리가 완성된 삶으로 들어가는 관문이다.

우리는 죽음을 통과해 가고, 죽음은 곧 죽는다. "주님과 영원히"라는 표어에 진심으로 닻을 내린 그리스도인들은 일찍 죽는 것에 대해 세상이 보는 것과 같이 분노하며 바라보지 않는다. 사실, 어떤 관점에서 보면, 그런 죽음은 큰 축복이다.

이사야는 틀림없이 그렇게 생각했다. 심판과 전쟁이 일어났을 때, 경건한 자들의 죽음은 하나님께서 그들을 임박한 일시적 심판으로부터 구원하시는 표지일 수 있다.

> 의인이 죽을지라도 마음에 두는 자가 없고 진실한 이들이 거두어 감을 당할지라도 깨닫는 자가 없도다 의인들은 악한 자들 앞에서 불리어가도다 그들은 평안에 들어갔나니 바른 길로 가는 자들은 그들의 침상에서 편히 쉬리라(사 57:1-2).

다른 곳에서 말씀하듯이, 예언자들이 죽어 그들의 목소리가 사라지는 것은 한 국가에 대한 심판의 표지일 수 있다.

나는 이러한 요소들이 모든 상황에 해당되지 않는다는 점을 잘 안다. 사별의 아픔을 겪은 사람들의 고통은 죽은 사람이 더 나은 곳으로 갔다는 확신에 의해 감소되지 않는다. 마찬가지로 이사야의 통찰도 모든 상황에 적용되지 않는다.

다만 나의 한 가지 요점은 이것이다. 그리스도인이 자기나 다른 사람의 "때 이른 죽음"에 대해 묵상할 때 기독교적인 소망을 갖는다면, 무언가 심각하게 불공평한 일이 벌어졌다고 생각하지 않을 수 있게 된다는 것이다. 죽음이 다가오고 있다.

그러나 그 시기는 하나님께 맡기라.

넷째, 이러 저러한 일들이 왜 일어났는지에 대한 대답을 모르는 그리스도인들은 장기적인 전망을 가질 수 있다.

그들이 아는 하나님께서는 공의로우신 하나님이시다. 하나님께서는 공의가 실현될 것이고, 또한 그 실현을 목격하게 될 것이라고 확신을 주실 것이다. 그것은, 그리스도인들이 항상 준비된 대답을 가지고 있다는 의미가 아니다.

그 대신 그들은, 해답을 가지고 그들에게 능력을 행하시는 분에 대한 합리적인 확신을 가지고 있다. 하나님께서 마지막 결정을 하실 것이다.

우리는 담대히 그것을 기다린다.

이것이 바로 욥기가 "해피엔딩"으로 끝나는 이유들 중의 하나가 아닐까?

## ◦ 심화 학습을 위한 질문들 ◦

① 이미 임한 하나님 나라에 대해 말씀하는 몇몇 성경 구절들을 요약해 보라.
② 미래에 완성될 하나님 나라에 대해 말씀하는 몇몇 성경 구절들을 요약해 보라.
③ 앞의 두 질문에 해당하는 두 측면 중에서 균형을 잃고 한쪽으로 치우칠 때 무슨 일이 벌어지는가?
신약성경이나 교회 역사에서 그 예들을 제시할 수 있겠는가?[힌트: 어떤 학자들은 고린도교회가 지나치게 실현된 종말론을 가지고 있었고, 데살로니가교회는 지나치게 미래적인 종말론을 가지고 있었다고 주장한다. 어떤 근거로 그들은 이렇게 생각하는가?]
④ 예수님의 알곡과 가라지 비유는 우리가 이 세상의 악과 고난의 문제를 생각할 때 어떤 실제적 도움을 주는가?
⑤ 공의가 궁극적으로 실현될 것이고, 그 실현을 목격하게 될 것이라는 약속은 많은 불신자들에게 변명, 또는 "핑계거리" 같은 인상을 준다. 그러나 그리스도인들에게 그 약속은 "기정사실"이다.
   ⓐ 이 개념은 믿음과 소망에 관한 기독교 가치들과 어떻게 연결되어야 하는가?
   ⓑ 신자들은 이 문제에 관해 불신자들에게 어떻게 반응해야 하는가?
⑥ 당신은 본장에서 다룬 성경 구절들보다 더 그리스도인들에게 종말론적

관점에서 삶을 바라볼 수 있게 도와주는 다른 성경 구절들을 생각할 수 있거나 요약할 수 있는가?

⑦ 당신은 "천국에 대한 향수"를 발전시키기 위해 무엇을 할 수 있는가? 그러한 관점은 악과 고난에 대한 당신의 관점과 무슨 상관이 있는가?

제9장
# 욥: 신비와 믿음

Job: Mystery and Faith

 

우리는 악과 고난의 문제의 여러 양상들과 씨름할 수 있는데, 특히 심각하게 불합리하고 부당하다고 생각되는 극심한 악이나 매우 불공평한 고난이 우리에게 찾아올 때가 있다. 엄청난 고난과 그 고난을 받는 사람의 무고함 사이에 어떤 연관성이 있는지 찾기 어려워서 도무지 납득하기 어려운 경우들이 매우 종종 있다.

나는 라틴 아메리카의 한 국가에서 수 년 동안 매우 성공적인 선교 사역을 감당한 한 여인을 알고 있다. 그 선교사는 어느 신학교 졸업생과 결혼하기 위해 잠시 집으로 돌아왔다. 그 졸업생은 여 선교사와 수년간 교제를 했으며, 그녀와 함께 선교지로 가겠다고 약속을 한 상태였다.

여 선교사는 그 남자와 결혼한 지 불과 몇 시간 만에 자기가 한 괴물과 결혼한 것이 아닌가라는 의심이 들었다. 그 남자는 경건한 언어 속에 자기를 숨겼지만, 심리적으로 야만적인 사람이었다. 그는 불안정한 어린 망아지와 같아서, 밖에서는 신앙적으로 존경받을 만한 가면을 쓰고 다녔지만, 가정에서의 내밀한 삶에서는 아내의 모든 행동과 말과 지지에 대해 야만적으로 저급하게 반응하면서 자기의 자존심만 세웠다.

선교회는 곧 사태를 파악하고, 두 사람을 파송하지 않았다. 여러 해가

지났고, 사태는 더 악화되었다. 여 선교사는 친구들이나 상담사에게 도움을 청했지만, 그들 중에 어떤 사람들은 남편의 편을 들면서 여자에게 더 노력하라고 충고했다. 결국, 여자는 술에 빠졌다. 약 2년 후에 어인은 알코올중독이 되었고, 이제는 그 자신이 두 자녀에게 야만적이 되었다. 여인은 자신을 혐오했다. 자기의 남편을 혐오했다. 그리고 하나님을 혐오했다.

왜 그 여인이 그렇게 많은 고통을 겪어야 했는가?

그 여인은 비록 연약하지만 틀림없이 신실하게 주님을 섬기려고 노력한 것뿐이었는데.

물론, 그 여인의 남편이 무슨 짓을 했건, 그녀가 한 행동에 대해 스스로 책임을 져야 한다고 말하는 것이 신학적으로 옳을 것이다. 그러나 그 여인은 자기가 어떻게 대처해야 할지 알 수 없음을 깨달았고, 그것 때문에 자신을 미워했다. 따라서 어찌됐든, 이런 식으로 그 여인을 비난하는 것으로는 그녀의 질문에 대답이 될 수 없다. 즉, 그런 비난은 그 여인에게 죄책감만 안겨줄 뿐이다.

욥기는 매우 다양한 방식으로 해석되어 왔다. 본장에서는 그 다양한 해석에 대해 논의하려는 것이 아니다. 그러나 사실상 모든 해석들은, 우리 대부분이 불합리한 악과 모순된 고난이라고 부르는 문제를 다루는 데 있어서 이 책(욥기)이 정경에서 특별한 위치를 차지하고, 악과 고난의 주제에 대해서 특별히 공헌하는 바가 크다는 사실이다. 그러한 악과 고난은 어떤 그럴듯한 "해법"에 쉽게 끼워 맞춰지지 않는다. 우리는 성경의 다른 곳에서 배운 교훈들을 기억할 것이다.

하지만 그 교훈들을 여기에 적용하려고 하면 너무 많은 허점들이 발견된다. 너무나도 끔찍한 육체적인 고난이 욥의 마음에 복합되어 있다. 왜냐하면 그 고난이 도무지 말이 되지 않기 때문이다. 결과적으로, 그 고난은 하나님과 세상에 대한 욥의 이해를 망가뜨리게 되고, 따라서 그 자체로서도 엄청나게 고통스러울 뿐 아니라, 방향을 잃고 혼란스럽게 만들어 버린다.

## 1. 욥의 고난과 첫 반응(욥 1-3장)

욥기의 서막이라고 불리는 첫 두 장은 대체로 욥이라고 불리는 사람을 묘사하고 있는데, 그는 고대 에돔 지방에 속하는 우스(욥 1:1)에 살고 있었다. 그는 세 번에 걸쳐서 "온전하고 정직하여 하나님을 경외하며 악에서 떠난 자"라고 불린다(욥 1:8; 참고. 1:2; 2:3). 욥은 일곱 아들과 세 딸의 아버지이며, 엄청난 부자다. 그의 재산을 헤아려보니, 양이 칠천 마리, 낙타가 삼천 마리, 소가 오백 겨리, 암나귀가 오백 마리였다. 말하자면, 그는 "동방 사람 중에 가장 훌륭한 자"였다(욥 1:3).

그뿐 아니라, 욥은 의심의 여지없이 경건했으며, 그의 자녀들을 위해 미리 희생 제물을 바칠 정도였다. "혹시 내 아들들이 죄를 범하여 마음으로 하나님을 욕되게 하였을까"하는 것이 그 이유였다(욥 1:5). 이것은 일시적인 변덕도 아니고 변덕스런 경건도 아니었다. 오히려

욥이 항상 이러하였다(욥 1:5).

욥이 모르게 막후에서 사탄이 하나님과 내기를 한다. 하나님께서는 모든 사람들 중에서 욥이 하나님과 그의 뜻을 사랑하는 최고의 모범이 된다고 말씀하신다.

> 그와 같이 온전하고 정직하여 하나님을 경외하며 악에서 떠난 자는 세
> 상에 없느니라(욥 1:8).

사탄은 확신하지 못한다. 사탄은 그 모든 것이 하나님께서 욥을 보호하시고 번성하게 하셨기 때문이라며, 욥의 "경건"은 단지 자기의 이해득실을 잘 아는 것 이상의 의미가 없다고 주장한다. 안전하게 보호를 받는 경건은 큰 의미가 없다는 것이다. 사탄이 하나님을 비웃으며 말한다.

> 이제 주의 손을 펴서 그의 모든 소유물을 치소서 그리하시면 틀림없이
> 주를 향하여 욕하지 않겠나이까(욥 1:11).

하나님께서는 한 가지 조건을 걸고 그 내기를 받아들이신다. 즉, 욥은 해하지 말아야 한다. 그 조건에 만족한 사탄은 하나님 앞을 떠나 막후에서 조종하여 스바 사람이 갑자기 이르러 소와 나귀들을 빼앗고 칼로 종들을 죽이게 하고, 불이 하늘에서 떨어져서 양과 종들을 살라 버리게 하고, 갈대아 사람이 세 무리를 지어 갑자기 낙타에게 달려들어 그것을 빼앗으며 칼로 종들을 죽이게 하고, 큰 바람이 와서 집을 무너뜨려 그 안에서 잔치를 벌이고 있던 자녀 열 명을 모두 죽게 한다.

> 욥이 일어나 겉옷을 찢고 머리털을 밀고 땅에 엎드려 예배하며 이르되
> 내가 모태에서 알몸으로 나왔사온즉 또한 알몸이 그리로 돌아가올지라
> 주신 이도 여호와시요 거두신 이도 여호와시오니 여호와의 이름이 찬송
> 을 받으실지니이다 하고 이 모든 일에 욥이 범죄하지 아니하고 하나님
> 을 향하여 원망하지 아니하였더(욥 1:20-22).

사탄은 아직도 확신하지 못한다. 주님께서 욥이 여전히 그 정직함을 유지하고 있다고 말씀하시자, 사탄이 대답한다.

> 가죽으로 가죽을 바꾸오니 사람이 그의 모든 소유물로 자기의 생명을 바꾸올지라 이제 주의 손을 펴서 그의 뼈와 살을 치소서 그리하시면 틀림없이 주를 향하여 욕하지 않겠나이까(욥 2:4-5).

하나님께서 사탄의 도전을 다시 받아들이신다. 다만 한 가지 제한이 있다. 욥의 생명은 보존되어야 한다.

하나님의 법정에서 무슨 일이 일어났는지 알지 못하는 욥은 머리끝부터 발바닥까지 퍼진 고통스런 통증으로 괴로워한다. 완전히 바닥으로 떨어져버린 욥은 재 가운데 앉아 기와를 주워 상처를 긁기까지 한다. 욥의 고통을 극도로 더 악화시킨 것은, 자기만큼 고통을 겪고 있던 아내가 백기를 들어버린 것이다.

> 당신이 그래도 자기의 온전함을 굳게 지키느냐 하나님을 욕하고 죽으라 (욥 2:9).

그러나 욥은 그의 아내를 꾸짖으며 대답한다.

> 우리가 하나님께 복을 받았은즉 화도 받지 아니하겠느냐(욥 2:10).

저자는 이렇게 결론을 내린다.

> 이 모든 일에 욥이 입술로 범죄하지 아니하니라(욥 2:10).

욥기의 서막은 욥의 세 친구, 엘리바스, 빌닷, 그리고 소발이 욥의 고난에 대해 듣고 "욥을 위문하고 위로하려 하여 서로 약속하고 오는 것"으로 끝이 난다(욥 2:11). 그 당시의 풍습대로, 세 친구들은 큰 소리로 함께 울고, 옷을 찢고, 머리 위로 티끌을 날리는 것으로 그들의 슬픔을 표현한다.

그리고 나서 세 친구는 그들이 할 수 있는 가장 지혜로운 일을 하는데, 분명히 그것은 그들이 몇 마디 말로 하는 모든 말보다 훨씬 더 지혜로운 일이었다. 즉, 그들은 욥의 극심한 고통에 할 말을 잃고 칠 일 밤낮 동안 아무 말 없이 욥과 함께 앉아 있는다.

이것이 서막의 내용이다. 그러나 어떤 이들은 이 두 장에서 그려지는 욥의 모습이 욥기 전체에서 나오는 욥의 모습과 너무 달라서 전혀 다른 저자가 기록한 것이라고 주장한다. 어쩌면 다른 사람이 아주 단순한 우화적 이야기에 많은 말들을 덧붙인 것이거나, 또는 변론 형태로 기록된 어떤 대단한 웅변에 도덕적인 이야기를 덧붙인 것일 수 있다는 것이다.

그러나 그런 이론들은 아무 도움이 안 된다. 왜냐하면, 만일 누군가가 어떤 이야기에 서막과 종막을 결합시켰는데, 그렇게 만든 이 이야기에서 어떤 난제도 발견하지 못한다면, 왜 우리는 유독 원저자에게서만 이 난제가 발견된다고 생각해야 한단 말인가?

그런 원자료 이론들은, 설사 옳다 하더라도, 신학적인 문제를 풀지 못한다. 즉, 이 책은 있는 그대로 또는 그 문학 그대로 보아야 한다. 왜냐하면 지금의 책이 바로 우리에게 전해진 형태이기 때문이다.

욥기의 서막에 대한 더 교묘한 설명은 아달랴 브레너(Athalya Brenner)에 의해 주장되었다.[1] 브레너는 욥기의 서막과 종막(42:7-17)이 자의식적인

---

[1] "Job the Pious? The Characterization of Job in the Narrative Framework of the Book," *Journal for the Study of the Old Testament* 43 (1989): 37–52.

모순으로 쓰였다고 주장한다. 공식적으로는 두 부분이 모두 선한 사람이 건강하고 부유해진다는 점, 의로움이 이 세상에서조차 "대가를 치러야" 한다는 점, 그리고 마지막 구절에서 결국 욥이 처음 고난을 받기 시작하기 전보다 훨씬 더 나은 사람이 되었음이 최종적으로 증명된다는 점 등을 가정하고 있지만, 사실 저자는 사람이 자기의 입을 꼭 다물고 있어야 한다는 것을 너무 지나치게 강조하고 있다는 것이다.

일곱 아들, 세 딸, 양 칠천 마리 등등의 양식화된 숫자들이 욥의 선함을 강조하기 위해 의도적으로 반복되고 있으며(욥 1:1, 8; 2:3), 심지어 예방 차원에서 드리는 희생 제사는 모두 욥이 믿을 수 없을 정도로 지나치게 선하다는 것을 증명한다는 것이다.

브레너는, 이 이야기의 서막과 종막을 모순된 과제로 보는 것이 훨씬 더 쉽다고 주장한다. 저자는 순종과 축복, 그리고 불순종과 형벌에 대한 일반적인 접근 방식을 조롱하고 있다. 따라서 서막과 결말은 성경 전체와 결코 긴장관계에 있지 않다. 즉, 저자는 부당한 고난에 대한 질문들을 제기하고, 욥과 그의 친구들의 말에서나 하나님의 반응에서 또는 심각하게 모순된 서막과 종막에서 수많은 신비의 여지를 남긴다.

나는 이 창의적인 해석을 결코 납득할 수 없다. 일단, 이 해석은 욥기의 내용을 단순화시켜서 박진감을 떨어뜨린다. 욥이 정말로 매우 선하고 모든 영역에서 탁월하게 축복을 받은 사람이 아니라면, 부당한 고난의 문제가 매우 정교하게 두드러지도록 다루어질 수 없다.

욥기는 왜 42:6에서 욥의 회개에도 불구하고 건강과 재산이 회복되지 않는 것으로 끝나지 않고, 욥에게 축복을 내리는 것으로 끝이 날까?

나는 본장의 마지막에서 이 문제를 논의할 것이다.

무엇보다도, 브레너는 여러 가지 양식화된 표현들에서 모순의 증거를 찾는다. 그러나 양식화된 표현 형태들은 모순의 증거가 아니라 다른 역할을 한다. 산문으로 쓰인 서막과 종막이든지, 또는 시 형식으로 된 변론들이든지 간에 책 전체가 양식화되어 있음을 알아야 한다. 각 재료는 드라마처럼 제시된다. 따라서 양식화는 긴장을 고조시키고 이 사건을 가장 강력한 형태로 제시하기 위한 고도의 기술이다.

실제로, 우리가 앞으로 보게 될 것처럼, 서막과 종막의 주요 주제들은, 표면적으로만 보아도 이 책의 중요성을 한껏 높여준다. 그러나 이 주제들을 요약하기 전에, 욥기 3장을 잠시 생각해 볼 필요가 있다.

욥기 3장은 욥의 첫 번째 "변론"을 기록한다(사실 "변론"이라는 용어는 탄식에 해당되는 그 내용에 비해 매우 공식적이고 과장되게 들리지만, 41장까지 계속되는 서로간의 긴 대화들을 가리키기 위해 이 용어를 사용하기로 한다.). 욥기 3장은 일종의 연결고리다. 나머지 변론들과 마찬가지로, 3장은 시 형식으로 쓰였다. 그럼에도 불구하고, 욥은 친구들의 비난에 대꾸하지 않으며, 하나님께 해명을 해달라고 요구하지도 않는다. 욥기 3장은 욥의 탄식이다. 즉, 예레미야와 같이(렘 20:14-18), 욥은 그가 태어나지 않았기를 바란다.

> 내가 난 날이 멸망하였더라면, 사내 아이를 배었다 하던 그 밤도 그러하였더라면, 그 날이 캄캄하였더라면, 하나님께서 위에서 돌아보지 않으셨더라면, 빛도 그 날을 비추지 않았더라면(욥 3:3-4).

욥의 탄식은 대답 없는 "왜"를 물어보지만, 화를 내는 분노라기보다는 탄식임에 틀림없다.

> 어찌하여 고난당하는 자에게 빛을 주셨으며 마음이 아픈 자에게 생명을 주셨는고 이러한 자는 죽기를 바라도 오지 아니하니(욥 3:20-21).

하나님에게 둘러 싸여 길이 아득한 사람에게 어찌하여 빛을 주셨는고
(욥 3:23).

그러고 나서 다소 깜짝 놀랄만한 인정을 한다.

내가 두려워하는 그것이 내게 임하고 내가 무서워하는 그것이 내 몸에 미쳤구나 나에게는 평온도 없고 안일도 없고 휴식도 없고 다만 불안만 이 있구나(욥 3:25-26).

따라서 무대는 욥과 세 친구 사이의 대화를 위해 마련된다. 그러나 그 대화들을 살펴보기 전에, 이 책이 여기까지 강조하는 몇 가지 점들을 요약할 필요가 있다.

첫째, 욥기는 고난이 하나님의 주권적인 영역에서 찾아온다고 솔직하게 인정한다.

욥은 이해하지 못해도, 독자는 욥의 고난이 하나님과 사탄 사이의 거래 때문이라는 것을 안다. 사탄은 자기의 한계를 안다. 즉, 사탄은 욥을 괴롭힐 수 있다는 허락을 받아내야 한다. 사탄은 하나님께서 욥에게 "울타리를 치셔서" 그를 보호하신다고 도전한다. 하나님께서 허락하실 때에만, 사탄은 욥의 가족과 삶의 터전을 앗아갈 수 있다. 그 때조차도 사탄은 욥의 몸을 쳐도 좋다는 별도의 허락을 받아내야 한다.

욥은 하나님께서 허락하지 않으시면 그 모든 것들이 자기에게 일어날 수 없음을 직관적으로 깨닫는다. 욥은 덫에 걸리고, "둘러싸였음"을 느끼지만, 자기를 둘러싼 분이 하나님이심을 안다(욥 3:23). 그동안에는 자기를 보호하기 위해 둘러싸여 있던 울타리를 누렸지만, 이제는 그 울타리

는 사라지고, 올가미에 둘러싸였음을 느낀다. 그렇기는 해도, 욥은 이 모든 일이 하나님의 허락 없이 사탄이 한 일이라고 성급히 결론 내리지 않는다. 욥은 수사학적으로 물어본다.

우리가 하나님께 복을 받았은즉 화도 받지 아니하겠느냐?(욥 2:10)

요컨대, 모든 형태의 이분법은 철저하게 거부된다. 욥은 이 일이 사실은 하나님의 뜻이 아니라 사탄의 역사임에 틀림없다고 생각하는 식으로 손쉬운 위로를 구하려 하지 않는다. 물론 이것은 **정말로** 사탄의 사역이었다. 그러나 하나님의 세계 안에서는, 사탄의 사역조차 하나님의 주권의 울타리를 벗어나지 못한다. 이 점이 바로 문제를 일으키는 것이기는 하지만, 희망을 약속하는 부분이기도 하다.

둘째, 욥의 선함을 강조하는 것은, 무고한 고난이 있을 수 있다는 사실을 강조하기 위함이다.

이것은 모든 고난이 구체적인 죄와 직접적으로 연관되는 것은 아니라는 것보다 더 큰 의미가 있다. 즉, 이 세상의 어떤 고난은 그 어떤 죄와도 직접적인 연관성이 없다는 의미이다. 틀림없이, 어떤 사람은 타락과 죄의 보편성에 관한 여러 성경 구절들에 근거해서 간접적인 연관성을 주장할 수 있을 것이다.

그러나 그렇다고 해서 욥기에서 매우 강력하게 강조하고 있는 요점을 빼버릴 수는 없다. 즉, 말하자면 신명기, 잠언, 로마서 등에서 발견되는 보응과 고난과의 연관성이 결코 기계적으로 엄격하거나 대칭적으로 구체적이어서 욥기가 고려하고 있는 종류의 고난마저 모두 그것에 해당한다고 할 수는 없다.

직관적으로 우리는 그렇다는 것을 안다.

아버지가 그의 여섯 살 난 딸을 강간했을 때, 과연 우리는 그 딸에게 "책임이 있다"라고 말할 수 있겠는가?

물론 그 아이의 고난은 죄의 결과다. 즉 다른 사람의 죄의 결과다. 그러나 이것이야말로 정확히 그 딸이 무고한 희생자임을 보여준다. 틀림없이 그 아이는 절대적인 의미에서는 무죄하지 않다. 여섯 살 난 여자 아이들은 절대적인 의미에서 무죄하지 않다. 그들도 부모를 따라 죄가 있다.

그러나 그 여자 아이가 강간을 당한 것이 "징벌"이라고 여겨질 만한 어떤 죄를 지었단 말인가?

욥이 직면한 상실들은, 자연적인 면에서 보면, 스바인과 갈대아인 등의 악행과 불, 바람 등의 자연 재해가 뒤섞인 결과다. 그러나 그 배후에 사탄이 있었다. 그리고 사탄의 배후에 하나님께서 계셨다. 하나님의 세계에서, 만일 하나님께서 성경에 묘사된 하나님이시라면, 결코 다른 일이 벌어질 수 없었다.

틀림없이, 욥이 겪은 불행을 받아 마땅한 공공의 반역자들과 사회적으로 혐오스러운 죄인들이 있다. 그러나 그 일들은 하나님께서 "온전하고 정직하여 하나님을 경외하며 악에서 떠난 자"라고 평가하신 욥에게 일어났다. 성경은 모든 죄인이 (결국) 고난을 당할 것이라고 말씀하지만, 모든 고난의 경우가 죄에 대한 대가라고 말씀하지는 않으신다. 틀림없이, 세상이 타락하지 않았다면, 고난도 없을 것이다. 그러나 타락한 세상이기 때문에 무고한 고난이 없을 수 없는 것이다.

욥기는 우리에게도 예외가 아니다. 무고한 고난 같은 것들이 있다.

셋째, 우리가 이 문제와 어느 정도 씨름하는가는 우리 자신이 겪는 고난의 정도와 연관이 있는 것 같다.

욥이 "내가 두려워하는 그것이 내게 임하고 내가 무서워하는 그것이 내 몸에 미쳤구나"라고 말한 것은, 그가 정말로 하나님을 신뢰하지 않아서 마땅히 받을 것을 받게 되었음을 보여주는 증거가 아니다. 그렇게 되면, 3장에 와서 책 전체의 목적을 뒤엎어버리게 되는 것이다. 욥이 이런 말을 한 목적은, 욥이 이미 이 문제들에 대해 생각하고 있었음을 보여주는 것이다.

욥은 그 재앙들에 대해 충분히 생각했으므로, 자기가 스스로 관찰한 것과 하나님에 대한 자기의 지식으로 볼 때, 자기도 그러한 비참한 재앙을 받을 가능성에서 결코 예외가 될 수 없음을 잘 알고 있었다. 그만큼 욥은 재앙을 준비하고 있었다. 아마도 준비된 마음이 있었기 때문에 처음에 매우 의연하게 반응했을 것이다.

그러나 고난의 신학을 깊이 생각하고, 어떻게 반응할지 결심하는 것 등이 아무리 칭찬할 만한 일이라 하더라도, 그것은 결코 고난 자체의 충격에 대한 완벽한 대비를 시켜주지 못한다. 고난은 마치 끔찍하게 차가운 호수에 뛰어드는 것과 같다. 하루 종일 자기 자신을 준비시키고 대비하지만, 막상 뛰어들면 숨이 멎어버릴 같은 충격을 받을 것이다.

넷째, 우리가 고난 중에 절망에 빠지고, 소망을 잃고, 삶의 허무감을 느끼고, 인생을 한탄할 때, 하나님께서는 우리를 비난하지 않으신다.

욥기 3장을 읽을 때, 우리는 하나님께서 나중에 그의 무자비한 세 친구들을 꾸짖으시고 오히려 욥이 바른 말을 했다고 주장하시게 될 것(욥 42:7)을 생각하면서 읽어야 한다.

물론, 슬픔과 비탄 중에서 잘못된 것을 말할 수 있고, 하나님을 모독하는 말을 할 수도 있다. 욥의 아내가 "하나님을 저주하고 죽으시오"(욥 2:9)라고 한 말은 결코 칭찬받을 수 없다. 그러나 나중에 살펴보겠지만 어떤 범주 안에서는, 우리의 슬픔에 대해 솔직하고, 우리의 절망에 대해 진솔하며, 우리의 질문에 대해 정직한 것이 그것들을 억누르고 경건한 체 하는 것보다 훨씬 낫다. 하나님께서는 어떤 경우에도 우리의 생각을 하신다. 욥기가 제시하는 "해답"은 욥의 질문과 하나님의 반응에 달려 있다. 질문이 없으면 어떤 반응도 없다.

다섯째, 이미 신비의 주제를 언급했다. 고난이 시작될 때나 끝날 때, 하나님께서는 사탄의 도전과 그의 반응에 대해 욥에게 말씀하지 않으신다.

사실, 하나님께서 그렇게 하셨다면, 고난의 목적이 뒤바뀔 것이었다. 독자들만이 아는 하나님의 의도는 인간이 어떤 즉각적인 보상이 없이도 하나님을 사랑할 수 있고, 두려워할 수 있고, 의를 추구할 수 있다는 것을 보여주는 것이다.

그러므로 이와 같이 하나님을 추구하는 것은 물질적인 위로와는 별개다. 즉, 그것은 물질적인 위로와 전혀 상관없다. 따라서 모든 신앙적인 관심이 궁극적으로는 자기 유익이나 심지어 탐욕적인 동기에 근거하고 있다는 사탄의 주장은 거짓으로 판명 났다. 그러나 욥 자신은 그의 고난에서 이 측면을 보는 것이 허락되지 않는다. 그의 입장에서는 그저 이해할 수 없는 신비를 경험하는 것이다.

여섯째, 이것이 바로 욥의 첫 한탄과 나중의 질문들을 바른 신학적 틀안에서 이해해야 하는 이유다.

단 한 순간도 욥은 하나님에 대한 신뢰를 포기하지 않는다. 단 한 순간도 욥은 하나님을 저주하라는 그의 아내의 말을 따르지 않는다. 욥이 그 부당함을 알면서도 그렇게 힘든 시간을 보낼 수 있는 것은, 하나님께서 거기에 계시고, 사랑하시고 공의로우시다는 것을 알기 때문이다. 욥은 하나님과 씨름한다. 하나님께 분노한다. 하나님께 자기에게 나타나 답변을 해 보시라고 도전한다. 그러나 그의 모든 버둥거림은 한 성도의 버둥거림이다.

이것이 바로 욥이 바른 것을 말했다고 하나님께로부터 칭찬을 받는 이유다. 즉, 적어도 욥은 바른 틀 안에서 말했다. 욥의 무자비한 친구들은 그렇게 하지 않았다. 우리는 이 점을 다음 항목에서 살펴보면서, 그것이 오늘날 우리에게 무엇을 말씀하는지 배울 것이다.

## 2. 욥의 애처로운 분노와 그의 서투른 위로자들(욥 4-31장)

욥의 한탄을 들은 그의 세 친구가 침묵을 깬다. 드라마가 펼쳐지는 방법은, 엘리바스, 빌닷, 그리고 소발이 각각 욥을 겨냥해서 그의 신학을 교정하고 회개를 시키려고 하는 것이다. 각각이 말한 후에, 욥이 대꾸한다.

그 후에 똑같은 사이클이 반복되고, 또 다시 반복된다. 세 번째 사이클은 빌닷의 짧은 이야기로 끝이 나고(욥 25:1-6), 소발은 세 번째 사이클에서 아무 말도 하지 않는다. 이 때 욥은 정말로 화가 나서 매우 긴 변론을 하여(욥 26-31장) 비록 친구들에게 확신을 주진 못해도 그들의 입을 막아버린다.

욥과 그의 친구들은 욥의 고난을 둘러싼 질문에 대해 서로 견고하게 진을 치고 대립한다. 약간 단순화시켜서 그들의 입장을 다음과 같이 요약할 수 있다.

① 욥의 친구들은 그럴 듯한 답변들과 비난을 쏟아낸다.
그들의 신학적 입장의 핵심은 엘리바스의 질문에 요약되어 있다.

> 생각하여 보라 죄 없이 망한 자가 누구인가 정직한 자의 끊어짐이 어디 있는가 내가 보건대 악을 밭 갈고 독을 뿌리는 자는 그대로 거두나니 (욥 4:7-8).

② 욥은 자기 정당화와 어려운 질문들로 반응한다.
욥은 그러한 고난을 정당화 할 수 있는 것이 아무 것도 없다고 말한다. 독자들은 이것이 진실인 것을 안다. 즉, 욥은 하나님께서 그의 종의 정직함을 사탄에게 보여주려 하시기 때문에 고난을 받고 있는 것이지, 형벌을 받고 있는 것이 아니다.

그러나 그들의 논증의 무게를 좀 더 느끼기 위해, 우리는 그들의 변론을 조금 따라갈 필요가 있다. 엘리바스는 욥의 고통에 대해 슬며시 신랄한 말로 시작한다. 결국, 욥이 다른 많은 고통받는 사람들에게 조언과 도움을 준다는 것이다.

> 이제 이 일이 네게 이르매 네가 힘들어 하고 이 일이 네게 닥치매 네가 놀라는구나(욥 4:5).

이 비난은 다음 구절이 보여주는 바와 같이, 단순한 억지 이상이다. 즉, 욥이 지독한 위선의 죄를 범하고 있다고 억지 주장을 한다.

> 네 경외함이 네 자랑이 아니냐 네 소망이 네 온전한 길이 아니냐 (욥 4:6).

그 자체로 보면, 이 질문은 일종의 격려나 완곡한 칭찬 같이 보일 수 있다. 그러나 이미 인용한 대로, 다음 구절은 이 말이 순전히 올가미에 불과하다는 것을 보여준다.

보라 죄 없이 망한 자가 누구인가?(욥 4:7)

따라서 이 질문 자체는 비열한 빈정거림이 된다.

엘리바스는 원인만으로는 만족하지 않은 것 같다. 그는 자기가 밤에 본 환상에서 진리를 배웠다고 주장한다. 그에게 나타난 한 형상이 이렇게 물었다고 한다.

사람이 어찌 하나님보다 의롭겠느냐 사람이 어찌 그 창조하신 이보다 깨끗하겠느냐(욥 4:17).

물론 이 질문 자체는 중요한 점을 지적한다. 즉, 우리는 이러한 어려운 질문들에 대해 하나님께 나아갈 때 겸손해야 한다는 것이다. 그러나 엘리바스는 이것을 훨씬 강력하게 적용한다. 미련한 자들과 악한 자들은 하나님께 멸망을 받는다. 즉, 하나님께서는 거룩하시기 때문에 그런 자들이 무익하게 서로 다툴 때 그들을 멸망시키신다.

"나라면," 내가 욥 당신처럼 고난을 받는다면, "하나님을 찾겠고 내 일을 하나님께 의탁하리라"(욥 5:8). 나는 오직 한 분 하나님만이 그의 백성을 회복시키실 수 있다고 믿을 것이다. 나는 입을 닫고, 나의 죄를 고백하며, 하나님의 구원을 간청할 것이다.

하나님께 징계 받는 자에게는 복이 있나니 그런즉 너는 전능자의 징계

> 를 업신여기지 말지니라 하나님께서는 아프게 하시다가 싸매시며 상하게 하시다가 그의 손으로 고치시나니 여섯 가지 환난에서 너를 구원하시며 일곱 가지 환난이라도 그 재앙이 네게 미치지 않게 하시리라 (욥 5:17-19).

다른 말로 하면, 욥 당신이 죄를 고백하고, 하나님의 선하심을 간구하면, 이전의 모든 위로를 회복할 것이다.

> 너는 들어 보라 그러면 네가 알리라(욥 5:21).

그러나 욥은 쉽게 물러나지 않으려 한다. 일단, 욥은 친구들의 무자비함과 잘난 체 하는 모습에 분개한다.

> 낙심한 자가 비록 전능자를 경외하기를 저버릴지라도 그의 친구로부터 동정을 받느니라 내 형제들은 개울과 같이 변덕스럽고 그들은 개울의 물살 같이 지나가느니(욥 6:14-15).

친구들이 표현하지는 않았지만, 욥은 그들 속에 있는 두려움을 꿰뚫어본다. 만일 우주가 그들이 생각하는 것처럼 질서정연하지 않다면, 그들 자신도 안전을 자신할 수 없다.

> 이제 너희는 아무것도 아니로구나 너희가 두려운 일을 본즉 겁내는구나 (욥 6:21).

욥의 간청은 감정에 호소하며, 간절하다.

> 이제 원하건대 너희는 내게로 얼굴을 돌리라 내가 너희를 대면하여 결
> 코 거짓말하지 아니하리라 너희는 돌이켜 행악자가 되지 말라 아직도
> 나의 의가 건재하니 돌아오라(욥 6:28-29).

욥은 자기의 고난을 다시 한 번 돌아본다. 그가 원하는 것은 다만 거룩하신 분의 말씀을 부인할 유혹을 받기 전에 죽는 것이다(욥 6:10). 결국 그는 하나님께로 돌아서서 긍휼을 구한다.

> 내 생명이 한낱 바람 같음을 생각하옵소서 나의 눈이 다시는 행복을 보
> 지 못하리이다(욥 7:7).

그러나 욥은 그가 고통을 겪고 있는 것이 공평하다고 인정하고 싶지는 않다.

> 내가 내 입을 금하지 아니하고 내 영혼의 아픔 때문에 말하며 내 마음
> 의 괴로움 때문에 불평하리이다(욥 7:11).

욥은 하나님께 이제 그만 자기를 죽게 해 달라고 간청한다. 그의 삶이 의미가 없다고 말한다. 말하자면, '왜 나를 택하셨습니까?'라고 묻는 것이다.
  왜 이런 일에 나를 택하셨습니까?(욥 7:17-19)
  욥은 자기가 완벽히 무죄하다고 주장하는 것이 아니다. 그는 단지 그가 범했을 법한 어떤 죄가 전능자의 표적이 될 만하지는 않다고 주장하는 것이다.

> 사람을 감찰하시는 이여 내가 범죄하였던들 주께 무슨 해가 되오리이까

어찌하여 나를 당신의 과녁으로 삼으셔서 내게 무거운 짐이 되게 하셨
나이까?(욥 7:20)

이 모든 말은 빌닷에게 너무 지나치게 들렸다. 빌닷은 엘리바스처럼 교묘한 표현으로 꾸짖거나, 그의 의견에 권위를 부여하기 위해 밤에 본 환상들을 주장하지 않는다. 그는 단지 전통적인 답변들을 강력하게 늘어놓는다.

네가 어느 때까지 이런 말을 하겠으며 어느 때까지 네 입의 말이 거센
바람과 같겠는가?(욥 8:2)

그가 욥에게 물어본다.

하나님께서 어찌 정의를 굽게 하시겠으며 전능하신 이가 어찌 공의를
굽게 하시겠는가?(욥 8:2,3)

이것이 이 문제의 핵심이다. 욥이 스스로 부당하게 고난을 당하고 있다고 확신하고 있으므로 결국 그는 하나님을 불의한 자로 비난하는 나쁜 사람에 불과하다. 오히려 하나님께서 공의로우시고 그의 공의가 승리해야 한다. 고난을 당하면, 당할만하니까 당하는 것이다. 반대로, 빌닷은 욥에게 말한다.

또 네가 청결하고 정직하면 반드시 너를 돌보시고 네 의로운 처소를 평
안하게 하실 것이라(욥 8:6).

아무리 바보라도 이 말의 의미는 알 수 있다. 하나님께서 욥을 정당한 위치로 회복시키지 않는다는 것은 곧 욥이 정결하지 못하고, 의롭지 못하다는 것을 증명해 준다. 그렇지 않다면, 하나님께서 불의하신 것인데, 그것은 말도 안 되는 소리다. 하나님께서 공의로우시다는 빌닷의 근본적인 전제에 대해 욥은 다투지 않는다.

진실로 내가 이 일이 그런 줄을 알거니와(욥 9:2).

욥은 이의를 제기하지만, 부인하지는 않는다.

인생이 어찌 하나님 앞에 의로우랴?(욥 9:2)

문맥으로 볼 때, 이 질문은 인생이 어찌 하나님 앞에서 순결하고 거룩할 수 있느냐고 묻는 것이 아니라, 인생이 어찌 하나님 앞에서 스스로를 변호할 수 있느냐고 묻는 것이다. 하나님께서 의로우시다는 것은 기정사실이라고 욥은 말한다. 그러나 내 문제는 이 경우에 내가 너무 의롭다는 것이다. 즉, 나는 부당하게 고난을 당하고 있다.

하지만 그것을 어떻게 하나님 앞에서 증명할 수 있단 말인가?

하나님 앞에서 어떻게 나를 변호할 수 있을까?

사람이 하나님께 변론하기를 좋아할지라도 천 마디에 한 마디도 대답하지 못하리라 그는 마음이 지혜로우시고 힘이 강하시니 그를 거슬러 스스로 완악하게 행하고도 형통할 자가 누구이랴(욥 9:3,4).

욥의 문제는 하나님께서 단순히 멀리 계시다는 것이 아니라, 자기가 틀림없이 무고하게 고난을 당하고 있음에도 불구하고 그것을 증명할 수 없다는 것이다(또한 다시 말하지만, 독자들은 욥이 이 문제에 관해서 옳다는 것을 안다!). 욥은 하나님의 위대하심을 나타내는 여러 증거들을 깊이 묵상한 후에 결론적으로 말한다.

> 하물며 내가 감히 대답하겠으며 그 앞에서 무슨 말을 택하랴 가령 내가 의로울지라도 대답하지 못하겠고 나를 심판하실 그에게 간구할 뿐이며 (욥 9:14-15).

사실, 하나님의 능력에 관한 모든 것들이 다르게 이해될 수 있다고 욥은 주장한다.

> 가령 내가 그를 부르므로 그가 내게 대답하셨을지라도 내 음성을 들으셨다고는 내가 믿지 아니하리라 그가 폭풍으로 나를 치시고 까닭 없이 내 상처를 깊게 하시며 나를 숨 쉬지 못하게 하시며 괴로움을 내게 채우시는구나 힘으로 말하면 그가 강하시고 심판으로 말하면 누가 그를 소환하겠느냐 (욥 9:16-19).

욥의 불행의 증거는 하나님께서 주권적이시고 옳으시지만, 잔인하심을 보여준다는 것이다. 하나님께서는 주권적이셔서 욥의 변론은 그 어떤 재판에서도 제지를 받을 것이다.

> 가령 내가 의로울지라도 내 입이 나를 정죄하리니 가령 내가 온전할지라도 나를 정죄하시리라 (욥 9:20).

욥은 하나님께서 주권적이시라는 것을 부인하지 않는다. 오히려 정반대다. 욥은 주장한다. "세상이 악인의 손에 넘어갔을" 때, "재판관의 얼굴을 가린" 분은 하나님이시니 "그렇게 되게 한 이가 그가 아니시면 누구냐?"(욥 9:24) 욥은 유일하신 하나님에 대해 매우 당연한 몇 마디 그럴 듯한 말을 하는 것이 아니며, 하나님께서 선을 이루실 만큼 충분히 능력이 있거나 앞을 충분히 내다보시거나 충분히 힘이 있지 않다고 말하는 것도 아니다. 하나님께서는 주권적이셔서 선한 일 뿐 아니라 악한 일도 일어나게 하신다. 따라서 그것이 바로 문제다.

즉 만일 내가 하나님의 공의로우심을 믿는다면, 나는 어떻게 그에게 대답할 수 있겠는가?

> 일이 다 같은 것이라 그러므로 나는 말하기를 하나님께서 온전한 자나 악한 자나 멸망시키신다 하나니(욥 9:22).

그래서 욥은 친구들을 향해 신랄하게 답변한다. 그가 아무리 순결하다 하더라도, 친구들은 그를 순결하지 않다고 할 것이다. 그들의 입장이 그것을 요구하기 때문이다.

> 내가 눈 녹은 물로 몸을 씻고 잿물로 손을 깨끗하게 할지라도 주께서 나를 개천에 빠지게 하시리니 내 옷이라도 나를 싫어하리이다(욥 9:30-31).

다시 한 번, 욥은 친구들에게서 하나님께로 고개를 돌려 자기 영혼의 고통을 쏟아낸다(욥 10:1).

> 주께서 주의 손으로 지으신 것을 학대하시며 멸시하시고 악인의 꾀에 빛을 비추시기를 선히 여기시나이까?(욥 10:3)

욥은 질문한다.

> 주의 날이 어찌 사람의 날과 같으며 주의 해가 어찌 인생의 해와 같기로 나의 허물을 찾으시며 나의 죄를 들추어내시나이까 주께서는 내가 악하지 않은 줄을 아시나이다 주의 손에서 나를 벗어나게 할 자도 없나이다(욥 10:5-7).

욥은 주장하기를, 이 문제의 진실은 하나님께서 오직 그를 이 비극에 준비시키시기 위해 그에게 생명을 주셨으며, 그의 인자하심을 보이셨으며, 또한 그의 섭리로 욥을 돌보신다는 것이라고 한다(욥 10:12).

욥이 이렇게 끝날 줄을 하나님께서 아셨다면, 왜 그는 욥을 태어나게 하셨단 말인가?

> 주께서 나를 태에서 나오게 하셨음은 어찌함이니이까 그렇지 아니하셨더라면 내가 기운이 끊어져 아무 눈에도 보이지 아니하였을 것이라(욥 10:18).

소발이 끼어든다. 그는 하나님을 웅장하고 초월적인 언어로 묘사한다. 그의 관점에서 보면, 욥의 말은 끔찍하다.

어떻게 감히 인간이 하나님께 "내 도는 정결하고 나는 주께서 보시기에 깨끗하다"(욥 11:4)라고 말할 수 있는가?

욥은 하나님께 대답을 해보시라고, 설명을 해보시라고 요구했다. 소발은 욥의 말에 동의해서 "하나님께서는 말씀을 내시며 너를 향하여 입을 여시고"라고 말한다. 하나님께서는 거룩하시고 초월하시지만, 욥은 허물이 있고 죄를 지었으므로, 욥이 고난은 사실 그의 허물에 비하면 훨씬 적은 것이다. 욥의 죄는 너무 크지만, 하나님께서 그 중의 일부를 이미 용서하셨다.

이렇게 측량할 수 없이 크신 하나님께서 결코 속임을 당하실 수 없음을 욥은 인정하지 못하는 것인가?

> 하나님께서는 허망한 사람을 아시나니 악한 일은 상관하지 않으시는 듯하나 다 보시느니라(욥 11:11).

욥이 꾸짖으며 답변한다.

> 너희만 참으로 백성이로구나 너희가 죽으면 지혜도 죽겠구나(욥 12:2).

욥은 사람들을 꿰뚫어 본다.

> 평안한 자의 마음은 재앙을 멸시하나 재앙이 실족하는 자를 기다리는구나(욥 12:5).
> 너희가 참으로 잠잠하면 그것이 너희의 지혜일 것이니라(욥 12:6).

그들이 그렇게 쓰레기 같은 말을 지껄여댈 것이라면, 또는 첫 일주일 동안 보여준 지혜로 돌아가야 한다면, 입을 닫는 게 낫다.

욥은 몇 가지 점을 나열한다. 아무도 이 하나님을 피할 수 없다. 형벌과 관련되지 않은 고난도 있다는 증거가 무수히 많다("여인에게서 태어난 사람은 생애가 짧고 걱정이 가득하며," 욥 14:1). 마찬가지로, 욥 자신도 무죄하다. 따라서 공평한 재판에서 그의 무죄함이 입증될 것이다(욥 13:18).

두 번째 변론 사이클이 시작된다. 그 후에 세 번째도 시작된다. 여기에서 그 변론들을 모두 살펴볼 수는 없으며, 욥이 그의 "서투른 위로자들"(욥 16:2)에게 한 답변들을 모두 나열할 수는 없다. 그러나 몇 가지만 언급해야겠다.

첫째, 욥의 친구들은 전혀 융통성 없는 편협한 신학을 가지고 있다.

고난은 무조건 형벌과 징계의 관점에서만 이해해야 한다. 무죄한 고난의 유형은 없다. 그들의 이해대로라면, 그러한 주장은 전능자의 순결함을 손상시키는 것이다.

둘째, 친구들이 하나님을 신속히 변호하고, 하나님에 대해 놀라운 것들을 많이 말하기는 하지만, 그들의 주장은 욥에게 너무 잘난 체 하는 것처럼 들리기 때문에 욥은 그들에게 대해 더 이상 참지 못하기 시작한다.

그들의 말에는 일말의 긍휼함, 동정, 또는 솔직한 슬픔이 없다. 하나님을 변호하는 것이 견딜 수 없이 힘들 수 있다.

셋째, 욥의 주장을 버트란트 러셀(Bertrand Russell)의 무신론이나, 데이빗 흄(David Hume)의 도전, 돈 큐핏(Don Cuppit)의 신학적인 횡설수설, "내가 내 운명의 주인이다! 내가 내 영혼의 선장이다!"와 같은 시적인 도전들과 혼동해서는 안 된다.

욥의 변론은, 하나님을 알고, 하나님을 더 알기 원하며, 하나님의 존재를 한 번도 의심한 적이 없고, 하나님의 공의를 실제로 확신하지만, 자기의 경험에 비추어 볼 때 이 굳은 신앙들이 도무지 이해되지 않는 한 사람의 고뇌에 찬 질문이다.

이것이 바로 욥이 그 혼란스러움과 자기 정당화 속에서도 놀라운 믿음의 고백을 할 수 있는 이유다. 욥은 자기와 하나님 사이에 중재해 줄 누군가가 있으면 좋겠다고 생각한다(욥 9:33-35). 물론 이것은 하나님의 영역이므로 그가 할 수 없다. 그러나 그리스도인은 이 구절을 읽을 때 예수 그리스도의 역할을 묵상해야 한다. 욥은 배교자가 되지도 않는다.

> 그가 나를 죽이시리니 내가 희망이 없노라 그러나 그의 앞에서 내 행위를 아뢰리라 경건하지 않은 자는 그 앞에 이르지 못하나니 이것이 나의 구원이 되리라(욥 13:15-16).

욥은 자신의 무죄가 결국 증명될 것을 확신하여 이렇게 말할 수 있다.

> 그러나 내가 가는 길을 그가 아시나니 그가 나를 단련하신 후에는 내가 순금 같이 되어 나오리라(욥 23:10).

욥기 19:25-27의 번역이 꽤 까다롭기는 하지만,[2] 적어도 이 구절들은 욥이 자기가 최종적으로 하나님에 의해 무죄함을 증명받을 것이라고 굳게 확신하고 있음을 확증해준다.

넷째, 욥의 마지막 긴 변론(욥 26:1-31:40)은 이미 앞에서 발전시킨 많은 주제들을 반복한다. 하지만 그 고통이 더욱 가중된다.

---

[2] 이 난제에 대한 적절한 논의로는 John E. Hartley, *The Book of Job*, NICOT (Grand Rapids: Eerdmans, 1988), 292-297을 보라.

이제 욥은 더 이상 넌지시 말하지 않는다. 그는 하나님께서 불의하다고 대놓고 비난한다. 그리고 자기의 무결함을 애써서 변호한다.

> 나의 정당함을 물리치신 하나님, 나의 영혼을 괴롭게 하신 전능자의 사심을 두고 맹세하노니 (나의 호흡이 아직 내 속에 완전히 있고 하나님의 숨결이 아직도 내 코에 있느니라) 결코 내 입술이 불의를 말하지 아니하며 내 혀가 거짓을 말하지 아니하리라 나는 결코 너희를 옳다 하지 아니하겠고 내가 죽기 전에는 나의 온전함을 버리지 아니할 것이라 내가 내 공의를 굳게 잡고 놓지 아니하리니 내 마음이 나의 생애를 비웃지 아니하리라 (욥 27:2-6).

욥기 29-31장은 욥이 고난을 받기 전에 그의 온 생애 동안 쌓아놓았던 모든 경건한 일들을 나열한다. 그 일들은 매우 신중하게 읽어야 한다. 왜냐하면 나는 하나님 앞에서 그 절반도 따라가지 못하기 때문이다.

욥은 정직하고, 관대하고, 예의바른 사람이었다. 그는 가난한 자들을 돌보았고, 맹인들을 도왔으며, 슬퍼하는 자들을 위로했고, 자기 눈으로 "처녀에게 주목하지 않기로" 다짐했으며, 나그네들을 끊임없이 대접했고, 다른 사람의 불행을 즐거워하지 않았고, 자기의 부를 자랑하지 않았다. 그는 정직하게 하나님을 두려워했다(욥 31:23).

또한 욥은 그의 고난이 죄에 대한 형벌로 찾아오지 않게 하기 위해 정직함을 유지하려고 안간 힘을 썼다. 그에게 있어서, 그가 친구들을 만족시키고 비난을 면하려고 자기가 범하지도 않은 죄를 고백한다면, 그것이 죄가 될 것이다. 그의 순결함이 그에게 너무도 중요해서 차마 그렇게 할 수 없다.

다섯째, 그러므로 욥은 단순히 지적인 대답이나 신학적인 논증을 구하는 것이 아니다. 그는 하나님으로부터 인격적으로 인정받기를 원한다.

그는 하나님께서 나타나셔서 그가 행하신 일에 대해 설명해 주시기를 원한다. 이 드라마는 불가지론 철학자에게 관심이 없다. 오히려 이 드라마가 관심을 갖는 것은 하나님을 알고 두려워하고 사랑하는 사람이다. 그는 자기의 정직함에 대한 확신에 차 있기 때문에 하나님을 만나 단지 "답변"을 듣는 것이 아니라 자기의 정당성을 입증해 주시기를 구하고 있다.

여섯째, 조금 더 앞을 내다보는 것이 중요하다.

> 욥이 자신을 의인으로 여기므로 그 세 사람이 말을 그친다(욥 32:1).

그들은 곤란해졌다. 그들은 욥의 잘못을 주장해야만 그의 고난을 이해할 수 있었는데, 욥이 자기의 무죄를 주장하기 때문이다. 그러나 하나님께서는 욥에게 자신을 계시하신 후에 엘리바스에게 말씀하신다.

> 내가 너와 네 두 친구에게 노하나니 이는 너희가 나를 가리켜 말한 것이 내 종 욥의 말 같이 옳지 못함이니라(욥 42:7).

사실, 욥이 그들을 위해 희생 제물을 드리고 기도해야 했다. 이것은 놀랍다. 서투른 세 위로자들은 그들이 하나님을 변호한다고 생각했는데, 하나님께서는 그들이 하나님에 대해 잘못된 것을 말한다고 비난하신다. 욥은 자기의 정직함을 너무 과격하게 변호한 나머지 넘지 말아야 될 선을 넘어서 사실상 하나님을 불의하다고 비난했다.

그러나 하나님께서는 그의 종 욥이 옳은 것을 말했다고 주장하신다. 물론, 이것은 욥의 변론이 전적으로 흠이 없다는 의미는 아니다. 우리가 앞으로 볼 테지만, 하나님께서는 욥이 "무지한 말로 생각을 어둡게 한다"라고 꾸짖으신다(욥 38:2).

본장의 마지막 부분에서, 나는 욥이 어떤 면에서 옳은지, 그리고 그의 세 친구들은 어떤 면에서 틀렸는지에 대해 자세히 다룰 것이다. 하지만 욥의 변론을 변호하시는 하나님의 말씀을 들어보면, 무고한 고난의 여지가 있다. 따라서 죄에 대해 형벌이 부과된다는 식의 단순한 보응적 공의 이론은 어떤 어려운 경우들을 설명하기에 부적절하다.

### 3. 욥과 엘리후 (욥 32-37장)

욥기 32-37장은 이 책에서 가장 흥미진진하면서도 가장 어렵다. 이 단락은 우리의 기대를 불러일으키며 시작한다. 이제까지 한 번도 언급되지 않은 엘리후는 논쟁이 벌어지는 동안 침묵을 지켰다. 다른 참여자들이 자기보다 나이가 많았기 때문이다. 말하자면 풍습에 따라 연장자에게 우선권이 있었다.

그러나 이제 그들이 모두 침묵하고, 그들의 논쟁에 화가 치밀어 오른 엘리후가 욥과 세 친구 모두에게 화가 났다고 선언한다. 엘리후는 세 친구가 "능히 대답하지 못하면서 욥을 정죄하는 것"(욥 32:3) 때문에 화가 났고, 욥에 대해서는 "하나님보다 자기가 의롭다"(욥 32:2)고 하기 때문에 화가 났다. 그래서 그의 긴 변론이 시작된다.

엘리후의 변론에서 놀라운 사실은, 이 책의 말미에서 그 변론에 대한 칭찬이나 비난이 전혀 기록되지 않는다는 점이다. 어떤 사람들은 그의 변론이 별 다를 것 없이 다른 세 명의 서투른 위로자들의 말을 그저 반복한 것뿐이므로(예. 욥 34:11), 그도 비난을 받아야 한다고 생각한다. 그러므로 어떤 사람들은 이 세 장이 나중에 편집자에 의해 첨가되었다고 주장한다.

그러나 엘리후의 말을 조금 더 호의적으로 읽어보면 그가 어떤 공헌을 하는지 알게 된다. 또한 이 젊은이가 욥과 세 위로자들이 빠진 함정을 어떻게 피하는지도 알 수 있다. 어쩌면 어떤 사람들이 엘리후의 글을 호의적으로 읽지 않는 이유들 중의 하나는, 그가 매우 오만하고 자만한 젊은이기 때문이다. 아마도 그는 점점 더 많이 지혜로워져가는 사람인데, 이미 자기 자신과 자기 의견에 너무 확신을 하고 있다.

그럼에도 불구하고, 그가 말하는 주요 주제들은 나중에 하나님께서 궁극적으로 주시려는 답변의 주요 골격을 이룬다. 만일 그가 칭찬을 받지 않는다면, 그것은 그의 공헌한 바가 하나님의 말씀에 가려지기 때문이며, 반면에, 만일 그가 비난을 받지 않는다면, 그것은 그가 틀린 말을 하지 않기 때문이다. 엘리후의 주장을 다음과 같이 요약할 수 있다.

첫째, 엘리후는 선배들에 대한 긴 변증으로 시작한다(욥 32:6-22).
그가 말을 할 수밖에 없게 된 요인들 중의 하나는, 그가 욥의 세 친구에게 말하는 바와 같이, "당신들 가운데 욥을 꺾어 그의 말에 대답하는 자가 없다"라는 확신이다(욥 32:12). 이것은 그가 욥이 전적으로 옳다고 생각한다는 의미가 아니다. 오히려 엘리후는 "서투른 세 위로자들"의 신학과 거리를 둔다.

둘째, 엘리후는 욥에게 고개를 돌려, 일단 욥이 하나님의 공의로우심을 비난한 것을 꾸짖는다(욥 33:8 이하).
엘리후가 나중에 언급하듯이, 욥이 무죄할 수도 있지만 그렇다고 해서 하나님을 불의하다고 비난할 권리가 그에게 있는 것은 아니다. 욥도 어떤 의미에서 보면 단순하고 엄격한 보응 이론에 빠져 있다. 욥과 그의 세 친구들 간의 중요한 차이점은 그들이 보응 이론을 강조한 데에 있는 것이 아니라, 욥의 죄책 또는 무죄에 대한 그들의 견해에 있다. 욥은 자기가 무죄하다고 확신하기 때문에, 하나님께 책임이 있다는 견해를 에둘러서 말하려고 한다. 엘리후는 그렇게 하지 않는다.

> 내가 그대에게 대답하리라 이 말에 그대가 의롭지 못하니(욥 33:12).

욥이 옳지 않은 첫 번째 이유는 "하나님께서 인생보다 크심이라"(욥 33:12). 엘리후가 말하려는 의도는, 크다고 해서 모든 허물을 덮는다는 것이 아니라, 하나님께서 욥이 알지 못하는 어떤 목적과 관점을 그 마음에 가지고 계신다는 것이다. 그러므로 욥은 아무리 자기의 무고함을 주장한다 하더라도, 하나님을 죄 있는 분으로 만들지 않게 입에 재갈을 물려야 한다.

셋째, 엘리후가 욥에게 두 번째로 하는 말은, 하나님께서 욥이 깨닫는 것보다 더 자주 그리고 더 많은 방식으로 말씀하신다는 것이다.

> 하나님께서 사람의 말에 대답하지 않으신다 하여 어찌 하나님과 논쟁하겠느냐(욥 33:13).

엘리후는 이 문제의 진실이 "하나님께서는 한 번 말씀하시고 다시 말씀하시되 사람은 관심이 없다"(욥 33:14)라는 것이라고 주장한다. 하나님께서는 꿈과 환상 등의 계시로 말씀하신다(욥 33:15-18). 그러나 하나님께서는 고통이라는 언어로도 말씀하신다(욥 33:19 이하). 이 점은 욥과 세 친구의 논증에서 한 걸음 더 나아간다. 여기에서 바로 고난이 특정한 죄와 상관없이 징계로 사용될 수 있는 것이다. 고난의 목적은 예방이다. 즉, 사람이 멸망으로 미끄러지지 않게 막아준다.

넷째, 욥기 34장에서, 엘리후는 하나님의 공의를 변호하는데 매우 관심을 기울이기 때문에 그의 언변은 다소 과열된다.

긍정적인 면에서, 엘리후는 욥이 하나님을 불의하다고 비난하지 못하게 막으려고 한다. 고난에 대한 합당한 반응은 그것을 받아들이는 것이다. 왜냐하면 하나님께서 그릇 행하실 수 없기 때문이다. 욥은 하나님을 비난하는 말을 함으로써 그의 죄에 반역을 추가시켰다(욥 34:37).

> 정의를 미워하시는 이시라면 어찌 그대를 다스리시겠느냐 의롭고 전능하신 이를 그대가 정죄하겠느냐(욥 34:17).

엘리후가 가끔 서투른 세 위로자들 편에 서려는 경향이 있다면, 바로 이 대목이다. 틀림없이 그는 욥의 고난에 깊이 공감하지 못하며, 욥이 그렇게 과장된 언어로 자기의 무고함을 변호하게 된 그의 고통의 깊이를 헤아리지 못했다.

그러나 엘리후가 하나님의 공의를 변호한 것은 옳다. 그리고 그는 논의를 더 발전시켜서, 욥의 가장 큰 죄가 그가 고난을 받기 전에 말하거나 행한 것에 있지 않고, 고난 중에 보여준 반역에 있다고 말하고 있다.

그렇기는 하지만, 이것도 고난의 기원을 설명하지는 못한다. 하지만, 이 말은 욥이 하나님께서 마지막으로 하시는 말씀에 조금 더 귀를 기울일 수 있게 준비시킨다.

욥기 35장에서, 엘리후는 욥이 무고하다는 것을 명백하게 부인한다. 그러나 엘리바스(욥 22:5-9)와는 달리, 욥이 범했음직한 죄의 목록을 나열하지 않고, 욥의 근본적인 가정에 도전한다. 한 가지 예를 들어, 욥은 사람들이 압제를 당할 때 하나님께 도와달라고 부르짖는다고 가정하고, 하나님께서 응답하시지 않는다고 비난한다.

그러나 엘리후는 그렇지 않다고 주장한다. 오히려 "사람은 학대가 많아서" 부르짖고, "군주들의 팔로부터 구원해 달라고" 막연하게 간청하지만, 기도하지는 않는다는 것이다. 사람들은 구원을 원하지만, 하나님께 돌아서서 기도하지 않는다. 그들은 자유를 원하지만, "나를 지으신 하나님께서는 어디 계시냐고 하며 밤에 노래를 주시는 자가 어디 계시냐고 말하는 자가 없다"(욥 35:10). 하나님께서는 그런 공허한 간구를 듣지 않으신다(욥 35:13).

따라서 욥이 하나님께서 자기에게 대답을 해주실 의무가 있고 또한 하나님께서 불의하실 수도 있다는 가정을 하면서도, 그 하나님께서 자기에게 꼭 대답을 하실 것이라고 생각하게 된 이유는 무엇일까?

다섯째, 엘리후의 변론이 기록된 마지막 두 장에서, 몇 가지 주제가 복합적으로 나오고, 엘리후는 좀 더 긍휼히 여기는 모습을 보이기 시작한다.

이 단락의 후렴구는 이렇다. 즉, 악과 고난의 문제에 대해 무엇을 말한다 할지라도, 하나님의 공의는 "기정사실"이라는 점이다. "내가 먼 데서 지식을 얻고 나를 지으신 이에게 의를 돌려보내리라"고 엘리후는 맹세한다(욥 36:3).

그러나 하나님께서는 악하지 않으시다. 하나님께서는 그의 백성을 돌보신다. 그러므로 우리가 헤아릴 수 없는 고난에 대한 합당한 반응은 믿음과 인내다. 그것을 피하려는 반응은 고통스럽다. 왜냐하면 분노를 쌓는 자들은 마음이 경건하지 않은 자들이기 때문이다(욥 36:13). 욥은 여기에서 위험에 처한다.

> 삼가 악으로 치우치지 말라 그대가 환난보다 이것을 택하였느니라
> (욥 36:21).

다시 말하면, 욥은 그의 고통을 줄이기 위해 악에 치우쳐서는 안 된다. 엘리후는 인내하라고 말한다.

> 하나님께서는 곤고한 자를 그 곤고에서 구원하시며 학대당할 즈음에 그의 귀를 여시나니 그러므로 하나님께서 그대를 환난에서 이끌어 내사 좁지 않고 넉넉한 곳으로 옮기려 하셨은즉 무릇 그대의 상에는 기름진 것이 놓이리라(욥 36:15-16).

인내하라.
징계를 당하는 성도가 태평한 죄인보다 낫기 때문이다.

## 4. 욥과 하나님 (욥 38:1-42:6)

마침내 하나님께서 친히 폭풍우 가운데서 욥에게 대답하신다(욥 38-41장).

> 무지한 말로 생각을 어둡게 하는 자가 누구냐 너는 대장부처럼 허리를 묶고 내가 네게 묻는 것을 대답할지니라(욥 38:2-3).

그러고 나서 질문에 질문이 꼬리를 문다. 그리고 각 질문은 욥이 할수 없고 오직 하나님만 하실 수 있는 것들을 상기시켜준다.

> 내가 땅의 기초를 놓을 때에 네가 어디 있었느냐 네가 깨달아 알았거든 말할지니라(욥 38:4).
>
> 네가 너의 날에 아침에게 명령하였느냐 새벽에게 그 자리를 일러 주었느냐(욥 38:12).
>
> 네가 눈 곳간에 들어갔었느냐 우박 창고를 보았느냐 내가 환난 때와 교전과 전쟁의 날을 위하여 이것을 남겨 두었노라(욥 38:22-23).
>
> 네가 묘성을 매어 묶을 수 있으며 삼성의 띠를 풀 수 있겠느냐 너는 별자리들을 각각 제 때에 이끌어 낼 수 있으며 북두성을 다른 별들에게로 이끌어 갈 수 있겠느냐(욥 38:31-32).
>
> 네가 사자를 위하여 먹이를 사냥하겠느냐 젊은 사자의 식욕을 채우겠느냐 그것들이 굴에 엎드리며 숲에 앉아 숨어 기다리느니라 까마귀 새끼가 하나님을 향하여 부르짖으며 먹을 것이 없어서 허우적거릴 때에 그것을 위하여 먹이를 마련하는 이가 누구냐(욥 38:39-41).

그 후에 하나님께서는 산 염소, 들나귀, 황소, 타조, 말, 매, 독수리 등의 훨씬 화려한 특징들을 묘사하신다.

> 트집잡는 자가 전능자와 다투겠느냐 하나님을 탓하는 자는 대답할지니라(욥 40:2).

욥은 전능자에게 물어보길 원했었다. 말하자면, 전능자가 나타나서 자기에 대한 고소장을 써 보라고 말했었다(욥 31:35). 그러나 하나님의 변론은 욥이 생각하던 것과 전혀 달랐다. 하나님께서 잠시 멈추신 사이에 일단 욥이 대답한다.

> 보소서 나는 비천하오니 무엇이라 주께 대답하리이까 손으로 내 입을 가릴 뿐이로소이다 내가 한 번 말하였사온즉 다시는 더 대답하지 아니하겠나이다(욥 40:4-5).

그러나 하나님께서는 아직 끝나지 않으셨다.

> 너는 대장부처럼 허리를 묶고 내가 네게 묻겠으니 내게 대답할지니라 (욥 40:7).

그리고 나서 가장 호된 질문이 쏟아진다.

> 네가 내 공의를 부인하려느냐 네 의를 세우려고 나를 악하다 하겠느냐 네가 하나님처럼 능력이 있느냐 하나님처럼 천둥소리를 내겠느냐 너는 위엄과 존귀로 단장하며 영광과 영화를 입을지니라 너의 넘치는 노를 비우고 교만한 자를 발견하여 모두 낮추되 모든 교만한 자를 발견하여 낮아지게 하며 악인을 그들의 처소에서 짓밟을지니라 그들을 함께 진토에 묻고 그들의 얼굴을 싸서 은밀한 곳에 둘지니라 그리하면 네 오른손이 너를 구원할 수 있다고 내가 인정하리라(욥 40:8-14).

여기에서 중요한 것은, 하나님께서 욥이 고난을 받게 된 죄에 대해 꾸짖지 않으신다는 점이다. 욥이 고난받는 "이유들"에 대해 말씀하지 않으시며, 욥이 자기의 무고함을 변호하려고 한 것에 대해서도 비난하지 않으신다. 하나님께서 욥을 그의 앞에 불러내시는 이유는 욥이 스스로 의롭다 하기 때문이 아니라, 욥이 자기를 정당화 하려는 목적으로 하나님을 비난하려고 하기 때문이다. 다른 말로 하면, 하나님께서는 여기에서 악과 고난의 문제에 대한 욥의 질문에 "대답하지" 않으시는 것이 아니라, 하나님의 영역에서 받아들여질 수 없는 대답이 무엇인지 분명하게 밝히시는 것이다. 욥기 40장의 나머지 부분과 41장에서는 하나님께서 조금 더 수사학적인 질문을 하신다.

욥이 베헤못(욥 40:15 이하)과 리워야단(욥 41:1 이하)을 잡아서 제압할 수 있겠는가?

이 두 짐승이 하마와 악어를 가리킬 수도 있지만, 종종 하나님께 반역하는 원시적인 우주적 세력을 대표하기도 한다. 따라서 이 논증은, 욥이 하나님을 불의하다고 비난하려면 자기의 탁월한 공의를 입증함으로써 그렇게 해야 한다는 것이다. 만일 욥이 이 짐승들이 대표하는 우주적인 힘은 고사하고 그 짐승들조차 제압할 수 없다면, 그는 그러한 자기 주장을 내세울 수 없으며, 따라서 하나님의 공의를 의심하는 엄청난 교만함을 드러내고 마는 것이다.

욥의 반응에 한 두 가지 점만 추가해서 전체(욥 42:2-6)를 인용할 필요가 있다. 욥이 하나님께 대답한다.

> 주께서는 못 하실 일이 없사오며 무슨 계획이든지 못 이루실 것이 없는 줄 아오니 무지한 말로 이치를 가리는 자가 누구니이까(욥 38:2).
> 나는 깨닫지도 못한 일을 말하였고 스스로 알 수도 없고 헤아리기도 어려운 일을 말하였나이다 내가 말하겠사오니 주는 들으시고 내가 주께 묻겠사오니 주여 내게 알게 하옵소서(욥 38:3; 40:7).
> 내가 주께 대하여 귀로 듣기만 하였사오나 이제는 눈으로 주를 뵈옵나이

대[즉, 욥은 하나님을 이전보다 훨씬 더 잘 이해하게 되었다] 그러므로 내가 스스로 거두어들이고 티끌과 재 가운데에서 회개하나이다(욥 42:2-6).

하나님과 욥 사이의 대화를 어떻게 이해해야 할까?

여러 저자들이 갖가지 의심스러운 해석들을 내놓았다. 하나님께서 수많은 자연 현상들을 언급하시기 때문에, 어떤 학자는 하나님의 말씀의 주된 목적이 온 세상의 아름다움에 인간의 고통을 덜어주는 일종의 심미적 아스피린과 같은 효과가 있음을 욥에게 말씀하시는 것이라고 주장한다. 사람이 세상의 아름다움에 잠길 때, 조화로운 우주의 "큰 계획 속에 녹아들기 때문에" 그의 문제들이 하찮게 된다는 것이다.[3]

그러나 지독하게 고통을 겪는 사람에게는, 세상의 아름다움이 오히려 그의 고통을 더 악화시키는 정반대의 요소가 될 수 있다. 더욱이, 그 아름다움은 고통을 해소해주지 않으며, 오히려 사물의 합목적성이라는 일종의 범신론적인 감각을 통해 고통을 "해소하려는" 위험에 빠지게 한다.

이것은 틀림없이 하나님의 반응에 대한 엄청난 오해다. 하나님께서는 단 한 번도 욥의 고난의 실재를 경시하지 않으신다. 조지 버나드 쇼(George Bernard Shaw)와 같은 사람들은 그저 하나님의 답변을 비웃는다. 욥은 자기가 왜 고난을 당하는지에 대한 답변을 원하는데, 하나님께서 기껏 하시는 일이라고는 눈과 악어를 만드신 일을 자랑하는 것뿐이라는 주장이다.

홀로코스트 직후에 글을 쓴 현대 작가 엘리 위셀(Elie Wiesel)은 욥이 하나님을 더 압박했어야 했다고 주장한다. 틀림없이 욥은 그의 태도를 뉘

---

[3] Robert Gordis, *The Book of God and Man: A Study of Job* (Chicago: University of Chicago Press, 1965), 133, 304.

우칠 필요가 있었지만, 하나님께 더욱 강력하게 왜 의로운 사람이 고난을 당해야 하는지에 대한 답변을 요구했어야 했다는 것이다.

이 두 가지 접근 모두 이 책을 심각하게 잘못 이해하고 있다. 두 가지 접근법에는 공통점이 있다. 즉, 그들은 하나님의 세계에서 일어나는 모든 것들이 반드시 우리에게 설명되어야 한다고 가정한다. 그들은 하나님께서 설명할 의무가 있으시며, 우리가 알고 싶어 하는 것들에 대해 즉시 대답을 하지 않으실 이유가 없다고 가정한다. 또한 그들은 전능하신 하나님께서 우리로부터 예배와 신뢰를 받으시는 것보다는 우리에게 설명을 해 주시는 것에 더 관심을 가져야 한다고 가정한다. 욥에 대한 하나님의 답변의 후렴구는 이중적이다.

첫째 강조점은 이미 우리가 살펴본 바와 같다. 즉, 욥은 하나님을 비난하여 자기를 정당화하려고 노력함으로써 "하나님의 계획을 모호하게 만들었는데," 욥은 그럴만한 위치에 있지 않다.

"하나님의 말씀은, 욥이 처한 낮은 자리에서는 결코 '어둠이 있을지어다'라는 선언을 정당화 할 만큼 온 우주의 질서가 비뚤어져 있는지 판단할 수 없다는 것을 욥에게 보여준다."[4]

둘째 강조점은 암시적이다.

즉, 만일 욥이 이해하지 못하는 많은 것들이 있다면, 그는 왜 그렇게도 성마르고 지속적으로 자기의 고난을 이해하게 해달라고 요구해야 한단 말인가?

---

4 Stuart Lasine, "Bird's-eye and Worm's-eye Views of Justice in the Book of Job," *Journal for the Study of the Old Testament* 42 (1988): 344.

당신은 하나님이 아니므로, 결코 이해할 수 없는 것들이 있다.

이것이 바로 욥의 답변이 그렇게도 적절한 이유다. 욥은 "아, 마침내 제가 이해했습니다"라고 말하지 않고, 오히려 "회개합니다"라고 말한다. 욥은 자기에게 고난을 초래한 원인이라고 주장되는 죄를 회개한 것이 아니다. 그는 하나님의 공의를 손상시킨 자기의 교만함을 회개한다. 또한 그는 마치 하나님께서 자기에게 응답을 하셔야 할 의무가 있는 것처럼 답변을 요구했던 태도를 회개한다. 욥은 하나님을 더 잘 알지 못한 것을 회개한다.

> 내가 주께 대하여 귀로 듣기만 하였사오나 이제는 눈으로 주를 뵈옵나이다 그러므로 내가... 회개하나이다(욥 42:5-6).

하나님을 모르는 자들과 스스로 하나님이기를 바라는 자들에게는 이 결과가 전혀 만족스럽지 못하다. 하나님을 아는 자들은 하나님의 옳으심을 요구하는 것보다 하나님을 알고 하나님을 신뢰하는 것이 더 낫다는 사실을 깨달아야 할 때다.

욥은, 적어도 이 세상에서, 항상 고난에 신비가 있을 것이라는 사실을 가르쳐 준다. 또한 그는 우리가 비인격적인 현실에 맹목적으로 생각 없이 복종하는 믿음이 아닌, 우리에게 은혜롭게 자신을 계시하시는 하나님에 대한 믿음을 발휘하라고 가르쳐 준다.

## 5. 욥의 해피 엔딩(욥 42:7-16)

이 구절들은 두 부분으로 나눌 수 있다.

첫째 부분은, 이미 우리가 잠시 살펴본 바와 같이, 엘리바스와 두 친구가 욥과 같이 하나님에 대해 옳은 것을 말하지 않은 것에 대한 하나님의 분노를 기록한다(욥 42:7-8).

그 친구들은 하나님께 희생 제물을 드려야 한다. 그리고 그들이 경멸하고 함부로 대한 욥이 오히려 그들을 위해 기도해야 한다. 왜냐하면 하나님께서 그들을 위한 욥의 기도를 받으실 것이기 때문이다.

다시 말하면, 그들의 기도를 받으시는 것이 아니다!

둘째 부분(욥 42:10-17절)에서는 욥이 친구들을 위해 기도한 후에 주님께서 그를 다시 번성하게 하신다.

욥의 형제들과 지인들이 모여들어 선물을 주고, 그가 다시 시작할 수 있게 도와준다. 욥은 일곱 명의 아들과 세 명의 딸을 더 얻어 새로운 가족을 이루고, 전에 소유했던 것의 두 배나 되는 가축을 얻는다. 그의 딸들보다 더 아름다운 여인이 없으며, 욥은 그 딸들과 아들들에게 유산을 남긴다.

또한 인생의 변두리에 밀려난 사람들에게 긍휼을 베풀고 신실하게 대한 것에 대한 증거도 있다(욥 31장 참조). 욥은 4대 손까지 볼 정도로 충분히 오래 살았다. 마침내 그는 "늙어 나이가 차서" 죽었다. 이것은 아브라함(창 25:8), 이삭(창 35:29), 다윗(대상 29:28), 그리고 대제사장 여호야다(대하 24:15) 등과 같이 하나님께서 선택하시고 가장 사랑하신 사람들에게 허락된 복이었다.

만일 어떤 비평가가 폭풍 중에서 욥에게 말씀하신 하나님의 답변을 불쾌하게 생각한다면, 이 "해피 엔딩"에 대해서는 더 화가 날 것이다. 그들은 이 이야기가 욥의 회개로 끝났어야 한다고 주장한다. 그가 회복되었는지 여부는 상관없다.

어찌되든지 간에 그것은 오랫동안 고통을 겪으면서도 결코 회복되지 않는 많은 사람들의 경험에서 볼 때 비현실적이다. 이야기를 이런 식으로 끝내는 것은 결국 응보 교리가 기본적으로 옳다고 인정하는 게 된다. 그러므로 결론은 잘해야 용두사미가 되고, 잘못하면 모순이 된다.

나는 이런 견해가 본문을 어설프게 이해한 것이라고 생각한다. 아마도 아래의 단상들이 이 결론을 조금 더 이해하는데 도움이 될 수 있을 것이다.

첫째, 우리는 우리 자신의 편견에 주의해야 한다.

많은 사람들이 이 결말에 불만족하는 이유들 중의 하나는, 현대 사회에서 도덕적 질문들에 있어서의 모호성이 전반적으로 숭상되는 반면, 도덕적 확실성은 거의 전반적으로 무시당하고 있기 때문이다. 현대의 분위기는 소설과 연극을 좋아하는데, 그런 것들에는 옳고 그름이 뒤섞여있고, 모든 결정들이 옳음과 그름, 진실과 오류의 혼합 형태이며, 주인공과 악역이 서로의 역할을 뒤바꾸고 있다.

왜 이런 모호성에 심취하는가?

그것이 더 성숙한 것으로 여겨지기 때문이다. 단호한 답변들은 미성숙한 것으로 취급받는다. 우리 시대의 다원주의는 도덕적 모호성을 좋아한다. 다만, 대가를 치르지 않는 선에서다. 현대의 도덕적 모호성을 사랑하는 것은 지독히 자기 중심적이다. 하나님으로부터 자유롭게 자기가 원하는 것을 뭐든지 할 수 있기를 요구한다. 그러나 막상 고난이 시작되면,

나의 세상과 나의 관심에 집중된 자기중심적인 태도는 하나님께서 명백하게 확실한 답변을 주시기를 원한다.

둘째, 몹시 고통스러운 고난을 지나는 동안, 욥은 자기가 순전한 마음으로 주님을 섬긴다는 것을 보여주었다.

물론, 욥은 어리석은 말을 해서 꾸지람을 받기도 했다. 그러나 그는 단 한 순간도 하나님을 저주하거나 하나님께 등을 돌리지 않는다. 심지어 그가 하나님께 그 자신을 보여주시고 답을 달라고 요구하는 것은, 하나님께서 도대체 무엇을 하시는지 찾고자 하는 한 성도의 외침이다. 재 가운데 앉아 있을 때에도, 욥은 다른 숨은 의도 없이 하나님께 대한 엄청난 신뢰를 표출할 만큼 하나님을 신뢰한다.

그런 의미에서, 하나님께서는 마귀와의 내기에서 이기셨다. 욥은 하나님의 의도를 어둡게 하는 말을 했을 수도 있지만, 자기의 순전함을 잃거나 하나님을 포기하지 않았다.

그러므로 하나님과 욥 사이에 완전한 화해가 있어야 하는 것이 그렇게 놀라운 일인가?

또한 그 내기가 승리로 끝났는데도 욥의 고통이 계속될 이유가 있는가?

셋째, 결말이 아무리 행복하더라도, 고난 자체를 없앨 수 있는 것은 없다.

욥이 받은 손실은 항상 그와 함께 있을 것이다. 행복한 결말이 슬픈 결말보다 더 낫지만, 그가 겪은 고난을 고난보다 덜한 것으로 바꾸어놓지는 않는다. 홀로코스트에서 살아남은 사람이 로스앤젤레스에 정착하여 평안한 삶을 살게 되었다고 해서 덜 고난을 받은 것은 아니다.

넷째, 욥기는 무작정 신비를 찬양하는 데에 관심이 없다.

모든 성경 저자들은 주님을 경외하는 것이 궁극적으로 풍성한 삶을 낳는다고 주장한다. 만일 그렇지 않다면, 주님을 경외하는 것은 어리석고 피학적이 될 것이다. 욥기는 모든 형태의 응보를 부인하는 것이 아니라, 응보 교리를 단순하고, 도식적이고, 즉각적으로 적용하는 것을 부인한다. 욥기는 의인들이 항상 번영하고 악인들이 항상 멸망한다는 식의 어떤 공식도 명백히 거부한다. 고난에는 다른 이유가 있을 수 있다. 보응은 축복이나 멸망을 불문하고 오래 지연될 수 있다. 그러나 하나님을 아는 지식은 반드시 보상을 받는다.

욥은 여전히 모든 대답을 얻지 못한다. 그는 여전히 하나님과 사탄 사이의 내기에 대해 모른다. 그는 단지 자기의 개인적인 행복보다 훨씬 더 큰 것이 달려있다고 하나님을 신뢰한다. 그러나 욥은 하나님께서 불의하시다는 생각을 떨쳐버렸다. 하나님을 더 잘 알게 되었다. 그리고 다시 한번 주님의 풍성한 호의를 누린다.

다섯째, 마지막에 욥이 경험하는 축복은 그가 고난 중에 신실했던 것에 대한 보상이 아니다.

이야기의 결말은 단지 그 축복들이 주님의 값없는 선물이라고 말한다. 주님께서는 심술궂거나 변덕스럽지 않으시다. 주님께서는 다양한 이유로 그의 호의를 거두실 수 있지만, 그의 사랑은 영원하다.

그런 의미에서, 이야기의 결말은 신약의 새 하늘과 새 땅을 기대하는 구약의 결말과 같다. 하나님께서는 공의로우시며, 그 공의로움이 목격될 것이다. 이것은 도식적인 응보를 뒷문으로 몰래 들여오지 않는다. 오히려, 이것은 또 다른 형태로 본서의 제8장의 결론으로 돌아간다.

여섯째, 나는 거듭 하나님께서 사탄과 내기를 하셨다고 말하거나 또는 사탄과의 내기에서 이기셨다고 말했는데, 그것은 욥기 1장의 장면을 표현하기 위해 그렇게 한 것이다. 그러나 그런 언어 사용은 위험하다.

왜냐하면 그 말은 마치 하나님께서 변덕스러우신 것처럼 들리게 하기 때문이다. 하나님께서 내기에서 이기기 위해 그의 피조물의 목숨을 가지고 장난치신 것이 되어 버린다.

분명히 이것은 사실이 아니다. 사탄에 대한 도전은 게임이 아니다. 또한 그 결과도 하나님의 마음속에서 모호하지 않다. 욥기에서 그 어떤 것도 하나님께서 왜 이것을 하셨는지 말해주지 않는다. 욥에 대한 하나님의 답변의 엄숙함과 위엄은 하나님의 목적을 신비에 감추어둘 뿐 아니라, 그 목적이 결코 하찮거나 경솔하지 않고 진지하고 깊음을 가정하고 있다.

그럼에도 불구하고, 사탄과의 내기는 어떤 면에서 다른 성경의 주제들과 일치한다. 하나님께서 사람을 구원하시려는 관심은 하나님과 사탄 사이에 있는 더 크고 우주적인 싸움의 한 부분이다. 그 싸움은 끔찍하지만 그 결과는 분명하다. 그 싸움은 구원과 심판의 인간적인 측면들을 우리가 보통 인식하는 것보다 훨씬 더 큰 틀 안에 위치시키는 방식이다.

일곱째, 우리는 왜 하나님께서 그의 종 욥에 대해 "옳은 것"을 말했고 서투른 세 위로자들은 그렇지 않았다고 말씀하시는지 더 잘 이해할 수 있는 입장에 있다.

물론, 욥은 하나님의 모사를 어둡게 했다는 꾸지람을 받는다. 즉, 욥은 하나님께 감히 그분의 행동에 대한 설명을 요구하는 오만한 죄를 지었다. 그러나 욥은 정말로 진리를 알고 싶어했으며, 그를 단념시키기 위한 그럴듯한 대답들을 용납하지 않았다. 욥은 하나님의 주권을 부인하지도 않고, 적어도 그의 대부분의 말들 속에서 하나님의 공의를 부인하지도 않는다. 무엇보다도, 하나님과 사탄 사이의 내기에서, 욥은 우수한 성적으로 승리를 거둔다. 즉, 그는 결코 하나님을 배신하지 않는다.

세 친구는 전혀 다르다. 그들이 하나님을 변호하기는 하지만, 그들의 환원주의적 신학은 결국 욥을 시험에 빠뜨린다. 즉 자기의 번영을 회복하기 위해 실제로 짓지도 않은 죄를 고백하라고 하는 것이다. 만일 욥이 굴복했다면, 그가 자기의 무고함이나 주님 자신보다는 번영에 더 관심이 있었다는 의미가 되고, 주님께서는 내기에서 지고 말았을 것이다.

욥이 만일 그들의 조언을 따랐다면, 실제로는 주님에게서 멀어지게 되었을 것이다. 즉, 욥은 단순히 사적인 유익을 위해 하나님을 찾는 데에 관심을 기울이는 사람으로 전락했을 것이다.

이것은 마지막 때에 하나님에 대한 우리의 지식에 찾아올 궁극적인 시험이다.

하나님에 대한 우리의 지식은, 몹시 고통스러운 불행을 맞을 때 즉시 어려운 질문들을 쏟아내기는 해도 결코 하나님으로부터 돌아서지는 않을 만큼 견고한가?

그러나 어쩌면 이 문제를 다른 식으로 접근하는 것이 더 좋겠다. 욥을 이 쓰라린 경험 속에 밀어 넣으신 하나님께서는 그의 백성에 대해 "사람이 감당할 시험 밖에는 너희가 당한 것이 없나니 오직 하나님께서는 미쁘사 너희가 감당하지 못할 시험 당함을 허락하지 아니하시고 시험 당할 즈음에 또한 피할 길을 내사 너희로 능히 감당하게 하시느니라"(고전 10:13)라고 말씀하시는 하나님이시기도 하다. 하나님께서는 욥이 겪은 것만큼의 고난을 나에게 허락하지 않으실 수도 있다. 왜냐하면 내가 그것을 감당할 수 없기 때문이다.

그러나 우리는 하나님께서 욥을 두고 벌이신 사탄과의 내기에서 과연

이기실 것인지에 대해 하나님의 마음속에 추호라도 의심이 있었다고 생각해서는 안 된다!

고난을 받을 때, 때로 신비가 있을 것이다.

거기에 믿음도 있을 것인가?

### ◆ 심화 학습을 위한 질문들 ◆

① 욥기에서 배우는 교훈들을 요약해 보라.
② 당신이 즉각적이고 개인적인 유익과 상관없이 하나님을 찾고 있다고 하나님께서 인정해주실 수 있겠는가?
③ 당신은 욥이 하던 대로 하나님에 대해 말하는 적이 있는가? 왜 그런가, 또는 왜 그렇지 않은가?
④ 엘리후가 이 책의 논쟁에서 공헌한 바는 무엇인가?
⑤ 하나님의 말씀에서 얻을 수 있는 교훈은 무엇인가?
⑥ 욥은 왜 마지막에 번성하는가? 이것은 오늘날의 그리스도인들과 어떤 관계가 있는가?
⑦ 당신의 길에 고난과 시험이 찾아올 때 하나님에 대한 지식과 확신을 증진시키기 위해 무엇을 할 수 있는가?

How Long, O Lord?

# 제10장
# 고난받으시는 하나님

## The Suffering God

고난을 받을 때, 때로 신비가 있을 것이다.
거기에 믿음도 있을 것인가?
앞 장의 마지막 문장은 본장으로 들어가는 적절한 출발점이 된다. 기독교 사상에서, 믿음이란 결코 순진하고 감상적으로 잘 속아 넘어가는 태도가 아니다. 실용적인 면에서, 믿음은 그 대상의 신빙성과 신실함에 의존한다. 잔인한 독재자나 비열한 사기꾼과 같은 하나님을 의지하는 믿음은 결국 매우 실망을 하게 될 것이다. 칭찬받을만한 믿음이 되려면, 그 믿음을 신실한 하나님께 두어야 한다.

우리 그리스도인들이 왜 하나님께서 우리의 믿음을 그분께 드리기에 합당하신 분이라고 주장하는지에 대한 이유들을 나열하는 것이 본서의 목적은 아니다. 그러나 그리스도인들이 악과 고난에 대해 진지하게 생각할 때, 우리가 그렇게 하나님께서 신뢰받으셔야 한다고 확신하는 가장 중요한 이유들 중의 하나는, 하나님께서 그의 아들을 보내셔서 우리를 위해 참혹하게 고난을 당하게 하셨기 때문이다.

경배받으셔야 하는 하나님이신 성자 예수 그리스도, 곧 그로 말미암아 세상이 창조되도록 하신 분(요 1:2-3)은 몹시 고통스럽고 가증하고 수치스러운 죽음을 당하셨다. 우리가 의지하는 하나님께서는 고난이 무엇인지 잘 아시는데, 그것은 단지 그가 모든 것을 아시기 때문이 아니라, 친히 고난을 경험하셨기 때문이다.

이 주제는 매우 방대하여 여러 사회에서 매우 잘 알려져 있으므로 자세하게 논의해야 한다. 그러나 이 짧은 장에서 나는 십자가에서 무엇이 성취되었는지에 대해 균형 잡힌 논의를 하는 척 하지 않을 것이다.[1] 내 관심사는 더 국한되고 선택적이다. 나는 십자가에 관한 진리들 중에서 악과 고난의 주제와 관련된 네 가지 간단한 사실들에만 초점을 맞출 것이다.

## 1. 십자가는 공의와 사랑의 승리다

우리는 부당하게 고난을 당한다고 생각할 때, 공의를 부르짖는다. 하나님께서 공의를 베풀어 우리를 즉시 구해주시기를 원한다. 또한 하나님께서 공평을 행하여 즉시 고난을 그에 합당한 사람들에게 주시기를 원한다.

그러나 그런 공의, 공평함과 관련해서 진짜 문제는, 정말로 우리가 요구하는 대로 공의롭고 정말로 공평해야 한다면, 우리가 공의를 구할 게 아니라 즉시 자비와 사랑과 용서를 간구해야 한다는 것이다. 공의를 구할 때 매우 종종 우리가 미처 인식하지 못하는 세 가지 가정이 들어 있다.

---

[1] 더 자세한 논의에 대해서는 Leon Morris, *The Apostolic Preaching of the Cross* (London: Tyndale, 1965); John R. W. Stott, *The Cross of Christ* (Leicester: InterVarsity, 1986); J. I. Packer, "What Did the Cross Achieve? The Logic of Penal Substitution," *Tyndale Bulletin* 25 (1974): 3–45를 보라.

① 우리는 이 공의가 즉시 시행되기를 바란다.
② 우리는 이 경우에 공의를 원하는 것이지, 모든 경우에 원하는 것이 아니다.
③ 우리는 이 경우에 내가 상황을 제대로 파악하고 있다고 가정한다.

우리는 이 세 가지 가정들을 면밀히 살펴보아야 한다.

첫째, 성경은 하나님께서 공의로우신 하나님이시고, 공의가 종말에 시행될 것이고, 시행되는 것처럼 보일 것이라고 확증해준다.

그러나 우리가 긴급하게 공의를 간구할 때 대체로 원하는 것은 그 이상을 의미한다. 우리가 의미하는 것은, 우리가 **지금 당장** 정당화되어야 한다는 것이다.

둘째, 모든 경우에 그런 즉각적인 공의를 요구하는 것은 말도 안 된다.

즉, 내가 그른 편에 서 있는 경우가 너무 자주 있고, 내가 비난을 받아야 하는 경우도 너무 많다. 그런데, 나에게 호의적일 때만 즉각적으로 적용되는 공의라면, 그것은 결코 공의가 아니다. 한 개인에게만 호의적이고 다른 사람에게는 그렇지 않은 차별적인 공의는 부패의 또 다른 이름이다. 또한 부패한 하나님을 원하는 사람은 아무도 없다.

셋째, 내가 그렇게 열정적으로 공의를 간구할 때, 그것은 주로 내가 그 상황을 매우 잘 이해하고 있다고 생각하기 때문이다.

나는 사실상 그것을 하나님께 설명할 필요가 있다고 말할 만큼 그렇게 어리석지 않다는 것이다. 그런데, 실제로 내가 행동하는 방식은 거의 그렇다.

어떤 사람은 시편 기자가 종종 공의를 원하고 자기를 정당화해달라고 요구하므로 그렇게 하는 것이 그르지 않다고 주장한다. 이 세 가지 숨겨진 가정들이 교묘하게 함께 작용하지만 않는다면 나도 그 말에 동의한다. 예를 들어, 시편 기자나 어느 신자가 그 문제에 대해 그 때부터 하나님께 공의를 구할 때, 단순히 그 경우에만 아니라 하나님께서 공의로 우신 하나님이시라서 구한다면, 그 간구는 어느 정도 변형된다.

만일 그런 신자가 또한 주님의 시간이 정확하다는 것을 깨닫고, 만일 주님께서 그의 자비를 부으시지 않으면 우리 모두가 멸망할 것이라는 사실을 깨닫는다면, 그리고 공의를 구하는 우리의 요구가 종종 단지 우리가 이미 잘 되어가고 있는 것을 잘 알지 못해서 막연하게 도움을 청하는 강렬한 간구에 불과하다는 사실을 깨닫는다면, 공의를 요구하는 우리의 간구를 종종 손상시키는 이 숨은 가정들은 거의 사라진 것이나 다름없다.

논증을 위해 다음과 같이 가정해 보자.

하나님께서 모든 선한 행위와 모든 종류의 생각과 모든 진실한 말에 대해 즉각적인 보상을 주시고, 모든 악한 행위와 모든 더러운 생각과 모든 거짓된 말에 즉각적인 고통의 형벌을 주신다고 가정해 보라.

하나님께서 우리 속에서 발견하시는 모든 선과 악의 양에 엄격하게 비례해서 기쁨과 고통이 주어진다고 가정해 보라.

세상은 어떻게 되겠는가?

많은 저자들이 이런 유의 질문을 던졌다. 그들은 그런 세상은 우리를 인간 로봇으로 전락시킨다고 결론짓는다. 우리는 하나님의 본질적인 가치 때문에 예배에 참여하는 것이 아니라, 그 예배가 우리에게 이기적인 기쁨을 주기 때문에 참여할 것이다. 거짓말이 나쁘기 때문이거나 우리가 사랑하는 하나님께서 거짓말을 싫어하시기 때문에 거짓말을 하지 않는 게 아니라, 그에 따른 형벌을 피하고 싶어서 거짓말을 하지 않을 것이다.

우리의 마음이 하나님의 사랑으로 변화되었기 때문에 이웃을 사랑하는 것이 아니라, 개인적인 고통보다 개인적인 즐거움을 더 좋아하기 때문에 이웃을 사랑할 것이다.

나는 하나님께서 그런 세상 질서를 만드셨다면, 모든 일이 훨씬 더 나빠질 것이라고 생각한다. 하나님께서는 단지 우리의 외적인 행위만 보지 않으신다. 하나님께서는 우리의 마음을 보신다. 그렇게 강제적이고 무자비하게 "공의로운" 징계 체제는 우리의 마음을 변화시키지 않을 것이다. 우리는 분노를 폭발할 것이다. 우리의 순종은 외적이고 냉담할 것이며, 우리의 마음과 헌신은 결코 사로잡히지 않을 것이다.

형벌은 처음에는 회개를 불러일으키는 것처럼 보일 수도 있다. 그러나 우리의 충성을 얻어내지는 못할 것이다. 또한 하나님께서는 우리의 마음을 살피시므로, 끊임없이 형벌을 가하실 것이다. 세상은 타는 듯한 고통으로 변할 것이고, 따라서 세상은 지옥이 될 것이다.

당신은 정말로 완전히 즉각적이고 효과적인 공의만을 원하는가?

그렇다면 지옥에 가 보아라.

우리가 솔직하게 직면해야 하는 또 다른 요소가 있다. 우리는 공의를 구할 때 일정한 기준의 공의를 가정한다. 만일 그 기준이 하나님의 기준이라면, 하나님께서는 그것을 충분히 명확하게 하셨다. 즉, 죄의 삯은 사망이다(롬 6:23). 우리는 또 다른 길을 통해 지옥으로 돌아갔다.

우리는 하나님께서 공의의 하나님이신 것에 감사해야 한다. 만일 하나님께서 공의로우시지 않다면, 그리고 종말에 반드시 공의가 이길 것이라는 확신이 없다면, 마치 무신론적 인본주의에서처럼 도덕 질서 전체는 붕괴될 것이다. 그러나 우리는 하나님께서 공의로우신 하나님이실 뿐 아니라 사랑과 자비와 긍휼과 용서의 하나님이시라는 사실에 감사해야 한다.

이 사실이 십자가에서보다 더 선명하게 계시된 곳은 없다. 일단, 십자가는 인류 역사상 가장 불의한 행위이며, 가장 불공평한 행위다. 죄가 없으신 분이 우리의 속죄 제물이 되셨다. 하늘 아버지에게 단 한 번도 반역한 적이 없으신 분께서 반역자들에 의해 잔인하게 처형당하셨다. 마음과 목숨과 뜻과 힘을 다하여 하나님을 사랑하지 않는 것이 무엇인지 결코 모르는 분이 하나님으로부터 버림을 당하시면서 "나의 하나님! 나의 하나님! 어찌하여 나를 버리셨나이까?"라고 울부짖으셨다.

또한 하나님의 공의를 만족시키고, 나와 같은 반역자들이 하나님의 용서를 경험하게 해 주고, 내게 합당치 않은 영원한 기쁨의 약속을 맛보게 해 준 것도 바로 이 행위, 곧 가장 "불공평한" 행위다.

이러한 것들을 생각할 때, 피해야 할 중요하고 흔한 오류가 있다. 하나님 아버지께서는 오직 공의와 진노의 하나님이시고, 성자 예수 그리스도는 오직 자비와 은혜의 하나님이시라고 생각하지 않아야 한다. 이러한 생각을 하면, 성자께서 죽음으로 아버지를 제압한 것이 되어 버린다. 그렇지 않으셨으면 성부께서 우리를 쓸어버리셨을 텐데 말이다.

결코 그렇지 않다.

성부와 성자는 모두 한 편에서는 거룩하셔서 죄에 대해 진노하시지만, 다른 한편에서는 긍휼에 풍성하시다. 성부께서 그의 독생자를 보내신 것은 그가 세상을 사랑하셨기 때문이다(요 3:16). 그러므로 이 사실에서 우리에게 그의 사랑을 보이신 분은 하나님 자신이다. 즉, 우리가 아직 죄인일 때에 그리스도께서 우리를 위해 죽으셨다(롬 5:8).

그렇다고 해서, 예수 그리스도의 십자가 죽음이 하나님께 화목 제물이 되셔서 우리에게 자비롭고 호의적이 되게 하지 않았다는 의미가 아니다.

그러나 지각 있는 그리스도인들이라면, 화목 교리에 대해 말할 때 마치 그리스도께서는 화목의 주체가 되시고 성부께서는 그 대상이 된다는 의미로 말해서는 결코 안 된다. 즉, 주체이신 성자께서 대상이신 성부의 진노를 누그러뜨리신 게 아니다. 물론, 죽으신 분이 성부가 아니라 성자이므로, 성자께서 친히 우리의 죄를 위한 "화목 제물"이 되신다(요일 2:2). 그러나 하나님께서는 화목의 주체이심과 동시에 대상이시다. 하나님께서는 우리를 사랑하사 그의 아들을 보내셔서 죽게 하시고 희생 제물이 되게 하셨다는 점에서 화목의 주체시다.

반면에 하나님의 공의의 형벌을 받아 마땅한 죄인들을 대신하여 그의 아들이 죽으실 때 그의 공의가 만족되었다는 점에서 하나님께서는 화목의 객체이시다. 이런 미묘한 의미에서, 우리는 성자가 성부를 화목케 했다고 말할 수 있다. 그러나 성부와 성자가 죄인들과 그들의 죄에 대해 근본적으로 다른 태도를 가지셨다는 식으로 말해서는 안 된다.

바울이 말하듯이, 그의 아들을 "속죄 제물로," 또는 더 정확히는 십자가에서 죽으심으로써 피를 흘려 화목 제물이 되도록 보내신 분은 하나님 자신이다(롬 3:25). 그 구절 다음에 가장 놀라운 구절이 나온다. 우리는 이 대목에서 바울이 하나님께서 타락한 죄인들을 위한 사랑을 보이시기 위해 이것을 행하셨다고 말할 것이라고 기대할 수도 있다. 그러나 바울은, 이렇게 말한다.

> 이는 하나님께서 길이 참으시는 중에 전에 지은 죄를 간과하심으로 자기의 **의로우심**을 나타내려 하심이니 곧 이 때에 자기의 **의로우심**을 나타내사 자기도 의로우시며 또한 예수 믿는 자를 의롭다 하려 하심이라
> (롬 3:25-26, 굵은 고딕 강조 추가).

다른 말로 하면, 하나님께서는 결국 이전 시대의 죄를 다루지 않으셨고, 그 죄가 현재도 범해지고 앞으로도 범해지도록 내버려 두신다. 그러나 그의 아들을 십자가에 내어주심으로써, 그 죄들을 다루셨으며, 그것으로써 그의 의로우심을 나타내셨다. 하나님의 공의는 죄가 형벌받는 것을 요구했다.

그렇다면 하나님께서는 죄인들에게 실제로 죄책이 있음에도 불구하고 어떻게 그들을 자유하게 하시고, 죄로부터 해방되게 하시며, 저주를 면하게 하시고, 의롭다 선언하실 수 있었는가?

아들을 보내어 죄인들을 대신해 죽게 하셨다. 하나님께서 친히 계획하시고 목적하신 이 피 흘린 희생 제사가 그에게 죄인들을 용서함과 동시에 그의 공의의 기준을 만족시킬 수 있게 했다.

**하나님께서** 그리스도 안에 계시사 세상을 자기와 화목하게 하시며 그들의 죄를 그들에게 돌리지 아니하셨다(고후 5:19, 굵은 고딕 강조 추가).

죄인들이 죽어야 할 곳에서 하나님의 아들이 죽으셨다. 따라서 하나님께서는 자신이 "의로우시며, 또한 예수를 믿는 자들을 의롭다하시는 분이심"을 보여주신다.

따라서 십자가는 하나님의 공의와 사랑이 만나는 곳이다. 하나님께서는 순결한 그의 공의를 유지하시며, 충만한 그의 사랑을 부으신다. 십자가에서, 하나님께서는 자신이 공의로우실 뿐 아니라, 그의 아들을 믿는 자들을 의롭다 하시는 분이심을 보이신다.

하나님의 독생자의 죽으심은 하나님께서 나의 죄에 대해 어떻게 생각하시는지 정확히 알려주는 유일한 척도다. 또한 하나님의 독생자의 죽으심은 내가 그 죄를 용서받을 수 있는 유일한 근거다. 십자가는 공의와 사랑의 승리다.

당신은 어쩌면 우리가 악과 고난의 문제에서 너무 많이 벗어났다고 생각할지 모른다. 그러나 내가 보이려고 하는 것은, 우리가 "성의," 곧 단순한 정의를 애타게 찾을 때, 우리가 무얼 말하는 것인지 잘 생각해야 한다는 것이다. 특별한 경우에 하나님께 공의를 보여달라고 간구해야 하는 때가 틀림없이 있다.

그러나 그런 요구를 할 때에는, 우리에게 필요한 것이 오직 공의뿐이라거나 우리가 하나님보다 더 의롭다거나, 또는 하나님께서 충분히 의롭지 못하다고 감히 말해도 된다는 식의 가정을 피해야 한다. 공의만 있으면 우리 모두를 멸망시킬 것이다. 공의 그리고 사랑의 승리만이 우리의 필요를 채운다. 그리고 이 승리가 복음, 곧 하나님의 사랑하는 아들 우리 주 예수 그리스도의 십자가의 핵심과 완전하게 연결된다. 우리 그리스도인들은 결코 이 관점에서 벗어나서는 안 된다.

## 2. 십자가는 우리가 신뢰하는 하나님께서 어떤 분인지 계시한다

물론, 하나님께서 어떤 분인지 계시하는 것은 십자가만은 아니다. 그러나 성경 전체를 읽는 모든 기독교적 견해들은 다양한 이야기들을 풀어내는데, 그 모든 이야기들은 하나 같이 예수 그리스도의 십자가와 부활에 초점을 맞춘다.

여기에서 통찰을 얻기 위해서는, 현대 그리스도인들이 일반적으로 고찰하지 않는 신학적인 영역을 조금 더 살펴보는 것이 유익할 수 있다. 아마도 대다수의 신학자들은 하나님의 고난불가성(impassibility) 교리를 지지

할 것이다. 이것을 다소 약한 형태로 이해하면, 하나님께서 결코 고통을 겪을 수 없다는 의미이고, 조금 더 강한 형태로 이해하면, 하나님께서 결코 어떤 행위의 수동자가 될 수 없다는 의미다.

더 강력한 형태로 이해할 경우에, 과거에는 하나님의 고난불가성에 대해 세 가지 측면이 부인되었다.

① 외적인 고난 가능성 또는 외부적인 행위의 수동 가능성
② 내적인 고난 가능성 또는 내부에서의 감정의 변화 가능성
③ 감각적인 고난 가능성 또는 다른 존재의 행위에 의해 야기된 기쁨과 고통에 대한 의존성[2]등

이 견해가 어떻게 발전되었는지 보는 것은 어렵지 않다. 욥 자신도 바르게 선언하고 있다.

> 주께서는 못 하실 일이 없사오며 무슨 계획이든지 못 이루실 것이 없는 줄 아오니(욥 42:2).

하나님께서도 "나 여호와는 변하지 아니하나니"(말 3:6)라고 선언하지 않는가?

분명히 하나님께서는 행동하시는 분이시지, 행위를 당하는 분이 아니다. 왜냐하면, 하나님께서는 "모든 일을 그의 뜻의 결정대로 일하시는"(엡 1:11) 분이기 때문이다. 하나님께서는 "변함도 없으시고 회전하는

---

[2] F. L. Cross and E. A. Livingstone, eds., *The Oxford Dictionary of the Christian Church* (London: Oxford University Press, 1974), 694.

그림자도 없으시니라"(약 1:17).

따라서 누군가 이 신학자들에게 "그래, 정말로 그렇다. 그러나 하나님께서 무언가를 보실 때 매우 사랑스러워 하신다거나 또는 매우 화가 나신다고 말씀하는 많은 구절들은 도대체 무엇인가?"라고 질문한다면, 그 신학자들은 많은 근거 구절들을 제시하여 답변할 것이다. 십자가가 있기 훨씬 이전에, 우리는 다음과 같은 구절들에서 하나님의 열정, 온유, 분노 그리고 열망 등에 관해 읽을 수 있다.

> 에브라임은 나의 사랑하는 아들 기뻐하는 자식이 아니냐 내가 그를 책망하여 말할 때마다 깊이 생각하노라 그러므로 그를 위하여 내 창자가 들끓으니 내가 반드시 그를 불쌍히 여기리라 여호와의 말씀이니라 (렘 31:20).
>
> 에브라임이여 내가 어찌 너를 놓겠느냐 이스라엘이여 내가 어찌 너를 버리겠느냐.... 내 마음이 내 속에서 돌이키어 나의 긍휼이 온전히 불붙듯 하도다 내가 나의 맹렬한 진노를 나타내지 아니하며 내가 다시는 에브라임을 멸하지 아니하리니 이는 내가 하나님께서요 사람이 아님이라 네 가운데 있는 거룩한 이니 진노함으로 네게 임하지 아니하리라 (호 11:8-9).
>
> 너 학대를 당하지 아니하고도 학대하며 속이고도 속임을 당하지 아니하는 자여 화 있을진저 네가 학대하기를 그치면 네가 학대를 당할 것이며 네가 속이기를 그치면 사람이 너를 속이리라(사 33:1).
>
> 이르시기를 내 백성아 내가 무엇을 네게 행하였으며 무슨 일로 너를 괴롭게 하였느냐 너는 내게 증언하라(미 6:3).
>
> 하나님께서 세상을 이처럼 사랑하사...(요 3:16).

예수님께서 하신 말씀을 보아도 그 패턴은 크게 다르지 않다.

> 그들의 마음이 완악함을 탄식하사 노하심으로(막 3:5).
> 가까이 오사 성을 보시고 우시며 이르시되 너도 오늘 평화에 관한 일을
> 알았더라면 좋을 뻔하였거니와 지금 네 눈에 숨겨졌도다(눅 19:41-42).

그렇다면, 하나님의 고난불가성을 옹호하는 사람들은 이 구절들에 대해 어떻게 말하겠는가?

사실, 하나님의 고난불가성 교리에 접근하는 다른 방식들이 있다. 매우 엄격한 정의를 하는 사람들은 세 가지 요점으로 답변한다.

첫째, 그들은 이런 표현들이 신인동형동성론적 표현으로, 하나님에 대해 마치 그분이 사람인 것처럼 말하는 것이라고 주장한다.

예를 들어, 성경이 하나님께서 그의 팔을 걷어붙이셨다고 할 때, 그것은 하나님께서 문자적으로 물리적인 팔을 가지고 계신다는 의미가 아니라는 것이다. 그것은 "하나님께서 소매를 접어 올리고 일할 준비를 하셨다는" 것과 비슷한 의미다. 즉, 하나님께서 그의 능력을 어떤 방식으로 계시하셨다는 것이다.

둘째, 그들은 하나님께서 모든 것을 창조하셨으므로 하나님께서 시간 영역 밖에 계신다고 주장한다.

그러므로 하나님께서는 시간 위에 계셔야만 한다. 변화에 대한 우리의 모든 개념들은 시간을 통과하는 변화들이므로, 우리는 하나님께서 그의 무시간적 영원 속에서 비수동적이시라고 가정해야 한다. 성경이 마치 하나님께서 수동적이신 것처럼 말하는 이유는, 시간 속에 갇혀 있는 우리

에게 하나님께서 어떤 분인지 계시하려고 노력하는 것이고, 따라서 우리의 개념들을 사용해야만 하기 때문이다.

셋째, 예수님의 감정에 대해 살펴보면, 이 신학자들은 대체로 이 감정들이 예수님의 인성에 속하지만, 신성에는 부합하지 않는다고 주장한다.

이런 유의 주장을 하는 여러 훌륭한 신학자들에게 나는 결코 동의하지 않는다. 물론 이 신학자들이 그런 의도로 말하지는 않겠지만, 유일하신 하나님께서 너무 부처와 같이 보인다. 즉, 하나님의 고난불가성은 무감동(impassiveness)으로까지 변질된다. 본서에서의 중요한 질문은 다음과 같이 매우 단순하게 말할 수 있다.

하나님께서 고통을 당하시는가?
만일 그렇지 않으시다면, 성경은 왜 그렇게 많은 곳에서 마치 하나님께서 고통을 당하시는 것 같이 묘사하는가?
그것들을 모두 단순히 신인동형동성론으로 치부해버릴 게 아니다. 플라톤과 같은 다른 고대 저자들도 고통을 느끼지 못하는 신에 대해 주장할 줄 알았다.
만일 그들이 그렇게 주장할 줄 알았고 성경의 저자들이 의미하는 바도 바로 그것이었다면, 왜 그들은 그냥 그렇게 말하지 않을까?
더욱이, 그것은 시간과 영원의 관계로 덮어버릴 문제도 아니다. 왜냐하면 우리가 그 관계에 대해 아는 바가 거의 없기 때문이다. 우리는 시간이 무엇인지 모른다. 따라서 우리는 시간과 영원의 관계가 무엇인지에 대해서도 확실히 모른다.
영원 속에서는 어떤 연속적 발생이 없다는 것이 정말로 확실한가?
그런 연속적 발생이 있기는 한데, 그것이 우리에게 보이는 것과 영원한 존재에게 보이는 것이 전혀 다르다면, 그것은 곧 그런 개념이 없다고 해야 하는 것인가?

하나님께서 그리스도께서 영원히 나오시고, 영원히 죽으시고, 영원히 부활하시고, 영원히 돌아오시는 것처럼 보이는가?

더욱이, 예수 그리스도의 고난이 어떻게든 그분의 인성에만 제한된다면, 감히 말하건대 우리는 정신분열적인 그리스도를 만들어낼 위험에 있지는 않은가?

보수적인 신학의 한 형태가 복음서들을 샅샅이 뒤져서 이것은 그리스도의 인성에, 그리고 저것은 그리스도의 신성에 속한다고 말하는 경향이 있는 것이 사실이지만, 나는 그것보다 훨씬 더 심오한 기독론적 통합이 가능하다고 본다.

하나님의 고난불가성을 주장하는 견해의 방법론적인 문제는, 그 주장이 성경의 본문들을 선별적으로 선택한다는 것이다. 즉, 하나님의 주권과 불변성에 관한 본문들만 선별해서 그 본문들에 근거해 신학적인 격자를 만들고, 그 격자에 맞춰 다른 본문들, 특히 하나님의 감정에 대해 말씀하는 본문들을 걸러낸다는 것이다. 그렇게 잘 걸러진 하나님의 감정에 관한 본문들을 '신인동형동성론'이라는 꼬리표를 붙여 무시해버린다.

그러나 그 본문들이 다만 신인동형동성론에 불과하다면, 왜 그 본문들이 선택되었는가?

그 본문들은 상징적인 말들이지만, 그 상징적인 말들은 **무언가**를 가리킨다.

무엇을 가리키는가?

그것들은 왜 선택되었는가?

하나님의 감정과 그의 주권이 우리가 의미하는 감정과 주권과 정확히 일치하지는 않는다 하더라도, 성경 저자들은 이 용어들을 사용해서 전적으로 주권적인 하나님에 대해 생각하게 해 줄 뿐 아니라, 인격적이고, 감정적이고, 반응하시고, 상호 교제하시는 하나님에 대해 생각할 수 있게 해 준다.

현대 신학 서적들에서는 이에 대한 큰 반발이 있다. 전 세계의 꽤 많은 현대 신학자들이 고난 받으시는 하나님에 관하여 글을 썼다.[3] 그 저서들은 서로 매우 다르지만, 하나님의 고난불가성 교리를 부인한다는 점에서는 공통적이다. 그러나 불행하게도, 거의 예외 없이, 그 저서들은 정반대의 오류의 범한다.

그들은 고난받으시는 하나님으로서의 하나님에 대한 모든 본문들로 시작하여, 신학적인 격자를 만들고, 그 외의 다른 본문들을 정반대의 다른 방향으로 걸러낸다. 결과는, 하나님을 영향 받기 쉽고, 불완전하고, 고난받고, 동정적이고, 변화무쌍하고, 계속해서 성장하는 하나님으로 묘사하는 것이다.

그러나 그 대가가 너무 크다. 적어도 하나님의 고난불가성 교리를 주장하는 사람들은 그들이 알기 어려운 본문들을 설명하는 하나의 영역을 만들고, 그것을 가리켜 "신인동형동성론"이라고 이름 붙였다. 그러나 이 새로운 신학자들은 그런 양보가 없다. 그들은 그런 구절들을 그냥 무시해 버린다. 또는 "고난받는" 구절들에 너무 심취한 나머지 그런 본문들의 본래 의미들을 허용하지 않는다.

그 대신, 하나님의 초월성과 주권에 관한 구절에 대해 "성경적 전통들"이라는 이름을 붙여놓는데, 성경의 권위에 대해 해이한 견해를 가지

---

3 특히 Warren McWilliams, *The Passion of God: Divine Suffering in Contemporary Protestant Theology* (Macon: Mercer University Press, 1985): Douglass John Hall, *God and Human Suffering: An Excercise in the Theology of the Cross* (Minneapolis: Augusburg, 1986)을 보라.

고 있기 때문에 "성경적 전통들" 중에서 자기들이 취하거나 선택할 수 있다고 생각한다. 성경적 전통들을 모두 한꺼번에 취해서는 안 된다고 주장한다. 사실 그 전통들이 서로 조화될 수 없다는 것이다.

성경은 전체를 다 먹을 수 있는 양식이 아니어서, 고상한 부분은 먹을 수 있는 반면 잡동사니들은 먹을 수 없으며, 마음에 드는 것처럼 보이는 개념들만 선택할 수 있다고 본다. 이 무법하고 오만한 20세기의 기호에 맞는 하나님이란, 고난받는 그러나 결정적으로 유한한 하나님이다.

사실, 일부 보수적인 신학자들이 하나님의 고난불가성 교리를 재확증하고 있는 이유들 중의 하나는, 새로운 신학 그룹의 선별성과 축소성에 도전하기 위함이다. 그들은 적어도 최근의 주장들이 불필요하게 현대 회의주의에 넘어갔다고 느낀다. 어쩌면 그럴 수도 있다. 그러나 보수주의자들도 종종 그들이 얼마나 헬라 철학 전통에 "넘어갔는지" 너무 인식하지 못하는 경향이 있다.[4]

이 두 가지 입장들을 너무 길게 다루면 논의에서 크게 벗어나게 된다. 다음 장에서, 나는 성경의 양 극단을 다루는 한 가지 모델을 제시하려고 할 것이다. 일단 여기에서 내 요점은 간단하다. 신/구약성경에서 성경적인 증거들은, 하나님을 고난 받으실 수 있는 분으로 묘사한다는 것이다. 의심의 여지없이 하나님의 고난은 우리의 고난과 정확히 일치하지 않는다. 틀림없이 그 표현들 곳곳에 은유가 깔려 있다.

그러나 그 은유들은 아무 의미가 없는 은유가 아니라, 하나님의 심오한 감정적인 삶과 그의 백성들과 맺는 독특한 인격적 관계를 계시한다.

---

4 고난불가성 교리에 관한 가장 좋은 현대 저서는 틀림없이 Thomas Weinandy, *Does God Suffer?* (Edinburgh: T & T Clark, 2000)이다. 또한 이보다 더 일찍 출판된 Richard E. Creel, *Divine Impassibility: An Essay in Philosophical Theology* (Cambridge: Cambridge University Press, 1986)을 보라.

나도 "고난불가성"이라는 용어를 사용할 수 있다고는 생각하지만, 그것을 사용하려면 하나님께서 결코 그의 감정에 의해 조종당하거나 뒤바뀌지 않으신다는 점을 확증하기 위해 사용해야 한다.

우리 인간은 "사랑에 빠진다," "화를 폭발하다," 또는 "화를 누그러뜨리다" 등의 표현을 한다. 하나님께서 의로운 분노를 내시거나 부드러운 사랑을 하실 때 그가 하시는 것은, 그의 지속적인 완전함으로부터 하시는 것이다. 그런 의미에서, 나는 하나님을 "고난불가성"의 존재라고 말할 수 있다고 생각한다. 그러나 그 용어를 사용하면서 하나님께서 전적으로 지성적이기만 하고 결코 감정이 없다는 의미로 사용해서는 안 된다.

따라서 여기에서 십자가가 절정을 이룬다. 하나님의 구속 계획은 성부가 성자를 대가로 치르는 것이다. 그리고 성자는 그의 생명을 대가로 치른다. 또한 성자는 인간적인 용어로 고난을 배운다.

> 자녀들은 혈과 육에 속하였으매 그도 또한 같은 모양으로 혈과 육을 함께 지니심은 죽음을 통하여 죽음의 세력을 잡은 자 곧 마귀를 멸하시며 또 죽기를 무서워하므로 한평생 매여 종노릇 하는 모든 자들을 놓아 주려 하심이니(히 2:14-15).

그러므로 십자가는 우리가 신뢰하는 하나님께서 어떤 분이신지 계시한다. 그리고 그것은 우리를 다음 요점으로 인도한다.

## 3. 하나님의 신뢰성을 무너뜨리기도 하고 세우기도 하는 십자가

오늘날 십자가는 교회 건물들을 장식하고, 주교들을 꾸며주며, 우리 옷깃을 높여주고, 우리 목의 금목걸이에 매달려 있다.

1세기에는 그렇지 않았다. 십자가는 역겨운 것이었다. 십자가 모양의 보석을 하고 다니는 것은 원자폭탄의 버섯구름 모양의 보석을 하고 다니는 것만큼이나 괴상하고 불쾌하며 섬뜩한 것이었다.

로마 시민들은 황제의 승인 없이는 십자가에 처형을 당할 수 없었다. 십자가 처형은 노예, 반역자, 야만인 등과 같은 사회의 쓰레기들에게 해당된 것이었다. 그 죽음의 끔찍하고 공적인 성격과는 별개로, 죄수가 십자가에 달린 것을 볼 때마다 등줄기를 오싹하게 만드는 공적인 혐오감이 있었다.

따라서 사도 바울이 "십자가의 도가 멸망하는 자들에게는 미련한 것이요"(고전 1:18)라고 쓰고 있는 것이 결코 놀랍지 않다. 특히, 바울 시대의 유대인들은 하나님께서 능력 있는 표적들로 역사에 개입하셔서 그의 말씀들을 증명하시고, 이스라엘을 가장 탁월한 국가로 회복시키실 것이라고 생각하는 경향이 있었다. 그들이 "표적을 구한다"라고 바울은 적고 있다(1:22). 이방인들, 즉 바울의 표현대로라면 "헬라인들"은 "지혜를 구한다." 즉, 근본적으로 온 우주에 관한 모든 인간적인 인식들을 통합한다고 여겨지는 한 두 사람의 전체론적인 이론들을 중심으로 이루어진 완벽한 철학을 구한다.

그렇다면 우리는 무엇을 주느냐고 바울이 묻는다. 우리는 십자가에서 죽으신 메시아를 전파한다. 이것은 거의 모든 사람들에게서 반대를 받는다. 유대인들에게는 이것이 거치는 돌이다. 메시아는 승리하시는 분이어야지 몹시 수치스러운 죄인으로 십자가에서 죽으시는 분이어서는 안 된다. 헬라인들에게는 이것이 어리석음이다.

가장 처참한 방식으로 반역죄에 대한 공개 처형을 당한 야만적인 유대인에게 근거해서 버젓한 철학을 세울 수 있던 말인가?

그러나 "구원을 받는 우리"(고전 1:18) 그리스도인들에게는 십자가의 메시지가 하나님의 능력이요 하나님의 지혜다. 십자가에서 유대인들은 약함밖에 보지 못하지만, 십자가에는 능력이 있다. 십자가에서 헬라인들은 어리석음밖에 보지 못하지만, 십자가에는 지혜가 있다.

따라서 성경의 하나님이 아닌 신을 섬기는 자들에게는 십자가가 하나님의 신뢰성을 무너뜨린다. 그러나 구원을 받는 자들에게는 십자가가 하나님의 신뢰성을 세워준다.

여기에서 우리는 주의해야 한다. 일부 현대 저자들은 십자가 위에서의 그리스도의 고난으로부터 그리스도가 실제로 세상에 있는 모든 고난을 인격적으로 함께 지신다는 가정을 이끌어낸다. 따라서 십자가는 하나님의 고난과 모든 인간의 고난을 동일하게 여기는 일종의 내재론이다.

그러나 그것은 신약성경이 다루는 방식이 아니다. 많은 측면에서 십자가는 독특하다. 십자가는 우리를 대신하여 단번에 하나님의 백성과 하나님을 화목하게 하는 그리스도의 고난이다. 그 독특하고 구속적인 고난을 믿음으로 받지 않으면, 하나님의 공감을 그려주는 모든 본문들은 몹시 역겨운 감상으로 전락한다.

많은 사람들은 감상적인 하나님을 더 좋아한다. 그 하나님이 훨씬 쉽게 받아들여지기 때문이다. 그러나 우리가 본 바와 같이, 십자가는 하나님의 무능한 감상을 보여주지 않는다. 십자가는 그의 공의와 그의 사랑을 세운다.

신약성경은 종종 예수 그리스도께서 그의 교회의 지속적인 고난을 함께 지시는 분이라고 묘사한다. 바울이 교회를 박해할 때, 부활하신 주님께서 그에게 이렇게 물어보셨다.

> 사울아, 사울아, 네가 왜 **나를** 핍박하느냐?(행 9:4, 굵은 고딕 강조 추가)

그러나 전형적으로, 이 말씀은 예수님을 세상 전체가 아닌 그의 교회와 동일시하는 것일 뿐 아니라, 구체적으로는 이방 세계에서 순례자로 살아가는 데서 겪는 교회의 고난과 동일시한 것이다. 이 말씀을 아무 제한 없이 모든 종류의 고난으로까지 확장시키고, 심지어 고난에 관한 다른 성경의 본문들을 함께 연결시키지 않는다면, 하나님을 심각하게 왜곡시키는 환원주의(reductionism)에 빠지고 만다.

십자가가 하나님의 공의와 사랑을 가장 장엄하게 나타내는 것이라고 보는 그리스도인들에게, 십자가는 엄청난 확신을 준다. 십자가는 단번에 드리신 희생 제사다(히 10:12). 단번에 죽으신 그리스도는 더 이상 죽지 않으시며, 따라서 그런 의미에서 더 이상 십자가의 고난에 참여하지 않으신다.

그러나 이것은 그리스도께서 고난이 무엇인지 모르신다는 의미가 아니다.

> 우리에게 있는 대제사장은 우리의 연약함을 동정하지 못하실 이가 아니요 모든 일에 우리와 똑같이 시험을 받으신 이로되 죄는 없으시니라 (히 4:15).

무엇보다도, 예수님께서 더 이상 십자가의 고난을 받지 않으신다고 해서 우리를 대신해 십자가를 지신 그의 사랑이 가려질 수 없다.

그리고 그것으로 충분하다.

하나님의 은혜를 입은 얼마나 많은 사람들이 예수님께서 그들을 위해 십자가에서 죽으셨음을 봄으로써 그리스도를 믿게 되었는가?

얼마나 무수한 사람들이 십자가를 볼 때 처음으로 하나님의 사랑이 무엇인지 진심으로 알게 되었는가?

> 사랑은 여기 있으니 우리가 하나님을 사랑한 것이 아니요 하나님께서 우리를 사랑하사 우리 죄를 속하기 위하여 화목 제물로 그 아들을 보내셨음이라(요일 4:10).

아이작 왓츠(Isaac Watts, 1674-1748)가 지은 이 유명한 찬송은 그 점을 거듭 거듭 강조한다.

> 웬말인가 날 위하여
> 주 돌아가셨나
> 이 벌레 같은 날 위해
> 큰 해 받으셨나
>
> 내 지은 죄 다 지시고
> 못 박히셨으니
> 웬일인가 웬 은혠가
> 그 사랑 크셔라
>
> 주 십자가 못 박힐 때
> 그 해도 빛 잃고
> 그 밝은 빛 가리워서

캄캄케 되었네

나 십자가 대할 때에
그 일이 고마워
내 얼굴 감히 못 들고
눈물 흘리도다

늘 울어도 눈물로써
못 갚을 줄 알아
몸 밖에 드릴 것 없어
이 몸 바칩니다

십자가가 우리에게 가장 강력하게 말씀할 때는 종종 우리가 무너지고 쓰러질 때다. 따라서 그리스도의 상처는 그리스도의 신임장이 된다. 세상은 조롱하지만, 우리는 그리스도의 상처에 의해 하나님의 사랑을 확신한다. 에드워드 실리토(Edward Shillito)는 이것을 이해했다. 전 세대의 청년들이 끝없이 펼쳐진 참호 속에서 총과 대포에 유명을 달리한 제1차 세계대전의 상흔을 생각하며, 실리토는 "상하신 예수님"(Jesus of the Scars)이라는 시를 썼다.

이제껏 주님을 찾지 못했으나, 이제는 찾습니다.
주의 눈은 어둠 속에서 타올라 우리의 별이 됩니다.
우리는 주의 머리에 박힌 가시관을 보아야 합니다.
우리에게는 주님이 필요합니다. 오 상하신 예수님이여!

하늘이 우리를 두려워 떨게 합니다. 하늘이 너무 고요합니다.
온 우주에 우리가 갈 곳이 없습니다.
우리의 상처가 너무 아픕니다. 치료약은 어디에 있나요?
주 예수님, 주의 상하심을 의지해, 주의 은혜를 구합니다.

문이 닫힐 때 주께서 가까이 오시면,
오직 주의 손을 보이소서. 주의 손을 보이소서.
우리는 이제 그 상처가 무엇인지 알고 두려워하지 않습니다.
주의 상처를 보여주소서. 우리는 그 암호를 알고 있습니다.

다른 신들은 강한데, 주님은 약했습니다.
그들이 말을 타고 달릴 때, 주님은 비틀거리며 보좌를 향해 갔습니다.
그러나 우리의 상처에 오직 하나님의 상처만이 응답할 수 있습니다.
또한 그 어느 신도 상처 받지 않고, 오직 주님만 상처를 받았습니다.[5]

영혼의 가장 깊은 어두운 밤에, 그리스도인들은 욥이 전혀 알지 못했던 의지할 것을 가지고 있다. 우리는 십자가에서 죽으신 예수님을 안다. 하나님의 사랑을 느낄 수 있는 다른 증거가 전혀 없는 것처럼 보일 때, 그리스도인들은 결코 십자가를 외면할 수 없음을 안다.

자기 아들을 아끼지 아니하시고 우리 모든 사람을 위하여 내주신 이가

---

[5] 이 시는 Shillito의 *Jesus of the Scars, and Other Poems*에 들어 있지만, 나는 그 시집을 얻지 못했다. 이 시는 William Temple, *Readings in St. John's Gospel* (London: Macmillan, 1939–40; New York: St. Martin's, 1968), 366에 인용되어 있다. 이 시를 내게 소개해 준 Norman Anderson 경에게 감사의 마음을 전한다.

어찌 그 아들과 함께 모든 것을 우리에게 주시지 아니하겠느냐(롬 8:32).

## 4. 십자가는 예수님을 모델로 제시한다

제5장에서, 나는 그리스도인들이 그리스도를 위하여 고난을 받는다는 것의 부분적인 의미가 무엇인지 보이려고 했다. 모든 그리스도인은 "자기 십자가를 지고" 예수님을 따라야 한다. 이제 나는 이 점과 관련해서 우리의 모델이 예수님 자신이라는 사실에 대해 살펴보려고 한다. 특히 예수님의 죽으심과 십자가가 우리의 모델이다.

어떤 사람들은 십자가가 희생적인 사랑의 좋은 예라는 것밖에 보지 못한다. 그들은 십자가에서 속죄, 어둠의 세력에 대한 승리, 하나님의 공의의 만족, 다른 사람들의 죄를 대신 지심 등을 발견하지 못한다. 그들은 오직 자기 희생적인 사랑의 모델만 발견하고, 그것을 닮고자 한다.

제임스 데니(James Denney)는 그런 강조에 대해 거의 한 세기 전에 통렬하게 반박했다. 그는 이렇게 묻는다.

누군가 브리튼 부두를 향해 전속력으로 달려와서 자기가 세상을 사랑한다고 큰 소리로 외치고 부두 끝에서 뛰어내려 빠져 죽는다면 그에 대해 무슨 생각을 하겠는가?

틀림없이 그의 사랑을 칭송하지 않을 것이다. 오히려 그의 치매를 불쌍히 여길 것이다. 자기희생에 어떤 목적이 없으면, 그 자기희생을 의미 있게 말할 수 없다. 이 가엾은 사람의 "자기희생"은 불쌍히 여길 가치가 없는 비극일 뿐, 닮고 싶은 고상한 모델이 아니다.

이와 똑같이, 예수님의 사랑의 모델을 거창하게 말하거나 심지어 예수님의 고난을 인간의 고난과 동일하게 생각하는 것은, 그 목적을 생각하지 않는 한 아무 의미가 없다. 우리는 그 목적이 우리를 용서하시고, 하나님과 화해시키고, 우리와 하나님 및 다른 사람들과의 바른 관계를 회복시키며, 궁극적으로 예수님께서 다시 오실 때 우리를 변화시키는 등 우리를 구원하시는 것이라는 사실을 결코 잊지 않아야 한다. 그것이 바로 예수님의 자기희생에 의미를 부여하는 것들이다.

예수님의 희생은 정신 이상자, 속임을 당한 자, 또는 환멸을 느낀 자의 죽음이 아니었다. 오히려 예수님의 죽음은 우리의 죄를 용서하기 위한 속죄의 죽음이고(막 10:45), 성부의 명령에 따라 자발적으로 자기의 목숨을 내어주신 희생이다(요 10:18).

그러나 이러한 점들을 너무 강조한 나머지, 어떤 사람들은 예수님의 십자가 죽음을 닮고 싶은 모범으로 보는 개념에 대해 불필요하게 놀라게 된다. 예수님의 죽음의 모범적인 성격을 가장 큰 소리로 선포해야 하는 사람이 우리다. 왜냐하면 그의 죽음에 목적이 있고 의미 있는 희생이라는 사실을 우리가 가장 강력하게 인정하기 때문이다.

이 점이 바로 신약의 저자들이 거듭해서 강조하는 연결점이다. 예를 들어, 요한복음 12:23에서 예수님께서는 그에게 질문하는 이방인들의 요구에 반응하신다. 예수님께서 "인자가 영광을 얻을 때가 왔도다"라고 말씀하신 것은, 분명히 주께서 이를 통해 그의 죽으심, 장사되심, 부활, 그리고 승천의 "때"가 가까이 왔음을 아시는 "도화선"이다. 그 다음 구절은 거의 자연스럽게 예수님의 임박한 죽음의 관점에서 읽을 수 있다.

> 내가 진실로 진실로 너희에게 이르노니 한 알의 밀이 땅에 떨어져 죽지 아니하면 한 알 그대로 있고 죽으면 많은 열매를 맺느니라(요 12:24).

그리스도의 죽음에 대한 비유로서, 이 말씀은 상당히 자명하며 매우 감동적이다. 그러나 곧바로 예수님께서 계속해서 말씀하신다.

> 자기의 생명을 사랑하는 자는 잃어버릴 것이요 이 세상에서 자기의 생
> 명을 미워하는 자는 영생하도록 보전하리라 사람이 나를 섬기려면 나를
> 따르라(요 12:25-26a).

따라서 만일 죽어서 많은 열매를 맺는 씨앗의 이미지가 특히 예수 그리스도의 죽음에 적용된다면, 약간 다른 방식으로 예수님의 제자들에게도 적용될 수 있다. 하나의 씨앗이 죽어서 많은 열매를 맺는 예수님의 독특한 죽음으로부터 예수님의 제자들의 죽음을 그들의 삶의 필수 조건으로 여기는 사상으로 즉시 옮겨갈 수 있다.

다른 식으로는 이해될 수 없다. 절대적으로 자기 목숨을 사랑하는 것은 하나님의 주권을 부인하는 것이며, 따라서 자기 자신을 뻔뻔하게 우상의 수준으로 끌어올리는 것이다. 그런 식으로 자기 목숨을 사랑하는 사람들은 그 목숨을 잃는다. 즉, 그들은 스스로 멸망을 자초한다. 반면에 자기 목숨을 미워하는 사람들은(이 표현은 셈어의 대조법에서 온 것일 뿐, 문자적으로 목숨을 혐오한다는 의미가 아니다),

> 영원히 그 목숨을 지킬 것이다(막 8:35 참조. 이것도 수난 예고 후에 하신
> 말씀이다).

예수님의 죽음의 독특한 특징들과 그의 죽음의 모범적인 성격 사이의 연관성을 가장 잘 보여주는 구절은 베드로전서 2:20-24이다. 베드로는 독자들이 잘못을 범해서 형벌로서 고난을 받는다면 그들에게 아무 유익

이 없다고 말한다.

> 죄가 있어 매를 맞고 참으면 무슨 칭찬이 있으리요 그러나 선을 행함으로 고난을 받고 참으면 이는 하나님 앞에 아름다우니라 이를 위하여 너희가 부르심을 받았으니 그리스도도 너희를 위하여 고난을 받으사 너희에게 본을 끼쳐 그 자취를 따라오게 하려 하셨느니라
> 그는 죄를 범하지 아니하시고 그 입에 거짓도 없으시며 욕을 당하시되 맞대어 욕하지 아니하시고 고난을 당하시되 위협하지 아니하시고 오직 공의로 심판하시는 이에게 부탁하시며 친히 나무에 달려 그 몸으로 우리 죄를 담당하셨으니 이는 우리로 죄에 대하여 죽고 의에 대하여 살게 하려 하심이라 그가 채찍에 맞음으로 너희는 나음을 얻었나니
> (벧전 2:20-24).

이 말씀은 예수님의 죽음의 독특한 구속적 특징들을 축소시키지 않는다. 즉, 예수님께서는 "그 몸으로 우리 죄를 담당하셨다." 그렇기는 해도, 예수님께서는 우리에게 본을 보여주셔서 우리가 그의 발자취를 따르게 하셨다.

신약성경의 곳곳에서 이와 구조적으로 비슷한 평행 구절들이 있다. 성경은 그리스도께서 먼저 고난을 받으신 후에 그의 영광에 들어가셨다고 거듭 말씀한다(예. 눅 24:26; 벧전 1:11). 이 연속된 사건이 우리의 구원을 이루셨다. 그러나 그것은 또한 우리를 위한 하나의 패턴이 되었다(롬 6:2-7; 벧전 2:24).

그러나 십자가가 예수님을 모범으로 제시한다면, 결론은 당연하다. 즉, 우리도 우리의 작은 방식으로, 예수님처럼 부당하게 고난을 받을 것을 기대하는 것이다. 베드로는 그러한 부당한 고난이 바로 우리가 그리

스도인들로 부름받아 겪어야 하는 일들 중의 하나라고 주장한다.

　이것으로부터의 적용점은 무수히 많다. 예를 들어, 예수님께서 부당하게 고난을 받으신 것들 중에는 그의 가장 가까운 제자들 중 한 명으로부터의 배신과 나머지 제자들로부터의 버림당하심이 들어 있다. 마찬가지로, 바울의 서신서에서 알 수 있듯이, 바울은 외부인들의 손에 겪은 매맞음과 고난들보다도 고린도교회의 회심자들의 손으로 범한 일들로 인해 훨씬 더 많은 고통을 겪어야 했다.

　따라서 목사들과 다른 기독교 지도자들은 분별없고 심지어 배교적인 교인들로부터 그들에게 닥치는 엄청난 감정적 압박에 놀라지 않아야 한다. 이런 일들은 정당하지 않을 것이다. 그리고 영혼을 황폐하게 할 것이다. 그러나 성경적인 관점에서 볼 때, 그것들은 놀랄 일이 아니다. 그런 일들을 기대할 때 비로소 그 권세를 어느 정도 빼앗을 수 있다. 그리고 인내와 끈기로 그것들을 이겨내는 것이 예수 그리스도를 따르는 것이다.

　그리스도의 십자가에 초점을 맞추는 것은 우리를 사랑하시고 신실하신 하나님에 대한 믿음에 근거를 둘 뿐 아니라, 우리가 결코 능가할 수 없는 그의 희생적이고 구속적인 사랑을 본보기로 삼을 수 있게 해 준다.

　고난을 받을 때, 때로 신비가 있을 것이다.

　거기에 믿음도 있을 것인가?

　그렇다. 만일 우리의 관심이 고난 자체에 집중되지 않고, 십자가와 그 십자가의 하나님께 집중된다면 가능하다.

◦ 심화 학습을 위한 질문들 ◦

① 그리스도인들이 하나님을 신뢰할만하다고 생각하는 이유들을 나열해 보라.

그 중에서 십자가는 어떤 부분을 차지하는가?

② 십자가는 하나님의 공의를 어떻게 세우는가?

③ 십자가는 우리가 신뢰하는 하나님을 어떤 분으로 계시하는가?

④ 이 장에서 서술한 화목(propitiation)과 고난불가성(impassibility)을 성경이 가르치는가?

당신의 답변을 논증해 보라.

⑤ 십자가는 하나님의 신뢰성을 어떻게 지지하는가?

십자가는 당신의 회심에서 어떤 역할을 하는가?

당신이 고난을 당할 때 당신의 사고에 어떤 역할을 하는가?

⑥ 예수님의 고난의 본보기가 당신의 삶과 어떤 관계를 맺고 있는가?

어떤 관계를 가져야 하는가?

How Long, O Lord?

## 제3부:
## 퍼즐 전체를 보기

−선하시고 주권적인 하나님의 세상에 존재하는 악과 고난

## Glimpses of the Whole Puzzle
-Evil and Suffering in the World of a Good and Sovereign God

제11장 섭리의 신비
제12장 섭리의 위로: 신뢰하는 법 배우기
제13장 목회적 단상

# 제11장
# 섭리의 신비

The Mystery of Providence

한 어린 여자 아이가 태양이 왜 뜨냐는 질문을 받았다. 그 아이는 어린 소녀답게 매우 자신에 차서 꾸짖듯이 대답했다. "그야 당연히 아침이니까 해가 뜨죠!" 일차원적으로는 이 답이 옳다.

하지만 다른 차원들에서는 그렇지 않다. 심지어 태양이 뜨는 개념조차도 여러 면에서 천문학에 도전이 된다. 물론, 일차원적으로는 태양이 뜬다는 개념이 옳다. 신문들을 보면 마치 코페르니쿠스나 갈릴레오 등이 역사에 존재하지 않았던 것처럼 아무렇지도 않게 "일출"이라는 단어를 버젓이 사용한다. 정확히 말하면, 태양이 언제 "뜨는지" 알고 싶어 하는 일반적인 독자들에게는 사실 지구의 자전, 시간과 빛의 속도의 관계, 그리고 굽은 공간(curved space) 등에 관한 정보가 그다지 필요 없다.

거의 모든 사고 영역에서도 마찬가지다. 어떤 답변들과 관점들은 어떤 목적들에게는 완벽하게 들어맞지만, 다른 목적들과는 전혀 무관하다. 어떤 그리스도인들은 혹독한 비극을 경험하면서 이 세상이 타락했다는 것을 즉시 기억한다. 또는 예수님께서 가라지 비유를 하시면서 "원수가 이 일을 했다"라고 말씀하신 것을 기억한다. 그들의 즉각적인 반응은 어느 정도 옳다. 그들은 다른 많은 목적을 위해 더 이상 탐구할 필요가 없다.

그러나 말하자면 윤리학이나 인식론 등의 냉소적인 전문가들은 신자에게 훨씬 더 깊은 수준에서 가능한 반응들을 생각해보라고 강요할지도 모른다. 혹독한 고난은 단지 지성적인 문제가 가지고 있는 것보다 훨씬 더 긴급하고 신랄한 효과를 나을 수 있다. 우리는 제1장에서 대충 다루었던 "인식론적 딜레마"의 주관적인 성질의 문제로 돌아왔다.

본서에서 그 동안 악과 고난의 문제와 관련된 여러 성경적 주제들과 관점들에 관해 살펴보았지만, 아직 중심 주제에 대해 완전히 정리하지 않았다.

만일 하나님께서 주권적이시고, 전지하시고, 선하시다면, 악은 어디에서 오는가?

하나님의 순결하심 또는 모든 것을 바꾸실 수 있는 그의 능력을 반박하지 않고서 어떻게 악의 문제를 생각할 수 있는가?

리처드 비에트(Richard Vieth)는 이렇게 말한다.[1]

> 신자들은 딜레마에 빠졌다. 만일 신자들이 하나님과 악의 명백한 양립 불가성(incompatibility)에 대한 설명을 찾으려고 한다면, 그것은 곧 그들이 천국을 억지로 취하려고 하는 것과 같다. 그러나 만일 그들이 자기의 처지를 신비로 남겨둔다면, 그들은 너무 순진한 믿음의 위험이나 또는 말도 안 되는 자기모순을 믿으려는 위험을 감수하는 것이다. 사실 이러한 곤경으로부터 벗어날 방법은 없다. 따라서 우리는 영국인들의 꼭 맞는 표현처럼 그럭저럭 해내려고 노력하는 것에 만족해야 한다. 결정적인 답변은 없지만, 분명히 다른 답변들보다 더 나은 답변들이 있다. 따라서

---

[1] Richard F. Vieth, *Holy Power, Human Pain* (Bloomington: Meyer-Stone, 1988), 55.

> 우리는 주변의 신비를 충분히 인정하면서도 할 수 있는 한 최고의 답변들을 찾아야 한다.

그리고 그의 말은 옳다. 비에트가 말한 대로, 다른 답변들보다 더 나은 답변들이 있다. 그러나 내가 아는 모든 유명한 답변들을 자세히 살펴보면, 분명히 성경적인 진리에 해당되는 한두 가지 진리들을 무시하고 있다. 그 게임의 이름은 환원주의 또는 축소주의(reductionism)다.

신비가 있는 바로 그곳에서 출발하는 것이다. 이것을 잘 하지 못하면, 반드시 나머지 논의 전체가 빗나가 버린다. 그러나 성경의 확실한 "기정사실들"에 매일 수 있다면, 그 "기정사실들"을 기꺼이 단념시키는 그 어떤 논의에도 마음이 끌리지 않을 것이다.

본서에서 다루려는 주제들은 너무 어렵고 논쟁적이기 때문에 그 문제들에 대해 그리스도인들도 종종 서로 의견이 다르다. 독자들도 정신을 바짝 차려야 한다. 나의 제안은 독자들이 정신을 바짝 차려서 성경적인 "진리들"과 그 진리들을 걸러내는 다른 논증들을 구분해야 한다는 것이다.

본장과 다음 장에서 고난에 대해 접근하는 방식이 지금 당장 당신에게 필요하다고 느끼지 못할 수도 있지만, 그럼에도 불구하고 고난의 날이 닥치기 전에 더 많은 그리스도인들이 반드시 알아야 하는 것이다.

본장과 다음 장에서 우리가 어느 방향으로 갈지 간단한 "지도"를 그려주면 훨씬 더 도움이 될 것이라 생각한다. 제11장에서는 많은 성경 구절들을 고찰함으로써 귀납적으로 신비를 찾아내려고 노력할 것이다. 그러고 나서, 섭리의 신비에 접근하는 몇 가지 부당한 접근법을 소개할 것이며, 왜 우리가 마주해야 하는 신비가 존재하고 왜 그것이 모순이나 순전히 말도 안 되는 소리가 아니라 섭리인지 몇 가지 근거를 제시할 것이다. 제12장에서는 섭리의 신비로부터 실천적인 적용점들을 찾아내고, 그것이 우리의 삶에서 특히 우리가 악과 고난을 마주칠 때 어떻게 작용하는지에 대해 논의할 것이다.

일단 한 단어를 소개하는 것에서 시작하는 것이 좋을 것 같다.

## 1. 양립가능론(compatibilism)의 정의

성경은 전체적으로 특정한 본문들에서 다음의 명제들이 옳다는 것을 전제하고 가르친다.

① 하나님께서는 절대적으로 주권적이시지만, 그의 주권은 결코 인간의 책임을 무시하거나 최소화하거나 축소하는 식으로 역사하지 않는다.
② 인간은 도덕적으로 책임 있는 피조물이다. 그래서 그들은 분명하게 선택하고, 반역하고, 순종하고, 믿고, 반항하고, 결정하는 등등을 한다. 따라서 인간은 그러한 행동들에 대해 당연히 책임을 져야 한다. 그러나 이러한 특징은 결코 하나님을 의존적인(contingent) 존재로 만드는 방식으로 작용할 수 없다.

다음의 논의에서 나는 성경이 이 명제들의 진리를 동시에 주장하고 있음을 논증할 것이다. 이 명제들이 진실이라고 보는 견해를 가리켜서 나는 양립가능성(compatibility)이라고 부를 것이다. 우리는 이 견해를 우리가 원하는 대로 부를 수도 있다. 그러나 여러 역사적인 근거들에 의해 이 용어가 가장 적당한 용어라고 생각된다. 성경과 관련해서 이 용어가 의미하는 바는, 이 두 가지 명제가 모두 성경에서 가르쳐지고 있고, 따라서 서로 양립한다는 것이다.

이것은 어떤 철학적인 사상을 성경 본문에 부여한 것이 아님을 서둘러 밝힌다. 이 두 가지 명제들은 수많은 성경 본문들을 귀납적으로 연구한 것에 근거를 둔다. 본장에서 내가 양립가능론에서 시작하고 귀납적 연구 자체에서 시작하지 않는 것은, 그 이론을 지지하는 근거들을 요약하기에 앞서 이미 귀납적 연구의 예비적 결론을 먼저 제시했기 때문이다.

본장이 근거를 두고 있는 것에 대한 더 넓은 연구는 귀납적 연구에서 시작했다. 그리고 그것을 보증할 수 있는 충분한 근거가 쌓였을 때 비로소 "양립가능론"이라는 용어를 소개하게 되었다.[2]

따라서 나는 성경의 증거에 따라 이 두 명제가 진실임으로 주장한다. 즉, 성경은 모든 곳에서 양립가능론을 가르치고 가정한다. 따라서 우리는 이제 성경의 근거들을 간단히 살펴보아야 한다.

## 2. 성경이 가정하거나 가르치는 양립가능론

### 1) 증거의 범위

우선 첫 번째 명제의 전반부에서 시작하자.

하나님께서는 절대적으로 주권적이시다. 그 증거는 너무도 확실해서 모든 관련 본문들을 해설하기 위해서는 성경 전체를 살펴보아야 한다.

---

[2] D. A. Carson, *Divine Sovereignty and Human Responsibility: Biblical Perspectives in Tension* (London: Marshall, Morgan and Scott; Atlanta: John Knox, 1981)을 보라.

> 어찌하여 뭇 나라가 그들의 하나님께서 이제 어디 있느냐 말하게 하리이까 오직 우리 하나님께서는 하늘에 계셔서 원하시는 모든 것을 행하셨나이다(시 115:2-3).
>
> 여호와께서 그가 기뻐하시는 모든 일을 천지와 바다와 모든 깊은 데서 다 행하셨도다(시 135:6).

하나님께서는 "모든 일을 그의 뜻의 결정대로 일하시는" 분이다(엡 1:11). 그는 "연대를 정하시며 거주의 경계를 한정하실 뿐 아니라"(행 17:26), 심지어 가장 일반적인 자연 과정들을 그의 뜻에 따라 움직이게 하신다. 새들이 양식을 먹는 것은, 성부께서 그들을 먹이시기 때문이다(마 6:26). 들풀이 초원을 장식하는 것도, 하나님께서 초원을 옷 입히시기 때문이다(마 6:30).

전도서 기자는 물의 순환에 대해 알고 있지만, 성경 저자들은 "비가 온다"라는 표현보다는 하나님께서 비를 보내신다는 표현을 더 선호한다. 하나님께서는 막힌 것을 풀기도 하시고, 죽이거나 살리기도 하시고, 왕을 세우거나 내리기도 하신다. 하나님께서는 별들의 이름을 부르시고, 각 사람의 머리카락 숫자도 헤아리신다(어떤 경우에는 매우 빠르게 거꾸로 세기도 하신다).

하나님의 주권은 매우 방대하게 영향을 미치므로, 성경적인 관점에 볼 때, 고의가 없는 살인(출 21:13)이나 가정의 불행(룻 1:13, 20)들조차 하나님의 뜻과 관련을 맺는 것이 결코 놀랍지 않다. 사람의 뜻은 결코 하나님의 계획을 벗어나지 못한다.

> 사람이 마음으로 자기의 길을 계획할지라도 그의 걸음을 인도하시는 이는 여호와시니라(잠 16:9).

> 여호와여 내가 알거니와 사람의 길이 자신에게 있지 아니하니 걸음을 지도함이 걷는 자에게 있지 아니하니이다(렘 10:23).

애굽 사람들의 마음을 변하게 하여 "그의 백성을 미워하게 하시며 그의 종들에게 교활하게 행하게 하신 분"도 하나님이시다(시 105:25).

아모스는 도시가 군사들의 손에 짓밟히는 순간에도 주님의 주권을 매우 확신했기 때문에, 그들이 하나님의 주권을 깨닫지 못하고 배우지도 못한 어리석음을 조롱한다(암 3:6).

> 나는 여호와라 다른 이가 없느니라 나는 빛도 짓고 어둠도 창조하며 나는 평안도 짓고 환난도 창조하나니 나는 여호와라 이 모든 일들을 행하는 자니라 하였노라(사 45:6-7).

그러나 그렇다 하더라도,

> 주의 명령이 아니면 누가 이것을 능히 말하여 이루게 할 수 있으랴 화와 복이 지존자의 입으로부터 나오지 아니하느냐(애 3:37-38).

하나님께서는 그가 하고자 하시는 사람을 완악하게 하신다(롬 9:18). 시므이는 주님의 기름부음 받은 자를 저주하지만, 다윗은 시므이의 배후에서 시므이가 그렇게 말하도록 하신 하나님이 계시다는 것을 바르게 이해한다(삼하 16:10). 하나님께서는 아합의 선지자들을 미혹하게 하는 거짓의 영을 허용하기도 하신다(왕상 22:21 이하). 하나님께서는 엘리의 아들들이 훈계를 듣지 않는 배후에도 계신다.

> 이는 여호와께서 그들을 죽이기로 뜻하셨음이더라(삼상 2:25).

하나님께서는 악한 사람들에게 강력한 속임을 베푸셔서 그들이 그 거짓말을 믿게 하신다(살후 2:11). 하나님께서는 그의 진노 중에 다윗을 선동해 인구 조사를 하게 하신다(삼하 24:1).

이와 같은 구절들을 무수히 더 찾을 수 있는데, 이 모든 구절들의 가장 두드러진 특징은, 하나님께서 어떤 식으로든 사람의 배후에 있다고 해서 사람이 책임을 면할 수 있는 순간은 결코 있을 수 없다는 사실이다. 우리는 곧 몇 단락들을 조금 더 면밀하게 살펴볼 것이다. 그러나 방금 전에 인용한 본문들에서 한 가지 요점을 분명히 해야 할 필요가 있다.

하나님께서 그의 진노 중에 다윗을 부추겨 인구 조사를 하게 하셨지만, 다윗은 그의 행동에 대해 전적으로 책임을 져야 한다. 엘리의 아들들은 악하다. 강력하게 미혹을 받은 사람들은 "진리를 사랑하여 구원을 받기를" 거부한 사람들이라고 묘사될 수 있다. 하나님의 주권의 절대성을 아무리 강조한다 하더라도, 우주 안의 다른 모든 피조물처럼 하나님의 계획 아래에 있는 사람들의 책임을 축소시킬 수 없다.

두 번째 명제도 이와 같이 자세하게 증명될 수 있다.

> 이제는 여호와를 경외하며 온전함과 진실함으로 그를 섬기라…. 만일 여호와를 섬기는 것이 너희에게 좋지 않게 보이거든… 너희가 섬길 자를 오늘 택하라 오직 나와 내 집은 여호와를 섬기겠노라(수 24:14-15).

이 구절은 인간에게 순종을 요구하거나 무슨 일을 하라고 요청하거나 무언가를 선택하거나 확고한 결단을 내리라고 말씀하는 수많은 구절들 중의 하나에 불과하다. 십계명은 그 계명들을 순종할 수도 있고 불순종할 수도 있기 때문에 부담스럽다. 복음은 그 자체로 깊은 책임감을 요구한다.

> 네가 만일 네 입으로 예수를 주로 시인하며 또 하나님께서 그를 죽은 자 가운데서 살리신 것을 네 마음에 믿으면 구원을 받으리라.... 성경에 이르되 누구든지 그를 믿는 자는 부끄러움을 당하지 아니하리라(롬 10:9, 11).

인간은 그 마음속에 무엇이 들어있는지 보기 원하시는 하나님께 시험을 받는다(창 22:12; 출 16:4; 대하 32:31). 인간의 책임은 하나님의 첫 선택으로부터 나온다고 할 수도 있다(출 19:4-6; 신 4:5-8; 6:6 이하; 호 13:4; 미 3:1-12). 하나님께서는 인간의 회개를 촉구하는 감동적인 요청도 하시며, 악인들의 죽음을 기뻐하지도 않으신다(사 30:18; 65:2; 애 3:31-36; 겔 18:30-32; 33:11; 호 11:7 이하).

그러나 그 모든 말씀들은 결코 하나님께서 의존적이라고 말하지 않는다. 즉, 그의 존재와 선택을 결코 인간의 행동에 의존하지 않으신다.

우리는 여기에서 행보를 조심해야 한다. 나는 성경이 **결코** 하나님을 의존적으로 그리지 않는다고 말하는 게 아니다. 하나님께서는 그의 백성들과 말씀하시고, 그들에게 반응하신다. 또는 성경에서 거의 40번에 걸쳐, 그의 결정을 "후회"하신다는 표현이 나오기도 한다. 즉, 그의 마음을 바꾸시거나 그가 선포하신 결심들을 누그러뜨리신다는 의미다. 그와 같은 구절들은 잠시 후에 살펴보겠다.

그러나 하나님이 절대적으로 **의존적**이 되는 방식으로 인간의 책임이 작용하는 경우는 없다. 즉, 하나님께서 절대적으로 방해를 받고, 저지당하고, 실패하고, 차단되고, 그가 행하기로 굳게 결심하는 것을 진행할 수 없게 되는 경우는 없다. 성경에는 현재 저자들이 주장하는 것처럼 인간이 도덕적 선택을 하기 때문에 하나님께서 스스로든지 사람에 의해 반드시 능력이나 지식에 제한을 받아야만 한다는 말씀은 없다. 만일 하나님께 그러한 제한이 있다면, 당연히 첫 번째 명제가 진실일 수 없다. 그러나 성경과 관련해서 놀라운 사실은 성경이 양립가능론을 수용한다는 것이다. 즉, 성경은 두 명제가 모두 진실이라고 가정하고 가르친다.

성경의 구체적인 단락을 보기 전에 반드시 짚어야 할 성경의 강조점이 하나 더 있다. 그것은 양립가능론을 구성하는 두 명제와 구별되지만, 본서의 주제와 깊은 연관을 맺고 있다.

그 강조점은 바로 이것이다. 성경은 하나님의 무한한 주권에 대해 말하면서도, 하나님의 흠 없는 선하심을 거듭 거듭 주장한다. 성경은 하나님을 결코 악의 공범자로 제시하지 않으며, 은밀하게 악하시거나, 선(善)의 배후에 계신 것과 똑같은 방식으로 악(惡)의 배후에 계신 분으로 비추지도 않는다. 이 모든 것들을 어떻게 한꺼번에 지지할 수 있는지는 적절한 때에 다룰 것이다. 그러나 그 사실만큼은 틀림없다.

> 그는 반석이시니 그가 하신 일이 완전하고 그의 모든 길이 정의롭고 진실하고 거짓이 없으신 하나님이시니 공의로우시고 바르시도다(신 32:4). 우리가 그에게서 듣고 너희에게 전하는 소식은 이것이니 곧 하나님께서는 빛이시라 그에게는 어둠이 조금도 없으시다는 것이니라(요일 1:5).

하박국은 하나님께서 왜 그의 언약 공동체에게 갈대아인들의 끔찍한 침략을 허락하시는지 이해할 수 없어서 하나님께 이렇게 말한다.

> 주께서는 눈이 정결하시므로 악을 차마 보지 못하시며 패역을 차마 보지 못하시거늘 어찌하여 거짓된 자들을 방관하시며 악인이 자기보다 의

로운 사람을 삼키는데도 잠잠하시나이까(합 1:13).

따라서 하나님의 선하심은 타협 가능한 가정이다. 하늘에는 다음과 같은 찬송 소리가 가득하다.

주 하나님 곧 전능하신 이시여 하시는 일이 크고 놀라우시도다 만국의 왕이시여 주의 길이 의롭고 참되시도다 주여 누가 주의 이름을 두려워하지 아니하며 영화롭게 하지 아니하오리이까 오직 주만 거룩하시니이다 주의 의로우신 일이 나타났으매 만국이 와서 주께 경배하리이다 (계 15:3-4).

아래에 인용한 단락들에 대해 자세한 주해를 하지는 않을 것이다. 오히려 내 목표는 성경적인 양립가능론이 구체적인 본문들 속에서 어떻게 가정되고 가르쳐지는지 보여주는 것이다. 내가 방금 전에 개관한 포괄적인 주제들을 추적할 필요는 없다. 한 문맥 안에서 긴장을 이루고 있는 두 명제를 발견하면 된다. 아래의 사례들은 수많은 예증들 중에서 대표적인 일부에 불과하다.

### 2) 창세기 50:19-20

야곱이 죽은 후에, 그의 아들들은 요셉이 복수를 위해 아버지의 죽음을 기다리고 있었을 것이라는 두려운 마음을 가지고 요셉에게 나아간다. 그들은 요셉을 노예로 팔아넘긴 자들이었다. 그런데 요셉은 애굽의 총리로서 그들을 온전히 그의 권력 아래 두고 있었다.

과연 그가 어떻게 할 것인가?

요셉은 그들의 두려움을 풀어주며, 자기가 하나님을 대신하지 않겠다고 주장한다. 그리고 나서 요셉은 형들이 자기를 악하게 대했던 잔인한 사건을 돌아보며 말한다.

> 당신들은 나를 해하려 하였으나 하나님께서는 그것을 선으로 바꾸사 오늘과 같이 많은 백성의 생명을 구원하게 하시려 하셨다(창 50:20).

이 구절 안에서 평행 대조가 눈에 띈다. 요셉은 그의 형들이 악하게 그를 노예로 팔았다고 말하지 않고, 하나님께서 그 사실 후에 상황을 바꾸어 이야기를 해피 엔딩으로 끝나게 하셨다고 말한다.

하나님의 의도가 많은 사람을 구원하시는 선을 행하시는 것이었다면, 어떻게 그런 일이 있을 수 있었는가?

요셉은, 하나님께서 본래 그를 애굽으로 정중히 데려가시려고 계획했는데 형들이 그의 계획을 약간 망쳐 놓는 바람에 그가 15년 동안 노예생활과 감옥 생활을 하는 결과가 찾아왔다고 말하는 것이 아니다. 이 이야기를 그런 식으로 읽으면 안 된다. 형들이 먼저 죄악을 저질렀으며, 요셉의 여정에 관한 이야기가 먼저 언급되지 않는다.

요셉이 설명하는 바와 같이, 그가 애굽으로 팔려가는 사건에서 하나님께서 주권적으로 일하셨다. 그러나 요셉을 해하려고 의도한 형들의 죄악이 그로 인해서 경감되는 것이 아니다. 형들은 그들의 행동에 대해 책임이 있는 반면, 하나님께서는 그로 인해 단지 부수적인 역할만 하는 것이 아니다. 따라서 형들은 악한 반면, 하나님께는 오직 선한 의도만 있다.

### 3) 레위기 20:7-8

> 너희는 스스로 깨끗하게 하여 거룩할지어다 나는 너희의 하나님 여호와이니라 너희는 내 규례를 지켜 행하라 나는 너희를 거룩하게 하는 여호와이니라(레 20:7-8).

이 말씀은 백성에게 일정한 방식으로 행하거나 일정한 상태가 되라고 명령하고 책임을 부여함과 동시에 백성들 가운데 행하시는 분이 하나님이라는 확신을 주는 수많은 구절들 중의 하나다. 히브리어에서 "깨끗하게 하다," "거룩하라," 그리고 "거룩하게 하다" 등은 모두 어근이 같다는 것을 기억해야 한다(참조. 레 22:31-32).

### 4) 열왕기상 8:46 이하

성전 봉헌식에서 솔로몬은 하나님의 백성들이 자기들의 죄를 회개하고 하나님께로 돌아올 때 하나님께서 일정한 방식으로 그의 백성들에게 응답해 달라고 요구할 뿐 아니라, 이렇게 말하기도 한다.

> 우리의 마음을 주께로 향하여 그의 모든 길로 행하게 하시오며 우리 조상들에게 명령하신 계명과 법도와 율례를 지키게 하시기를 원하오며 (왕상 8:58).

### 5) 왕상 11:11-13, 29-39; 12:1-15 [참고. 왕하 10:15; 11:4]

열왕기 기자는 하나님께서 솔로몬 왕에게 두 번씩이나 은혜롭게 자기를 계시해주셨음에도 불구하고 솔로몬이 악한 우상숭배에 빠진 것에 대해 하나님께서 매우 화가 나셨다고 말한다. 그 결과 하나님께서 솔로몬에게 말씀하신다.

> 네게 이러한 일이 있었고 또 네가 내 언약과 내가 네게 명령한 법도를 지키지 아니하였으니 내가 반드시 이 나라를 네게서 빼앗아 네 신하에게 주리라 그러나 네 아버지 다윗을 위하여 네 세대에는 이 일을 행하지 아니하고 네 아들의 손에서 빼앗으려니와 오직 내가 이 나라를 다 빼앗지 아니하고 내 종 다윗과 내가 택한 예루살렘을 위하여 한 지파를 네 아들에게 주리라 하셨더라(왕상 11:11-13).

그와 동시에 선지자 아히야가 실로에서 와서 여로보암이라고 불리는 한 사람에게 하나님께서 그에게 열 지파를 주어 다스리게 하실 것이라는 말을 해 준다(왕상 11:29 이하).

그러나 이 이야기가 실제로 진행될 때, 솔로몬의 아들 르호보암이 세금과 노역을 낮추어 달라는 백성들의 요구에 답변하는 내용이 기록된다. 르호보암은 조언자들에게 자문을 구한다. 늙고 지혜로운 장로들은 하나같이 르호보암에게 백성들의 바람대로 해 주라고 조언한다. 반면에 젊은 무법자들은 더 거칠게 대하고 압제의 고통을 더 가혹하게 하라고 조언한다. 르호보암은 어리석게도 젊은 그룹의 조언을 따른다.

> 왕이 이같이 백성의 말을 듣지 아니하였으니 이 일은 여호와께로 말미암아 난 것이라 여호와께서 전에 실로 사람 아히야로 느밧의 아들 여로보암에게 하신 말씀을 이루게 하심이더라(왕상 12:15).

결과는 불 보듯 뻔하다. 반역이 일어나고, 왕국은 분열된다.

세속적으로 이 사건을 바라보는 자는 여기에서 하나님의 다루심이 전혀 없다고 볼 것이다. 그렇게 보는 사람은 르호보암이 어리석음을 가엾게 여기고, 그렇게도 화려했던 왕국의 분열을 슬퍼한다. 실제로 어리석음이 있고, 왕국도 분열되었다. 그러나 그렇기는 해도, 르호보암의 어리석음이 드러난 이 사건은 주님의 지혜로운 다루심의 사건이기도 하다. 하나님의 주권적인 행동은 르호보암의 우둔한 어리석음을 경감시키지 않았다. 르호보암의 어리석음은 예상치 못한 방식으로 사건을 진행시키거나 하나님의 계획에 반하게 진행시키지도 않았다.

### 6) 이사야 10:5 이하

여기에서 하나님께서는 강력한 앗수르에게 말씀하신다.

> 앗수르 사람은 화 있을진저 그는 내 진노의 막대기요 그 손의 몽둥이는 내 분노라(사 10:5).

다른 말로 하면, 하나님께서는 그의 언약 백성들을 징계하시기 위해 앗수르를 그의 "막대기"와 "몽둥이" 등의 심판의 도구로 사용하신다.

> 내가 그를 보내어 경건하지 아니한 나라(유대인들을 가리킴)를 치게 하며 내가 그에게 명령하여 나를 노하게 한 백성을 쳐서 탈취하며 노략하게 하며 또 그들을 길거리의 진흙 같이 짓밟게 하려 하거니와(사 19:6).

그러나 만일 하나님께서 앗수르를 이런 식으로 사용하신다면, 왜 이제 그들에게 "저주"를 선언하시는가?

하나님께서는 계속해서 설명하신다. 하나님께서 앗수르를 그의 무기로 사용하시지만,

> 그[앗수르]의 뜻은 이 같지 아니하며 그의 마음의 생각도 이같지 아니하고 다만 그의 마음은 허다한 나라를 파괴하며 멸절하려 하는도다 (사 19:7).

이어지는 구절들에서, 앗수르는 많은 자랑을 한다. 심지어 그들의 장수들은 다른 나라들의 왕과 다르지 않다. 파괴된 수많은 도시들의 목록을 보라! 앗수르는 이렇게 자랑한다.

> 내가 사마리아와 그의 우상들에게 행함 같이 예루살렘과 그의 우상들에게 행하지 못하겠느냐?(사 19:11)

선지자 이사야는 논평한다.

> 주께서 주의 일을 시온 산과 예루살렘에 다 행하신 후에 앗수르 왕의 완악한 마음의 열매와 높은 눈의 자랑을 벌하시리라(사 10:12).

그러면 왜 하나님께서는 이 일을 행하려고 하시는가?

왜냐하면 앗수르가 "나는 내 손의 힘과 내 지혜로 이 일을 행하였나니 나는 총명한 자라 열국의 경계선을 걷어치웠고 그들의 재물을 약탈하였으며 또 용감한 자처럼 위에 거주한 자들을 낮추었으며"(사 10:13)라고 말

하기 때문이다.

다른 말로 하면, 하나님께서 앗수르에게 책임을 물으시고, 그들에게 "저주"를 선언하시는 이유는, 그들이 하나님의 언약 백성을 벌했기 때문이 아니라, 그들이 자기 혼자 힘으로 그 일을 한 줄로 알고 교만하기 때문이다. 이것은 하나님에 대한 반역의 행위로서, 가장 악한 종류의 교만한 자기 사랑이다.

> 도끼가 어찌 찍는 자에게 스스로 자랑하겠으며 톱이 어찌 켜는 자에게 스스로 큰 체하겠느냐 이는 막대기가 자기를 드는 자를 움직이려 하며 몽둥이가 나무 아닌 사람을 들려 함과 같음이로다(사 10:15).
>
> 그러므로 주 만군의 여호와께서 살진 자를 파리하게 하시며 그의 영화 아래에 불이 붙는 것 같이 맹렬히 타게 하실 것이라 이스라엘의 빛은 불이 되고 그의 거룩하신 이는 불꽃이 되실 것이니라…(사 10:16-17).

이 한 구절은 선지자들의 수많은 말씀들과 마찬가지로, 이사야가 적어도 양립가능론자였음을 의심 없이 보여준다.

### 7) 요한복음 6:37-40

> 아버지께서 내게 주시는 자는 다 내게로 올 것이요 내게 오는 자는 내가 결코 내쫓지 아니하리라(요 6:37).

이 구절은 종종 하나님의 주권과 인간의 책임 사이의 긴장을 보여주는 대표적인 구절로 여겨져 왔다. 하나님의 주권은 이 절의 전반부에서 작용한다. 즉, 하나님의 선택으로 일정한 사람들이 성부로부터 성자에게 주어지므로, 그들은 예수님께로 오는 사람들이다. 인간의 책임은 이 절의 후반에서 작용한다. 즉, 누구든지 예수님께로 오는 자마다 예수님께서 확실히 영접하신다.

분명히 두 가지 점이 모두 사실이며, 다른 구절들에서도 증거를 찾을 수 있다. 그러나 두 번째 명제를 이 구절에서 찾을 수 있는지 의심스럽다. "내가 결코 내쫓지 아니하리라"라는 구절은 "내가 받아들이겠다. 내가 기꺼이 받아들이겠다." 또는 "내가 반드시 지킬 것이다. 내가 반드시 보호할 것이다"를 의미하지 않는다.

그렇다면 사상의 흐름은 이렇다. 성부께서 예수님께 주신 모든 사람들이 예수님께 올 것이다. 그리고 예수님께 오는 사람은 누구나 예수님께서 결코 쫓아내지 않으실 것이다. 이것을 긍정적인 표현으로 바꾸면, 예수님께서 이 사람들을 지키고 보호하실 것이다.

이것이 본문의 의미임을 보여주는 데에는 여러 방식이 있지만, 가장 확실한 것은 본문의 그 다음 구절에 따라온다. 예수님께서는 약속하신다. 누구든지 내게 오면 내가 결코 쫓아내지 아니하리라.

> **왜냐하면** 내가 하늘에서 내려온 것은 내 뜻을 행하려 함이 아니요 나를 보내신 이의 뜻을 행하려 함이니라(요 6:38, 굵은 고딕 강조 추가).

그 뜻은 무엇인가?

> 나를 보내신 이의 뜻은 내게 주신 자 중에 내가 하나도 잃어버리지 아니하고 마지막 날에 다시 살리는 이것이니라(요 6:39).

다른 말로 하면, 37절의 문맥이 되는 이 구절은 하나님께서 예수님께 주신 모든 자들을 그의 아들을 통해 선택하시고 보호하심을 확증해준다.

그러나 그렇다고 해서, 한 개인의 회심을 조금 더 강조하는 표현을 사용해서 이와 똑같은 의미를 전달할 수 없는 것은 아니다.

> 내 아버지의 뜻은 **아들을 보고 믿는 자마다 영생을 얻는 이것이니 마지막 날에 내가 이를 다시 살리리라** 하시니라(40절, 굵은 고딕 강조 추가).

다시 한 번, 이 구절은 신약성경에 들어 있는 수많은 유사 구절들 중의 하나에 불과하다. 예를 들어, 사도행전은 베드로의 복음전도적인 요청을 기록한다.

> 너희가 이 패역한 세대에서 구원을 받으라(행 2:40).

그리고 군중의 반응을 묘사한다.

> 그 말을 받은 사람들은 세례(침례)를 받았다(행 2:41).

하지만 또 다른 전도집회에서 누가는 전혀 당황한 기색 없이 회심에 대해 이렇게 묘사한다.

> 이방인들이 듣고 기뻐하여 하나님의 말씀을 찬송하며 영생을 주시기로 작정된 자는 다 믿더라(행 13:8).

양립가능론이 확실하게 가정되고 있다.

## 8) 사도행전 18:9-10

바울은 고린도에 도착했을 때 지치고 낙심해 있었다. 유럽에서 복음전도를 시작하는 첫 단계부터 그는 빌립보서에 매를 맞고 옥에 갇혔으며, 아덴에서는 탈진했다. 사실, 바울은 눈에 띄는 열매를 보았다. 그렇기는 하지만, 감정적인 소모가 엄청났다. 고린도는 또 다른 도전이었다. 고린도는 로마 제국 전체에서 가장 타락한 도시로 잘 알려져 있었다.

그런데 이 상황에서 하나님께서는 밤중에 환상을 통해 바울에게 은혜롭게 말씀하시고 확신을 주신다.

> 두려워하지 말며 침묵하지 말고 말하라 내가 너와 함께 있으매 어떤 사람도 너를 대적하여 해롭게 할 자가 없을 것이니 이는 이 성중에 내 백성이 많음이라 하시더라(행 18:9-10).

분명히 바울에게 어떤 책임이 부여된다. 하나님께서는 복음전도에 각종 수단을 사용하시는데, 이 경우에는 바울이 그 중심 수단이다. 그럼에도 불구하고 하나님께서 바울에게 부어주시는 격려는 선택 교리에 근거를 둔다. 고린도에 있는 "내 백성"은 그들이 회심하기 이전부터 하나님께서 그의 소유로 여기신 사람들이다. 따라서 이 단락에서 선택은 복음전도의 **동기**가 된다.

## 9) 빌립보서 2:12-13

> 그러므로 나의 사랑하는 자들아 너희가 나 있을 때뿐 아니라 더욱 지금 나 없을 때에도 항상 복종하여 두렵고 떨림으로 너희 구원을 이루라 너

희 안에서 행하시는 이는 하나님이시니 자기의 기쁘신 뜻을 위하여 너
희에게 소원을 두고 행하게 하시나니(빌 2:12-13).

이 단락은 그 안에서 말씀하는 내용 못지않게 말씀하지 않으시는 내용까지 매우 중요하다. 이 단락은 하나님께서 우리의 구원에서 아주 조금 일하셨으니 이제는 우리에게 달렸다고 말씀하는 것이 아니다. 또한 이 단락은 하나님께서 "그의 기쁘신 뜻을 이루기 위해 너희에게 소원을 두고 행하게" 하시므로 우리가 전적으로 수동적이며, 따라서 하나님께 모두 맡기라고 말씀하는 것도 아니다. 뿐만 아니라, 일부 주석가들이 잘못 해설하는 것과 같이, 하나님께서 우리 안에서 칭의의 사역을 행하셨으므로, 이제는 우리가 성화의 사역을 계속해야 한다고 말하는 것도 아니다.

바울은 빌립보 교인들이 바울의 말에 순종하는 의미로, 그리고 그들의 구원을 행하는 의미로(구원을 위해서가 아니다!) 무엇을 해야 하는지 묘사한다. 여기에서의 가정은 선택과 노력이 요구된다는 것이다. 그들의 구원을 "이루는 것"에는 솔직하게 그리스도의 태도를 본받는 것과(빌 2:5), 복음이 요구하는 것을 아무 불평이나 논쟁 없이 행하는 것(행 2:14), 그리고 그 이상의 것들이 포함된다.

그러나 그와 동시에, 빌립보 교인들은 그들 속에서 "그의 기쁘신 뜻을 이루기 위해 소원을 두고 행하게 하시는" 분이 하나님이심을 배워야 한다. 하나님의 주권이 그들의 의지와 행위에까지 이른다.

사실, 이 명백한 양립가능성에 전혀 당황하지 않고, 바울은 빌립보 교인들을 격려하는 동기를 하나님의 주권에서 발견한다. 바울은 "너희 구원을 이루라. 왜냐하면 너희 속에서 일하시는 분은 하나님이시기 때문이다"라고 말한다. 바울에게 있어서 그들의 삶에 미치는 하나님

의 영향은 그들의 행위의 방해 요소(disincentive)가 아니라, 행위의 동기(incentive)다. 즉 하나님께서 행하시는 것과 보조를 맞추어 가는 것이다.

### 10) 사도행전 4:23-31

베드로와 요한은 성전 미문에 여러 해 동안 앉아 있던 사람을 기적적으로 고친 것 때문에 감옥에 갇혔다가 풀려난 후에 "동료들"(23절), 곧 그리스도인들에게 돌아가서, 자기들에게 일어났던 일들을 보고한다. 교회의 반응은 기도하는 것이다. 기도는 하나님께서 창조하신 하늘과 땅에 대한 그의 주권을 인정하는 것으로 시작한다. 그 후에 그들은 하나님께서 "주의 종 우리 조상 다윗의 입을 통하여 성령으로"(25절) 친히 말씀하신 시편 2:1-2을 인용한다.

> 어찌하여 열방이 분노하며 족속들이 허사를 경영하였는고 세상의 군왕들이 나서며 관리들이 함께 모여 주와 그의 그리스도를 대적하도다 하신 이로소이다(행 4:25-26).

당연히 그리스도인들은 이 성경이 예수님의 죽음에서 성취되었음을 볼 수밖에 없다. 그러나 정말로 중요한 것은 그들이 직접 고백하는 표현이다.

> 과연 헤롯과 본디오 빌라도는 이방인과 이스라엘 백성과 합세하여 하나님께서 기름 부으신 거룩한 종 예수를 거슬러 하나님의 권능과 뜻대로 이루려고 예정하신 그것을 행하려고 이 성에 모였나이다(행 4:27-28).

그 후에 그들은 계속해서 간구를 올린다.

수많은 죄악이 벌어지고 있다. 헤롯, 로마 총독 본디오 빌라도, 그리고 이스라엘 백성들이 모두 합세해서 음모를 꾸민다. 이 말은 굉장히 강력한데, 방금 인용한 시편의 관점에 볼 때 틀림없이 그리스도인들은 그 모사꾼들이 하나님 앞에서 심각하게 죄를 짓고 있다고 생각한다. 그러나 동시에, 그리스도인들은 그들이 "하나님의 권능과 뜻대로 이루려고 예정하신 그것을 행하려고 모였다"라고 하나님께 고백한다.

그러나 조금만 생각해 보면, 기독교 복음이 진리인 이상 이 긴장이 어쩔 수 없음을 알 수 있다. 만일 주도권이 전적으로 모사꾼들에게 있다면, 그리고 하나님께서는 단지 마지막 순간에 나타나서 임박한 패배의 위기로부터 승리를 쟁취하신 것이라면, 십자가는 그의 계획이나 뜻이 아니며, 그의 아들을 세상에 보내신 이유도 아니다. 하지만 이것은 터무니없다.

정반대로, 만일 하나님께서 모든 사건을 계획하셔서 모든 인간들은 단지 아무 책임 없는 꼭두각시에 불과하다면, 모의에 대해 말하거나 심지어 죄에 대해 말하는 것은 어리석다.

그 경우에는 그리스도께서 그의 죽음으로 제거해야 할 죄가 없으니, 그가 왜 죽어야 했겠는가?

하나님께서는 예수님의 죽음에서 주권적으로 일하셨다. 사람들이 예수님을 죽음으로 밀어 넣은 것은 비록 그것이 하나님의 뜻을 이룬 것이기는 해도 여전히 죄악이다. 그리고 하나님만 온전히 선하시다.

처음에는 양립가능성을 부인하는 그리스도인들도 십자가를 묵상하면 의식적으로든지 또는 무의식적으로 양립가능론자들이 된다. 그렇지 않으면, 믿음을 부인하는 것 외에 다른 대안이 없다. 따라서 우리가 십자가를 묵상할 때 양립가능론자가 될 준비가 된다면, 즉, 내가 본장의 서두에 제시한 두 가지 명제가 십자가에 적용될 수 있는 사실임을 받아들인다면, 양립가능론이 성경의 모든 곳에서 가르쳐지고 가정된다는 점을 이해하는 첫 발걸음을 겨우 뗀 것이다.

## 3. 양립가능론에 대한 탐구

본장에서 정의한 양립가능론을 성경 전체가 가르치고 가정하지만, 우리는 그것이 어떻게 사실인지 아직 더 면밀히 생각해 보지 않았다. 아마도 아래의 단상들이 이 주제를 명확히 하는데 도움이 될 것이다. 또는 적어도 신비가 어디에 있는지 더 면밀하게 보여줄 것이다. 결국 이것이 바로 내가 본장의 처음에 제시한 것이다.

① 자기를 양립가능론자라고 부르는 사람들은 대부분 내가 앞에서 제시한 두 개의 명제가 어떻게 서로 조화를 이루는지 정확하게 설명할 수 있다고 감히 주장하지 못한다. 그들이 주장하는 것은, 이 용어를 매우 신중하게 정의하면, 두 명제 사이에 아무 모순이 없음을 보여줄 수 있을 것이라는 정도다. 다른 말로 하면, 그 안에 포함된 어떤 "신비들"을 개관할 수 있고, 이 "신비들"이 두 명제의 진실성을 담보한다는 것을 보여줄 수 있다. 그러나 큰 "신비들"이 숨어 있기 때문에, 우리는 이 두 명제가 어떻게 서로 조화를 이루는지 보여줄 수 없다.[3]

나는 이 분석이 옳다고 생각한다. 그러나 이것이 의미하는 바는, 내가 평생 신비를 알지 못할 것이라는 사실이다. 내가 이루고 싶은 것은 그 신

---

3  R. Young, *Freedom, Responsibility and God* (London: Macmillan, 1975)를 보라.

비들을 조금 더 구체적으로 찾아내는 것이며, 그 신비가 너무도 크기 때문에 성경이 양립가능론을 가정할 때 서로 모순된 입장들을 수용하는 것이 아니라는 점을 증명하는 것이다.

② 성경이 확증하는 대로, 하나님께서 선하시기도 하고 양립가능론도 사실이라면, 하나님께서는 선과 악의 배후에 각각 조금 다른 방식으로 서 계셔야 한다. 즉, 하나님께서는 비대칭적으로 선과 악의 배후에 계신다.

솔직하게 말하면, 하나님께서는 심지어 악조차도 하나님의 주권적인 영역 밖에서 일어나지 않게 하시는 방식으로 악의 배후에 계시지만, 악은 결코 윤리적으로 하나님께 돌려지지 않는다. 즉, 악은 항상 제2차 행위자와 제2차 원인에게 돌려진다. 반면에, 하나님께서는 선이 하나님의 주권적인 영역 안에서 일어나게 하실 뿐 아니라, 항상 하나님께 돌려지고, 제2차 행위자에게는 파생적으로 돌려지게 하시는 방식으로 선의 배후에 계신다.

다른 말로 하면, 내가 죄를 짓는 경우 하나님의 주권적인 영역 밖에서 죄를 지을 수 없으며(그렇지 않으면 이미 인용한 많은 본문들이 말이 안 된다.), 나에게만 그 죄에 대한 책임이 있다. 또는 나를 유혹하고 나를 일탈하게 하는 사람들과 나에게만 그 책임이 있다. 하나님께서는 절대로 비난을 받으셔서는 안 된다. 그러나 내가 선을 행하는 경우에 그것은 내 속에서 그의 기쁘신 뜻을 따라 소원을 두고 행하게 하시는 하나님의 사역이다. 하나님의 은혜가 내 행위에서 계시되고, 하나님께서 찬양을 받으셔야 한다.

만일 이 말이 너무 하나님께만 편리하게 들린다면, 많은 말을 할 수도 있겠지만 내 첫 반응은 성경에 따라 이것이 바로 거기에 계시는 하나님이시라는 것이다. 다른 하나님은 없다.

③ 위의 두 명제는 인간의 도덕적 책임을 중시한다. 그러나 지금까지 나는 인간의 도덕적 책임과 자유 개념을 서로 연결시키지 않았다. 그 이유는 자유 개념이 어떤 성경적 관점으로 보더라도 합의를 이루기 매우 어렵기 때문이다.

자유 개념이 겉으로 보이는 것보다 훨씬 어려운 것은 비단 기독교 사상에서만 그런 것이 아니라는 점을 말해야겠다. 예를 들어, 무신론자들 중에서도, "인간의 자유"가 무엇을 의미하는지에 대한 논쟁이 현재 진행되고 있다.

인간은 불변하는 자연 법칙에 따라 충돌과 효과를 일으키는 아원자 입자들로 구성되어 있으므로, "자유"는 단지 환상일 뿐인가?

또는 이 통계적인 충돌 안에 반드시 불확실성이 있어서 인간은 그들의 세계 안에서 벌어지는 것들에 일종의 상호적인 영향을 끼치는가?

내가 무신론자들 사이에서의 논쟁을 언급하는 이유는, 그들이 그리스도인들과 정확히 똑같기 때문이 아니라, 너무 많은 저자들이 마치 "자유"가 이해하기 쉽거나 전적으로 자증적인 것처럼 이 문제에 관한 논의에 뛰어들기 때문이다.

만일 양립가능론이 사실이라면, 그리고 그것을 증명하는 성경적인 증거를 피할 방법이 없다면, 자유에 대한 기독교적 정의는 두 가지 한계를 갖는다.

첫째, 인간의 자유는 배타적인 절대적 힘을 포함할 수 없다.

즉, 인간의 자유는 하나님께서 의존적이 되는 자유로운 힘을 포함할 수 없다. 그런 자유는 양립가능론을 구성하는 두 번째 명제를 부인하게 될 것이다. 그것이 바로 의지를 가장 잘 다루는 여러 접근법들이, 자유 또는 "자유로운 행위"는 배타적 절대적 힘과 연결되지 않고 자발성과 연결된다고 주장하는 이유다. 즉, 우리는 우리가 하고 싶은 것을 한다. 따라서 그것이 바로 우리가 한 일에 대해 우리가 책임을 져야 하는 이유다.

예를 들어, 아무리 하나님께서 그의 아들의 십자가 죽음과 헤롯, 본디오 빌라도, 그리고 다른 사람들이 하는 일들 배후에서 역사하신다 하더라도, 그 사람들은 자기가 하고 싶은 것을 했다. 그것이 바로 그들이 책임을 져야 하는 이유다. 그러나 이것은 그들이 그 사건에서 배타적인 절대적 힘을 소유했다고 말하는 것과는 전혀 다르다. 왜냐하면, 그 경우에는 하나님께서 의존적이 되고, 십자가는 하나님의 마음속에서 뒤늦은 사건이 되고 말기 때문이다.

그렇게 되면, 인간 참여자들이 하나님께서 허락하신 것을 했다고 말하는 것이 불가능해진다!

따라서 인간 참여자들은 절대적으로 자유롭지 않다. 왜냐하면, 만일 인간 참여자들이 절대적으로 자유롭고, 하나님께서 십자가 사건이 발생하도록 허락하셨다면, 거기에 연루된 인간들이 다르게 결정할 수 있었을 것이기 때문이다.

그러나 하나님께서는 그들이 단지 꼭두각시인 것처럼 또는 더 심하게는 그들의 뜻에 반하여 어떤 일을 하도록 정해놓지 않으셨다. 그들은 자기들이 하고 싶은 것을 했다. 따라서 그것이 바로 그들이 책임을 져야 하는 이유다.

둘째, 타락 이후 인간의 자유는 타락을 언급하지 않고는 논의될 수 없다.

예수님께서는 죄를 지은 모든 사람이 죄의 종이라고 주장하신다(요 8:34). 우리가 최선을 다해 살 때, 우리의 어깨 뒤에서는 우리가 하는 일이 얼마나 선하게 보이느냐고 속삭이는 소리가 들려온다. 우리는 한 시간씩 기도하면서 하나님께 헌신하고 시간을 내서 봉사하면서, 사람들이 우리를 얼마나 경건하게 생각할지 의식한다.

우리는 선한 일에 기꺼이 희생하지만, 생색을 내거나 또는 우리처럼 희생하지 않는 사람들을 용납하지 못함으로써 그 희생을 망쳐버린다. 우리는 정말로 우리의 감정과 소원과 목표에 있어서 몇 분 또는 몇 시간씩 하나님과 동행하기도 하지만, 개인적인 야망, 정욕 또는 욕심에 이끌려 곁길로 빠질 때도 있다. 따라서 우리의 의지는 정말로 자유롭지 않고, 죄의 종이 되어 있다.

이러한 체계 속에서, 참된 자유란 아무 제한과 제지 없이 하나님께 순종하는 자유다. 참된 자유는 배타적인 절대적 힘이 아니다. 참된 자유는 모든 순간에 하나님을 기쁘시게 해드리기를 원하는 것이다.

요한복음의 기독론에서만큼 이것이 선명하게 드러나는 곳은 없다.[4] 거기에서 예수님께서는 그에 대해 예언된 것들을 모두 성취하시고 성부 하나님의 계획에 자신을 맞추시지만 그것을 성부 하나님에 대한 의식적인 순종으로 행하시는 분으로 거듭 계시되신다. 십자가는 필연적이다.

즉, 예수님께서는 하나님의 어린양이시며, 예언된 "때"가 반드시 찾아오며, 유월절은 성경에서 예견된다. 그러나 다른 한편에서, 아무도 단순히 예수님의 목숨을 앗아갈 수 없다. 예수님께서 자발적으로 자기 목숨을 내어 주신다(요 10:18). 예수님 안에서 하나님의 결정과 인간의 완전한 순종이 한 인격 안에 만나게 된다. 왜냐하면 예수님의 양식은 그를 보내신 분의 뜻을 행하는 것이며(요 4:34), 예수님께서 항상 성부 하나님을 기쁘시게 하는 일을 행하시기 때문이다(요 8:29).

---

4  Carson, *Divine Sovereignty*, 146-60.

여기에서 우리는 최선으로 작용하는 "자유의지"를 본다!

④ 두 명제 사이에 존재하는 긴장의 핵심은 성경에서 우리에게 자기 자신을 내어 주시는 하나님께서 어떤 분이신가에 있다. 이것은 인간의 책임의 본질에 대해 조금만 더 묵상해보면 가장 잘 알 수 있다.

그리스도인에게, 사실상 우리가 책임을 져야 하는 모든 것, 우리가 순종하거나 순종하지 않는 모든 것, 그리고 우리가 선택하거나 거부하는 모든 것은 근본적으로 하나님께서 명령하시거나 금지하시는 것에 의해 결정된다. 그러나 하나님께서 명령하시거나 금지하신다는 개념은 하나님께서 인격적이심을 이해하는 데에 달려 있다. 그리스도인들은 창조를 비인격적인 "그것"과 연결시키지 않는다.

따라서 우리가 창조 안에서 자연스럽게 기능하기 위해서는 창조세계가 움직이는 방식과 일치되게 행동해야 한다. 그리스도인들은 인격적인 "그분" 또는 창조와 구분된 하늘의 하나님을 고백한다. 죄가 악한 이유는, 하나님께서 명령하시거나 금지하시는 것에 도전하기 때문이다. 우리의 도덕적 책임은 하나님에 대한 우리의 의무와 연결되어 있다.

인격, 인격적, 또는 인성 등에 대한 우리의 관습적인 정의가 항상 시간에 얽매이고 유한하기 때문에 문제가 발생한다. 내가 아내에게 말을 하고 아내가 내게 말을 할 때, 거기에는 시간의 흐름이 있다. 내가 아들에게 학교 갈 채비를 하라고 하고 아들이 순종하거나 순종하지 않을 때도 마찬가지다. 내 딸이 내 아내에게 질문을 하고, 아내가 대답을 한다. 내 딸이 내게 초콜릿을 달라고 하고, 나는 승낙하거나 거절한다. 우리는 서로 사랑하고, 서로 미워하고, 서로 용서한다. 이 모든 것들이 사람이라는 존재의 특징적인 행동들이다. 우리 모두와 세상 모두의 형태들은 유한성을 지닌다.

그러나 내가 '하나님께서는 인격적이시다'라고 말할 때에는, 그분이 초월적이라고도 말해야 한다. 즉, 하나님께서는 모든 공간과 시간을 초월하시고, 완전히 주권적이시다.

하나님께서 질문을 하실 때, 성경이 보여주는 바에 의하면, 하나님께서는 대답도 알고 계시지 않는가?

하나님께서 요청하시거나, 용서하시거나, 금지하시거나, 권면하실 때, 나는 하나님께서 유한한 인간들이 인격적인 것과 정확히 똑같은 방식으로 인격적이실 수는 없다는 사실을 결코 잊어서는 안 된다. 왜냐하면, 하나님의 초월하심과 주권이 양립가능론의 두 기둥 중의 하나이기 때문이다. 하나님께서 인격적이시라는 것은 나의 도덕적 책임의 배후에 있는 가정이지만 그렇다고 해서 하나님을 유한한 분으로 생각해도 된다는 의미는 아니다. 하나님께서 그렇지 않으시다는 것을 알기 때문이다.

따라서 양립가능론의 문제는, 성경에서와 그의 아들의 인격 안에서 가장 탁월하게 자기 자신을 계시하시는 하나님께서 초월적이심과 동시에 인격적이시라는 사실과 연결되어 있다. 우리의 사고의 흐름을 잘 따라가 보면, 그 사고는 성경이 솔직하게 양립가능론을 받아들이고 있음을 보여주고, 또한 하나님의 속성으로까지 나아간다.

그러므로 이제 본서의 제10장에서 내가 소위 하나님의 고난불가성 교리를 사람들이 대체로 이해하는 식으로 받아들이지 않으려는 이유가 조금 더 명확해진다. 그 교리는 너무 성경적 증거의 한 쪽 측면과만 연결되어 있다. 그러나 하나님의 초월성이라는 추가적인 기둥을 무시한다면, 성경적 증거의 또 다른 측면, 즉 하나님의 고난, 그의 사랑, 그의 응답 등을 강조하는 것도 믿을만한 것이 되지 못한다.

우리는 하나님의 부분집합, 또는 실제로 존재하지 않고 우리의 생각에만 들어맞는 우상을 만들어내지 않기 위해, 하나님의 속성에 관한 성경의 완전한 증거들을 최선을 다해 온전히 붙잡아야 한다.

⑤ 따라서 양립가능론을 구성하는 두 명제의 진리에 포함된 문제들은 하나님의 속성 자체와 긴밀하게 연결되어 있는 것이 분명하다.

아이러니컬하게도, 이것은 우리로 조금 더 앞으로 나갈 수 있게 해 준다. 우리는 하나님에 대해 알지 못하는 어떤 것들을 제쳐두기에 꽤 좋은 처지에 있다. 즉, 우리는 성경이 하나님을 초월적이면서 인격적인 분으로 묘사하는 것을 알고 있고, 또한 우리가 하나님에 대해 알지 못하는 어떤 것들을 인정하기 때문에 이 낯선 조합을 어느 정도 옳다고 받아들인다.

그러나 우리가 하나님에 대한 어떤 것들을 알지 못한다는 사실이 우리의 무지를 보여주는 셈이 되어, 비록 우리가 양립가능론의 두 명제가 어떻게 진실이지 알지 못하더라도 그것들을 지지할 수도 있게 된다.

예를 들어보면 도움이 될 것이다. 성경의 하나님께서는 모든 것을 창조하셨다. 그는 우리가 아는 시간과 공간 너머에 사신다. 하나님께서는 초월적이시다. 그러나 그렇다고 해서 우리가 하나님의 시간과 공간의 관계를 이해한다는 의미는 아니다. 우리는 하나님께서 시간과 공간 속에서 인간에게 자기를 계시하신다는 사실을 안다.

하지만 우리는 하나님께서 어떻게 그렇게 하시는지, 또는 그것이 하나님께 어떻게 보이는지 전혀 모른다. 예를 들어, 우리는 하나님께서 일련의 순서를 경험하시는지 확신할 수 없다. 하나님께서 그것을 경험하신다 해도, 그것은 내가 경험하는 것과 정확히 똑같지는 않을 것이다. 왜냐하면 내가 아는 순서의 개념은 시간과 공간이라는 범주 안에 제한되기 때문이다.

그러나 하나님께서 공간과 시간에 제한되지 않으신다고 해서, 그가 어떤 의미에서도 일련의 순서를 경험하지 않으신다고 결론을 내릴 수도 없다. 틀림없이 하나님께서는 우리가 어느 정도 알고 있는 시공간 속에서 우리에게 자신을 계시하기로 선택하셨다. 분명히 이것은 **예정, 작정** 등과 크게 관련이 있고, 예수님의 십자가형을 모의한 사람들이 하나님께서 미리 작정하신 대로 행한 것임을 확증해주기도 하며, 예언과 성취라는 개념과도 긴밀하게 연관된다.

그러나 만일 하나님께서 그의 인격이나, 또는 인격적이시고 말씀하시고 상호 교제하시고 반응하시는 그의 속성 등에 대한 성경의 강조를 무시하시려고 처음부터 의도하셨더라면, 하나님께서는 인격적인 분으로서의 하나님에 대한 강조는 없이 다만 초월성에 대한 감동만 전해주실 수 있었을 텐데 그렇게 하지 않으셨다. 양립가능론의 문제는 우리가 하나님에 대한 알지 못하는 수많은 것들로 귀결된다.

나는 하나님께서 자신을 인격적으로 계시하신다는 사실을 안다. 하지만 나는 인격적인 하나님께서 어떻게 초월적일 수 있는지는 모른다.

나는 성경이 모든 것을 어떤 식으로든 하나님께 돌린다는 것과, 하나님의 주권에 모든 것이 포함된다는 것을 안다. 나는 악한 행위들의 원인에 하나님께서 계시다고 묘사하는 모든 성경 본문들이 정작 하나님께서는 선하시고 제2차 행위자가 악하다고 주장한다는 사실도 안다. 나는 하나님께서 제2차 행위자들을 어떻게 이런 식으로 사용하시는지 모른다. 틀림없이, 하나님께서 어떻게 이렇게 하시는지는 그의 존재와 속성, 공간과 시간 밖이나 너머에 있는 그의 "영역," 그리고 하나님의 주권과 인격체로서의 그의 선택 등과 연결되어 있다. 그러나 나는 여전히 그가 어떻게 그렇게 행하시는지 모른다.

따라서 나는 양립가능론이 그 자체로 성경에서 가르쳐지고 있을 뿐 아니라, 그것이 하나님의 속성과 연결되어 있다는 것을 알 수밖에 없다.

또한 다른 한 편에서, 하나님의 속성의 많은 측면들에 대한 나의 무지는 오히려 내가 여러 현대 철학자들의 변덕스러움을 따르지 않게 해 주고, 양립가능론이 가능하다는 사실을 부인하지도 않게 해 준다.

섭리의 신비는 무엇보다도 작정, 자유의지, 사탄의 처소 등등에 관한 논쟁에 있지 않다. 그 신비는 하나님에 관한 교리에 있다.

## 4. 양립가능론에 대한 변호

양립가능론에 대한 이야기를 있는 그대로 받아들이지 않는 그리스도인들이 많다. 악과 고난의 문제를 다루기 위해 본장에서 수집한 것들을 사용하기 전에, 나는 가장 일반적으로 제기되고 있는 반론들에 대해 몇 마디 해야겠다. 성경에 대한 고등성경관을 가지고 있으면서도 내가 본장에서 개괄한 섭리에 대한 이야기를 부인하는 사람들이 제기하는 반론에 대해서만 다룰 것이다. 세 가지 점을 살펴볼 필요가 있다.

### 1) 무분별한 정의

이러한 반론들이 제기되는 이유는, 반론을 제기하는 사람들이 소위 선험적 정의(a priori definition)를 사용하여 증거들을 인위적인 틀 안에 넣기 때문이다. "선험적 정의"란, 성경의 증거에 대한 공정하고 귀납적인 연구에 근거하지 않고, 주로 철학적인 편견 등의 선험적 가정에 근거하여 내린 중요한 단어에 대한 정의를 가리킨다.

틀림없이, 이러한 정의들 중에서 가장 흔한 것은 "자유의지"에 대한 정의다. 인간이 결코 자기의 말과 행동과 생각과 존재에 대해 책임을 지지 못하는 꼭두각시에 불과하지 않다고 주장하는 모든 사람은 자유의지에 대해 나름대로의 정의를 가지고 있다. 그러나 많은 사람들은 자유의지가 반드시 배타적인 절대적 힘을 수반한다고 쉽게 가정한다.[5]

따라서 그러한 가정은, 하나님께서 절대적으로 의존적이거나 의존적이지 않다는 성경의 증거들과 자유의지를 정면으로 충돌하게 한다. 예를 들어, 배싱어(Basinger) 부부는 그들이 편집한 책 제목에서 이렇게 질문한다.

> 인간의 자유는 세상의 일을 주관하시는 하나님의 주권에 어느 정도까지 제한을 두는가?[6]

이 제목은 당연히 질문을 하게 만든다. 그들은 인간의 자유에 대한 어떤 정의가 반드시 "하나님의 주권적 다스림에 제한을 가한다[나는 그들이 "제한을 가한다"라는 의미로 사용한다고 생각한다]"라고 가정한다. 또한 그들은 그런 가정에 근거한 자유 개념이 성경 본문의 지지를 받는지 아니면 부인되는지 숙고하지 않은 채 그렇게 주장한다.

그 결과, 이 진영에 있는 신학자들과 사상가들은 전혀 성경적 근거로 지지받을 수 없는 온갖 창의적인 행보를 보인다. 브루스 라이헨바흐(Bruce Reichenbach)는 에베소서 1:11을 있는 그대로 믿지 못하고, 그 구절을 "하

---

5 수많은 예들 중에서, Michael L. Peterson, *Evil and the Christian God* (Grand Rapids: Baker, 1982)를 보라. 그는 전능하신 하나님께서 자유로운 존재를 주관하는 것이 논리적으로 불가능하다고 주장한다. 그러나 그것은 자유의지를 배타적인 절대적 힘으로 정의할 때만 논리적으로 불가능하다. 그는 그러한 정의가 성경적으로 용인되거나 허용되는지 살펴보지 않은 채, 자유에 대한 정의에서 곧바로 결론을 내리고 만다.

6 Basinger and Basinger, *Predestination and Free Will*, 10.

나님께서는 그가 하시는 모든 것을 그의 뜻에 맞게 행하신다"[7] 정도의 의미로 재해석한다. 그것은 거의 말할 가치도 없이 너무 당연한 수준의 말이다.

즉, 어찌됐든지 이것은 성경 본문이 말씀하는 바가 아니다. 같은 책에서 어느 저자는 이 정의를 받아들이고, 하나님의 주권은 제한하면서, 자기의 지식은 제한하지 않는다. 즉, 하나님께서는 자유로운 도덕적 행위자가 하게 될 일을 미리 아시지만 그것을 결코 결정하지는 않으신다는 것이다.

유감스럽게도 냉소주의에 빠진 또 다른 저자는 하나님의 지식을 제한한다. 즉 자유로운 결정의 본질은, 심지어 전지하신 분조차도 그 결과를 알 수 없어야 한다는 것이다. 그러나 이 저자들 중의 그 누구도 그들의 선험적 정의들을 단번에 일소해 줄 성경 본문을 근거로 논의하지 않는다.

이 저자들은 성경 본문을 살피는 데 실패한 것은 둘째 치고, 가장 흔한 반문들조차 제기하지 않는다.[8]

예를 들어, 만일 "자유의지"가 반드시 배타적인 절대적 힘을 수반한다면, 우리가 그런 "자유의지"를 천국에서도 누릴 것인가?

대부분의 그리스도인들은 천국에서 더 이상 반역의 위험이 존재하지 않는다는 데에 동의한다. 즉, 우리는 죄로부터 보호를 받을 것이다.

그러나 만일 하나님께서 그곳에서 우리를 죄로부터 보호하실 수 있다면, 이것은 "자유의지"가 희생당한다는 의미인가?

---

7  Ibid., 52.
8  예를 들어, Roger Nicole, "Some Comments on Hebrews 6:4-6 and the Doctrine of the Perseverance of God with the Saints," in *Current Issues in Biblical and Patristic Interpretation*, ed. Gerald Hawthorne (Grand Rapids: Eerdmans, 1975), 357.

영광 중에 있는 인간은 그들을 도덕적 피조물로 만들어 주는 이 탁월한 능력을 빼앗기는 것인가?

선험적 정의가 옳은지 질문을 던져보는 것이 더 낫지 않은가?

또는 "예지"(foreknowledge)라는 용어를 생각해 보라.

분명히 성경은 하나님께서 어떤 것들을 미리 아신다는 표현을 많이 사용한다. 심지어 앞장에서 우리는 하나님께서 다른 환경들 아래서 일어날 수 있는 것들을 아신다는 소위 "중간 지식"(middle knowledge)에 관한 증거들을 살펴보았다.

그러나 바울이 "하나님께서 미리 아신 자들을 또한 그 아들의 형상을 본받게 하기 위하여..."(롬 8:29)라고 말할 때, 바울의 마음속에 "예지"와 같은 개념이 있는 것인가?

수많은 철학자들과 신학자들은 그렇다고 가정하고, 그 결과 예정이란 단지 하나님께서 인간이 무엇을 선택할지 미리 아신 것을 행하시기로 선택하심이라고 주장한다.

이렇게 말하는 것은 당연히 인간을 중요한 "결정자"로 만든다. 즉 하나님의 결정은 어떤 의미 있는 차원에서의 예정이지 않고, 사전 승인(ratification-in-advance) 정도가 되는 것이다. 더욱이, 이 본문은 하나님께서 어떠어떠한 일들이 벌어질지 아신다는 의미가 아니라, 그 사람을 미리 아신다는 의미인데, 그들은 이 사실에 거의 주의를 기울이지 않는다. 셈족의 사고에서 한 사람을 "안다"는 것은 친밀함 이상을 의미한다는 것을 이미 많은 사람들이 증명했다.

예를 들어 남편이 그의 아내를 "아는" 것은 아내와 성관계를 한다는 의미다. 로마서 8:28-30의 문맥에서 하나님께서 어떤 사람들을 "미리 아시는" 것은, 대부분의 주요 주석가들이 지적하는 바와 같이, 하나님께서 각 개인과 미리 인격적인 관계를 맺으신다는 의미다.

하나님께서는 이런 의미로 이미 아시는 사람들을 "아들의 형상을 본받게" 예정하신다. 게다가, 단 한 번 나오는 "미리 아신다"는 단어에 대한 의심스런 정의를 가지고, "하나님께서 그의 백성을 신택하셨다"라는 의미를 확실하게 담고 있는 다른 많은 본문들에게까지 적용하는 것은 이상한 방법론이다(예. 신 4:37-39; 7:6-9; 시 4:3; 마 24:22, 31; 눅 18:7; 요 15:16; 행 13:48; 갈 4:27, 31; 엡 1:4-6; 딤후 2:10; 벧전 1:2). 이 방법을 취하는 사람들은 결코 설명될 수 없는 신비를 "설명"하려고 할 뿐 아니라, 성경적인 근거에 반하여 설명하려고 한다.[9]

요컨대, 무분별한 정의로 성경 본문의 명백한 가르침을 부인하게 할 수는 없다.

## 2) 상호 소멸(mutual annihilation)의 승리

이런 기법도 매우 흔하다. 예를 들어, 클락 피녹(Clark Pinnock)이 편집한 『제한 없는 은혜』(Grace Unlimited)와 『하나님의 은혜와 인간의 의지』(The Grace of God and the Will of Man)라는 제목의 두 권의 책에서 이러한 기법이 발견된다. 나는 하워드 마샬(I. Howard Marshall), 그랜트 오스본(Grant R. Osborne), 그리고 그 밖의 학자들이 쓴 논문들을 생각해 보려고 한다.

오스본의 접근법은 위험하다. 왜냐하면 그의 사고 과정에 독자들이 쉽게 빠져들 수 있기 때문이다. 오스본은 예를 들어 하나님의 주권을 강조

---

[9] Paul K. Jewett, *Election and Predestination* (Grand Rapids: Eerdmans, 1985), 77은 "예정"을 설명하기 위해 "예지"를 사용하는 아르미니우스의 접근법이 옳은지 질문하면서 은연중에 이 점에 동의한다. Jewett은 이렇게 논평한다. "나는 그렇다고 본다. 우리는 그의 교리가 성경적이고 그의 주해가 건전하다고 인정할 수도 있고 그렇지 않을 수도 있다. 그러나 우리는 그의 교리가 본질적으로 말이 된다는 점과 그것이 문제를 해결한다는 점을 의심할 수 없다." 맞다. 그게 문제다.

하는 많은 본문들을 비교하고, 자기의 본문 해설이 실제로 그 본문이 말하는 것을 훼손하지 않게 하려고 매우 애를 쓴다. 그리고 나서 인간의 책임, 인간의 선택, 인간의 실패 등을 강조하는 본문으로 눈을 돌려 주해한 후, 그 본문들이 가진 의미 이상의 의미를 부여하지 않으려고 노력한다.

그가 첫 주제의 본문들의 결론을 두 번째 주제의 본문과 서로 배치시킬 때 다소 의심스러운 단계가 찾아온다. 마치 입자가 반입자와 격돌할 때처럼 일종의 상호 소멸이 발생한다. 그 결과, 비록 오스본의 논의에서는 하나님의 주권에 관한 본문들이 가장 크게 훼손되지만, 사실 둘 중의 어떤 본문들도 정말로 그 본문이 의미하는 것이라고 생각되는 진짜 의미를 담아내지 못한다.

그러나 내가 본장에서 개관한 본문들에 대한 귀납적인 연구가 옳다면, 그와 같은 더 많은 본문들은 말할 것도 없이, 이러한 결론은 **결코** 있어서는 안 된다. 이것은 인간의 책임이나 인간의 의지, 또는 인간의 자유를 하나님의 주권적인 행위와 대립시키는 또 다른 방식이다. 마치 그 두 가지가 서로 제한하는 것처럼, 아니 서로 반드시 제한해야만 하는 것처럼 말이다. 그러나 그러한 가정은 성경이 명백히 거부한다. 성경 저자들은 양립가능론자들이다.

### 3) 성급한 격자 만들기

우리는 누구나 본문으로부터 이해한 것의 격자(grids)나 본(models)을 만들게 되는데, 이 격자나 본들은 우리가 다른 본문에서 찾아내는 요소들을 해석하는 데에 도움을 준다. 그러나 이 체계들은 귀납적 과정에서 너무 일찍 세워져서는 안 된다. 또한 본문 자체로부터 언제든지 수정 가능해야 한다. 만일 이 격자가 너무 일찍 만들어지거나 너무 확고하면, 본문을 이해하고 새로운 요소들을 조직화하는데 도움이 되기보다는, 오히려 본문의 내용들 중에서 격자 사이로 통과할 수 없는 것들을 걸러 내버리게 된다.

예를 들어, KJV를 기준으로, 하나님께서 무언가를 "뉘우치신다"에 대해 말씀하는 35개 정도의 단락들을 생각해보자.

본문은 이 뉘우침의 상당 경우가 인간의 뉘우침과 전혀 다르다는 것을 보여준다. 인간은 도덕적 악을 뉘우치지만, 하나님께서는 뉘우칠만한 악을 행하지 않으시기 때문에 결코 그렇게 뉘우치지 않으신다. 이것이 바로 대부분의 현대 번역 성경들이 "후회하다," "측은히 여기다," "한탄하시다," "취소하시다" 등등의 용어를 사용하는 이유다.

하지만 그 본문들은 흥미롭다. 하나님께서는 그가 이미 취하신 행보를 "취소"하실 수 있다(창 6:6-7; 삼 15:11, 35). 하나님께서는 그가 하시기로 말씀하셨거나 이미 시작하신 일을 중보자의 기도에 대한 응답으로(출 32:12-14; 암 7:3-6) "취소"하실 수 있다(시 90:13; 106:44-45; 렘 18:7-10; 26:3, 13, 19; 욜 2:13-14; 요 3:9-10; 4:3).

다른 한편에서, 하나님께서 결코 취소하지 않으시는 문제들과 상황들도 있다(민 23:19; 삼상 15:29; 시 110:4; 렘 4:28; 15:6; 겔 24:14; 슥 8:14). 한 유명한 단락에서, 하나님께서는 그가 인간이 아니기 때문에 오히려 "취소"하신다(호 11:8-9). 즉 하나님께서 매우 긍휼히 여기시기 때문에 그의 마음에 "변화가 찾아와서," 에브라임에게 내리기로 계획하셨던 맹렬한 진노와 멸망을 시행하지 않으신다.

이 구절들이 전부가 아니다. 하나님의 "뉘우침" 또는 그가 약속한 심판을 행하지 않으시는 경우는 반복해서 나타나고, 때로는 일정한 패턴을 취하기도 한다. 즉, 심판을 받기로 약속된 사람이 죄로부터 돌아서면, 주님께서 심판을 행하지 않으신다(예. 겔 33장). 하나님께서 사울을 왕으로

택하신 것을 "뉘우치시거나," "한탄"하신 것은(삼상 15:11, 35), 이미 그의 마음에 합한 또 다른 사람을 찾으셨다고 말씀하신 이후다(삼상 13:14).

그럼에도 불구하고, 이 구절들은 복잡하게 연결된 성경 이야기의 일부다. 이 본문들은 하나님을 그의 백성들과 상호 교제하시는 인격적인 하나님으로 그려주는 큰 그림의 일부다. 그러나 바로 그렇기 때문에, 이 본문들을 초월적이고 주권적인 하나님에 대한 또 다른 진리들을 부인하는 식으로 위험하게 도용하지 않도록 각별한 주의를 기울여야 한다. 예를 들어, 테렌스 프레다임(Terence Fretheim)은 "뉘우침"에 관한 꽤 괜찮은 논문에서, 금지된 선을 넘어 다음과 같은 결론에 이른다.

> 하나님께서 뉘우치시는 하나님이라고 고백하는 것은 자신을 언제든지 뒤집을 수 있는 하나님에 대해 말하는 것이다.... 이것은 하나님께서 과거에 말씀하시고 행하신 모든 역사가, 변화된 현재를 다루기에는 충분히 적합하지 않을 수도 있다는 의미이다.[10]

이 주장은 하나님의 "역사"가 우리의 역사와 같다고 가정한다. 그리고 하나님께서 공간과 시간의 영역에 갇혀있다고 가정한다. 무엇보다도, 이 견해는 이 본문들이 하나님의 불변성, 무한한 지혜, 전지하심, 그리고 능력 등을 강조하는 다른 본문들과 어떻게 연결되는지에 관한 문제를 다루지 않는다.

또 다른 예로, "주께서는 너희를 대하여 오래 참으사 아무도 멸망하지 아니하고 다 회개하기에 이르기를 원하시느니라"(벧후 3:9)를 생각해 보라.

---

10 Terence E. Fretheim, "The Repentance of God: A Key to Evaluating Old Testament God-Talk," *Horizons in Biblical Theology* 10 (1988): 60.

이 말씀이 의미할 수 있는 네 가지 가능성은 다음과 같다.

① 하나님께서는 모든 사람이 회개에 이르기를 원하시므로, 모든 사람이 결국 구원을 얻을 것이다. 왜냐하면 아무도 주의 뜻을 꺾지 못하기 때문이다.
② 하나님께서는 모든 사람이 회개에 이르기를 원하시지만, 어떤 이유에서인지 이것을 실행하지 못하신다. 왜냐하면 어떤 사람들이 구원을 받지 않을 것이기 때문이다.
③ 하나님께서 구원받기를 원하시는 "모든 사람"은 본문의 문맥에서 볼 때 선택된 자들만 해당된다.
④ 본문은 하나님께서 온 세상을 구원하려고 하신다는 것을 보여준다. 즉, 하나님께서는 한 사람도 예외 없이 구원받기를 원하신다. 그러나 성경이 하나님의 "원하심"이나 그의 "뜻"에 대해 이 본문처럼만 말씀하는 것이 아니므로, 선택이나 자유의지에 관한 특정 견해를 지지하거나 반대하기 위해 이 본문을 사용해서는 안 된다.

보편주의자는 첫 번째 명제를 잘 받아들일 것이다. 그들은 이 본문이나 또 다른 한 두 개의 본문에 근거해서 격자를 만든 후, 어떤 사람들이 구원을 받지 **못한다**고 말하는 수많은 본문들은 배제해 버린다. 또 다른 사람은 두 번째 해석이 옳다고 가정하며 본문을 적용할 것이다.

이런 견해에서는, 하나님께서 그가 할 수 있는 모든 일을 하셨으므로, 이제는 개인의 구원이 전적으로, 그리고 배타적으로 그 개인의 "자유의지"(앞에서 정의한 바와 같이, 배타적인 절대적 힘을 수반하는 자유의지)에 달려있다. 격자가 만들어진 후, 선택을 지지하는 모든 성경 본문들은 그 격자에 의해 걸러진다. 그 결과 하나님 편에서는 어떤 실제적인 선택이 없고,

기껏해야 일종의 사전 승인이 있을 뿐이다. 그러므로 우리는 이제 세 번째와 네 번째 견해를 집중적으로 살펴보아야겠다.

사실, 성경신학자들은 성경이 하나님께서 무엇을 하고자 하신다거나 무엇을 원하신다고 말할 때, 그 언어가 각기 다른 방식으로 사용된다는 점을 이미 오래 전부터 알고 있다. 하나님께서는 종종 작정 그리고 효과적인 성취와 동일한 의미에서 무언가를 하고자 하신다.

이미 인용한 본문들에서 여러 가지 예를 찾을 수 있다. 하나님께서 하늘과 땅에서 일어나기를 원하시는 것, 그리고 하나님께서 그의 기쁘신 뜻대로 모든 것을 행하시는 것 등이다.

다른 한편에서, 성경은 하나님의 바람이라는 의미에서 하나님께서 하고자 하시는 것을 말하기도 한다. 하나님의 뜻은 우리 그리스도인들이 거룩하게 되는 것(살전 4:3)이지만, 이것이 하나님의 유효하고 작정적인 뜻에 대한 증거가 될 수 없음을 쉽게 알 수 있다. 또한 다른 구절들은 하나님의 허용에 관해 말씀한다. 예를 들어, 사탄이 욥을 괴롭히는 것을 하나님께서 허용하는 것 등이다.

마찬가지로, 하나님께서는 죄인들이 악한 길로 가는 것을 내버려 두신다(롬 1:24, 26, 28). 이 경우에 하나님께서는 그의 백성들에게 고통을 주려고 하지 않으신다(애 3:33). 즉, 하나님께서는 죄를 허용하시지만, 그렇다고 그 죄가 하나님의 바람은 아니다. 하나님께서는 노하기를 더디 하시고 긍휼이 풍성하시므로, 그의 백성들에게 고통을 주기 꺼리시는 것이다.

우리는 베드로후서 3:9 등의 본문을 대할 때 이렇게 다양한 용례들을 매우 주의 깊게 다루어야 한다. 위험을 무릅쓰고 간단히 요약하자면, 성경이 유효하거나 작정적인 의미로 하나님의 의지를 말하는 경우에, 그 언어는 하나님께서 초월하시고 주권적이심을 가정하는 것처럼 사용된다.

반면에 성경이 하나님의 바람, 즉 아직 성취되지 않은 바람이라는 의미로 하나님의 뜻을 말할 때에는, 그 언어가 하나님께서 다른 인격체들과 상호 교제하시는 인격적인 하나님이라고 가정하는 것처럼 사용된다. 그런 용어 사용에 근거해서 하나님의 주권을 부인하는 것이나, 첫 번째 용어 사용에 근거해서 인격적인 하나님을 부인하는 것은 모두 무분별하다.

마찬가지로, 성경이 하나님께서 죄를 허용하시는 것에 대해 말할 때도, 여전히 그의 주권을 배제시킬 수 없다. 하나님께서 어떠어떠한 악이 발생하는 것을 허용하시면 그것이 반드시 일어난다는 것을 아시면서도 미리 그것을 허용하시는 주권적이시고 전지하신 하나님께서는 틀림없이 악을 작정하시는 것이다.

그러나 허용이라는 언어는 이미 정의한 의미대로 하나님께서 선과 악의 배후에 비대칭적으로 서 계시다는 것을 주장하는 성경의 한 패턴에 불과하므로 매우 삼가서 사용해야 한다. 악에 대해서는 결코 하나님께 책임을 물어서는 안 된다. 항상 선에 대해서만 그 공을 하나님께 돌려야 한다. 하나님께서는 악이 발생하게 허용하신다.

그러나 성경 저자들은 하나님께서 선이 발생하게 허용하신다는 식으로 말하지는 않는다!

그러므로 초월하시고 전지하신 하나님의 손에 있는 허용이 그의 작정과 거의 다르지 않다 하더라도, 그러한 언어 사용은 하나님께서 단지 초월적일 뿐 아니라 인격적이고 전적으로 선하시다는 것을 주장하는 것의 한 부분에 불과하다. 주님께서 거짓 선지자들에게 거짓을 말하게 하시거나(겔 14:9), 하나님의 진노가 다윗을 격동해서 그가 인구조사를 하게 하시는 것(삼하 24:1) 등은, 하나님께서 악을 허용하시는 것이 악을 하나님의 주권의 영역 밖으로 밀어내는 것은 결코 아니라는 점을 가정하고 있다.

역대기 기자가 이와 똑같은 사건을 기록하면서 그 유혹을 사탄에게 돌리는 것은(대상 21:1), 역대기 기자를 포함해서 모든 성경 저자들이 양립가능론을 지지하므로, 사무엘하의 본문과 모순되는 것이 아니라 보충적인 설명을 하는 것이다. 하나님께서 강력한 미혹을 보내신다고 말할 수도 있고, 사탄이 강력한 사기꾼이라고 말할 수도 있다. 어떻게 말하느냐는 하나님의 주권적인 초월성에 초점을 맞추느냐, 아니면 제2차 행위자를 사용하시는 것에 초점을 맞추느냐에 따라 달라진다.

어떤 신학자들은, 하나님께서 어떤 의미에서 악의 "원인이 된다"고 말하는 다른 신학자들에게서 충격을 받고 그들을 호되게 비판한다. 한편에서 그들은 칭찬받아야 한다. 왜냐하면 성경은 모든 곳에서 하나님의 무궁한 선에 대해 말씀하기 때문이다. 그러나 다른 한편에서, 본장에서 인용된 본문들을 다시 살펴볼 때, 성경 저자들이 소심한 신학자들보다 더 대담하게 언어를 사용한다는 것을 인정해야 한다!

성경보다 더 "경건한" 언어를 사용한다고 해서 더 얻는 것이라곤 거의 없고, 오히려 많은 것을 잃을 수 있다. 사실 우리는 지나치게 하나님을 변호하는 나머지, 성경의 일부 자료들로만 격자를 만들고, 은혜롭게 자기를 계시하시는 하나님에 관한 말씀들을 그 격자로 걸러낸다.

그 결과, 슬프게도, 주권적이지도 않고 인격적이지도 않으며, 무능하여 실패하지도 않고 무감각하여 냉정하지도 않은 신을 만들어낸다. 그러나 우리 주 예수 그리스도의 아버지 하나님께서는 완전히 초월적이시고 열정적으로 인격적이시다. 이것들은 성경이 말씀하는 "기정사실들"인데, 우리는 목숨을 걸고 그것들을 포기한다.

## 5. 몇 가지 결론적인 단상들

① 양립가능론을 무너뜨리는 대부분의 시도들이 갖고 있는 공통적인 요소들 중의 하나는 신비를 포기하는 것이다.

이 문제는 하나님께서 어떤 식으로든지 악의 배후에 계신다고 말할 때 깔끔히 해결되는 것처럼 보인다. 그러나 성경 본문들이 그렇게 쉬운 도피처를 허락하지 않는 것은 물론이거니와, 그 결과 전혀 신비하지 않은 하나님을 만들어내고 만다. 그리고 그런 종류의 신은 잘 길들여지고, 전혀 당황스럽지 않은 신이 된다.

모든 고난이 죄의 직접적인 결과라고 말하거나, 자유의지를 배타적인 절대적 힘이라고 이해하는 것이 하나님의 무죄를 증명하는 길이라고 강조하는 어떤 신정론(theodicies)을 읽어보면, 그 저자들이 정말로 욥과 하박국을 바보로 생각하는 것인지 궁금하다. 분명히 욥과 하박국은 결코 설명될 수 없는 신비가 없음을 보고, 집으로 돌아가 편안하게 꿀잠을 잤어야 했을 것이다.

성경 본문이 말할 수 있는 것을 말하게 두어야 한다. 자기 자신을 은혜롭게 계시하시는 하나님에 대해 많은 것들을 말할 수 있지만, 그 모든 것들은 하나님을 신비로 남겨둔다.

② 이것은 필수적이다.

이보다 더 강력하게 말할 방법을 모르겠다. 교리적으로나 영적으로 하나님의 속성 안에 있는 다양한 양극성들을 동시에 강조하고 보존하는 것이 교리적으로나 영적인 건강에 매우 필수적이다.

예를 들어, 만일 당신이 하나님께서 어떤 의미에서는 악의 배후에 계시다고 명백하게 주장하는 성경 본문들을 연구하지만, 그와 동시에 하나님께서 완전히 선하신 분이라고 주장하는 수많은 성경 본문들을 마음에 두지 않는다면, 당신은 하나님을 악하고 주권적인 폭군으로 생각할 유혹에 빠질 수도 있다.

반대로, 당신이 모든 일에 미치는 하나님의 주권에 관한 모든 성경 본문들에 집중하고, 그와 동시에 기도하고 중보하고 회개하고 자신을 점검하라는 권면에 마음을 두지 않는다면, 당신은 기독교 운명론자가 되어 무분별한 스토아주의를 견고한 믿음이라고 착각하게 될 수도 있다. 이와 똑같은 교훈을 더 많은 방법으로 얻을 수 있다.

당신 자신의 왜곡된 사례를 생각해 보라.

다른 식으로 주장할 수도 있다. 나는 예전에 출판된 책에서, 하나님의 주권과 인간의 책임 사이의 긴장에 대해 길게 논의한 적이 있다.[11] 내가 몇 가지 논의를 할 수밖에 없게 만들어준 준 윌리엄 레인 크레이그(William Lane Craig)라는 저자는 그 책에 기록된 내 주해를 따라가다가 다음과 같은 논평을 덧붙인다.

> 카슨은 성경이 종종 하나님께서 하신 일과… 인간이 한 일을 구분한다는 사실을 인정한다…. 카슨은 또한 우리의 행위를 궁극적으로 하나님께 돌리는 식의 불균형이 성경에 들어 있다고 동의한다.[12]

그러나 사실, 나는 그런 것들을 "인정하지"도 않고, "동의하지도" 않는다. 즉, 나는 그것들을 주장하지 않는다. 크레이그의 저서는 매우 가치가 있다. 그러나 그는 내가 위에서 말한 긴장의 한 면만 강조하여 내 의사와 상관없

---

11 Carson, *Divine Sovereignty*.
12 William Lane Graig, *The Only Wise God: The Compatibility of Divine Foreknowledge and Human Freedom* (Grand Rapids: Baker, 1987), 47.

이 "인정"하고 "동의"하는 것처럼 보이게 하려고 그릇된 노력을 했다.

그런 식으로 내가 크레이그의 철학적 제안에 들러리가 되고 말았다!

그러나 이전의 책에서나 본장에서 내 요점은, 하나님에 관한 교리를 둘러싼 성경적 긴장의 온전함과 균형이 철저하게 지켜져야 한다는 것이다.

③ 섭리의 신비는 그것을 이성으로 무마시키려는 우리의 시도에 도전한다.

나는 섭리의 신비가 비논리적이라고 말하는 게 아니다.[13] 오히려 나는

---

13 J. I. Packer의 소책자 *Evangelism and the Sovereignty of God*이 유명해지면서 흔히 두 가지 진리를 다 말하곤 한다. 즉, 하나님께서는 완전히 주권적이시고 인간은 도덕적 책임이 있다. 이율배반이다. 그러나 이 용어에 혼동이 있어서 설명이 필요하다.
*Oxford English Dictionary*에 따르면, 이율배반[antinomy]은
(1) "한 가지 법 안에 또는 동등한 구속력이 있는 두 가지 법 사이에 있는 모순,"
(2) "모순된 법령, 규칙, 또는 원리. 즉, 권위 있는 모순," (그리고 여기에서 Jeremy Talyor가 1649년에 어떤 은혜의 표지들이 "육체의 정욕에는 직접적인 모순이다"라고 쓴 예시가 제시된다.)
(3) "동등하게 논리적, 합리적 또는 필연적으로 보이는 결론들 사이의 모순, 즉 역설 또는 지성적 모순" 등이다. Oxford English Dictionary는 마지막 정의가 Kant에게 해당한다고 본다.
Packer가 말한 의미는 이러한 정의들이 아니다. 그는 분명히 이 진리들 속에서 진짜로 (1)과 (3)의 모순을 발견하지 않는다. 또한 그는 은혜의 표지들과 육체의 정욕 사이에서 발견되는 것과 같은 대립을 이 진리들 속에서 발견하지도 않는다. Packer가 의미하는 바는, "실제로는 사실이 아닌 외견상의 모순"이다.
비록 OED는 이 단어의 정의 속에 이런 의미를 포함시키고 있지 않지만, 이 용어는 여러 철학 분파들에서 그런 의미를 갖게 되었다(Packer도 거기에서 가져왔을 것이다). Kant는 *In The Critique of Pure Reason*에서, 우리가 경험할 수 없는 일들에 시간과 공간 또는 다른 영역들을 적용할 때 발생하는 오류들을 밝히고 있다. 그것을 여기에서 다 서술할 수 없지만 대충 살펴보면, Kant는 따라서 이 용어를 사용할 때 OED가 정의하는 대로 실제 모순의 의미로 사용한다. 즉, 이율배반은 공간과 시간이 적용될 때만 발생한다는 것이다. 그러나 그는 이 영역들이 적용될 수 없다고 말하기 때문에, 이율배반은 실제적인 모순이 아니라, 다만 외형적인 모순이다. Packer가 사용한 "이율배반"의 암시적인 의미가 여기에서 나온다.
이 점에서 있어서 내가 주장하려는 한 가지는, 이율배반이 이 진리들에 적용될 때, 우리가 신비를 다루는 것이지 모순을 다루는 게 아니라는 사실을 이해해야 된다는 것이다.

우리가 그 신비를 풀고 다룰 수 있을 만큼 충분히 그것을 알지 못한다는 말을 하는 것이다. 아마도 우리의 이해력을 우상처럼 숭배하며 사는 모습을 비웃는 성경 저자들의 말씀들을 우리가 편안하게 받아들이는지 평가해 봄으로써, 우리가 한계를 안고 살아야 하는 것에 얼마나 만족하는지 판단할 수 있을 것이다.

예를 들어, 자기를 빚은 토기장이에게 어떻게 그럴 수 있느냐고 항변하는 토기를 꾸짖는 선지자의 말에 당황스러운가?(사 29:16; 45:9)

하나님의 개념에 대한 우리의 이해가 매우 커서 "여호와께서 온갖 것을 그 쓰임에 적당하게 지으셨나니 악인도 악한 날에 적당하게 하셨느니라"(잠 16:4)라는 말씀을 성경에서 지워버리고 싶은 마음 없이 오롯이 받아들일 수 있는가?

우리는 바울이 쓴 많은 진리들에 대해 소리 높여 "아멘"을 외친다.

우리는 이 말씀에도 "아멘!"할 수 있는가?

> 혹 네가 내게 말하기를 그러면 하나님께서 어찌하여 허물하시느냐 누가 그 뜻을 대적하느냐 하리니 이 사람아 네가 누구이기에 감히 하나님께 반문하느냐 지음을 받은 물건이 지은 자에게 어찌 나를 이같이 만들었느냐 말하겠느냐(롬 9:19-20).

적어도 영광을 돌리는 것 외에 다른 답변이 없다. 바울은 기꺼이 그렇게 살 준비가 되어 있을 뿐 아니라, 그 함축된 의미를 찾아낸다.

> 지음을 받은 물건이 지은 자에게 어찌 나를 이같이 만들었느냐 말하겠느냐?
>
> 토기장이가 진흙 한 덩이로 하나는 귀히 쓸 그릇을, 하나는 천히 쓸 그

> 릇을 만들 권한이 없느냐?
> 만일 하나님께서 그의 진노를 보이시고 그의 능력을 알게 하고자 하사 멸하기로 준비된 진노의 그릇을 오래 참으심으로 관용하시고 또한 영광 받기로 예비하신 바 긍휼의 그릇에 대하여 그 영광의 풍성함을 알게 하고자 하셨을지라도 무슨 말을 하리요(롬 9:20–23).

물론, 만일 바울이 하나님에 대해 말한 것이 이게 전부이고, 성경이 하나님에 대해 말하는 것이 이게 전부라면, 참기 힘들 것이다. 그러나 바울은 "그의 진노의 대상들"이 죄를 지었고, 하나님께서 거룩하시고, 하나님께서 우리를 사랑하시고, 하나님께서 자신을 우리에게 계시하신다 등등에 대해서도 말한다.

바울은 각각의 연관된 진리들이 잘 드러나게 한다. 따라서 비록 바울은 하나님께서 이 타락하고 왜곡된 세상에서 어떻게 일하시는지 또는 하나님께서 왜 처음부터 타락을 허용하셨는지 알지 못하고 알 수도 없지만, 이 딜레마로부터 빠져나오기 위해 하나님을 제 멋대로 바꾸어버리지 않는다. 바울은 마치 욥에게 말씀하시는 하나님과 같이 큰 소리로 외친다.

> 이 사람아 네가 누구이기에 감히 하나님께 반문하느냐(롬 9:20).

④ 그러나 섭리의 신비는 신자로서의 나의 삶에서 어떤 역할을 해야 하는가?

나는 다만 손을 놓고, 하나님의 신비로운 섭리를 깨닫고, 비틀거리며, 악과 고난의 속박 아래서 허우적거려야 하는가?

이것이 바로 다음 장의 주제다.

## ◆ 심화 학습을 위한 질문들 ◆

① 성경 저자들이 양립가능론을 가정하거나 가르친다는 말의 의미는 무엇인가?
② 우리는 어떻게 자유의지의 정의에 도달해야 하는가?
   당신의 정의는 무엇인가?
   왜 그런가?
③ 하나님의 주권과 인간의 책임이 밀접하게 연결된 성경 본문을 두 개 이상 선택하여 그것들을 암송하라.
   그 후에 다른 사람에게 그 본문을 설명해 보라.
④ 하나님께서 선과 악의 배후에 비대칭적으로 계신다는 말의 의미는 무엇인가?
   이것은 왜 중요한가?
⑤ 우리가 하나님에 대해 모르는 것들은 무엇인가?
⑥ 성경이 하나님의 "뜻" 또는 "바람" 등에 대해 다양한 방식으로 말하는 여러 본문들을 찾아보라.
⑦ 하나님의 속성 안에 있는 다양한 양극성들을 동시에 보존하는 것이 왜 "교리적으로나 영적인 건강에 필수적"인가?
⑧ 다음 장을 예상하면서, 당신은 섭리의 신비가 당신의 삶에서 어떤 역할을 해야 한다고 생각하는가?

## 제12장
## 섭리의 위로: 신뢰하는 법 배우기

The Comfort of Providence: Learning to Trust

어떤 것을 가리켜 신비하다고 말하는 것은 그것에 대해 아무 것도 말할 수 없다는 의미가 아니다.

그리스도인들은 두세 가지의 깊은 신비를 받아들이는 법을 배운다. 예를 들어 삼위일체의 본질이나 예수 그리스도 안에서 신성과 인성이 연합하는 방식을 배운다. 이 주제들에 관한 많은 연구가 있고 그 중 어떤 것은 분별력과 통찰력이 있다. 그 대부분은 우리가 모순이 아니라 신비를 다루고 있다는 점을 분명히 하려는 것이고, 다른 작업들은 이 신비의 어떤 면들이 기독교 교리 전체와 연결되는지를 찾아내려는 것이다.

하나님의 주권과 인간의 책임 사이의 더 큰 긴장의 본질은 섭리의 신비와 함께 한다. 또는 함께 해야 한다. 그러나 사실 이 긴장의 결과들은 우리가 살고, 기도하고, 전도를 작정하고, 고통을 생각하는 방식 등등에 즉시 영향을 주어, 우리가 이 긴장을 책임 있게 다루는 법을 익히기도 전에 우리의 신앙 성장을 다소간 방해한다.

예를 들어, 하나님의 주권을 깊이 인식하기 시작하자 그 결과로 기도 생활의 절박함이 시들어버리는 그리스도인들이 있다. 그래선 안 된다고 말하는 것만으로는 충분하지 않다. 우리는 왜 이런 일이 일어나는지 알

야야 하고 그것을 막기 위한 조치를 취해야 한다.

본장의 목적은 앞장에서 정의한 양립가능론(compatibilism), 즉 하나님의 주권과 인간의 책임 사이의 긴장이 신자의 삶에서 작용해야 하는 방식을 구체적으로 악과 고난의 문제와 연관시켜 충분히 생각하는 것이다. 그러나 악과 고난의 문제로 향하기 전에 이 긴장이 어떻게 그리스도인의 삶과 생각에 바르게 작용하는지를 잠시 숙고하는 것이 우리의 입장을 정하는 데 도움이 될 것이다.

## 1. 양립가능성의 적용: 하나님의 주권 아래서 책임 있게 살기

나는 먼저 원리를 말한 후에 그것을 두세 개의 영역에 적용하려고 한다.

성경에 기초한 하나님의 주권과 인간의 책임 또는 하나님의 주권적 초월성과 그분의 인격성 사이의 긴장을 생활과 생각의 어느 부분에 적용하려고 할 때 가장 도움이 되는 방법은 그 긴장의 각 요소가 성경에서 어떻게 기능하는지 면밀히 살피는 것이다. 이 일에 성공하면 놀랄 만큼 자유로워지지만, 실패하면 성경적 균형의 아름다움은 좀먹게 되고 기운을 빼앗는 열광주의와 파국으로 치닫는 숙명론이 생긴다.

예를 들어보아야 추상적 논의보다 더 빠르고 분명하게 원리의 작용을 알 수 있을 것이다.

## 1) 기도

하나님의 주권과 인간의 책임 사이의 긴장이 기도에 적용될 때 어떻게 사람들을 곤경에 빠뜨리는지 드러내는 것은 아주 쉽다.

예를 들어, 클락 피녹(Clark Pinnock)은 인간의 자유의지에는 배타적인 절대적 능력이 있고, 하나님의 전지하심에는 우리가 내릴 미래의 자유로운 결정들을 아는 지식이 없다고 주장한다. 그렇지 않으면 그들은 진짜 자유로운 것이 아니라고 그는 말한다. 그는 이렇게 썼다.

"만일 당신이 기도가 상황을 변화시킨다고 믿는다면 내 모든 입장은 확실해진다."[1]

만일 하나님께서 회심하지 않은 내 조카를(내 조카의 자유의지를 침해하여) 구원할 수 없을 만큼 무력하다면, 대체 왜 그의 구원을 위해 기도하라고 괴롭히시는가?

반면에 제임스 패커(J. I. Packer)에 따르면, 우리가 하나님께 이 사람 저 사람을 구해달라고 기도한다는 것은, 우리가 무릎 꿇을 때 구원하는 능력이 오직 하나님께만 있다고 정말로 생각하고 있음을 보여주는 것이다.[2] 이것은 의심의 여지가 없는 사실이지만, 대체 왜 기도가 왜 필요하냐고 묻는 반대자들의 질문은 용서를 받을 수도 있다. 왜냐하면, 하나님의 선택으로 이미 누가 구원을 받고 못 받는지 확정되었다면, 세상의 모든 기도가 하나님의 주권적 뜻을 바꾸지 못하기 때문이다.

---

1 Clark Pinnock, in *Predestination and Free Will: Four Views of Divine Sovereignty*, ed. David Basinger and Randall Basinger (Downers Grove: InterVarsity, 1986), 152.

2 J. I. Packer, *Evangelism and the Sovereignty of God* (Downers Grove: InterVarsity, 1967), 1516.

그리스도인들 중에는 중보기도가 그 길이, 열정, 강도, 분량, 높음에 비례해 성공할 것이라고 믿고, 개인의 회심이나 대규모 부흥도 구하여 얻을 수 있고, 하나님이 기꺼이 하지 않으실 일도 하나님을 졸라서 하지 않을 수 없게 만드는 것이 기도의 열쇠라고 믿는 사람들이 있다. 그런가 하면 하나님의 주권을 그분의 인격성을 훼손하면서까지 너무 높이 숭상하는 바람에 오랜 중보기도의 가치를 전혀 알지 못하는 사람들도 있다.

물론 그들은 기도해야 한다는 것을 안다. 그 점에 관해서는 성경에서 너무 명백히 다루고 있어서 놓치기가 어렵다. 그러나 "주의 뜻이 하늘에서 이루어진 것 같이 땅에서도 이루어지이다"라고 기도한 후에 이어지는 중보기도에는 구체적인 것이 거의 없다. 주권자 하나님께 드리는 중보기도에서도 그렇다. 그들은 밤새도록 기도하신 예수님의 모범을 본받기보다는, 말을 많이 해야 들으실 것이라고 생각하고 길게 기도하지 말라고 말씀하신 예수님의 명령(마 6:7)을 더 쉽게 받아들인다.

두 경우 모두에 무엇이 일어나는지 아는 것이 중요하다. 두 경우 모두 그리스도인들은 기도에 관해 성경이 하지 않는 추론을 끄집어낸다. 달리 말하자면, 그들은 하나님의 주권과 인간의 책임 사이에 있는 긴장의 한 측면 또는 다른 측면이 성경에서와는 다른 방식으로 작용하도록 내버려 둔다. 특히 그 긴장의 한쪽 다리에서 꺼낸 추론으로 다른 다리를 부수는 것을 허용한다.

한편에서는 기도가 상황을 변화시키는 결과를 낳는다고 주장한다. 따라서 미래는 하나님의 전지하심과 주권 아래 전적으로 계획될 수 없다. 하나님은 주권적일 수 없다. 또 다른 편에서는, 모든 것이 하나님의 주권적 지배 아래 있기 때문에 이미 하나님께서 미래를 아신다고 주장한다. 따라서 우리의 기도는 하나님의 뜻이 최선이라는 인식을 넘어갈 수 없다. 이룰 수 있는 것도 없고 실제로 변화시킬 수 있는 것도 없다.

하나님의 뜻은 하나님의 속성대로 이루어진다. 기도는 그저 우리의 뜻을 하나님의 뜻에 줄 세우는(맞추는) 것이다. 그렇게 되면 하나님은 인격적이지 못하게 되고, 더 이상 우리 기도에 응답할 수 없게 된다.

만일 우리가 앞에서 설명한 하나님의 주권적 초월성과 그분의 인격성 사이의 긴장이 성경에 나타난 대로 우리를 향한 하나님의 은혜로운 자기 계시의 본질이라고 인정한다면, 기도에 대한 두 접근 모두가 옳을 수 없다. 방법론적으로 두 경우 모두 같은 오류를 범한다. 즉, 하나님에 관한 성경 계시의 한 기둥에서 꺼낸 추론으로 다른 기둥을 무시하거나 제거하도록 하는 것이다. 따라서 우리가 구해야 하는 것은, 성경 기자들이 각 기둥에서 추론한 것들이다.

초월자 하나님과 인격자 하나님 사이에 있는 각 기둥이 성경 인물들의 기도에서 어떻게 기능했는가?

신자들이 이 물음에 답하려면 그 긴장의 기둥들이 성경에서와 똑같은 방식으로 자신의 기도에서 기능하도록 굳게 결심해야 한다. 달리 말하면 양립가능성은 성경의 기도에 적용된 방식 그대로 우리의 기도에 적용되어야 한다.

그런 적용점들을 충분히 종합적으로 제시하려면 너무 많은 지면이 필요할 것이다. 하지만 본서는 기도에 관한 책이 아니다. 몇 가지 예로 요점을 설명하고자 한다. 요한복음 17장에 기록된 기도에서 예수님께서 이 말씀으로 기도를 시작하셨다.

아버지여 때가 이르렀사오니(요 17:1).

요한복음에서 때는 아버지께서 정하신 예수님의 죽음과 매장과 부활과 승귀, 즉 그가 영화롭게 되는 때다. 이제 곧 십자가를 지셔야 하는 임박한 순간에 예수님께서는 영화롭게 되는 때가 이른 줄 아시고 이렇게 기도하셨다.

> 아들을 영화롭게 하사(요 17:1).

두 구절의 연관성은 우리의 목적에 있어서 중요하다. 때는 아들의 죽음과 승귀에 관한 하나님 자신의 시간이다. 그것은 하나님의 주권적 계획이다. 하지만 예수님께서는 그렇기 때문에 기도할 이유가 없다고 생각하지 않으셨다. 오히려 하나님의 주권적 계획에 맞추어 기도하셨다. 그 논리는 이것이다.

"아들을 영화롭게 하기 위해 주권적으로 정하신 때가 이르렀으사오니 아들을 영화롭게 하옵소서."

이것은 모순이 아니다. 예수님의 이름으로 기도하는 것은, 예수님의 이름이 나타내는 모든 것에 맞추어 다른 무엇보다도 기도한다는 것이다. 그것은 예수님의 뜻과 일치하는 기도다. 박해받던 교회는 "그러나 오소서, 주 예수여!"라고 부르짖었다. 그것은 예수님께서 계획하지 않은 일에 그분을 끌어들이는 것이 아니다.

첫 박해가 불어 닥친 후 교회는 기도했다(행 4:23 이하). 신자들은 하나님을 "대주재여!"(Sovereign Lord)라고 불렀다. 그러나 그들의 기도에 운명론은 들어있지 않았다. 현대적인 언어로 바꾸어본다면, 그들은 이렇게 기도한 것이다.

> 주권자이신 주여, 우리가 박해 받아야 한다면 그렇게 하소서. 당신의 뜻을 이루소서. 아멘!

오히려 그들은 박해를 주께서 당하신 고난과 반대의 일부로 여겼다. 그 고난은 성경에 예고되어 있고 주권적으로 구속 계획을 수행하시는 하나님의 손에 의해 악인들을 통해 일어난 것이다.

그래서 그들은 이렇게 기도했다.

> 주여 이제도 그들의 위협함을 굽어 보시옵고 또 종들로 하여금 담대히 하나님의 말씀을 전하게 하여 주시오며 손을 내밀어 병을 낫게 하시옵고 표적과 기사가 거룩한 종 예수의 이름으로 이루어지게 하옵소서 (행 4:29,30).

여기서 그들이 말하는 하나님은 기도를 들으시고 응답하시는 하나님이다. 그 간구에 들어있는 암묵적인 근거는, 하나님께서 주권적인 하나님이셔서 "허사를 경영"하는 "사람들"과 나라들의 책동을 비웃으신다는 것이다.

성경에서 가장 주목할 만한 기도 중 하나는 금송아지 숭배 후에 드려진 모세의 중보기도다. 여호와께서 그 나라를 쓸어버리고 모세의 후손으로 대신하여 나라를 세우겠다고 하실 때, 그의 어조는 매우 강력하다.

> 여호와께서 또 모세에게 이르시되 내가 이 백성을 보니 목이 뻣뻣한 백성이로다 그런즉 내가 하는 대로 두라 내가 그들에게 진노하여 그들을 진멸하고 너를 큰 나라가 되게 하리라(출 32:9-10).

하지만 모세는 "주님을 그냥 내버려 두지" 않을 것이다.

어찌하여 주께서 애굽에서 건져낸 사람들을 버리셔야 합니까?(출 32:12) 그 일을 모두 마치니 이제 그들을 지워버리려 하십니까?

하나님께서 이방 나라들의 웃음거리가 되기를 바라시는 겁니까?

어찌하여 애굽 사람들이 이르기를 여호와가 자기의 백성을 산에서 죽이고 지면에서 진멸하려는 악한 의도로 그들을 인도해 내었다고 말하게 하시려 합니까?

모세는 간청했다.

> 주의 맹렬한 노를 그치시고 뜻을 돌이키사 주의 백성에게 이 화를 내리지 마옵소서(출 32:12).

그리고 모세는 작정하신 뜻에 있어서 불변하시는 하나님의 신실하심에 호소했다.

> 주의 종 아브라함과 이삭과 이스라엘을 기억하소서 주께서 그들을 위하여 주를 가리켜 맹세하여 이르시기를 내가 너희의 자손을 하늘의 별처럼 많게 하고 내가 허락한 이 온 땅을 너희의 자손에게 주어 영원한 기업이 되게 하리라 하셨나이다(출 32:13).

하나님께서는 인격적이지 않을 수 없고 주권적이지 않을 수 없다. 모세는 하나님에 관한 성경 계시의 두 기둥 모두에 호소했다. 결코 하나로 다른 하나를 약화시키지 않고 상호 보완 속에서 기도했다.

그 결과는 무엇인가?

> 여호와께서 뜻을 돌이키사 말씀하신 화를 그 백성에게 내리지 아니하시니라(출 32:14).

비슷한 주제를 담고 있는 구약성경의 두세 본문을 비교해 보면, 또 다른 통찰을 얻을 수 있다. 아모스 7장에서 선지자는 주께서 여러 가지 심판을 경고하시자 이스라엘을 위해 거듭해서 탄원했다.

> 내가 이르되 주 여호와여 청하건대 사하소서 야곱이 미약하오니 어떻게 서리이까?(암 7:2)

"여호와께서 이에 대하여 뜻을 돌이키셨다"(암 7:3,6)라는 구절이 반복된다. 반대로 거짓 선지자들은 이렇게 비난을 받는다.

> 너희 선지자들이 성 무너진 곳에 올라가지도 아니하였으며 이스라엘 족속을 위하여 여호와의 날에 전쟁에서 견디게 하려고 성벽을 수축하지도 아니하였느니라(겔 13:5).

이것은 그들이 나라를 위해 하나님께 기도하지 않았다는 은유적인 표현이다. 즉 성벽을 지키는 방법으로 기도를 사용하지 않았다는 의미다(겔 13장; 22장). 기도가 하나님의 방법이었으나 거짓 선지자들은 거짓 이상과 거짓 예언을 말했다. 그래서 심판의 위협이 임한다.

> 이 땅을 위하여 성을 쌓으며 성 무너진 데를 막아서서 나로 하여금 멸하지 못하게 할 사람을 내가 그 가운데에서 찾다가 찾지 못하였으므로 내가 내 분노를 그들 위에 쏟으며 내 진노의 불로 멸하여 그들 행위대로 그들 머리에 보응하였느니라 주 여호와의 말씀이니라(겔 22:30-21, 굵은 고딕 강조 추가).

매우 놀랍다!

하나님께서는 중보로 기도할 신자들을 찾으신다. 하나님께서는 그렇게 간구할 것을 기대하신다. 하나님께서 기도를 그분의 백성을 보존하시는 수단으로 보신다는 말은 부적절하긴 해도 사실이다. 하나님께서 친히 하신 언약의 약속들과 그분의 주권을 밝히고 있는 많은 구약 본문들의 빛 안에서 보면, 하나님께서 성 무너진 곳에 선 사람을 찾지 못한다고 해서 절망하여 낙심하는 일은 결코 없을 것이다. 왜냐하면 하나님께서 그의 백성을 구원하시기로 결정하시면 사람들이 기대한 것 이상의 다른 것으로부터 구원이 오도록 하실 수 있기 때문이다(에 4:14).

모든 선행 뒤에 있는 하나님의 근원성(ultimacy), 사람들의 마음에서 역사하시는 성령, 그리고 크고 작은 만물에 대한 그의 통치 등의 더 넓은 범주에서 이 문제를 판단해 보면, 기도의 책임은 여전히 하나님 백성들에게 무겁게 놓여 있기는 해도, 그들이 실제로 기도하는 것은 이미 하나님의 은혜의 표시이다. 왜냐하면 기도 자체가 하나님의 주권을 벗어나지 않기 때문이다.

하지만 기도는 인격적인 하나님께 드리는 것이므로 무의미한 독송이 아니다. 그러므로 하나님께서 "성 무너진 데"를 막고 서서 기도하는 사람을 찾지 못하신다면, 기도해야 하는 자들이 기도에 실패한 것이고, 그들이 그 실패에 대해 도덕적 책임을 져야 하는 것이며, 또한 하나님께서 오래전부터 경고하신 심판을 내리기로 결정하셨기 때문에 그들의 삶에서 은혜의 역사를 거두신 것이라고 말할 수 있을 것이다. 따라서 하나님의 주권과 하나님의 인격은, 바르게 적용될 때, 기도의 동기가 된다.

## 2) 전도(Evangelism)

복음을 값없이 전하면, 많은 현대 지성들에게 인간은 매우 자유로운 반면 하나님은 의존적이라는 생각을 주게 되고, 따라서 선택에 관한 성경의 가르침이 부인되거나, 또는 앞 장에서 논의한 대로 "예지"에 관한 그릇된 이해로 잘못 설명되는 결과가 생긴다. 다른 이들의 경우에는, 하나님께서 어떤 사람들을 영생에 이르도록 주권적으로 선택하셨다는 성경의 주장을 믿자마자 곧 복음전도의 열정이 그들에게서 사라져버린다.

사람들이 하나님을 가까이 하려고 하면, 내가 무엇을 하든지 상관없이 그들이 하나님과 친밀해진다는 것이다. 또는, 그런 식으로 생각하는 사람은 거의 없다 해도, 잃어버린 자를 보고 너무 힘들어할 이유가 없다는 이상한 감정에 빠지게 된다. 이런 태도를 보이면, 당연히 반대편의 열혈 전도자들의 모든 편견을 더 강화시킨다. 그들은 말한다.

"보라, 당신이 하나님의 선택의 확실성을 믿기 시작하자마자 복음전도의 마음이 식어버렸다."

문제는 성경 진리가 성경적 방법으로 기능하지 못한다는 것이다. 성경의 참된 가르침으로부터 꺼낸 추론들이, 성경이 어디서나 명백히 말하는 것을 부인하는데 사용된다. 다시 한 번, 해법은 성경 교리가 우리의 삶과 사고에서 성경적인 방식으로 기능하도록 하는 것이다.

하나님의 선택과 그리스도를 믿으라는 자유로운 초대를 동시에 말씀하는 성경의 몇 가지 실례를 드는 것 이상으로 본장에서 다루기는 어렵다. 우리는 이미 사도행전 18:9-10에서 선택이 전도의 방해 요소가 아니라 동기로 작용한 것을 보았다. 하나님께서 "그의 백성을" 그 밖에 두셨다면, 그리스도인에게 합당한 일은 복음전도에 참여하는 것이다. 왜냐하면 그것이 하나님을 대적하는 일이 아니라 하나님과 함께 일하는 것이기 때문이다.

더욱이, 하나님께서 그의 백성을 저 밖에 두셨다면, 바울은 그 결과를 확신한다. 그가 능력 있는 전도자이기 때문이 아니라 하나님의 백성이 적절한 때에 그에게로 나올 것이기 때문이다. 내가 아는 여러 선교사들은 아주 어려운 상황에서 조용히 사역한다. 인간적 관점에서 보면 완전히 보상 없는 일을 열심히 밀고 나간다. 왜냐하면 하나님께서 그의 선한 때에 그의 백성을 그에게로 이끄실 것이라는 사실을 확신하고 있기 때문이다.

역사적으로, 성경이 분명히 말하는 선택을 굳게 믿는 것과 복음전도의 열망이 식는 것 사이에는 필연적인 연관성이 없다. 조지 휫필드(George Whitefield)와 하웰 해리스(Howell Harris) 또는 초기 영국의 선교사들과 지난 세기 남침례교 지도자들을 생각해보면 된다.

선택 교리의 또 다른 기능은 인간의 교만을 감퇴시키는 것이다. 많은 본문을 볼 때 이것은 사실이다. 예를 들어 요한복음 6장 끝에서, 많은 사람들이 예수님을 떠나자 예수님께서 제자들에게 그들도 떠날 것인지 물으셨다. 시몬 베드로가 허세를 부리며 답했다.

> 주여 영생의 말씀이 주께 있사오니 우리가 누구에게로 가오리이까 우리가 주는 하나님의 거룩하신 자이신 줄 믿고 알았사옵나이다(요 6:68-69).

이런 주장에 맞서, 예수님께서는 그 때를 기회삼아 온화하게 수사적인 질문을 던지신다.

> 내가 너희 열둘을 택하지 아니하였느냐 그러나 너희 중의 한 사람은 마귀니라(요 6:70).

따라서 예수님께서는 선택의 주도권이 예수님 자신에게 있으며, 따라서 베드로가 결코 열두 제자 모두를 대신해 말할 수 없다고 베드로에게 알려주시는 것이다. 한 사람은 배신자로 드러날 것이다. 심지어 이것조차 예수님의 지식과 주권을 벗어나지 않는다. 즉, 예수님께서 친히 열둘을 택하셨지만, 그 중의 한 명이 배신할 것도 아셨다.

어떤 선택은 영생보다 못할 수 있다!

로마서 9장에서, 선택은 다시 은혜의 자유와 연결된다.

> 내가 긍휼히 여길 자를 긍휼히 여기고 불쌍히 여길 자를 불쌍히 여기리라(롬 9:15).

하지만 이것은 구원의 은혜가 강요된다는 말이 아니다. 회심 후보자가 억지로 끌려가서 걷어차이고 비명을 지르다 신앙고백을 한다면 그것은 전혀 인격적인 믿음이 아니다.

> 사람이 **마음으로 믿어** 의에 이르고 **입으로 시인하여** 구원에 이르느니라(롬 10:10, 굵은 고딕 강조 추가).

어떤 때는 우리의 찬송이 산문보다 이 긴장을 더 잘 보여준다.

> 내가 주를 찾았으나 후에 나는 알았네
> 그가 내 마음을 움직여 그를 찾게 하셨네
> 나를 찾다 찾은 것은 내가 아니네 오 진실하신 구주여
> 아니, 주가 나를 찾았네

> 당신이 손 내밀어 내 손을 잡으시니
> 나는 걷다가 폭풍 이는 바에 침몰치 않네
> 내가 주를 잡은 것은 대단치 않으니
> 나를 붙드소서 귀하신 주여
>
> 나는 찾고 걷고 사랑하네 오 전부이신 분만을
> 주께 드릴 내 대답은 사랑뿐이네
> 주는 예전부터 내 영혼과 함께 하셨네
> 주는 항상 나를 사랑하셨네

어떤 경우에는, 순종적인 들음을 강조하는 것이 비난과 책임을 지우는 데 이용된다. 바울은 말한다.

> 믿음은 들음에서 나며 들음은 그리스도의 말씀으로 말미암았느니라
> (롬 10:17).

하지만 이것이 바울의 생각 속에서 하나님의 선택을 약화시키는 것으로 작용하지 않는다. 오히려 이것은 듣고도 믿지 않는 이스라엘 민족을 꾸짖는 기능을 한다(롬 10:18 이하).

"그런즉 그들이 믿지 아니하는 이를 어찌 부르리요 듣지도 못한 이를 어찌 믿으리요 전파하는 자가 없이 어찌 들으리요 보내심을 받지 아니하였으면 어찌 전파하리요"(롬 10:14-15)라는 도전은 바울의 사역을 정당화해줄 뿐만 아니라, 로마서의 흐름으로 볼 때, 이 서신의 독자들이 사도가 계획한 스페인 선교여행 후원을 지원할 수 있게 준비시키기도 한다(롬 15:24 이하).

더 많은 말을 할 수 있겠지만 요점은 충분히 단순하다. 이 신비의 기둥들이 성경에서 기능하는 것처럼만 기능할 수 있도록 주의를 기울인다면, 성경의 날실과 씨실이 되는 신비, 곧 하나님의 속성에 관한 성경 계시의 신비를 엉망으로 만들지는 않을 것 같다.

### 3) 다른 사례들

제11장에서 나는 다른 예들을 조사하지 않고 간략히 개요만 말했다. 본장에서도 다른 예들을 조사할 여유는 없지만 그것들을 언급할 가치는 있을 것이다.

요한복음에서 예수님께서는, 성경에 그렇게 표현되었든지 또는 예수님의 내적 인식에서도 그렇든지 간에, 그의 사역과 죽음과 승귀가 성부의 뜻에 의해 결정된 분이심과 동시에, 성부께 자발적으로 순종하신 분이다.

그러므로 예수님의 순종은 우리가 하나님의 주권 주장에 어떻게 반응해야만 하는지를 보여주는 모델이 된다. 사실, 아들의 의존과 순종이 완전하므로, 바로 그 의존과 순종 안에서 아버지의 뜻이 전달되고 그의 주권이 확장된다(요 5:19 이하).

무엇보다도, 예수 그리스도의 십자가에서 이 신비의 모든 요소들이 합쳐진다. 십자가는 바로 하나님의 주권적 계획이었다. 그리고 하나님의 주권은 구약 예언에 미리 모형화된 많은 세부사항들에 미칠 뿐 아니라, 예수님의 처형을 모의한 인간 대리자들의 사악한 음모에까지 미친다. 그러나 예수님께서는 자발적으로 십자가를 지셨다. 예수님께서는 아버지께 순종하기로 선택하셨다. 그는 기도하셨다.

> 나의 원대로 하지 마시옵고 아버지의 원대로 하시옵소서!(막 14:36)

비록 예수님께서 하나님의 구속의 뜻이 십자가에서 성취되지 않을 수 있다는 생각을 하신 것은 결코 아니지만, 그 기도는 반드시 필요했다.

여기에서 가장 혐오스런 악이 분출하고, 또한 여기서 하나님의 사랑이 최고로 표출된다. 여기에 비열하고 잔인한 불의가 있고, 또 여기에서 죄인들을 의롭다 하시는 하나님의 공의가 나타난다. 여기에서 성자는 순종에 관한 절정의 교훈을 배우시고, 또한 여기에서 어둠의 권세가 때를 만난다.

각각의 경우에서, 우리는 모순과 역설을 안고 살아가는 법을 배웠다. 우리는 전혀 이치에 맞지 않는 십자가 때문에 단순히 하나님이 주권적이시라는 것을 인정해야 한다는 것을 알게 되었다. 또한 인간은 반역적이고 도덕적으로 책임이 있다는 것을 알게 되었다. 그리고 하나님의 사랑과 공의가 나타났고 그리스도께서 자발적으로 죽으셨다는 것도 알게 되었다. 우리가 이 진리들 중 하나라도 잊는다면 십자가의 중요성은 무너지고 우리는 길을 잃는다.

## 2. 신뢰하는 법을 배우기

또한 우리는 "기정사실인" 양립가능론을 다루는 법을 배워야 한다. 즉, 하나님께서는 주권적이시고, 우리에게는 책임이 있다. 그리고 이 두 진리는 성경에 설명된 대로 어느 쪽도 서로를 상대화하지 않는다. 우리는 양립가능론의 "기정사실들"에 "우리를 사랑하시는 하나님의 실패 없는 선하심"이라는 "기정사실"을 덧붙인다. 그러나 악과 고통이 존재한다. 타락도 발생했다.

이 조각들을 어떻게 함께 주장할 수 있을까?

우리가 결코 해서는 안 되는 일은, 다른 증거들과 모순되는 일부 증거를 가지고 추론하는 것이다. 악의 존재는 성경에서 하나님의 선하심을 부인히는 구실이 되지 않는디. 히니님께서 절대적으로 주권적이시지만, 선과 악의 배후에 있는 그분의 근원성이 완전히 대칭하도록 작용하지는 않는다. 또한 악의 존재가 하나님의 주권이나 언약 백성을 향한 하나님의 인격적 애정을 부인하는 방식으로 기능하지도 않는다.

"기정사실들"이 타협 불가능한 것임을 받아들이고, 하나님의 신비가 어디에 있는지 보기 위해 최선을 다한 후에(사실 그것은 하나님의 본질적인 속성과 관련이 있다), 우리는 성경 진리가 성경에서와 똑같은 방식으로 우리 삶에서 작용하게 해야 한다. 그렇게 할 때, 우리는 하나의 진리를 주장하면서 또 다른 진리를 은연중에 부인하는 것을 피할 수 있을 것이다. 우리는 안정적으로 성장할 것이다. 무엇보다 하나님을 더 잘 알게 될 것이다.

하나님께서 우리 같은 반역자들에게 은혜 안에서 자신을 나타내시고, 우리의 죄책을 가져가시고, 우리의 고통에 동참하시고, 우리가 견디지 못할 유혹을 당하지 않도록 주권적으로 지키시는 분이다. 하나님을 더 알수록 우리는 그분을 신뢰하는 법을 배우게 될 것이다. 그리고 그분을 신뢰함으로 안식을 얻을 것이다.

다음으로, 나는 성경 저자들이 하나님의 주권 아래 악과 고통이 일어나는 것을 목격했을 때, 그들의 마음에서 하나님의 주권이 작용한 방식을 분명하게 또는 완곡하게 보여주는 원리와 사례를 섞어 제시할 것이다. 어떤 점에서 보면, 당신이 읽고 있는 본서의 대부분은 이 주제를 다루고 있다. 반복을 피하기 위해 아직 깊이 다루지 않은 구절들과 강조들에 초점을 맞출 것이다.

첫째, 하나님의 주권은 어떤 일들이 통제 불능이 되지 않는다는 것을 보증하는 역할을 한다.

하나님의 주권은 그분의 사랑과 결합하여 그리스도인에게 다음과 같이 확신을 준다.

우리가 알거니와 하나님을 사랑하는 자 곧 그의 뜻대로 부르심을 입은 자들에게는 모든 것이 합력하여 **선을 이루느니라**(롬 8:28, 굵은 고딕 강조 추가).

이것은 고통이 극심한 불확실성과 결합될 때 특히 중요하다. 참전한 남편으로부터 연락이 끊긴 한 젊은 어머니가 전선에서 남편이 실종되었다는 소식을 듣는다. 그녀가 고통스러워하는 것은 상실과 두려움과 외로움 때문만이 아니라 그녀를 괴롭히는 불확실함 때문이기도 하다.

바로 그때 누가 그녀를 찾아와 로마서 8:28을 입심 좋게 인용한다면, 그것은 견딜 수 없이 어리석은, 심지어 잔인한 일이 될 것이다. 성경 본문이 틀렸기 때문이 아니라, 그렇게 성급하게 성경을 인용하게 되면, 여인의 아픔의 깊이를 모르는 사람이 경솔하게 지껄인 상투적인 말로 받아들여질 것이기 때문이다.

그런 목회적 물음은 다음 장에서 간략히 말할 것이다. 다만, 사실은 이 젊은 여성 스스로 로마서 8:28을 깨닫고 안식할 필요가 있다는 것이다. 그렇다고 해서 그녀의 불확실성이 사라지지는 않을 것이다. 그러나 그 불확실성은 적당히 줄어들 것이며 그녀가 아는 하나님의 손 아래로 들어가게 될 것이다. 미래를 모를 수도 있지만, 미래를 주관하시는 하나님을 알게 된다.

우리의 제한된 관점으로 보면, 많은 비극을 결정짓는 많은 사고들이 있다. 반면에 믿음의 눈으로 보면, 결국 사고들이 아니라 사건들이다. 이

점과 관련해 바울은 하나님께서 우리의 선을 위해 일하신다고 장담한다. 하나님의 제한 없는 능력과 실패 없는 선하심과 함께 모르는 길을 걷는 것이 아는 길보다 안전하다.

둘째, 우리는 우리를 위해 그분의 뜻을 이루시는 하나님의 시간 척도가 끊임없이 현재에 몰두하는 우리의 초점보다 훨씬 더 크다는 것을 성경으로부터 반복적으로 배운다.

아기들은 "지금 당장!"하고 울부짖으며 부모를 졸라댄다. 하나님의 관점에서 보면 다 자란 우리도 크게 다를 것이 없다. 나오미와 그 남편은 기근 때문에 고향을 버렸다. 몇 해가 지나, 나오미는 남편과 두 아들을 잃었다. 필요를 채워주는 남편이 삶의 안전장치였던 시대에, 여자 혼자 사는 것은 불안정한 것이다. 나오미가 며느리 중 하나와 함께 고향을 돌아올 때 쏟아낸 불평이 조금 놀랍다.

> 나를 나오미라 부르지 말고 나를 마라라 부르라 이는 전능자가 나를 심히 괴롭게 하셨음이니라 내가 풍족하게 나갔더니 여호와께서 내게 비어 돌아오게 하셨느니라 여호와께서 나를 징벌하셨고 전능자가 나를 괴롭게 하셨거늘 너희가 어찌 나를 나오미라 부르느냐(룻 1:20-21).

보아스가 룻에게 관심을 보여서 일이 잘 되어가자 나오미가 외친다.

> 그가 여호와로부터 복 받기를 원하노라 그가 살아 있는 자와 죽은 자에게 은혜 베풀기를 그치지 아니하도다[3] 그 사람은 우리와 가까우니 우리

---

[3] 나오미는 십중팔구 남편과 두 아들을 생각하고 있다. 만약 한 친족이 룻과 결혼하면 그

기업을 무를 자 중의 하나이니라(룻 2:20).

보아스가 룻과 결혼하여 하나가 되었을 때, 룻이 아들을 잉태하고 출산하게 하신 분은 하나님이시다. 여인들이 나오미에게 말한다.

찬송할지로다 여호와께서 오늘 네게 기업 무를 자가 없게 하지 아니하셨도다 이 아이의 이름이 이스라엘 중에 유명하게 되기를 원하노라 이는 네 생명의 회복자이며 네 노년의 봉양자라 곧 너를 사랑하며 일곱 아들보다 귀한 네 며느리가 낳은 자로다(룻 4:14-15).

이것은 행복하게 끝나는 매우 흥미로운 사랑 이야기다. 이 이야기 속에서 하나님은 장면 뒤에서 일하시는 것 같다. 하지만 성경 저자는 나오미가 아는 것 그 이상을 알고 있다. 그가 해설한다.

그의 이웃 여인들이 그에게 이름을 지어 주되 나오미에게 아들이 태어났다 하여 그의 이름을 오벳이라 하였는데 그는 다윗의 아버지인 이새의 아버지였더라(룻 4:17).

성경 저자는 족보 설명으로 이야기를 끝낸다.

나오미는 그녀가 메시아 예수의 조상이 되리라고는 전혀 몰랐다. 그녀는 수없이 많은 유대인들과 그리스도인들이 천년 동안 함께 읽을 성경에 기록된 어떤 전망도 아마 누리지 못했을 것이다. 나오미의 시간 척도

---

들에게 아이들이 생길 것이고, 그 아이들은 가계도에서 상속자와 후계자로 포함될 것이다. 유업은 그 같은 방식으로 상속된다.

는 너무 작았다. 나오미를 비난하는 게 아니다. 성경에는 하나님의 목적을 행하시는 시간 척도가 우리가 상상하는 것보다 훨씬 더 큰 사례들이 많이 있다.

아마도 당신이나 내가 고난을 견디는 방식은, 누군가가 회심을 하고 그에 따라 하나님을 경외함으로 가족을 양육함으로써 그의 외손자가 다음 세대의 휫필드나 스펄전 또는 케리나 윌버포스가 되게 하는 수단이 될 수도 있다. 살다 보면, 성경을 읽다가 문득, 우리가 깊은 고통의 상황에서 행한 신실한 작은 일들을 하나님께서 축복하시고 사용하셔서 우리가 구할 수도 없었고 그것을 위해 기꺼이 고난도 받을 그런 복을 낳게 하신다는 것을 깨닫는 때가 온다.

궁극적인 "시간표"는 내가 그것을 아무리 늘린다 해도 새 하늘과 새 땅에서 끝이 난다. 하나님께서는 그 백성을 천국을 향해 준비시키고 계신다. 기본적인 진리가 모든 것을 "해결한다"라고 말하려는 게 아니다. 하지만 종말론적인 관점(제8장을 보라)은 만물에 대한 우리의 평가를 확실히 변화시킨다.

셋째, 만일 하나님께서 성경의 하나님이라면, 그분께는 뜻밖의 일도 없고 극복하기 어려운 문제도 없다.

성경에서 진리는 운명론을 낳기는커녕 믿음과 확신을 낳는다. 진리는 우리에게 신뢰하는 법을 가르친다. 또한 진리는 우리에게 히브리서 11장을 읽고 다시 읽도록 가르친다.

전능하신 하나님께 어려움의 정도라는 것이 있을 수 없고, 뜻밖의 실패도 있을 수 없다. 엘리야는 갈멜산에서 바알 선지자들과 벌인 영광스런 대결이 그가 기대했던 개혁으로 이어지지 않자 광야로 도망쳐 죽기를 구했다. 그는 악한 여왕을 피해 달아났다(왕상 19장). 그의 기대는 무너졌고, 이것은 침체가 잦아지는 원인이 되었다.

하나님은 그렇지 않으셨다. 하나님께서는 때때로 강력한 힘의 대결과 능력과 극적인 폭풍을 통해서가 아니라 우상에게 무릎 꿇지 않은 칠천 명이 예비되어 있다는 낮고 작은 소리를 통해 일하신다. 하나님은 이것을 엘리야에게 가르치셨다.

많은 정신적 고통은 거짓된 기대와 묶여 있다. 우리의 믿음과 소망과 미래를 새 직장과 승진과 성공과 번영과 연결시킨다면, 그것들이 실현되지 않을 때 우리도 완전히 망가진다. 그러나 오직 하나님을 믿는 고요한 확신은 "변화하는 삶의 모든 현장" 가운데서 안정과 기쁨을 낳는다.

넷째, 현대에 종종 소리 없이 일고 있는 하나님에 대한 관점은, 하나님께서 큰 사건들, 즉 중요한 전환점들만 주관하신다는 것이다. 따라서 그 이상의 사건들도 주관하시는지는 불분명하다는 것이다.

예수님께서는 산상 설교에서 정반대의 말씀을 하셨다(마 6장). 예수님께서는 하늘 아버지께서 주권적으로 참새와 꽃을 돌보시는 것이 당연하다고 생각하신다. 그리고 작은 것에서 큰 것으로 이야기를 옮겨가신다.

만일 하나님께서 심지어 영원하고 우주적인 것에 비해 아주 작은 이런 것들도 돌보신다면, 그의 형상으로 지으신 우리에게 모든 필요를 공급하신다고 믿지 못하겠는가?

슬픈 사실은, 과학이 많은 사람에게 "틈새의 신 이론"(God-of-the-gaps theory) 같은 견해를 받아들이도록 가르친다는 것이다. 이 견해에 따르면 하나님은 만물이 움직이게 하시고 그가 친히 두신 법칙에 따라 돌아가게 하신다. 하지만 하나님은 매번 잠깐만 개입하신다는 것이다. 그분이 실제로 무언가를 하시기도 하는데, 우리는 그것을 기적이라 부른다.

당연히 이것은 성경적으로 허튼소리다. 나는 하나님께서 세상을 창조하시고 질서를 두셨다는 사실을 부인하지 않는다. 하지만 하나님의 주권에 대한 성경적 관점은, 바로 지금도 모든 순간에 하나님께서 우주를 유지하신다는 것이다.

실제로, 하나님께서는 지금도 "그의 능력의 말씀으로 만물을 붙드시는"(히 1:3) 그 아들을 통해 그분의 주권이 미치는 무한한 영역의 모든 것을 조정하신다(고전 15:25).

기적이란 하나님께서 변화를 위해 하시는 일이 아니다. 그것은 일상으로부터 하시는 일이다. 하나님께서 우주를 항상 정상적으로 운영하시기 때문에 과학이 가능하다. 또한 하나님께서 항상 그렇게 하시지 않기 때문에 과학이 겸손해진다. 무엇보다 하나님의 주권에 관한 이런 관점은 예수님처럼 우리도 우리를 둘러싼 세상을 관찰하여 위로와 믿음을 얻어야 한다는 것을 의미한다.

다섯째, 하나님께서는 기도에 응답하시는 인격적인 하나님이다.

이것은 시편의 큰 가르침 중 하나이고 바울이 드린 기도의 큰 전제 중 하나다. 우리는 다윗에게서 많은 실례를 보았다. 그는 질병과 원수와 패배와 비극과 죄책으로 시달렸고, 또한 주께 돌아가 그의 얼굴을 숨기지 않으시는 하나님께 간청했다.

이 사실은 단순한 지적 논쟁을 넘어선다. 불신자들은 분명 내 말을 이해하지 못할 것이다.

바울을 생각해보라.

그는 육체의 가시를(그것이 무엇이든) 제거해 달라고 세 번 기도했다. 나는 어려서 하나님이 보통 세 가지로 응답하신다고 배웠다.

그래, 안 된다, 기다려라(yes, no, and wait).

매우 안전한 논리다. 즉, 하나님께서는 어떤 대답을 하시든지 잃을 게 없으시다. 하지만 그것은 바울에게 주신 응답이 아니다. 하나님의 응답은 이것이다.

> 내 은혜가 네게 족하도다 이는 내 능력이 약한 데서 온전하여짐이라 (고후 12:9).

결국 바울은 이 응답을 그저 견디며 살지 않았다. 그는 그 속에서 기뻐했다. 바울은 그리스도를 죽은 자 가운데서 다시 살리신 그 능력을 자기의 삶과 사역에서 체험하고 있다고 외친다(빌 3:10). 그는 그 비밀을 배웠다. 즉, 그가 약할 때 하나님의 능력이 그의 삶 속에서 완전하게 된다는 것을 배웠다.

> 그러므로 도리어 크게 기뻐함으로 나의 여러 약한 것들에 대하여 자랑하리니 이는 그리스도의 능력이 내게 머물게 하려 함이라(고후 12:9b).

육체의 가시는 그를 겸손하게 했다(고후 12:7).
바울은 이것을 하나의 원리로 삼아 결정적으로 중요하게 생각했다.

> 그러므로 내가 그리스도를 위하여 약한 것들과 능욕과 궁핍과 박해와 곤고를 기뻐하노니 이는 내가 약한 그 때에 강함이라(고후 12:10).

이것은 고난 중에 가까이 오신 하나님을 기뻐했던 다윗의 사건에 비견되는 신약의 말씀이다.

마음으로 누리는 평강의 정도는 기도생활에 달렸다(빌 4:6-7). 기도가 마음을 진정시키기 때문이 아니다. 그것은 우리가 대답하시는 하나님,

인격적이신 하나님, 응답하시는 하나님, 그리고 삶의 혼란에도 불구하고 신뢰할 수 있는 주권자 하나님께 기도하기 때문이다.

하나님께서 이런 저런 경우에 고통을 없애 주시지 않거나 악을 완전히 제거하지 않으신다 해도, 그가 은혜와 능력을 베푸신다는 사실을 우리는 머지않아 배우게 된다. 그 결과는 찬양이다. 그리고 물론 그 찬양은 연인들이 서로 칭찬을 주고받는 것과 꼭 같은 방식으로 매우 즐겁다.

나는 말기 질환으로 심한 고통을 겪는 성도들을 참으로 많이 방문하지만, 그 때마다 이미 하나님의 임재를 느끼며 살고 있는 신자들 앞에서 유익을 얻는 것은 바로 나라는 생각을 하며 집으로 돌아온다. 임종을 앞둔 내 친구이자 동료인 콜린 헤머(Colin Hemer)는 거의 다 끝낸 원고 뭉치를 두고 웃으며 이런 농담을 했다.

"색인 편집을 다른 이가 해준다는 건 큰 복이네."

의식이 오락가락하는 마지막 서른여섯 시간여 동안 그가 아는 여러 언어를 동원해서 은혜라는 말을 말했다. 그가 마지막으로 시종일관 했던 말은 하나님께서 영광 중에 그를 위해 하실 일에 대한 기대를 차분히 담아내는 것이었다.

분명한 것은, 많은 그리스도인들이 비참한 처지에 있을 때 비로소 하나님의 은혜를 가장 깊이 들이키고, 그분의 임재를 기뻐하며, 고난을 비롯해서 하나님의 주권에 대해 높아진 인식을 주는 것이라면 무엇이든지 자랑한다는 사실이다.

아우구스투스 토플레디(Augustus Toplady, 1740-1778)의 찬송 중에 완전한 성경적 균형을 훌륭하게 포착한 곡이 있다. 이 곡은 하나님 안에 얼마나 다양한 기둥들이 있는지 보여준다. 하나님은 우리에게 자신을 계시하셔서 위로를 얻게 하신다.

주권적인 보호자가 내게 있네.
보이지 않으나 항상 곁에 계시네.
변함없이 신실하게 구원하시고
전능하사 다스리고 명하시네.
그가 웃으시니 나의 위로가 넘치고
그의 은혜가 이슬처럼 내리네.
구원의 벽이 나를 두르고
영혼을 지키시기를 기뻐하시네.

창조의 왕, 내 소망의 이유
당신만이 나의 왕이 되시네.
내 기쁜 에벤에셀이 세워졌고
지금까지 나를 도우셨네.
지나간 날들을 생각하니
주께서 날 지키셨네.
끝까지 놓지 않으시리니
죄인이 너무나 사랑을 받네.

기도를 불어 넣으시고 들으시는 분
당신은 목자요, 당신은 보호자
내 모든 것을 언약 안에서 돌보시니
나는 경계를 그치고 잠을 이루네.
주께서 나의 방패와 태양이시면
밤이라도 내게 어둡지 않네.
내 날들은 빠르게 굴러
나를 당신께 가까이 데려가네.

하나님은 우리의 방패시고 우리의 지극히 큰 상급이시다(창 15:1).

여섯째, 어떤 의미에서는 성경 전체가 본장의 재료다.

처음부터 끝까지 성경은 우리에게 신뢰와 순종을 가르치는 데 관여한다. 따라서 성경 계시의 상당 부분의 목표는 우리를 철저히 이해시키는 것이 아니라, 다른 데에 있다. 의심할 바 없이, 하나님께서는 이미 말씀하신 것 이상으로 우리에게 말씀할 수 있으셨다. 의심할 바 없이 우리는 새 하늘과 새 땅에서 더 많은 것을 알게 될 것이다. 그러나 우리는 너무나 자기중심적이어서 하나님에 관한 넘치는 지식은 우리 스스로 신이 되려고 하는 욕망과 영합하고 만다.

요컨대, 하나님께서는 우리 물음에 답하시는 것보다 우리의 충성을 지키시고, 우리의 믿음을 붙드시고, 거룩한 열망을 기르시는데 관심이 있으시다. 영적 성숙의 핵심은 이 명백한 진리와 밀접한 관련이 있다. 하나님에 관한 계시는 많지만, 단지 이론적이고 지적인 수준에서 답을 찾을 수 없는 신비들은 남아 있다.

우리는 하나님께서 그분의 영광을 맛보라고 우리에게 주신 지성을 사용하여 그 신비의 언저리라도 조금 더 탐사해야 한다. 하지만 결국 그리스도인은 하나님에 대한 질문들에 대해 박식하고 오만한 설명을 함으로써가 아니라, 하나님을 경애하고 예배함으로써 해답을 찾는다.

유사한 방식으로, 우리는 하나님께서 악과 고통에 관해 많은 것을 말씀하신다고 결론을 내린다. 그러나 단지 이론적이고 지적인 수준으로는 남겨진 신비에 대한 답을 찾지 못할 것이다. 우리는 성경을 통해 생각하라고 주신 지성을 사용하면서, 그리고 하나님의 양극성이 성경에서처럼 우리 삶에서도 작용하는지 확인하려고 애쓰면서, 신비의 언저리를 조금이나마 탐구할 수 있다.

그러나 궁극적으로 그리스도인들이 악에 관한 여러 물음들에 대해 해답을 찾는 방법은 오만한 설명으로 악을 해명하는 게 아니라, 세상과 그들 자신 속에 있는 악과 싸우고, 악에 대항하는 것이다. 그리스도인들은 비통함, 자기연민, 하나님께 대한 분노, 또는 진부한 상투어와 신앙적인 말투 등에서 쉴 곳을 찾지 못한다. 그들은 인내와 오래 참음, 그리고 고난당하시고 악과 싸워 승리하신 하나님께 대한 믿음 안에서 고통스러운 물음들에 대한 해답을 찾는다. 능하시고 선하신 하나님께서는 그분을 신뢰하는 자들을 결코 실망시키지 않으실 것이다.

### ◆ 심화 학습을 위한 질문들 ◆

① 본장에서 배운 주된 교훈은 무엇인가?
② 기도(그리고 선택이나 악)에 관한 추론들 가운데 성경이 하나님의 주권으로부터 이끌어내지 않는 것은 무엇인가?
③ 하나님께서 인격적이지 않으시다면 우리가 기도하는 방식이 어떻게 달라지겠는가?
④ 하나님께서 초월적이고 주권적이지 않으시다면 우리가 기도하는 방식이 어떻게 달라지겠는가?
⑤ 앞의 두 질문(3, 4)에서 "우리가 기도하는 방식"을 먼저 "선택 교리"로, 그 다음에는 "악과 고난의 문제"로 바꾸어 보라.
⑥ 하나님께서 당신의 고난이나 당신 지인의 고난을 다루실 때, 고난의 원인을 없애는 방식으로 다루지 않으시고, 바울의 표현대로 그들에게 "족한" 은혜로 다루신 경우를 예로 들 수 있는가?

# 제13장
# 목회적 단상

Some Pastoral Reflections

누구라도 사람을 황폐하게 하는 슬픔이나 인간성을 말살하는 고통을 겪게 되면 욥의 친구들 같이 서투른 위로자들과 마주하는 순간이 온다. 그들은 상투적인 말들과 진부하고 위선적인 말주변으로 찾아온다. 위안을 주어야 할 자리에서 죄책감을 일으킨다. 동정이 필요한 곳에 엄숙하게 진리를 내지른다. 그저 울기만 해도 한결 위로가 될 텐데, 거기서 힘을 과시하고 용기를 강권한다.

서문에서 나는 본서가 깊은 고난을 통과하는 사람들이 반드시 읽어야 할 책은 아니라고 경계했다. 어떤 사람에게는 도움이 되겠지만, 다른 사람들에게는 거의 확실히 도움이 안 된다. 본서는 예방약이다. 나는 힘겨운 날들이 밀어닥치기 전에 악과 고난에 대해 성경적으로 생각할 수 있게 돕는 견고한 체계를 만들고자 노력했다.

그렇기는 해도, 한두 가지 고난이 항상 일어나기 때문에 본장과 같은 내용이 유용할 것이다. 본장은 책 전체의 나머지 부분과 다르게 보인다. 그리 신학적이지 않으며, 깊은 물살을 헤쳐가는 이들을 위로하려는 사람들을 위한 충고 모음이다. 본장의 많은 요점들은 앞장들에서 논의한 것들에 비추어 제시된다. 책의 나머지 부분은 불신자가 아닌 그리스도인들을 돕기 위한 것이다. 불신자가 슬퍼할 때 그리스도인이 돕고 섬기고 복음을 나눌 기회들이 생긴다. 하지만 본서에서 나는 그러한 도전을 특별히 하지 않았다. 물론 많은 것들이 그들에게도 적용되겠지만, 여기에서 나는 그리스도인을 염두에 두었다.

첫째, 우리는 슬픔이 보통 예상 가능한 단계들을 겪는다는 것을 알아야 한다.

예를 들어, 갑작스럽게 사별한 사람이 그레인저 웨스트버그(Granger Westberg)의 유용한 소책자 『선한 슬픔』(*Good Grief*)[1]에 쓰인 슬픔의 단계들을 뒤져보지는 않는다.

즉, "우리에게 갑작스러운 충격이 찾아온다," "우리는 감정을 표출하며 살아간다," "때로 우울해지고 외로움을 느낀다," "고통의 증상이 몸으로 나타난다," "자칫 공황상태에 빠진다," "상실에 대한 죄책감에 괴로워한다," "끝내 분노와 원망에 휩싸인다," "일상으로 돌아가길 거부한다," "드디어 희망이 보이기 시작한다," "마침내 현실을 받아들이려고 애쓴다" 등의 단계다.

분명히 이런 단계들에 관한 불변의 법칙은 없다. 한 사람이 얼마나 많은 단계들을 얼마나 빨리 지나가는지는 많은 요인에 달렸다. 그가 얼마나 안정적인지, 죽은 사람에 얼마나 헌신하거나 의존하는지, 얼마나 많은 지원을 받았는지, 얼마나 믿음이 굳센지, 얼마나 지속적으로 하나님과 동행하는지, 그 외에도 많이 있다.

슬픔의 단계들이 보편적이라는 것을 인식하게 되면, 위로하려는 사람

---

[1] Granger E. Westberg, *Good Grief: A Constructive Approach to the Problem of Loss* (Philadelphia: Fortress, 1971).

은 그 사별한 사람의 마음을 읽고 적절하게 반응할 수 있게 된다. 사별한 그리스도인이 갑자기 화를 내고 분노를 쏟는다고 해서 배교자로 전락하지 않는다. 크나큰 상실감을 겪는 그리스인이 부활 교리에서 거의 위로를 얻지 못한다고 해서 꾸지람과 책망을 받지 않는다. 위로자가 되려는 사람들은 앉아서 니콜라스 월터스토프(Nicholas Wolterstorff)의 책 『아들을 잃은 슬픔』(Lament for a Son)[2]을 읽는 것이 좋을 것이다. 그는 등산 사고로 스물다섯 살 된 아들을 잃은 후 이 책을 썼다.

둘째, 어떤 슬픔은 낫기까지 오랜 시간이 걸린다.

내가 아는 한 가정은 참으로 성숙한 그리스도인들이었지만, 장래가 촉망되는 아들의 죽음에 그 부모가 큰 충격을 입었다. 그 어머니가 울음을 터뜨리지 않고 말할 수 있게 되기까지 그리고 그 아버지가 그 일에 관해 조금이라도 말할 수 있게 되기까지 수년이 걸렸다.

내가 아는 한 젊은 목사는 두 아이의 어머니였던 아내를 잃었다. 약 일 년 후 사역에서 떠났다. 첫 두세 달 동안 교회는 그를 아낌없이 지원했다. 여섯 달 후, 담임목사를 포함한 장년 성도들은 그에게 정신을 차리고 사태를 수습하고 자기 연민을 그치라고 솔직하게 말했다.

이런 말들을 얼마든지 할 수는 있다. 그러나 그가 자기의 슬픔을 토해 내고, 사람들과 함께 기도하고, 아이들에 대한 도움을 지속적으로 받을 수 있을 때까지 기다려줘야 한다. 목회사역이 무엇이든지 간에, 그는 더 일찍 잠정 사임하는 쪽으로 친절한 안내를 받아야 했다. 다만, 그의 슬픔이 실패감과 죄책감과 뒤섞이게 하는 방식이 아니라, 그의 삶을 회복하도록 돕는 방식으로서 말이다.

---

2  Nicholas Wolterstorff, *Lament for a Son* (Grand Rapids: Eerdmans, 1987).

그가 사임 후 다시 사역을 시작할 수 있다고 느끼기까지 2년이 더 걸렸다. 그 동안 그는 자기가 무엇을 이겨내야 하는지에 대해 조언해 줄 수 있는 성숙한 그리스도인 리더와 많은 이야기를 나누었다. 나의 요점은 많은 형태의 슬픔이 시간을 필요로 한다는 것이다.

셋째, 고난 가운데 종종 가장 위로가 되는 답들은 함께하고, 도와주고, 침묵하고, 울어주는 것이다.
정원 일을 돕고 요리 냄비를 준비하는 것이 로마서 8:28을 해설하는 것보다 훨씬 더 영적인 실천이 될 수 있다. 성경은 우리에게 우는 자들과 함께 울라(롬 12:15)고 권한다.

넷째, 격려를 할 때에는 무조건 "왜?"라는 물음에 답해야 한다고 가정해서는 안 된다.
모두가 그 질문을 하는 건 아니다. 격려가 필요한 누군가는 "왜"에 대한 심오하고 복잡한 답들이 아니라 단순한 것들을 떠올리는 것이 필요하다. 한 청년이 그리스도인이 되자마자 치료불능의 급성 암 진단을 받았다. 그의 몸이 쇠약해지고 몸의 다른 부분이 기괴하게 붓기 시작하자, 그 주변 사람들은 요한복음 11:25-26과 고린도전서 15장을 암송하는 것이 그에게 최고의 격려가 되는 것을 발견했다.

다섯째, 화가 나서 외치는 "왜?"에 말로 답을 주어야 할 때, 우리가 무엇을 얼마나 주어야 할지는 우리의 영적 진단, 즉 그 사람의 필요와 수용성에 대한 평가에 따라 달라진다.
누군가가 외치는 "왜?"는 정말로 질문을 하는 것이 아니라 단지 위로를 구하는 것이다. 질문을 하고 있지만 그 순간에는 단순한 대답 이상을 견디지 못한다. 내가 잘 알지 못하는 그리스도인들이 그런 종류의 질문을 한다면 나는 이렇게 답할 것이다.

> 나는 당신의 질문에 모든 답을 줄 수 없습니다. 하지만 당신을 너무나 사랑하시고 당신을 위해 죽으신 분이 당신과 똑같이 "나의 하나님, 나의 하나님, 어찌하여 나를 버리셨나이까?"라는 질문을 하셨다는 데서 용기를 얻을 수 있을 것입니다.

어떤 면에서 생각이 깊은 신자들은 더 많은 것을 원할 것이다. 어떤 이는 책을 읽을 준비가 되어 있을 것이고, 다른 이는 성경공부에 참여할 수 있을 것이다. 예컨대, 시편의 한 부분을 묵상한다든가, 바울의 기도나 본서의 간략히 해설된 다른 구절들을 묵상할 수 있을 것이다.

여섯째, 오늘날 서방 세계의 많은 사람들은 권력과 건강과 부의 복음에 미혹되어 있다. 따라서 그리스도인들이 타락과 새 하늘 새 땅 사이에서 성령의 보증을 기뻐하지만, 결국 죽음과 썩음으로부터 결코 자유롭지 못하다는 사실을 강조하는 것이 중요하다.

죽어가는 세상을 괴롭히는 흥망성쇠로부터 우리가 자유로워야 한다는 점을 생각하라고 격려하는 구절은 성경에 없다. 물론 신자들이 고통 속에 있을 때보다 고통의 때가 이르기 전에 그런 것들을 말해주는 게 더 쉬울 수도 있다. 하지만 서방 기독교의 자기추구적이고 자기만족적인 관행이 만연한 곳에서는, 이 진리를 큰 소리로 자주 외치는 것이 반드시 필요하다.

일곱째, 몇 가지 이유로 고난은 종종 죄책감과 연관된다. 아주 예리한 진단과 치료가 요구된다.

때때로 하나님 앞에서 특별한 죄에 대한 도덕적 죄책이 있을 수 있다. 바로 여기에서, 또는 가능하다면 어디에서나, 그리스도인은 복음을 전할 수 있다. 예수님께서는 우리의 죄책을 지고 죽으셨다. 고통의 얼굴 속에 있는 진짜 죄책은 모든 상황에 있는 진짜 죄책과 같이 다루어져야 한다. 즉, 우리는 죄를 고백해야 하고, 죄를 끊어내야 하고, 하나님께 용서를 구해야 하고, 가능한 경우 회복을 시도해야 하고, 용서하시는 그리스도의 말씀 안에서 안식하는 법을 배워야 한다.

하지만 때로 가짜 죄책, 즉 막연한 죄책감도 있다. 거기에는 하나님 앞에서 느끼는 진짜 불화가 없다. 그리스도인을 위한 장기 대책은 하나님의 말씀에 기초해 우리가 무엇에 죄책을 느껴야 하고 무엇에 죄책을 느끼지 말아야 하는지를 확립하는 것이다. 그럼으로써 가짜 죄책이 그야말로 마귀의 거짓말이라는 사실을 폭로하는 것이다.

여덟째, 어떤 유형의 고난들은 적극적인 개입을 요구한다.
예를 들어, 남편에게 폭행당한 아내는 판결을 필요로 한다.
어느 시점에 남편을 떠나라고 말해주어야 하는가?
어느 시점에 법원의 보호 명령까지도 받으라고 말해주어야 하는가?
친족에 의해 성적 학대를 당한 아이의 경우 우리는 그 아이를 위해 경찰을 부르거나 다른 도움들을 요청해야 한다. 다만 얼마나 서둘러야 하는지는 종종 얼마나 잘 판단하고 확신하는지에 달려 있다. 빈민가에서 봉사하는 사람들은 신중하게 생각한 지원책, 구제, 교육, 자립 구조, 입법 교정 등으로 어떤 문제들을 해결할 수 있다. 많은 경우 그리스도인들은 상담 서비스나 기대어 올 수 있는 어깨 그 이상의 것을 공급해야 한다.

아홉째, 희망을 주되 종말의 완성에 대한 것뿐만 아니라 짧은 기간에 대한 희망을 주는 것이 중요하다.

열째, 그럼에도 사람들이 한 번에 하루씩 살도록 돕는 것이 중요하다.
끔찍한 말기 질환이 머리에 걸린다면 아직 종말의 은총을 구하지 않아도 된다. 오늘 하루의 은혜가 필요하다. 사망 선고 아래 있는 우리 모두는 오늘의 은혜가 필요하다.

열한째, 무엇보다, 우리는 사람들이 하나님을 더 알도록 도와야 한다.
우리가 주는 너무 많은 답들은 다분히 지적이고 이론적이고 명제적이다. 우리는 그들과 더불어 가르치고 상담하고 기도하여 하나님을 아는 그들의 경험적 지식이 깊어지도록 해야 한다.

우리는 그들이 하나님의 말씀을 면밀히 묵상하며 읽게 하여 성경에서 깊은 위로를 얻도록 해야 한다. 가장 깊은 수준에서, 사람들은 욥을 통해 하나님께서 광대하심을 배워야 하고, 심지어 우리가 모든 답들을 갖고 있지 못할 때에도 그분을 알고 그분으로 만족하는 것이 형언할 수 없는 특권임을 배워야 한다. 사람들은 그분의 사랑 안에서 쉼을 알게 될 것이다. 계속해서 새로워지는 사랑을 볼 수 있는 십자가로 다시 또 다시 돌아갈 것이다.

C. S. 루이스는 『고통의 문제』(*The Problem of Pain*, 제2차 세계대전이 발발한 1940년에 출간)[3]의 집필을 끝낸 후, 서문에서 그의 목적이 고통의 문제에 관한 지적인 문제들을 이야기하는 것이었다고 밝혔다. 그리고 이 문장을 덧붙였다.

---

3  C. S. Lewis, *The Problem of Pain* (London: Centenary, 1940).

꿋꿋함과 참을성을 가르치는 것은 훨씬 더 높은 과업이지만 나는 스스로 이 일의 적임자라고 나설 만큼 어리석지 않다. 또한 나는 고난이 시작되면 많은 지식보다 적은 용기가 더 도움이 되고, 많은 용기보다 약간의 인간적인 공감이 더 도움이 되고, 하나님의 사랑이 조금만 주입되어도 모든 것보다 더 도움이 된다는 확신 말고는 나의 독자들에게 줄 것이 없다.

열둘째, 이 목적을 위해 우리는 고난 받는 사람들을 위해 기도해야 한다.

하나님께서는 낙심한 자들을 위로하시는(고후 7:6) 분이시다. 그분은 모든 위로의 하나님(고후 1:3)이시다. 가장 깊은 고난 중에는, 많은 사람들이 기도조차 거의 할 수 없다.

우리 중 나머지가 그들을 위해 탄원해야 하지 않겠는가?

나는 구체적인 믿음의 기도에 대한 응답으로 고난의 양상이 변하고, 영영 변하는 것을 여러 번 본적이 있다. 기독교의 비전과 관련해서 건전하지 못하고 왜곡된 것이 있는데, 그것은 중보는 하지 않고 상담만 하는 것이다. 이것은 너무 많은 경우에 내가 넘어진 함정이다.

하나님께서 위로의 하나님이라면, 때로는 인간 중재자들을 통해 또는 그렇지 않은 방법을 통해, 마침내 위로를 주실 것임에 틀림없다.

그러므로 구하자.

하나님께서 그의 자녀에게 좋은 것을 주기 기뻐하신다는 사실을 기억하면서, 그리고 매우 종종 가엾게도 구하기를 거절하는 우리의 부족함을 기억하면서 구하자(약 4:2).

· 심화 학습을 위한 질문들 ·

① 심한 고난이나 산혹하고 극히 해로운 악을 경험한 직이 있는가?

그 기간 동안 무엇이 가장 큰 도움이 되었는가?

누가 가장 큰 도움을 주었는가?

② 고난을 달래는데 희망이 어떤 역할을 하는가?

③ 고난받는 사람들이 하나님의 사랑을 경험하도록 어떻게 도울 수 있겠는가?

④ 누구를 위해 기도하는가?

그들을 위해 무엇을 기도하는가?

왜 기도하는가?

성경의 기도들이 당신의 기도를 어느 정도 지배하는가?

How Long, O Lord?

# 부록:

## AIDS에 대한 단상

Reflections on AIDS

    몇 가지 이유로 이 간략한 부록이 붙게 되었다. 가장 확실한 이유는 이 부록이 본서의 주제와 밀착된 선례를 제공한다는 점이다. 분명히 AIDS(에이즈)는 고통, 질병, 하나님의 주권, 죽음에 대한 성찰뿐만 아니라 인간의 책임과 심지어 인간의 과실도 호출한다. AIDS로 비참하게 죽는 사람의 수는 계속 늘고 있고, 그것은 개인적으로나 세계적으로 끔찍한 결과를 낳고 있다.

    AIDS는 고통, 가난, 죽음의 가혹한 현실뿐만 아니라 무거운 도덕적 질문들과도 연결되어 있기 때문에 다른 많은 쟁점들보다 열정을 불러일으킬 가능성이 훨씬 더 크다. 지금은 AIDS(acquired immunodeficiency syndrome, 후천성면역결핍 증후군)라는 용어를 더 이상 설명할 필요가 없다. 새로운 형태로 돌변할 위험이 있는 HIV(인간면역결핍 바이러스)의 기본 생리도 마찬가지다. 사람들은 그것을 치료하는데 사용되는 약물들(특히 AZT)에 관해 들어왔다.

    하지만 모두가 이 약물들의 최선이 수명을 상당히 연장시키지만 질병을 예방하거나 환자를 완전히 치료하지 못한다는 점을 아는 것은 아니다. 아무튼 본서의 첫 번째 판과 달리 두 번째 판에서는, 얼마든지 컴퓨터로 검색 가능한 의학 정보를 재론할 필요는 없다. 반면에 지난 15년 동안 통계에는 상당한 변화가 있었다. 그리고 도덕적 쟁점과 치료법 선택에 관한 토론도 업데이트가 필요하다.

## 1. 현재의 상황

신뢰할만한 통계를 얻기가 쉽지 않다. 세계보건기구(WHO)에서 발간한 「사이언티픽 어메리칸」(*Scientific American*)의 통계와 다양한 과학 논문에 실린 통계가 전혀 일치하지 않는다. 이 혼란에 한 마디 더 덧붙이면, 여러 연구가 에이즈의 임상 증상 여부와 상관없이 HIV 보균자의 수에 초점을 맞추는 반면, 또 다른 연구는 에이즈 환자만을 대상으로 한다.

하지만, 5~10%의 오차를 허용한다고 해도 현재 4천만 명 이상이 에이즈 바이러스를 가지고 있다고 말하는 것이 안전해 보인다. 사하라 이남 아프리카 지역에서는 매년 3백만 명 이상이 이 질병으로 사망한다. HIV에 양성 반응을 보인 사람의 수가 아프리카에서 안정 국면에 접어들었다고는 하지만 이것은 작은 위안일 뿐이다.

대륙에서 매년 에이즈로 사망하는 사람들의 수가 같은 해 대륙에서 발생한 새로운 감염의 수와 대략 같다. 전 세계적으로 감염자 수가 모든 지역에서 계속 증가해 매년 약 5백만 건의 새로운 감염자가 발생한다. 어떤 지역에서는 증가세가 확연하다. 아프리카에서 총계는 이미 치명적인데 개별 국가들(특히 브라질, 태국, 우간다)이 새로운 감염 수를 적극적으로 줄여왔기 때문이다.

지난 2, 3년 간 가장 급격한 증가세를 보인 곳은 동유럽과 아시아다. 동유럽과 중앙아시아에서는 적어도 무방비하고 난잡한 성관계에 의한 것만큼이나 정맥 주사에 의한 약물 사용에 의해 AIDS가 널리 증가하고 있다. 러시아에만 3백만 명 이상의 정맥 약물 사용자가 있다. 라틴 아메리카와 카리브해 지역의 경우 전국 감염률은 매우 다양하다.

예를 들어, 브라질에서는 국가 감염률이 1% 미만이다. 일부 도시에서 정맥주사 약물 사용자의 60%가 HIV 보균자인데도 말이다. 아이티에서 국가 감염률은 5.6%로 아프리카 밖에서는 가장 높다. 아프리카의 몇몇 국가에서는 보츠와나 약 35%, 짐바브웨 약 25% 등 감염률이 두 자리 수에 이른다. 몇몇 국가들(말라위, 나미비아, 스와질란드, 잠비아)에서는 사망률이 너무 높아서 인구수가 정체되어 있고, 다른 국가들(보츠와나, 남아프리카, 짐바브웨)에서는 인구가 곧 급감할 것이다.

보츠와나가 의료 및 문맹퇴치 분야를 선도하고 있지만, 향후 10년 동안 평균 기대 수명은 절반으로(약 65년에서 약 33년으로) 줄어들 것으로 예상된다. 이것은 거의 전적으로 AIDS 때문이다. 사하라 이남 아프리카의 한 빈곤 전문가는 AIDS로 아프리카의 빈곤이 약 50% 증가되었다고 주장했다.[1]

치료와 관련된 문제들, 즉 무엇이 도움이 되고 무엇이 그렇지 못한지, 비용이 얼마나 드는지, 비용을 누가 지불할 것인지, 또는 지불할 수 있는지에 관한 뜨거운 논쟁이 있다. 향후 수년간 이미 개발된 많은 약들이 상용약이 될 것이다. 그러면 비용이 다소 줄어들 것이라는 데는 의심의 여지가 없다.

하지만 가장 가난한 국가들은 여전히 그 약값을 감당할 수 없을 것이다. 더욱이, 많은 약물과 마약 칵테일은 엄격한 관리와 계획 아래 있어야 한다. 약을 한두 번 빠뜨리고 복용하면 바이러스가 약물에 대한 내성을 갖게 된다. 진보주의자들은 때때로 콘돔의 보편적 공급이 해답이라고

---

1 Daniel Song'ony, *Social Economic Impact of HIV in Sub-Saharan Africa* (Aldershot: Ashgate, forthcoming); idem, *Poverty, Inequality, and Economic Development in Africa* (Downers Grove: InterVarsity, 2005).

주장하는 것 같다.

하지만 콘돔에 대한 일부 문화권의 사회적 거부감은 둘째 치고, 실제 통계는 놀랍다. 태국에서는 독신과 징질을 장려하는 광범위한 선전과 함께 콘돔의 보급이 확산되면서 매년 새로운 감염자 수가 크게 줄었다. 아프리카에서 새로운 감염자 수가 극적으로 감소한 유일한 국가는 우간다인데, 그것은 주로 어쩌다 만난 사람과의 가벼운 성행위(casual sex)에 대한 경고와 엄격한 성적 정절 촉구를 통한 것이다.

끊임없는 성적 혁명에 대한 단순한 선전보다는 구조 받은 생명으로 산정되는 결과에 관심이 있는 사람들에게는, 현재의 어려운 상황을 볼 때, 서양 국가들이 제공하는 수십억 달러가 어떻게 사용되어야 하는지가 가장 큰 문제다. 이 문제는 너무 복잡하다. 콘돔만으로는 세계적 위협을 해결할 수 없다. 백신에 관한 약속은 지금까지도 항상 다음 사안으로 밀려나 있다.

미국에서는 한때 이 질병이 거의 동성애자 집단이나 정맥주사 약물 사용자 집단에만 퍼졌다. 이제는 더 이상 그렇지 않다. HIV 보균자와 AIDS 환자의 비율이 증가한 것은 이성애자들 사이에서다. 적어도 미국에서 동성애자 인구가 이성애자보다 더 빠르게 퍼지는 이유는 아마도 두 가지일 것이다.

첫째, 한 번의 성행위만으로 한 사람에게서 다른 사람에게 질병을 옮길 가능성은 이성애자보다 동성애자 사이에서 훨씬 높다.

그 이유는 불확실하지만, 가장 가능성 있는 것은 항문의 막이 성관계의 상처에 대비해 지어진 것이 아니므로 출혈 가능성이 질내 성관계보다 훨씬 높은 점이다. HIV 고위험군 보균자들의 혈액과 정액의 혼합은 유력한 조합이다.

둘째, 여러 연구에 따르면 익명의 여러 상대와의 우발적 성행위는 이성애자보다 동성애자에게 훨씬 더 일반적이다.

한 주요 연구에서 동성애자의 2%가 직업에 종사하는 동안 1천 명 이상의 상대와 성관계를 맺은 것으로 추산되었다(연구의 목적상 18세에서 60세 사이로 범위를 한정함). 12%는 500~999명의 상대와 성관계를 맺었고, 40%는 100~499명의 상대와 성관계를 맺었다.[2] 확실한 것은 그 바이러스가 손을 대거나 입을 맞추거나 심지어 모기에 물린 것과 같은 우연한 접촉에 의해 전염되지 않는다는 것이다(그 바이러스는 모기 안에서 몇 초 이상 살지 못하는 것으로 보인다). 그것은 우발적 성관계, 정맥 약물 사용, 또는 자궁에 아기를 가진 감염된 산모에 의해 전염된다.

## 2. 에이즈는 하나님의 심판인가?

AIDS는 하나님의 심판인가?

이 질문에 대해 강력히 반대하는 주장들이 있다. 나는 보완적인 여러 가지 점을 지적함으로써 대답해 보겠다.

첫째, 만일 우리가 AIDS에 감염된 각 사람이 특정한 죄 때문에 그 병

---

[2] 이것은 여러 제약에 매달린 모습의 범위를 나타내는 그런 많은 연구들 중에 하나이다. 이런 모습은 전형적이다. 그 연구들의 유용한 개요와 전기적인 전체 정보는 이 책들을 보라. Thomas E. Schmidt, *Straight and Narrow? Compas- sion and Clarity in the Homosexuality Debate* (Downers Grove: InterVarsity, 1995), 1058; Stanton L. Jones and Mark A. Yarhouse, *Homosexuality: The Use of Scientific Research in the Church's Moral Debate* (Downers Grove: InterVarsity, 2000), 10910; and Peter Sprigg and Timothy Dailey, eds., *Setting It Straight: What the Research Shows about Homosexuality* (Washington, DC: Family Research Council, 2004).

에 걸렸다는 의미로 하나님의 심판을 말한다면, 분명 그런 대답은 확실히 거부되어야 한다.

아무래도 그렇게 말하는 것은 이 질병을 가지고 태어난 아기들이나 선의로 받은 수혈을 통해 감염된 혈우병 환자들, 또는 불성실한 배우자에 의해 감염된 충실한 배우자들에게 견딜 수 없을 정도로 가혹하다. 그들도 죄성을 가지고 태어났지만, 난잡한 성교에 동참하지 않았고, 압도적으로 많은 사람에게 즉시 감염의 원인이 되는 정맥 주사 약물을 사용하지 않았다.

둘째, 반면에 어떤 의미에서, 모든 고난은 전 우주를 무질서하게 만든 타락과 저주와 관련된다(제3장 참조).

만약 죄가 없다면 AIDS도 없을 것이다. 그런 의미에서 의심할 여지없이 고난은 하나님의 심판의 일부다.

하지만 우리가 그 이상을 말할 수 있는가?

셋째, 전쟁의 비유를 생각해 보라.

구약에서 전쟁은 종종 하나님의 백성에 대한 심판으로 일어난다. 그렇다고 해서 전쟁으로 고통당하는 모든 사람들이 나라를 망가트린 동일한 우상숭배와 부패에 책임이 있다는 말은 아니다. 아기들도 전쟁에서 죽는다. 의인들도 강간을 당하거나 총상을 입거나 폭탄에 날아가거나 굶주릴 수 있다.

그러나 이러한 명백한 사실들이 구약 저자들이 전쟁에서 하나님의 심판의 손을 보지 못하게 막지 못한 것처럼, AIDS로 고통 받는 사람들에 관해서도 그와 같은 사실들이 이 재앙에서 하나님의 심판하는 손을 알아차리지 못하게 막는 것은 아무 것도 없다.

넷째, 그래도 우리는 여전히 문제의 핵심에 직면해 있지 않다. 이 문제의 명백한 사실은, 난잡한 성행위가 없고 정맥 주사 약물 사용이 없다면 AIDS도 없다는 점이다.

성적으로 난잡한 사람이 가장 큰 위험에 처해 있다. 도덕적으로나 성경적으로 무책임하게 말을 하지 않고 그 연관성을 발견하기란 극히 어렵다.

모두가 AIDS와 잠재적 감염을 전염병 또는 유행병이라 말해도, 역사적으로 보면 그것은 결코 전염병이 아니다. 예를 들어, 역병이 돌 때 사람들은 그 질병이 어떻게 감염되는지 몰랐다. 결국 정부 대책은 강제 격리였다. 그러나 그것이 단순히 이 경우에 해당되지는 않는다. 우리는 바이러스의 감염 경로를 안다. 우리는 그것을 정확히 알고 있다.

그래서 정부 소식통과 여러 선의의 단체가 우리 모두 위험에 처해 있다는 식으로 말하는데 우리는 거짓말로 듣는다. 그것은 결코 사실이 아니다. 그 과정에서 모든 사람들이 흑사병이나 여러 종류의 천연두 또는 콜레라에 걸릴 위험에 처하게 된다.

만약 당신이 독신이나 일부일처제에 충실하다면(또한 당신의 성관계 상대도 그렇다면), 그리고 당신이 다른 사람의 주사기로 정맥주사 약물을 투여받지 않는다면, 당신이 병에 걸릴 확률은 사실상 제로다. 당신이 혈우병 환자라면 약간 위험이 높지만 너무 높은 것은 아니다(1985년 이전에 혈우병 환자에 관해서는 말할 수 없다).

HIV 바이러스에 감염될 수 있는 유일한 길은, 퇴근길에 자동차 충돌 사고가 발생해 감염자의 혈액이 당신의 것에 섞이거나 그와 마찬가지로 외상을 입는 경우이다. 의료 요원이 멸균 장갑과 같은 기본적인 예방 조치를 취하면 알려진 경로를 벗어나 그 질병에 걸릴 확률도 제로에 가깝다.

이 초보적인 사실을 비웃으면 안 된다. 그러나 일반 대중은 절반의 진실과 완전한 거짓말에 속지 않을 것이다. 장기적으로 볼 때 동정을 끌어내기 위한 사건 만들기는 더 힘들어질 것이다. 왜냐하면 사람들이 속았다고 느낄 경우 수십억 달러의 세금과 같은 것들이 분산되기 때문이다.

사실은 이 병으로 고통 받는 사람들의 압도적 다수가 성경에서 금지한 난교나 자기를 망가뜨리는 약물 사용에 연루되어 있다. 그리고 그 질병으로 인해 고통 받은 사람들 중에 일부는 이런 죄가 그 사회에 만연하지만 않았어도 결코 그런 죄를 범하지 않았을 것이다. 그러므로 역병과 달리 성경이 금하는 행위와 병 걸림 사이에 명확한 연관성은 AIDS에서 하나님의 엄한 손길을 보지 않을 수 없게 한다.

다섯째, 아주 부드럽게 말해서 이 질병을 의학계의 교만에 대한 책망으로 보지 않기도 어렵다. 나는 이렇게 말하는 것이 조심스럽다. 왜냐하면 나는 많은 훌륭한 의사와 간호사를 알고 있고 내 자신의 생명이 그들의 보살핌에 달렸던 때가 몇 번 있기 때문이다. 그럼에도 불구하고, 「사이언티픽 아메리칸_(Scientific American)_의 한 초기 발행본에 AIDS를 다룬 첫 기사는 이런 문구로 시작한다.

> 최근 10년 전까지만 해도 전염병은 더 이상 선진국에 위협이 되지 않는다고 널리 믿어졌다.[3]

---

3 Robert C. Gallo와 Luc Montaignier, 1988년 AIDS, *Scientific American* 259/4 (1988년 10월).

나는 하나님의 말씀을 듣지 않을 수 없다.

너희가 참으로 무사히 내 법을 무시할 수 있다고 생각하느냐?

강력한 약으로 질병을 치료하고 그 결과를 피할 수 있느냐?

너희는 아직 아무 것도 보지 못했다.

나를 오해하지 말기 바란다. 나는 강력한 매독 치료제에 대해 하나님께 감사한다. 정말로 하나님께 감사한다. 왜냐하면 참화를 보내시는 하나님께서는 또한 우주를 보살피시기 때문이다. 그리고 해결책과 치료법을 찾기 위해 신학자들이 일반 은총이라 부르는 것을 통해 일하시기 때문이다. 큰 성공은 앗시리아 왕(제11장 참조)의 교만이나 바벨의 교만을 낳는다. 성경에 충실한 사람들은 AIDS에서 의학의 오만에 대한 강한 책망을 보지 않을 수 없다.

여섯째, 그러면 로마서 1장 27절은 무엇인가?

많은 보수주의자들은 이 구절을 AIDS가 하나님의 심판임을 드러내는 증거 본문으로 인용한다. 바울은 말했다.

<blockquote>그와 같이 남자들도 순리대로 여자 쓰기를 버리고 서로 향하여 음욕이 불 일듯 하매 남자가 남자와 더불어 부끄러운 일을 행하여 그들의 그릇됨에 상당한 보응을 그들 자신이 받았느니라.</blockquote>

AIDS는 마땅히 받아야 할 형벌 중 하나다.

유능한 주석들을 훑어보면 이 견해가 배제될 것이다. 그러나 헬라어 본문을 보면, 동성애 자체가 "불붙은 정욕"이 범하는 "오류"에 대한 처벌임을 분명히 알 수 있다.

일곱째, 어떤 의미에서는, AIDS가 엄한 자비일 수 있다.

하나님께서 우리의 건강보다 우리의 거룩에, 그리고 난교의 관용보다 나라의 의에 더 관심이 있으시다면, 이 끔찍한 질병은 우리가 우리에게 무슨 짓을 하고 있는지 묻게 하는 힘이 될 것이다. 대부분의 세계에서 매우 다양한 사회적 요인들과 함께 우발적 성관계는 용인될 뿐만 아니라 암묵적으로 조장되었다.

미디어에서 간음은 결코 비극이나 거대한 사회적 악으로 묘사되지 않으며, 더욱이 하나님께 대한 반역으로 그려지지 않는다. 우발적 성관계는 즐겁고 정상적인 것이고, 사람들이 즐기지 못하게 필사적으로 막는 종교적 보수주의자들의 엄격한 율법주의에 대항해 그들 자신이나 참된 사랑을 찾는 사람들의 자기 표출이다.

우리는 어려서부터 이런 입장을 흡수한다. 적지 않은 연구가 향락주의에 빠진 가정에서보다 조롱받으실 수 없으시고 뿌린 대로 거두게 하시는 분이신, 곧 선하시고 주권적이신 하나님께 신뢰와 충실과 상호 존중을 즐겁게 드리는 가정에서 성적이고 인격적인 성취가 더 크다고 말하는데도, 우리가 멍청하고 구식이고 진부하다고 느낄 때, 그것에 맞서기 위해서는 엄청난 결심이 필요하다

어쨌든 우리는 난잡한 성교와 약물 사용에 빠진 사람들에게 돌을 던질 처지가 아니다. 자신의 마음과 세상에 대한 약간의 지식만 있어도, 우리가 자신의 유혹과 상황들, 그리고 우리를 도운 사람들을 떠올릴 때마다, 거듭 거듭 "오직 하나님의 은혜가 아니면"이라는 말이 생각나게 한다.

어떤 경우에 사람들이 성적으로 정절을 지키고 또 약물과 관계가 없는데도 이 병에 걸린다면(아마도 성적으로 문란한 상대나 감염된 산모에 의해), 예수님께서 우리에게 "자, 그것은 그 병이 하나님의 심판과 상관없다는

것을 증명한다"라고 말씀하시기 보다는 오히려 이렇게 말씀하실 것이다.

> 그러나 회개하지 않으면 너희도 역시 모두 멸망할 것이다(눅 13:5).

## 3. 연민과 분개

AIDS와 HIV 감염이 하나님의 심판의 일부라고 가정한다면(위에서 말한 범주와 제약 안에서긴 하지만), 이것은 그리스도인들이 하나님의 심판에 연루되는 것이 싫어서 외면해도 된다는 의미인가?

또한 우리는 약물 남용이나 난교 행위와 무관하게 이 병에 걸린 비교적 소수의 사람들에게만 도움을 주어야 하는가?

결코 그렇지 않다!

전쟁은 성경에서 하나님의 심판으로 간주된다. 하지만 그렇기 때문에 그리스도인들이 노숙자, 주린 자, 부상자 그리고 전쟁이 불가피하게 휘저어 놓은 유랑자들을 무시하고 외면한다는 의미는 아니다. 따라서 AIDS로 고통 받는 사람들은 도움이 필요할 것이고, 보통의 의료 시스템으로는 부적절하다는 것이 드러날 것이다. 엄청난 도움의 기회가 여기 있다.

에이즈 발병률이 높은 지역의 교회들은 상담센터를 개설하고 다른 모든 사람에게 버림받은 AIDS 환자들에게 집을 제공하여 존엄하게 죽음을 맞을 수 있게 해 주었다. 사람의 접촉, 깨끗한 침대, 따뜻한 방, 음식, 우정 등 이 모든 것은 많은 감염자들이 임상 증상을 보이기 시작하면 턱없이 부족해질 것이다.

그리고 무엇보다, 그런 서비스와 함께 죄인들, 나 같은 죄인들, AIDS

로 고통 받는 죄인들을 구원하기 위해 죽으신 예수 그리스도 안에 있는 믿음으로 용서받는 복음을 전할 기회들이 있을 것이다.

따라서 그리스도인들이 하나님의 심판에 관해 경고하고 닌교와 동성애에 관한 성경의 정죄를 주장할 때는, 마치 죄인들이 또 다른 죄인들에게 어디에서 위안을 찾아야 하는지 말해주듯이, 말을 조심해서 해야 한다. 또한 거룩에 대한 열망의 필수 요소인 도덕적 분노는 이 무서운 질병에 사로잡힌 사람들을 효과적으로 돕기 위한 희생적 사랑과 결합되어야 한다.

## 위로의 하나님: 고난과 악에 대한 묵상

How Long, O Lord?: Reflections on Suffering and Evil

2017년 12월 29일 초판 발행

| 지 은 이 | D. A. 카슨 |
| 옮 긴 이 | 한동수 |

| 편　　집 | 변길용, 권대영 |
| 디 자 인 | 신봉규, 박슬기 |
| 펴 낸 곳 | 사)기독교문서선교회 |
| 등　　록 | 제16-25호(1980. 1. 18) |
| 주　　소 | 서울시 서초구 방배로 68 |
| 전　　화 | 02) 586-8761~3(본사)　031) 942-8761(영업부) |
| 팩　　스 | 02) 523-0131(본사)　031) 942-8763(영업부) |
| 홈페이지 | www.clcbook.com |
| 이 메 일 | clckor@gmail.com |
| 온 라 인 | 기업은행 073-000308-04-020, 국민은행 043-01-0379-646
　　　　　　예금주: 사)기독교문서선교회 |

ISBN 978-89-341-1745-2 (93230)

* 낙장 · 파본은 교환해 드립니다.

이 도서의 국립중앙도서관 출판시 도서목록(CIP)은 서지정보유통지원시스템 홈페이지(http://seoji.nl.go.kr)
와 국가자료공동목록시스템(http://www.nl.go.kr/kolisnet)에서 이용하실 수 있습니다.
(CIP제어번호: CIP2017031487)